Claudia Sofie Schmitz

Gegenargumentieren in der Digitalkultur

Französische Internetforenbeiträge
zu europapolitischen Fragen

Bibliografische Information der Deutschen Nationalbibliothek
Die Deutsche Nationalbibliothek verzeichnet diese Publikation
in der Deutschen Nationalbibliografie; detaillierte bibliografische
Daten sind im Internet über http://dnb.d-nb.de abrufbar.

Zugl.: Bonn, Univ., Diss., 2016

Gedruckt auf alterungsbeständigem,
säurefreiem Papier.

D 5
ISSN 0170-821X
ISBN 978-3-631-66463-6 (Print)
E-ISBN 978-3-653-05678-5 (E-Book)
DOI 10.3726/978-3-653-05678-5

© Peter Lang GmbH
Internationaler Verlag der Wissenschaften
Frankfurt am Main 2016
Alle Rechte vorbehalten.
Peter Lang Edition ist ein Imprint der Peter Lang GmbH.

Peter Lang – Frankfurt am Main · Bern · Bruxelles ·
New York · Oxford · Warszawa · Wien

Diese Publikation wurde begutachtet.

www.peterlang.com

Danksagung

Den Menschen, die mich während dieser Promotion unterstützt haben, möchte ich von Herzen danken. Ganz besonders:

Frau Prof. Dr. Daniela Pirazzini und Herrn Prof. Dr. Vahram Atayan bin ich für ihr Engagement, die zahlreichen konstruktiven Ratschläge und fruchtbaren Diskussionen zu großem Dank verpflichtet.

Für die sprachliche Korrektur möchte ich mich herzlich bei meiner Freundin Anke Ernst bedanken, die mir auch in persönlichen Fragen mit Rat und Tat zur Seite stand.

Mein ganz besonderer Dank gilt meinen Eltern, Ursula und Werner, sowie meiner Schwester Angelika für ihre grenzenlose und außergewöhnliche Unterstützung. Meiner Nichte Luisa möchte ich dafür danken, dass sie mir immer wieder zeigt, was die wirklich wichtigen Dinge im Leben sind, und für ihre Liebe zu mir.

Ein herzlicher Dank geht auch an meine Freundin Claudia, die wie eine Schwester für mich ist.

Zum Schluss möchte ich mich bei meiner besten Freundin Lina bedanken, die immer für mich da ist, und der ich meine Dissertationsschrift widmen möchte.

Inhaltsverzeichnis

1. Einleitung

Dass die Gegenargumentation neben der Argumentation eine der wichtigsten Kommunikationstätigkeiten darstellt, ist seit der Antike bekannt. Obwohl es bisher einige Publikationen zu diesem Kommunikationsbereich gibt, fehlt doch in den romanischen Sprachwissenschaften, insbesondere in der deutschen Romanistik, eine Arbeit, die sich ausführlich mit einer bestimmten Textsorte auseinandersetzt und speziell deren konstitutive gegenargumentative Handlungen im Zeitalter der Digitalkultur[1] untersucht. Die hohe Relevanz des Themas bestätigte das Wissenschaftsjahr 2014, welches sich der „digitalen Gesellschaft"[2] widmete und die Folgen des digitalen Wandels auf den Alltag der Menschen untersuchte. Besonders das Handlungsfeld des „digitalen Miteinanders"[3] stand im Fokus und somit die Kommunikation im Internet sowie die neuen Formen der politischen Mitbestimmung.

Ziel der Arbeit ist deshalb die Analyse der konstitutiven sprachlichen Handlungen des Gegenargumentierens sowie die Ermittlung der Realisierungsmöglichkeiten in französischen europapolitischen Diskussionsbeiträgen eines Internetforums. Zentrale Beachtung wird dabei die Bestimmung des Einflusses der digitalen Medien auf das Gegenargumentieren finden. Die Wahl des Korpus fiel auf das von der Europäischen Kommission initiierte Forum *Debate Europe*[4], welches insgesamt 24 – nach Sprachen sortierte – Teilbereiche bietet. Es wurde sich auf den Teilbereich der Diskussionen in französischer Sprache fokussiert.

Ausgangspunkt der vorliegenden Untersuchung war, dass Gegenargumentationen in Diskussionen erwartbare Handlungen darstellen, weshalb zunächst nach einer Textsorte in Online-Kommunikationsformen gesucht wurde, die es

---

1   Oder auch Netzkultur, virtuelle Kultur, Onlinekultur, Internetkultur. Vgl. zur Kultur in Internetforen Stegbauer (2006: 140).

2   http://www.digital-ist.de/infos/das-wissenschaftsjahr.html, Stand: 11.05.2016.

3   Auf der Seite des BmBF heißt es zum digitalen Miteinander: „Unsere Kommunikationskultur hat sich tiefgreifend verändert. Mobiles Telefonieren, SMS, Skype-Konferenzen, Cloud Computing und der Austausch in Sozialen Netzwerken sind heute für viele unverzichtbar geworden. [...] Wie gehen wir im Netz miteinander um? Und welche Mittel wählen wir für mehr Sicherheit unserer Daten? [...] Neben diesen und anderen Themen stellt das Wissenschaftsjahr auch die Frage nach den Formen politischer Mitbestimmung – werden wir künftig unter dem Stichwort E-Democracy mehr direkte Demokratie erleben?" (http://www.bmbf.de), Stand: 01.07.2014.

4   http://europa.eu/debateeurope/about/index_fr.htm.

erlaubt, Meinungsverschiedenheiten zu einem Thema argumentativ zu diskutieren. Die Textsorte, die untersucht werden soll, ist deshalb der Internetforumsdiskussionsbeitrag. In ihm können Standpunkte zu unterschiedlichen Themen kritisch diskutiert werden, d. h. Argumentationen und Gegenargumentationen geäußert werden. Die Wahl der Politik als zu untersuchendem Diskursbereich soll hierbei die Entfaltung sprachlich komplexer gegenargumentativer Verfahren begünstigen.

Die Entscheidung hinsichtlich des Mediums fiel zugunsten eines Internetforums aus, da Internetforen als virtuelle Versammlungsorte zur informellen politischen Deliberation im digitalen Zeitalter gelten können.[5] Es kann deshalb sicherlich Lewiński zugestimmt werden, der sie als „deliberative activities aimed at opinion-formation" charakterisiert (Lewiński 2010: 70).

Unbestritten ist, dass das Gegenargumentieren fest in unseren täglichen Sprachgebrauch integriert[6] und Bestandteil der Streitkultur von Sprach- und Kulturgemeinschaften sowie seit der Antike bestimmter Text- und Diskurstraditionen[7] ist. Die Besonderheit der vorliegenden Studie liegt deshalb darin, eine an sich universelle kommunikative Tätigkeit in einer medial durch die besonderen Rahmenbedingungen der digitalen Kommunikation geprägten Umgebung zu untersuchen.

Der Begriff der Gegenargumentation ist wie derjenige der Argumentation äußerst komplex und deshalb schwierig zu definieren. Die Beschäftigung mit dieser Problematik setzte bereits in der Antike ein und hat bis heute keine

---

5   In der Antike galt ein Forum als ein Ort, an dem ein Redner seine These mit argumentativen Mitteln gegenüber einem Gegner zu verteidigen hatte. Das Forum war ein öffentlicher Ort der Versammlung sowie der Meinungsbildung und diente mitunter auch als Gerichtsstätte. Zahlreiche Werke antiker Rhetoren, wie u.a. von Cicero und Quintilian, tragen der Redekunst und dem Kampf der Redner auf dem Forum Rechnung.

6   Eggs (1984: 269) hebt hervor, dass der „Prozeß des (Gegen-)Argumentierens und des (Nicht-)Akzeptierens von Argumentationen [...] wesentlicher Teil der Alltagskommunikation [ist]". Eggs ist der Meinung, dass die Gegenargumentation als „Gegenstandsbereich der Rhetorik" (1984: 269) zu betrachten sei.

7   Vgl. zu Text- und Diskurstraditionen Coseriu (1988/²2007: bes. 57–185); Koch (1997); Lebsanft (2005). Allgemein wird davon ausgegangen, dass jede Äußerung, ob Text oder Diskurs, bestimmten Traditionen unterworfen ist. Das Konzept der „Diskurstraditionen" geht auf das Drei-Ebenen-Modell von Coseriu (1988/²2007: 75) zur Beschreibung von Sprachlichem zurück und wurde von Koch (1997) „im Anschluss an Schlieben-Lange 1983 [...] in der Forschung prominent gemacht", wie Lebsanft (2005: 26) bemerkt.

allgemeingültige Definition des Begriffs hervorgebracht. Es wäre daher vermessen und auch nicht sinnvoll, im Hinblick auf das Ziel der vorliegenden Studie, die Geschichte der Gegenargumentationsforschung zusammenfassen und darstellen zu wollen. Es sollen deshalb lediglich jene Ansätze und Theorien kurz zusammengefasst werden, die wichtige Erkenntnisse und Definitionsaspekte für das Analysevorhaben bereitstellen.

Es lässt sich anmerken, dass bis in die 1980er Jahre der gegenargumentative Diskurs insgesamt weniger Beachtung als der argumentative Diskurs findet, worauf zu Recht van Eemeren und Grootendorst (1984: 15) aufmerksam machen, wenn sie bemerken, dass „[t]he literature on argumentation generally focuses attention exclusively on pro-argumentation and tacitly ignores contra-argumentation." Derselben Auffassung sind Apothéloz, Brandt und Quiroz noch Anfang der 1990er Jahre, die feststellen, dass der „negative aspect of argumentation […] has seldom been studied elsewhere" (Apothéloz/Brandt/Quiroz 1993: 23).

Seit den 2000er Jahren lässt sich eine leichte Trendwende erkennen (vgl. Pirazzini (2002); Anscombre (2002); Walton (2009); Lewiński (2010; 2011; 2014)). Als einschlägige Studien lassen sich seit Ende der 1970er Jahre – jeweils nach Sprachräumen getrennt – ermitteln: Für den französischen und anglophonen Raum können z.B. Moeschler (1982), Apothéloz/Brandt/Quiroz (1989), Anscombre (2002) Walton (2009), Lewiński (2010; 2011; 2014) und Amossy (2011) genannt werden. Im deutschen Raum können die Untersuchungen von Apeltauer (1977), Gruber (1996) und von Pirazzini (2002a) als wegweisend gelten.

1.1 Untersuchungsgegenstand

Gegenstand der vorliegenden Untersuchung ist die Gegenargumentation in politischen Internetforumsdiskussionen der Plattform *Debate Europe* im Französischen. Das Forum *Debate Europe* ist ein von der Europäischen Kommission initiiertes und betriebenes Forum, das es ermöglicht, die öffentliche Meinung zu sondieren. Es kann deshalb den von Regierungen gesponserten Internetforentypen ('government-sponsored'[8]) zugeordnet werden. Das Internetforum bietet der Zielgruppe – den Bürgern Europas – die Möglichkeit, über aktuelle Themen Europas in 24 Sprachen der Europäischen Union zu diskutieren. Anders als in einer offiziellen politischen Debatte einer Regierungsinstitution unterliegen die

---

8 Jensen (2003) unterscheidet „government-sponsored" von „anarchic" Internetforen.

Diskussionen[9] des Internetforums *Debate Europe* keinen formalen Regeln[10] (wie z. B. einer Geschäftsordnung, in der geregelt ist, wer wann und wie lange sprechen darf) einer organisierenden Körperschaft. Die Themen können sich (rund um europapolitische Fragen) frei entwickeln, und es herrscht kein antagonistisches Grundschema (Ja/Nein, pro/kontra), weshalb im Folgenden von Diskussionen und nicht von Debatten gesprochen wird.[11]

Die Diskussionen im untersuchten Internetforum werden in der Regel von den Nutzern begonnen und die Themenfindung in der Regel selber gestaltet.[12] Es werden lediglich die Oberthemenbereiche (*Avenir de l'Europe, Consommateurs et santé, Dialogue interculturel, Femmes et politique*, etc.) von der Plattform *Debate Europe* vorgegeben, in denen die Diskussionen von den Diskussionsinitiierenden eingeordnet werden sollen (vgl. Abb. 38).

Die Studie beschränkt sich auf den französischen Teil[13] des Forums, der auf gegenargumentative Äußerungen hin untersucht werden soll. Die hierzu selektierten Diskussionsbeiträge sind zwischen dem 29.01.2008 und dem 28.02.2010 auf der Internetplattform veröffentlicht worden.

---

9   Diskussionen können allgemein als ein Austausch von Standpunkten (gestützt durch Argumentationen und Gegenargumentationen) zu einem Thema definiert werden (vgl. Bünting 1996: 253). Nach der pragma-dialektischen Argumentationstheorie können im Rahmen einer Diskussion ein positiver, ein negativer oder ein Null-Standpunkt (*zero point of view*) von den Diskussionsteilnehmern vertreten werden (vgl. van Eemeren/ Grootendorst 1984: 84).

10   Die auf der FAQ-Seite („Frequently asked questions") genannten Beschreibungen über die Bedienung der Nutzeroberfläche und über die Nutzergruppen des Forums beinhalten nur bedingt Verhaltensregeln sowie Richtlinien für den Ablauf der Diskussionen.

11   Der Begriff Debatte, entlehnt aus fr. *débat* einer Ableitung von fr. *débattre* (zerschlagen), bezeichnet eine „Diskussion, Auseinandersetzung" (Kluge1883/[24]2002: 182), die mündlich oder schriftlich ausgetragen werden kann. Das Verb *débattre* hat sich aus lat. *battuere* „schlagen" und dem lateinischen Präfix *de-*, welches reversative Funktion hat, entwickelt. Nach Kluge kann es als „sich (mit Worten schlagen)" definiert werden. Der Unterschied zur Diskussion liegt in der Regel darin, dass die Debatte formalen Regeln folgt, die Teilnehmer lediglich pro- oder kontra-argumentieren können (d.h. ein Null-Standpunkt neben positivem und negativem Standpunkt ist nicht vorgesehen) und sich auf ein Thema festgelegt wird bzw. ein Thema vorgegeben ist. Die Gemeinsamkeit besteht darin, dass ihnen eine Meinungsverschiedenheit zugrunde liegt. Vgl. Schild (1994); Schild (2007).

12   Es besteht darüber hinaus die Möglichkeit, dass Moderatoren *Threads* (Diskussionsbeitragsstränge) beginnen.

13   http://europa.eu/debateeurope/about/index_fr.htm.

1.2 Methodik und Aufbau

Die vorliegende Untersuchung ist in zwei Teile unterteilt: einen theoretischen und einen analytischen. Der theoretische Teil umfasst Kapitel 1–5, in denen sich der Gegenargumentation aus wortgeschichtlicher, rhetorischer und argumentationstheoretischer Perspektive genähert wird.

Nach der Betrachtung der Wortgeschichte und Wortfelder von fr. *contre-argumentation* sowie *argumenter contre* bzw. Gegenargumentation sowie gegenargumentieren (Kapitel 2) soll sich Kapitel 3 der begriffsgeschichtlichen Entwicklung der widerlegenden Verfahren und Redeteile in ausgewählten Traktaten der Rhetorik widmen.[14]

Auf der Grundlage einer ausführlichen Diskussion werden anschließend in Kapitel 4 einige wichtige antike Ansätze ausgewählt und zusammen mit modernen Theorien im Rahmen eines Überblicks über die wissenschaftlichen Modelle und gegenargumentativen Strukturen besprochen.[15] Es soll zum einen die Frage beantwortet werden, welche argumentationstheoretischen Ansätze bereits bestehen, und welcher bzw. welche am besten geeignet ist bzw. sind, politische Internetforumsdiskussionen auf gegenargumentative sprachliche Handlungen und Strukturen zu analysieren, sowie zum anderen, ob und inwiefern sich die präsentierten Ansätze systematisieren lassen, um ausgehend von diesen Erkenntnissen zu einer Arbeitsdefinition der Gegenargumentation zu gelangen. Nach dem Überblick über die wissenschaftliche Auseinandersetzung mit der Gegenargumentation wird in Kapitel 5 die Argumentationstheorie ausführlicher vorgestellt, die den höchsten Differenziertheitsgrad für die Analyse im Hauptteil vorweist: der pragma-dialektische Ansatz der Amsterdamer Schule, der zudem bereits auf den politischen Diskurs Anwendung fand.[16]

---

14 „Die Geschichte der allgemeinen Argumentationslehre beginnt mit der klassischen Logik, Dialektik und Rhetorik und ihrem Begründer Aristoteles." (Hilgendorf 1990: 10).

15 Dabei soll kein Anspruch auf Vollständigkeit erhoben werden.

16 Die Entscheidung für den pragma-dialektischen Ansatz wird durch die Studie Lewińskis (2010) bestätigt, der kritische Reaktionen in politischen Internetforumsdiskussionen von Google Groups untersucht. Im Unterschied zu Lewiński, der den neu-dialektischen Ansatz Waltons und Krabbes Dialogtypen sowie das von Aakhus, Jackson und Jacksons entwickelte „argumentation design" als nicht adäquat herausarbeitet, werden in der vorliegenden Untersuchungen andere Argumentationsmodelle und -theorien hinsichtlich ihrer Eignung diskutiert. Des Weiteren handelt es sich um englischsprachige kritische Diskussionen und nicht um französischsprachige.

Der analytische Teil beginnt mit Kapitel 6, in dem in einem ersten Schritt die Kommunikationsbedingungen des Internetforums *Debate Europe* in Hinsicht auf ihren Einfluss auf die Gegenargumentationsgestaltung untersucht werden. In einem zweiten Schritt soll der Einfluss der technischen und institutionellen Bedingungen diskutiert werden. In Kapitel 7 wird der Frage nachgegangen, inwieweit das Gegenargumentieren als ein Typ von kritischer Reaktion im Sinne von van Eemeren und Grootendorst im Internetforum *Debate Europe* charakterisiert werden kann und welche Ziele damit angegriffen werden können.

Aus makroskopischer Perspektive sollen in Kapitel 8 konstitutive argumentative Handlungen und Züge (*argumentative moves*[17]) des Antagonisten, die zusammen die Makrostruktur der Gegenargumentation ausbilden, ermittelt und an Korpusbeispielen unter Berücksichtigung des Modells einer kritischen Diskussion der pragma-dialektischen Argumentationstheorie erläutert werden,. Es soll dabei der Frage nachgegangen werden, welche sprachlichen Mittel im Französischen Gegenargumentationen indizieren.

Das neunte und letzte Kapitel stellt abschließend noch einmal alle Ergebnisse der Studie resümierend dar und zeigt weiterführende Forschungsfragen auf, die sich aus den Erkenntnissen ableiten lassen.

Methodisch wird qualitativ und nicht quantitativ vorgegangen. Diese Entscheidung lässt sich dadurch begründen, dass eine detaillierte Beschreibung einzelner Phänomene der Auswertung von Frequenzbestimmungen vorgezogen wird. Für eine qualitative Vorgehensweise zur Analyse von kritischen Reaktionen im Rahmen von politischen Internetforumsdiskussionen spricht sich bereits Lewiński (2010: 6) aus:

> What is needed for this task are analytic tools sensitive enough to grasp the specificities of contextualised argumentation, that is, tools that are instrumental in spelling out the argumentative qualities of the context in question, in specifying the functions a given move plays in argumentative discussion, in reconstructing the implicit and indirect parts of argumentation and, eventually, in evaluating the move's reasonableness. It is contemporary theory of argumentation that provides such tools. Therefore, in general, **qualitative methods of argumentation theory are more adequate to studying phenomena of online argumentative discourse than quantitative content analysis routinely employed by political theorists, communication scholars and sociologists interested in online argumentation.** (Eigene Hervorhebung)

---

17 Aufgrund des pragmatischen Ansatzes wird davon ausgegangen „that the moves that can be made in a discussion [...] are conceived as verbal activities" (van Eemeren/ Grootendorst 2004: 52).

Die qualitativen Methoden der Argumentationstheorie der Amsterdamer Schule sieht Lewiński als geeignet bzw. „sensitive enough" für die Studie von argumentativen Zügen (*moves*) in argumentativen Diskussionen. Ihre Argumentationstheorie stelle die Analysewerkzeuge „to grasp the specificities of contextualised argumentation" (Lewiński 2010: 6); im vorliegenden Fall im Kontext von Internetforumsbeiträgen zu EU-politischen Themen.

Nach der Ermittlung der konstitutiven argumentativen Handlungen (Referieren, negatives Bewerten (Angreifen), argumentatives Stützen des Angriffs[18]) zur Verbalisierung einer Gegenargumentation wird induktiv nach den sprachlichen Realisierungsformen[19] im Korpus gesucht, um darüber Rückschlüsse auf das „Vertextungsmuster" *Gegenargumentation* zu ziehen. Das Konzept des „Vertextungsmusters" geht auf den textlinguistischen Ansatz von Heinemann (2000) zurück. Letzterer beschäftigt sich ausführlich mit dem Vertextungsmuster *Deskription* – welches neben Narration und Argumentation zum Grundkanon der textlinguistischen Fachliteratur zählt. Heinemann (2000: 57) bemerkt, dass Vertextungsmuster im Rahmen von globalen Strategiemustern zu platzieren seien:

> Globale Strategiemuster sind auch die Basis für die Entscheidung eines Textproduzenten für eine bestimmte Grundform der strukturellen und sprachlichen Gestaltung eines Textes (unter bestimmten situativen Bedingungen), eben für die Vertextung des jeweiligen Sprecher-Anliegens. Solche Vertextungsmuster können als Teilkomponenten von umfassenderen Strategien gefasst werden, als Ensembles von Verfahren zur Textherstellung im engeren Sinne.

Daraus ließe sich folgern, dass die Situationsbedingungen – wie es beispielsweise Anonymität, Asynchronität, Raum-Zeit-Trennung der Kommunikationspartner in einem Internetforum wären – Einfluss auf die Vertextung des Sprecher-Anliegens haben könnten und somit auf die strukturelle und sprachliche Gestaltung des Gegenargumentierens, welche als verbale Strategie der Ablehnung im Sinne von Kleinke (2007: 330) verstanden werden kann.

---

18 Pirazzini (2002) stellt in ihrer Studie die These auf, dass das argumentative Textprofil der Opposition aus drei konstitutiven Textbestandteilen besteht: Referieren, Angreifen, Argumentieren.

19 Heinemann (2000: 357) betont den strategischen Aspekt von Vertextungsmustern, der mit der sprachlichen Realisierung verbunden ist: „Als strategische Varianten, auf niederer hierarchischer Ebene, der Ebene der lokalen Textstrukturierung bilden sie [die Vertextungsmuster] die Grundlage für Prozesse der Sequenzierung von illokutiven und propositionalen Einheiten und deren Strukturierung zu Teiltexten/Textteileinheiten, immer verknüpft mit Formulierungs- und Verbalisierungsprozessen."

Neben den sprachlichen Mitteln, die einem Sprecher individuell zur Verfügung stehen, um seiner „Kommunikationsaufgabe"[20] gerecht zu werden und sein Anliegen vorzubringen, soll deshalb ebenfalls untersucht werden, welche Kommunikationsbedingungen tatsächlich Einfluss auf die Vertextung haben.

1.3 Das Internetforum *Debate Europe* als Korpus: Eignung, Auswahl und Konstitution

Das von der Europäischen Kommission eingerichtete Internetforum *Debate Europe* (http://europa.eu/debateeurope/index_fr.htm) ist ein öffentlicher, virtueller Raum für multilinguale transnationale Diskussionen. Mittels des Forums soll versucht werden, eine Brücke zwischen EU-Institutionen und Bürgern zu schlagen und die Kommunikation zu erleichtern.[21] Es eignet sich zur Analyse von Gegenargumentationen in argumentativen Texten des Französischen, da es sich um (informelle) Diskussionen zwischen mindestens zwei Parteien handelt und somit um typische kritische Diskussionen (*critical discussions*) im Sinne von van Eemeren und Grootendorst (1984; 1992; 2004; 2010).

Van Eemeren und Grootendorst definieren eine kritische Diskussion als eine Diskussion

> between a protagonist and an antagonist of a particular standpoint in respect of an expressed opinion, the purpose of the discussion being to establish whether the protagonist's standpoint is defensible against the critical reactions of the antagonist. (van Eemeren/Grootendorst 1984: 17)

Das Forum bietet den Vorteil, authentische (Alltags[22]-)Argumentationen in insgesamt 24 Sprachen abzubilden, wobei der Fokus auf den französischen Teil des Forums gelegt wird, der argumentative Diskussionen in Form eines *critical exchange* zwischen (in der Regel) französischsprachigen Diskussionsteilnehmern enthält.[23] Ziel der Europäischen Kommission ist – laut der Internetseite –, eine

---

20 Die „Kommunikationsaufgabe" ist nach Kohlmann (1992: 96) eine „explizit oder implizit gestellte Frage", „die inhaltlich und strukturell Vorgaben für den Aufbau des Textes enthält". Im Falle der Gegenargumentation könnte man die Quaestio formulieren: Wie kann ich meinem Gegner aufzeigen, was ich an seiner Argumentation angreifenswert finde und was ich für Gründe für diesen Angriff habe.
21 Internetforen sind nach Bijsmans und Altides (2007) ein Mittel, um eine Brücke zwischen staatlichen Institutionen und Bürgern zu schlagen.
22 „Everyday argumentation" (van Eemeren/Garssen (2013: 526).
23 Gelegentlich kommen Diskussionsbeiträge in anderen Sprachen im französischen Teil des Forums vor. Sie werden nicht zensiert; werden bisweilen aber vom

Plattform bereitzustellen, auf der die Diskutierenden aktiv an der Gestaltung der Politik der EU teilhaben können.[24] Die politische Partizipation ist tatsächlich eine begrenzte,[25] da keine Gesetze, Resolutionen oder andere juristisch legitimierten Entscheidungen im Anschluss an die Diskussionen verabschiedet werden.

Dass die Beiträge der Internetforumsdiskussionen als typisch argumentativ angesehen werden können, ist zum einen der Tatsache geschuldet, dass argumentative sprachliche Handlungen konstitutiv sind,[26] und zum anderen durch die große Beachtung, die den Online-Forumsdiskussionen innerhalb der Argumentationsforschung beigemessen wird (vgl. z.b. Pirazzini 2006; Kleinke 2007; Abott et al. 2011; Amossy 2011). Besonders die Studie *Internet political discussion forums as an argumentative activity type: A pragma-dialectical analysis of online forms of strategic manoeuvring in reacting critically* von Lewiński (2010) unterstreicht dieses Phänomen und kann als bisher ausführlichste Auseinandersetzung mit diesem Themenbereich in Bezug auf die englische Sprache gelten.

Zur Auswahl des Internetportals *Debate Europe* ist zu sagen, dass eine möglichst heterogene, aktuelle europapolitische Themenzusammenstellung angestrebt wurde und Dispute als konstitutive Phänomene enthalten sein sollten. Insgesamt wurden Diskussionen zu 26 verschiedenen europapolitischen Themen ausgewählt (Korpus A-Z vgl. Anhang). Die 26 Diskussionen, die das Korpus konstituieren, bestehen aus mindestens sechs Diskussionsbeiträgen (wie in Korpus M) und können mehrere hundert Beiträge (z.B. Korpus A) unterschiedlicher Autoren enthalten. Der Vorteil der hohen Anzahl von unterschiedlichen Diskussionsbeitragsautoren soll dazu beitragen, ein breites Spektrum an Gegenargumentationen abzubilden.

Im initialen Internetforumsdiskussionsbeitrag ist in der Regel ein Standpunkt eines Diskussionsbeitragsautors oder eine Quaestio enthalten, der bzw. die Anlass zu einer Meinungsverschiedenheit (*difference of opinion*) gibt, welche mittels

---

Moderator angemahnt. Für die Analyse wurden anderssprachige Diskussionsbeiträge ausgeschlossen.

24 Vgl. die Ziele der Kommission auf der Nachfolgerseite des Forums *Debate Europe* : http://ec.europa.eu/yourvoice/index_fr.htm. Dort heißt es: „Le site ‚Votre point de vue sur l'Europe‘, géré par la Commission européenne, offre un accès centralisé à un vaste éventail de consultations, de discussions et d'autres outils qui vous permettront de participer activement à l'élaboration des politiques de l'Union européenne.“

25 Kritisch zur Möglichkeit der Partizipation vgl. Wodak/Wright (2006).

26 „A discourse or text can only be regarded as indubitably argumentative – at least in part – if the speech act of argumentation is carried out.“ (van Eemeren/Grootendorst 2004: 97).

kritischer Diskussion zu lösen versucht wird. Eine Meinungsverschiedenheit (als grundsätzlicher Ausgangspunkt einer jeden argumentativen Handlung im pragma-dialektischen Ansatz) ist aufgrund der stark polarisierenden politischen Thematiken im Forum *Debate Europe* nicht nur zu erwarten, sondern auch notwendige Voraussetzung für das Äußern einer Gegenargumentation eines Antagonisten. Dass in den Forumsdiskussionen Gegenargumentationen zu erwarten sind, ist auf zwei maßgebliche Aspekte zurückzuführen: Zum einen ist dies auf die politische Ausrichtung der Diskussionen zurückzuführen, da „online political discussions can be expected to be more emphatically argumentative than, say (information-based) online medical discussions, even if both these types of discussion are supported by the same technology" (Lewiński 2010: 82). Und „more emphatically argumentative" soll in der vorliegenden Studie interpretiert werden als verstärkt argumentativ, d.h. dass der kommunikative Kern der Diskussionen das Argumentieren (und damit auch das Gegenargumentieren) darstellt (von Protagonisten sowie Antagonisten). Zum anderen sind Gegenargumentationen zu erwarten aufgrund der allgemein angenommenen Präferenz für „forms of disagreement" (Lewiński 2010: 85) in der Internetforumskommunikation. *Disagreement*, welches für politische Diskussionen konstitutiv ist, kann u.a. durch die Konfrontation eines Standpunkts mit Zweifeln geäußert werden und den Schreiber veranlassen, den Leser mittels Argumentation von seinem Standpunkt zu überzeugen. Das Alternieren von zustimmenden und ablehnenden Gesprächsschritten ist nicht zuletzt der Handlung >Diskutieren< geschuldet. Kleinke (2007) weist auf die allgemeine Präferenz für „ablehnende Gesprächsschritte" innerhalb der „Gesprächssorte >Diskussion<" hin – zu denen auch die Gegenargumentationen gezählt werden können:

> Eine Besonderheit der Gesprächssorte >Diskussion< liegt in ihrer spezifischen Art der Präferenzorganisation. Im Unterschied zum >informellen Gespräch<, in dem zustimmende Gesprächsschritte aufgrund ihrer Strukturmerkmale durch Levinson als >bevorzugte Gesprächsschritte< identifiziert wurden, gilt nach Pomerantz, Jacobs und Kotthoff in der Diskussion die verbale Ablehnung als bevorzugte Strategie in Realdiskussionen. (Kleinke 2007: 330)

Mit Gegenargumentationen können demzufolge Strategien verbaler Ablehnung in politischen Internetforumsdiskussionen verfolgt werden. Aber ob verbale Ablehnung im Forum *Debate Europe* tatsächlich zu den *bevorzugten* Strategien und Gesprächsschritten zählt, müsste in Form von statistischen Auswertungen verifiziert werden, was jedoch in der vorliegenden Studie aufgrund der qualitativen

Ausrichtung nicht überprüft werden kann.[27] Die 26 Korpustexte (Diskussionsthreads) sind nach derzeitigem Stand (Mai 2016) im Internet unter *http://europa.eu/debateeurope/about/index_fr.htm* abrufbar, auch wenn das Forum am 28.02.2010 geschlossen wurde (vgl. dazu Kapitel 6.2). Um die aus den Diskussionsthreads stammenden und im Analyseteil untersuchten Diskussionsbeiträge im Original zu finden, reicht es in der Regel, die Überschrift und die ersten Worte in Kombination mit dem Forumsnamen in eine Suchmaschine einzugeben.

Zusammenfassend lässt sich festhalten, dass das von der Europäischen Kommission initiierte Internetforum eine asynchrone, informelle, politische Diskussion im öffentlichen Raum zwischen europapolitisch interessierten Frankophonen ermöglicht. Argumentationen und Gegenargumentationen zählen aufgrund der Politik als zu untersuchendem Diskursbereich zu den erwartbaren sprachlichen Handlungen, da sie den kommunikativen Kern dieses Tätigkeitsfelds darstellen.

---

27 Quantitative Studien, wie beispielsweise die von Hill/Hughes (1998), bestätigen die Präferenz.

2. Annäherung an den Gegenargumentationsbegriff – Anmerkungen zu Etymologie und Vorkommen in Wörterbüchern

In diesem Kapitel werden die Bezeichnungsmöglichkeiten der Konzepte GE-GENARGUMENTATION und GEGENARGUMENTIEREN bzw. die Begriffe[28] „Gegenargumentation" und „Gegenargumentieren" unter etymologischen sowie definitorischen Aspekten als auch hinsichtlich ihres Vorkommens in Wörterbüchern betrachtet. Die angewandte onomasiologische Methode sieht vor, den Begriff als Ausgangspunkt zu wählen und seine unterschiedlichen Bezeichnungen in einer Sprache zu untersuchen[29]. An erster Stelle sollen die Bezeichnungen im Französischen und an zweiter Stelle im Deutschen betrachtet werden. Die französischen sowie deutschen Bezeichnungen werden untersucht, da die vorliegende Studie einen Beitrag sowohl zur deutschen als auch zur französischen Forschung leisten soll.

Argumentieren und *Argumentation* bzw. *gegenargumentieren* und *Gegenargumentation* sind Begriffe, die im deutschen sprachlichen Alltag regelmäßig Anwendung finden, wobei aber nur die ersten beiden Bezeichnungen dieser Konzepte in heute gängigen Wörterbüchern zu finden sind (vgl. z.B. *Duden, Wahrig* ([7]2005)). Während *Argumentieren* und *Argumentation* als eigene Lemmata aufgeführt werden, ist dies bei den Bezeichnungen *gegenargumentieren* und *Gegenargumentation* nicht zwingend der Fall, da sie meist nur als Stichwort innerhalb eines Wörterbucheintrags der Lemmata *argumentieren, Argumentation* oder *Argument* erwähnt werden. Als einzigen Eintrag dieser Wortfamilie findet sich im *Duden Online* das Wort *Gegenargument* definiert.[30]

Für das Französische fehlen ebenfalls eigene Wörterbucheinträge zu fr. *contre-argumentation* und *contre-argument*, wie sich beispielhaft in *Le nouveau Petit Robert* (2010) als auch im *Dictionnaire de l'Académie Française* (1694/[9]1992) zeigt.

---

28 Zur Problematik der Abgrenzung der Termini *Wort, Begriff* und *Bezeichnung* vgl. Haßler/Neis (2009: 81ff.).

29 Vgl. Haßler/Neis (2009: 88).

30 „Argument gegen etw., gegen ein anderes Argument" (http://www.duden.de, Stand: 14.02.2014).

Erklären kann man das Fehlen damit, dass nicht alle Zusammensetzungen mit fr. *contre-* bzw. dt. *gegen-* gesondert im Lexikon aufgeführt werden, wenn sie nicht als „konzeptuell" getrennt betrachtet werden. Die Lexeme[31] werden in der Regel an alphabetischer Stelle des Stammes erklärt und bedürfen deshalb nicht einer erneuten Erklärung, wenn sie durch das Präfix fr. *contre-*[32]/dt. *gegen-* in Opposition dazu stehen. Im *Dictionnaire étymologique et historique du français* von Dauzat, Dubois und Mitterrand (1964/²1993: 182) wird unter fr. *contre-* angemerkt, dass „les mots construits avec le préfixe contre- sont étudiés, sauf exception, à la place alphabétique du radical".

Betrachtet man im Anschluss an die Überprüfung des Vorkommens in Wörterbüchern die Wortgeschichte[33], könnte einstweilen vermutet werden, dass die in Opposition stehenden Substantive fr. *argumentation* und fr. *contre-argumentation* gleichzeitig im 14. Jahrhundert entstanden sind, als fr. *argumentation* zum ersten Mal belegt und das Präfix fr. *contre-* bereits seit dem 12. Jahrhundert produktiv zur Wortbildung genutzt wurde. Jedoch erst ca. 600 Jahre später, um genau zu sein auf das Jahr 1974, datiert Rey im *Dictionnaire historique de la langue française* das erste Vorkommen der zusammengesetzten Form fr. *contre-argumentation*, obwohl fr. *argumentation* bereits 1320 attestiert ist (vgl. Rey 1992: 110).

Es stellt sich daher in einem ersten Schritt die Frage, wie sich die französischen Bezeichnungen zum Ausdruck der Konzepte von CONTRE-ARGUMENTATION und ARGUMENTER CONTRE entwickelt und gewandelt haben, weshalb in Kapitel 2.1 die Wortgeschichten von fr. *contre, contre-argumentation, contrarguer* sowie diejenige von fr. *argumenter contre qqc/qqn* nachgezeichnet werden.

Für die französischen Lexeme werden deshalb die wichtigsten etymologischen Wörterbücher wie u.a. das *Französisch Etymologische Wörterbuch* (FEW) von Walther von Wartburg (1922ff.) sowie der *Dictionnaire historique de la langue française* von Alain Rey (1992) konsultiert.

In einem zweiten Schritt folgt die Wortgeschichte der deutschen Lexeme zum Ausdruck der Konzepte von GEGENARGUMENTATION und GEGEN-ARGUMENTIEREN: dt. *gegen, Gegenargumentation* und *gegenargumentieren*

---

31 Unter Lexem werden hier nicht nur einzelne Wörter, sondern auch Wortgruppen verstanden, die „eine nicht auflösbare semantische Einheit" (Ulrich ³1981: 91, →Lexem) darstellen.

32 Vgl. *Le Petit Robert de la langue française* (2012, →*contre*).

33 „Die Definition einer Sache ist ebenso wie die ihres Begriffs identisch mit seiner Geschichte, die freilich nicht abgeschlossen und fertig, sondern offen und für Folgen bereit." (Ueding 1992: VI).

(Kapitel 2.2). Dafür wird u.a. das *Etymologische Wörterbuch der deutschen Sprache* von Kluge (1883/²⁴2002), das *Etymologische Wörterbuch des Deutschen* von Pfeifer und Braun (1989/²1993) sowie *Das Herkunftswörterbuch* der Dudenredaktion (1963/⁴2007) ausgewertet.[34]

Bei der Betrachtung der Wortgeschichte soll der Versuch unternommen werden, vertiefende Aspekte für das Verständnis der heutigen Wortbedeutungen im Deutschen und Französischen zu liefern.

2.1 Wortgeschichte von fr. *contre*(-), fr. *contre-argumentation*, fr. *contrarguer* und fr. *argumenter contre qqc, qqn*

Etymologisch betrachtet stammt das Lexem fr. *contre* von lt. *contra* ab, welches die Funktion eines Adverbs oder einer Präposition übernehmen kann (vgl. Picoche 1994/²2002: 130, → contre; *Trésor de la langue française informatisé* (TLFi) 2004: →contre; *Dictionnaire de la langue française abrégé du Dictionnaire de Littré* (*Le Petit Littré*) 2003: 346 →contre). Als Präposition und Adverb bedeutete lt. *contra* „en face de, vis à vis", „au contraire de", „en sens contraire de" und „par opposition à" (Rey 1992: 488, → contre; FEW 1922ff./1946: 1116, → contra). Die ins Altfranzösische übernommene lateinische Form *contra* (842) wurde im Jahr 1080 von *cuntre* und schließlich von *contre* (um 1170) abgelöst. Seit dem 11. Jahrhundert, so Rey (1992) weiterhin, ist fr. *contre* mit drei verschiedenen Bedeutungen attestierbar, die bis heute in Abhängigkeit von ihrer Funktion als Präposition und Adverb bestehen:

1. „Une idée de contacte, de proximité est réalisée par la préposition (1080, *contre terre*) et l'adverbe (en composition *là-contre, ci-contre, tout contre*)."

2. „Une seconde idée, proportion, comparaison, apparaît (1080) dans une formule du type **cent contre un**. En procèdent les sens de « à la place de » (v. 1174) et « en échange de » (1323)."

3. „Enfin, l'idée dominante est celle d'une opposition, aussi bien avec une valeur offensive, attestée dès 842, en particulier après quelques verbes de combat, au propre et au figuré, qu'avec une valeur défensive (1160–1174) dans les constructions du type *se protéger contre* (*contre-*, préfixe, fonctionne alors comme doublet de *para-*)." (Rey 1992: 488, → contre, Hervorhebungen im Original)

---

34 Außerdem wurde nach den Lemmata im *Deutschen Wörterbuch* von Jacob und Wilhelm Grimm (1854–1961) gesucht und dabei festgestellt, dass weder Argument/Argumentation/argumentieren noch Gegenargument/Gegenargumentation/gegenargumentieren aufgenommen wurden.

Die dritte „Idee", attestiert seit dem 9. Jahrhundert, – welche einen oppositiven Aspekt ausdrückt – wird von Baumgartner und Ménard anders beurteilt; sie sind der Meinung, dass „la valeur d'opposition s'est dévéloppé en fr. [français] mod. [moderne]" (Baumgartner/Ménard 1996: 199, → contre).

Im Galloromanischen, so von Wartburg, wurde lt. *contra* im Norden im ursprünglichen Sinn von ‚gegenüberliegend' weiter verwendet; diese Bedeutung sei jedoch im 17. Jahrhundert nach und nach von den anderen Bedeutungen verdrängt worden (vgl. FEW 1946: 1116). Bloch und von Wartburg (1932/⁵1968: 155) sind der gleichen Meinung, dass „le sens lat. [latin] class. [classique] ‚en face de' vit en fr. [français] jusqu'au XVIIᵉ".

Aus der dritten „Idee" geht außerdem hervor, dass das französische *contre* zum ersten Mal in dem für die französische Sprachgeschichte bedeutsamen Jahr 842 belegt ist. Dieses Datum wird ebenfalls in Gamillschegs *Etymologischem Wörterbuch der französischen Sprache* bestätigt, wobei hier nicht angegeben wird, ob es sich bei *contre* um eine Präposition oder ein Adverb handelt (vgl. Gamillscheg 1928/²1969: 256). Im *Dictionnaire étymologique et historique du français* von Dauzat, Dubois und Mitterrand (1964/³2006: 196) findet sich neben der ersten Attestierung die Angabe des Werkes, in dem die erste Verwendung nachgewiesen wurde: Zum ersten Mal sei fr. *contre* im Jahr 842 in den *Serments de Strasbourg* in der lateinischen Form von *contra* dokumentiert worden. Auch hier wird von Dauzat, Dubois und Mitterrand (1964/³2006: 196) nicht präzisiert, ob es sich beim ersten Beleg um ein Adverb oder eine Präposition handelte. Im folgenden Ausschnitt aus den *Serments de Strasbourg* findet sich die aus dem Lateinischen übernommene Form *contra*:

> Si Lodhuuigs sagrament que son fradre Karlo jurat conservat et Karlus, meos sendra, de suo part non l'ostanit, si io returnar non l'int pois, ne io ne neuls cui eo returnar int pois, in nulla aiudha **contra** Lodhuuig nun li iu er.³⁵ (Wolf/Hupka 1981: 18, eigene Hervorhebung)

Contra übernimmt in dieser Textstelle die Funktion einer Präposition, die deutlich macht, dass eine Hilfeleistung gegenüber einer Person – Lodhuuig (Ludwig) – auszuschließen sei.

Der Eintrag in der zweiten Ausgabe des *Dictionnaire étymologique et historique du français* von (1964/²1993) ist weiterhin mit einem Asterisk (*)

---

35 „Si Louis observe le serment qu'il jure à son frère Charles et que Charles, mon seigneur, de son côté, ne le maintient pas, si je ne puis l'en détourner, ni moi ni aucun de ceux que j'en pourrai détourner, nous ne lui serons d'aucune aide contre Louis." (Berschin/ Felixberger/Goebl 1978: 185).

gekennzeichnet, was darauf hinweist, dass das Wort fr. *contre* zu den Wörtern zählt, die „de base d'origine populaire, directement issus du latin par évolution continue" (Dauzat/Dubois/Mitterrand 1964/²1993: XXI).

Neben einer Bedeutungserweiterung (von ‚gegen (im feindlichen) sinn [sic]' zu ‚gegenüberliegend', ‚im gegensatz [sic] zu etwas, nicht in übereinstimmung [sic] mit', ‚in entgegengesetzter richtung [sic]')[36] hat fr. *contre* auch eine Bedeutungsverengung unter räumlichen Gesichtspunkten vom Altfranzösischen zum modernen Französischen erfahren. So stellen Vanderheyden und De Mulder, die sich in ihrer Analyse mit der Wortgeschichte von fr. *contre* beschäftigt haben, fest, dass sich eine Distanzverringerung zwischen Gegenständen, Personen, Eigenschaften etc., die durch die Präposition fr. *contre* miteinander in Verbindung gebracht werden, vollzogen hat. Sie betonen, dass

> *contre* a subi au cours de son évolution un changement profond, qui concerne son sens dynamique: elle a toujours exprimé l'idée du ‚mouvement d'une entité vers une autre entité', mais la distance entre les deux entités mises en relation s'est considérablement réduite […]: au départ l'emploi de *contre* n'impliquait pas le contact ou le presque-contact de la cible avec le site. (Vanderheyden/Mulder 2001: 116)

Vanderheyden und de Mulder (2001) verwenden in diesem Zitat die Begriffe *cible* und *site* aus der Theorie von Vandeloise, der sich in *L'espace en français* u. a. mit der unterschiedlichen Verwendung der Kontaktpräpositionen *contre*, *sur* und *à* auseinandergesetzt hat (vgl. Vandeloise 1986: 200ff.). Mit *cible* und *site* bezeichnet Vandeloise zwei Entitäten, die durch fr. *contre* im räumlichen Sinn miteinander in Verbindung gebracht werden, wobei er unter *cible* das zu lokalisierende, i.d.R. bewegliche Objekt versteht und unter *site* das fixe, i.d.R. unbewegliche Objekt, das dazu dient, das *cible* zu lokalisieren (vgl. Vandeloise 1986: 33ff.).

Charakteristisch für die Präposition fr. *contre* ist seiner Meinung nach, dass *cible* und *site* eine horizontale („horizontale") bzw. schräge („oblique") Interaktion[37] suggerieren, was er anhand des folgenden Beispielsatzes erklärt:

> „Le balai est contre […] le mur." (Vandeloise 1986: 203)

Das zu lokalisierende Objekt, der Besen, ist gegen das fixe unbewegliche Objekt, die Wand, gelehnt. Der räumliche Distanzbereich zwischen den Entitäten, der durch fr. *contre* impliziert wird, ist dabei sehr gering. Der Kontakt der Objekte

---

36 Die genannten Bedeutungen stammen aus FEW (1922ff./1946: 1116, → contre).

37 Eine horizontale Interaktion spricht Vandeloise den Objekten Schrank und Mauer zu, die durch die Präposition fr. *contre* in folgendem von ihm gewählten Beispielsatz miteinander „interagieren": „L'armoire est contre le mur." (Vandeloise 1986: 202).

lässt sich als schräg aufgrund des Winkels zwischen den beiden Objekten wahr-
nehmen, weshalb folgende Konstruktion mit der Präposition *sur* – die eine ver-
tikale Interaktion evoziert – nicht möglich wäre[38]:

*Le balai est sur le mur.

Die Kontaktpräposition fr. *contre* drückt folglich in der heutigen Verwendung
eine Nähe zwischen dem fixen und dem zu lokalisierenden Objekt aus. Wohingegen fr. *contre* im Altfranzösischen noch eine Distanz zwischen *cible* und *site*
zum Ausdruck bringt, wie folgendes Beispiel aus dem *Chanson de Roland* (um
1090) zeigt:

„Bramidonie vient curant **contre** lui. (Roland 2822)"

Fr. *contre* bezeichnet hier die Bewegungsrichtung von einer Entität näher zu einer anderen (Bramidonie → lui), ohne dass dabei die Idee eines direkten Kon-
takts zwischen den beiden hervorgerufen wird.

Auch im *Dictionnaire étymologique et historique de la langue française* von
Baumgartner und Ménard wird auf die Distanzverringerung seit dem Altfranzösischen hingewiesen:

[Contre] comme prép. [préposition] marque la proximité, le contact, dans des emplois
fréquents en a. fr. [ancien français], disparus aujourd'hui comme ,dans la direction de,
vers, vis-à-vis de [...]' (Baumgartner/Ménard 1996: 199, → contre).

Neben diesem Bedeutungswandel hat fr. *contre* auch einen Wortklassenwechsel
erfahren. Im heutigen Französischen ist fr. *contre* nicht nur Präposition, Adverb
und Präfix, sondern auch Nomen (z.B. peser le pour et *le contre*).[39] Als Substan-
tivierung kommt fr. *contre* seit dem 15. Jahrhundert vor und wurde im musika-
lischen Bereich zur Benennung einer „voix alto qui fait harmonie ,contre' une
autre" eingeführt (Rey 1992: 488; TLFi 2004: →contre). Im Bereich von Sport
und Spiel findet sich der Begriff seit dem 17. Jahrhundert, z.B. beim Fechten,
beim Kartenspielen und beim Billardspiel (vgl. Rey 1992: 488).

Als Präfix kommt fr. *contre-* in Zusammensetzungen von Lexemen (z.B. mit
Verben und Substantiven) besonders ab dem 12. Jahrhundert vor. So wird im
Dictionnaire historique de la langue française an dieser Stelle bemerkt:

ils [les composés avec contre-] apparaissent en nombre au XIIe s. [siècle], avec une nette
prédominance des composés verbaux et déverbaux. Cette tendance se poursuit avec la

---

38 Vgl. Vandeloise (1986: 203).
39 Vgl. Rey (1992: 488, eig. Hervorhebung).

même intensité jusqu'au XVIe siècle. À partir du XVIIe s. s'amorce la tendance moderne à former surtout des composés substantifs. (Rey 1992: 488, → contre)

Die Verbindung von fr. *contre-* mit einem Verb zum Ausdruck des Konzepts GEGENARGUMENTIEREN erscheint um 1320 zum ersten Mal mithilfe von fr. *arguer*[40] (aus lat. *arguere*) in der Form von fr. *contrearguer à qn* in der Bedeutung von fr. '*déposer des conclusions contre qn*'[41]. Ab etwa 1330 gab es das absolute Verb fr. *contrarguer*, das im Sinn von fr. '*réfuter*'[42] und von fr. '*arguer contre, repliquer à des accusations*'[43] verwendet wurde. Die Form fr. *contrarguer* findet sich sowohl im *Dictionnaire de l'ancienne langue française et de tous ses dialectes du IXe au XVe siècle* von Frédéric Godefroy als auch in Adolf Toblers (1936) nachgelassenen Materialen zum Altfranzösischen (dort in leicht veränderter Schreibweise: fr. *contrargüer* [sic!]).[44] Das Syntagma fr. *contrarguer à qn* und das absolute Verb fr. *contrarguer* sind allerdings in heutigen Wörterbüchern nicht mehr belegbar,[45] ebenso wie das aus dem Lateinischen stammende Verb[46] fr. *rédarguer* ('*convaincre d'erreur (celui qui donne qch pour vrai*'; um 1300)[47], wobei die Struktur fr. *arguer contre* im heutigen Französisch weiterhin im Sinne von „gegenargumentieren" verwendet wird.[48]

Eine Verbindung von fr. *contre-* mit dem Substantiv fr. *argumentation*[49] zu fr. *contre-argumentation* hat es trotz der Möglichkeit der Zusammensetzung (seit dem 12. Jahrhundert) nicht gegeben, obwohl die Existenz von fr. *argumentation* bereits 1320 nachgewiesen ist. Auf diese Zeit datieren Rey (1992: 110) und Dauzat, Dubois sowie Mitterrand (1964/²1993: 41) den Erstbeleg von fr. *argumentation*, wohingegen Baumgartner und Ménard (1996: 45, → arguer) ein früheres Vorhandensein im 13. Jahrhundert annehmen. Jedoch ist das Wort fr. *contre-argumentation* erst

---

40 Frz. *arguer* ist zum ersten Mal um 1080 belegt und bedeutet im Französischen "prouver" und "accuser" (vgl. Dauzat/Dubois/Mitterrand (²1993: 41)).

41 FEW (1922ff./2002: 212, →argūtare).

42 FEW (1922ff./2002: 212, →argūtare); Tobler-Lommatzsch (1936: 782, →contrargüer [sic!]).

43 Godefroy (1881–1902/1961/Repr. [de l'ed.] 1883: 270, →contrarguer).

44 Tobler-Lommatzsch (1936: 783, Bd. 2, → contrargüer [sic!]); Godefroy (1883/1961: 270, Bd. 2, →contrarguer).

45 Vgl. beispielhaft *Le Petit Robert de la langue francaise* (2016).

46 Von lt. *redarguere*.

47 FEW (1922ff./1962: 171).

48 Vgl. Robert (1951/²2001: 759).

49 Entstanden ist fr. *argumentation* aus dem lateinischen Wort *argumentatio* (vgl. Dauzat/ Dubois/Mitterrand (²1993: 41).

29

1974 attestiert, d. h. circa 600 Jahre später (vgl. Rey 1992: 110). Das Lexem fr. *contre-argument* lässt sich seit 1966 feststellen (vgl. Rey 1992: 110, → contre-argument). Resümieren lässt sich an dieser Stelle, dass lt. *contra* in der französischen Form *contre* einen Bedeutungs- und Wortklassenwandel durchgemacht hat und als Wortbaustein in Form eines Präfixes erst im 20. Jahrhundert eine Verbindung mit fr. *argumentation* und fr. *argument* zu fr. *contre-argumentation* und fr. *contre-argument* eingegangen ist.[50]

Das Konzept des Gegenargumentierens wird neben dem bereits diskutierten fr. †*contrarguer/arguer contre* im Französischen seit dem 17. Jahrhundert ebenfalls durch das Syntagma fr. *argumenter contre qqc, qqn* ausgedrückt, welches die Präposition fr. *contre* enthält. Zur Etymologie des Verbs fr. *argumenter* lässt sich festhalten, dass es von lt. *argumentari* abstammt (vgl. von Wartburg 1922ff./2002: 207; Rey 1992: 110). Letzteres bedeutet laut dem FEW „apporter des preuves"[51] sowie „,démontrer' et péjorativement ‚ergoter' (sens voisin de celui de *argutari*)"[52]. Lt. *argutari* ist „l'intensif de arguere, d'après la valeur ‚démontrer, chercher à convaincre'" (Rey 1992: 110, Hervorhebung im Original). Hauptbedeutungsmerkmal ist demnach <démontrer>.

Die französische Form des Verbs, die die lateinische abgelöst hat, ist seit circa 1150 nachweisbar und bedeutet in Zusammensetzung mit der französischen Präposition *contre*, dass Beweise gegen etwas bzw. jemanden vorgebracht werden (im Sinne von fr. *démontrer, apporter des preuves*) oder Kritik gegen etwas bzw. jemanden geäußert wird (im Sinne von fr. *ergoter*). In *Le nouveau Petit Robert* (2010 : 136) heißt es, dass fr. *argumenter* „présenter des arguments" bzw. „prouver par arguments" bedeutet. Setzt man die erste Definition in die Formel fr. *argumenter contre qqc, qqn* ein, ergibt sich daraus „présenter des arguments contre qqc, qqn".[53]

---

50 Im Falle von fr. *contre-argumentation* und fr. *contre-argument* wird von der Annahme ausgegangen, dass es sich bei fr. *contre-* um ein Präfix handelt, das an die Derivationsbasis angehängt wird. Zur Problematik der Abgrenzung von Präfigierung und Komposition vgl. Schpak-Dolt (2010: 121ff.). Schpak-Dolt spricht sich für die Betrachtung von fr. *contre(-)* als Präfix innerhalb eines Derivats im Falle von Verben wie fr. *contrefaire, contre-passer, contresigner* aus (vgl. Schpak-Dolt 2010: 122). Er vertritt dabei den Standpunkt, dass es sich bei dem Verbbestandteil um „ein zur Präposition homonymes Präfix" handelt und „die Verben Derivata" darstellen.

51 von Wartburg (1922ff./2002: 207, Tome XXV (refonte du tome Ier), →argumentari)).

52 Rey (1992: 110).

53 Mit der zweiten Bedeutung „prouver par arguments" ist das Einsetzen nicht möglich: *„prouver par arguments" contre qqn, qqc.

Den ersten Nachweis der zusammengesetzten Form fr. *argumenter contre qqc, qqn* datieren von Wartburg und Rey auf das Jahr 1680 aufgrund des Vorkommens im *Dictionnaire français* von Pierre Richelet.[54] Im zehn Jahre später erschienenen Wörterbuch von Furetière (1690) ist das Lexem ebenso enthalten wie in dem im Jahr 1694 zum ersten Mal erscheinenden *Dictionnaire de l'Académie Française.*

Die Verbform fr. *contre-argumenter hat sich in den konsultierten Wörterbüchern nicht nachweisen lassen. Allerdings kann an dieser Stelle angemerkt werden, dass in bestimmten Fachtexten zur Argumentationstheorie (z.B. Apothéloz/ Brandt/Quiroz (1989: 30)) die Form fr. *contre-argumenter* durchaus verwendet wird.[55] Außerdem wird in der Alltagssprache ebenfalls das Verb von Sprechern benutzt, wie sich anhand einer Google-Abfrage leicht nachweisen lässt.

Zusammenfassend lässt sich bemerken, dass das Verbalsyntagma fr. *argumenter contre qqc, qqn* (1680) lange vor der Bildung der Bezeichnungsmöglichkeiten fr. *contre-argument* (1966) und fr. *contre-argumentation* (1974) existiert hat.

2.2 Wortgeschichte von dt. gegen, dt. Gegenargumentation, dt. argumentieren gegen etwas und dt. gegenargumentieren

Das Kapitel hat zum Ziel, zunächst die Wortgeschichte von dt. *gegen* zu betrachten, wobei insbesondere auf die Herkunft sowie auf das Vorkommen in Wörterbüchern eingegangen werden soll. Im Anschluss wird die Wortgeschichte von dt. *Gegenargumentation* untersucht.

Dt. *gegen* kann zwei Wortarten repräsentieren: Präposition oder Adverb (vgl. Pfeifer/Braun 1989/[2]1993: 409). Beide Arten sind seit dem 9. Jahrhundert belegt, haben sich aus germanisch *gagna-* entwickelt und finden sich im Altsächsischen in Form von *gegin*, im Althochdeutschen als *gegin, gagan* sowie ab dem Mittelhochdeutschen als *gegen.*[56] Laut Pfeifer und Braun (1989/[2]1993: 409) ist die ursprüngliche Bedeutung von dt. *gegen* mit einer Richtungsangabe verbunden und bedeutete „auf etw. zu, auf etw. hin' (räumlich *gegen den Baum laufen*, zeitlich *gegen Abend*)". Weiterhin wurde mit der Präposition „das Verhältnis zu

---

54 Vgl. von Wartburg (1970–2002: 207 → argumentari); Rey (1992: 110, →argumenter).

55 Bei der Beschreibung der Rahmenbedingungen der Argumentation führen die Autoren aus: „Ils [les interlocuteurs] argumentent et contre-argumentent, développent des objections, produisent des raisons, des faits ou des opinions susceptibles d'amener l'adversaire à penser, à croire ou à faire certaines choses." (Apothéloz/Brandt/Quiroz 1989: 30f.).

56 Kluge (1883/[24]2002: 338, → gegen); DUDEN (1963/[4]2007: 255, →gegen).

Menschen oder Sachverhalten (*gütig gegen alte Leute, empfindlich gegen Kälte*)"
ausgedrückt (Pfeifer/Braun 1989/²1993: 409, Hervorhebung im Original). Die
„feindliche" Bedeutung von dt. *gegen* (‚wider') hat sich aus der Verhältnis- und
Richtungsangabe entwickelt „im Sinne eines absichtlichen Entgegenwirkens, einer Feindseligkeit (*gegen jmdn. kämpfen, gegen jeden Versöhnungsversuch sein*)"
(ebd., Hervorhebung im Original). Für diese Entwicklung geben Pfeifer und
Braun (1989/²1993) jedoch keine Zeitangabe an.

Das Lexem dt. *gegen*- kann ebenfalls als Präfix vor einen Wortstamm treten.
Besonders häufig kommt dies in Verbindung mit Nomen vor:

> z. B. für die entsprechende Erwiderung eines Vorgangs (*Gegendruck, -gruß, -wirkung*),
> einer feindlichen Absicht (*Gegenwehr, -stoß*), für Personen und Sachverhalte, die ein-
> ander völlig (*Gegenbild, -stück*), rivalisierend (*Gegenkönig, -spieler, -partei*) oder in um-
> gekehrtem Sinne, also gegenläufig (*Gegenrichtung, -strömung, -rhythmus*) entsprechen.
> (Pfeifer/Braun 1989/²1993: 409, Hervorhebung im Original)

Die Zusammensetzung des Präfixes dt. *gegen*- mit dem Substantiv dt. *Argumentation* zu *Gegenargumentation* wird vermutlich seit Anfang des 16. Jahrhunderts
verwendet, da auf diesen Zeitraum das Erstvorkommen von dt. *Argumentation*
festgesetzt wird und das Präfix dt. *gegen*- seit dem 9. Jahrhundert produktiv ist
(vgl. Pfeifer/Braun 1989/²1993: 59). Eine eigene Angabe zum ersten Vorkommen
findet sich jedoch in keinem der konsultierten etymologischen Wörterbücher
der deutschen Sprache, da das Lexem dt. *Gegenargumentation* nicht aufgeführt
wird.[57] In Kluges *Etymologischem Wörterbuch der deutschen Sprache* (1883/²⁴2002)
findet sich für den Begriff dt. *Argumentation* keine eigene Datierung. Allein dt.
Argument wird zum ersten Mal für das 15. Jahrhundert nachgewiesen. Es kann
deshalb nur vermutet werden, dass seit dem 15. Jahrhundert dt. *Gegenargument*
und seit dem 16. Jahrhundert das Wort dt. *Gegenargumentation* existiert. Zuvor
ist die Verwendung von dt. „Argument gegen" oder „Argumentation gegen" zur
Bezeichnung des Konzepts GEGENARGUMENT sowie GEGENARGUMEN-
TATION anzunehmen, so wie dies auch im heutigen Sprachgebrauch anzutref-
fen ist. Dass die Syntagmen zur Bezeichnung dieser Begriffe genutzt, aber nicht
in Wörterbüchern aufgeführt werden, lässt sich ebenfalls anhand einer Google-
Abfrage bestätigen.

Eine Angabe zur Erstdatierung von dt. *argumentieren gegen etwas* oder
dt. *gegenargumentieren* findet sich in keinem der konsultierten deutschen

---

57 Vgl. Bluhme (2005); Kluge (1883/²⁴2002); Pfeifer/Braun (1989/²1993); Grimm
   (1854–1961).

etymologischen Wörterbücher.[58] Das erste Vorkommen des Verbs *argumentieren* wird von Pfeifer und Braun (1989/²1993: 58f.) auf Anfang des 16. Jahrhundert datiert. Es kann deshalb nur angenommen werden, dass seit diesem Zeitpunkt auch dt. *gegen etwas argumentieren* bzw. *gegenargumentieren* Verwendung fanden.

2.3 Zusammenfassung

Ausgehend von der lateinischen Präposition *contra*, die zum ersten Mal für die französische Sprache in den *Serments de Strasbourg* nachgewiesen wurde, hat fr. *contre* nicht nur einen Bedeutungswandel und einen Wortklassenwechsel erfahren, sondern ist als Präfix verschiedenste Verbindungen zu Substantiven und Verben eingegangen, die für die Verbalisierung der Konzepte GEGENARGU-MENTATION und GEGENARGUMENTIEREN konstitutiv sind. Die folgende Graphik zeigt die Attestation der untersuchten Bezeichnungsmöglichkeiten der beiden Konzepte in chronologischer Reihenfolge:

contre(-),	arguer contre	†contrarguer	argumenter contre qqc, qqn	contre-argument	contre-argumentation
Lat. contra (842)	1080	1320	1680	1966	1974

In Verbindung mit den Substantiven fr. *argumentation* und fr. *argument* tritt das Präfix fr. *contre-* erst seit dem 20. Jahrhundert auf, was als relativ spät zu beurteilen ist, da fr. *argumentation* schon seit dem 14. Jahrhundert attestiert ist und Zusammensetzungen seit dem 12. Jahrhundert gehäuft vorkamen. Zu vermuten ist, dass bis zu diesem Zeitpunkt fr. *argumentation contre* und fr. *argument contre* verwendet wurden und fr. *contre-argumentation* und fr. *contre-argument* als Synonyme später eingeführt wurden. Eine Zusammensetzung des Präfixes fr. *contre-* mit fr. *arguer* zum absoluten Verb fr. *contrarguer* gab es ab dem 14. Jahrhundert, welches in aktuellen Wörterbüchern nicht mehr nachweisbar ist. Weiterhin verwendet – ebenfalls in der Bedeutung von „gegenargumentieren" – wird die freie Form fr. *arguer contre*.

Die zusammengesetzte Form mit dem Verb fr. *argumenter* zu fr. *argumenter contre qqc, qqn* ist seit dem 17. Jahrhundert belegt, wohingegen fr. (*)

---

58 Vgl. Bluhme (2005); Kluge (1883/²⁴2002); Pfeifer/Braun (1989/²1995). Auch im *Deutschen Wörterbuch* der Grimms (1854–1961) findet sich kein Eintrag.

contre-argumenter in keinem der konsultierten Wörterbücher zu finden ist, obwohl es in Fachtexten zur Argumentationstheorie, in Fachtexten der Literaturwissenschaft[59] oder Psychologie[60] beispielsweise und auch im alltäglichen Sprachgebrauch nachgewiesen werden kann (z. B. Google-Abfrage).

In der deutschen Sprache sind die Präposition und das Adverb dt. *gegen* seit dem 9. Jahrhundert nachgewiesen. Die Verbindung von dt. *gegen* (in seiner Rolle als Präfix) mit den Substantiven dt. *Argumentation* und dt. *Argument* zu dt. *Gegenargumentation* und dt. *Gegenargument* konnte lexikographisch nicht nachgewiesen werden, da keine Einträge in den untersuchten Wörterbüchern zu finden waren. Hinsichtlich der Wortgeschichte von dt. *gegen etwas argumentieren* und dt. *gegenargumentieren* konnte allein der Erstbeleg von dt. *argumentieren* einen Hinweis darauf liefern, dass diese nach dem 16. Jahrhundert Verwendung gefunden haben werden.

---

59 Valbert/Bensoussan (2005: 60, FN 3).
60 Wildlöcher (2008: 92).

3. Zur Begriffsgeschichte der widerlegenden Verfahren und Redeteile in Traktaten der Rhetorik

Der Begriff der Gegenargumentation ist mit der Begriffsgeschichte der Widerlegung in der Antike eng verwoben. Seit der antiken Rhetorik besteht die Annahme, dass gr. *pístis* bzw. lt. *argumentatio*[61] – als Teil einer Rede – „in eine den eigenen Parteistandpunkt positiv beweisende probatio und eine den gegnerischen Parteistandpunkt widerlegende refutatio"[62] bzw. im Griechischen in die *kataskeué* (dt. Übersetzung von Kienpointner (1992a: 547): „Begründung") und die *anaskeué* (dt. Übersetzung von Kienpointner (1992a: 547): „Widerlegung") unterteilt werden kann. Innerhalb des Redeteils, welcher die Argumentation enthält, kann demnach der eigene Standpunkt begründet und der gegnerische widerlegt werden. Von den antiken Autoren wurden neben den bereits genannten weitere griechische und lateinische Begriffe für die Widerlegung geprägt: Sokrates[63] (5. Jh. v. Chr.) und Aristoteles[64] (4. Jh. v. Chr.) verwendeten den Begriff *Élenchos*, Aristoteles zusätzlich den der *Lýsis*[65], der Auctor ad Herennium (1. Jh. v. Chr.) den der *Confutatio*, Cicero (1. Jh. v. Chr.) den der *Reprehensio* und Quintilian (1. Jh.) den der *Refutatio*. Diese Begriffe werden in den deutschen Übersetzungen i.d.R. im Deutschen mit „Widerlegung" wiedergegeben.[66]

Es kann die These aufgestellt werden, dass der Begriff der Widerlegung in der Antike als Vorläufer des heutigen Begriffs der Gegenargumentation gelten kann.

Im folgenden Kapitel werden chronologisch die Bezeichnungsmöglichkeiten für das Konzept der Widerlegung in der Antike vorgestellt sowie ihre

---

61 Vgl. zur Form und Aufbau der lat. *argumentatio* Veit (1992: 905).

62 Lausberg (1963/[10]1990: 29).

63 Vgl. zu den Stellen in den frühen sokratischen Dialogen bei Platon Robinson ([2]1953: 7ff.). Über den Zweck des *Élenchos* diskutiert Platon in drei Passagen laut Robinson ([2]1953: 11ff.): Im *Menon* (84), in *Der Sophist* (229e–230e) und in *Des Sokrates Apologie* (23ab; 28e; 29de; 30e; 39c). Erler (2006: 103) verweist auf eine weitere Stelle in Platons *Theaitetos*, 210b-c.

64 Aristoteles, *Topik*, IX, 1, 165a 2; *Topik*, IX, 5, 168a35–37; Aristoteles, *Rhet.*, II, 22, 1396b 26 (vgl. Schirren 1994: 1016).

65 Aristoteles, *Topik*, VIII, 10, 160b 23–161a 15; IX, 19, 176b 29–177a 8; Kap. 16–18.

66 Vgl. Kienpointner (1992a: 547). Die Entsprechungen von gr. *anaskeué* sind lat. *anasceua*, *refutatio*; dt. *Widerlegung*; engl. *refutation*; frz. *réfutation*; ital. *confutazione*.

Verwendungsweise diskutiert. Die Beschränkung auf diese Traktate ist nicht zuletzt ihrer Bedeutung zuzuschreiben. Das folgende Kapitel erhebt jedoch keinen Anspruch auf Vollständigkeit für die Auflistung von Bezeichnungen für den Begriff Widerlegung.

3.1 Gr. *élenchos*

Der Begriff gr. *élenchos* steht zunächst in den rhetorischen Schriften der Antike für eine weite Spanne von Bedeutungen. Ihm fehlten, so Schirren (1994: 1013), „Äquivalente", und er könne in drei Auslegungen vorkommen: 1. als „<Beweis> (*probatio*)" bzw. „<Beweismittel> (*argumentum*)", 2. als „Vorgang des <Prüfens> (*probare*)", 3. als negatives Ergebnis einer Überprüfung: in der Bedeutung von „<Widerlegung> (*refutatio*)" (Schirren 1994: 1013). In seiner letzten Bedeutung tritt er besonders bei Platon zum Vorschein und ist dort „the outstanding method", zumindest in den frühen Dialogen (Robinson [2]1953: 7).

Élenchos bezeichnet in den sokratischen Dialogen[67] einen Vorgang, der zum Prüfen bzw. zum Überprüfen genutzt wird, oder mit Erlers Worten ein „Frage-Antwort-Spiel" bzw. eine „Testmethode" (Erler 2006: 103f.), die, wenn sie zu einem negativen Ergebnis führt, auch „Widerlegung" (Schirren 1994: 1013) bedeutet.

Das Frage-Antwort-Spiel, das sich durch Pro- und Kontra-Argumentieren zu einem beliebigen Thema auszeichnet, geht in Athen auf die Sophisten zurück, die dazu von den Eleaten[68] (Vorsokratiker) „angeregt" wurden (vgl. Schickert 1977: 2). Sokrates hat sich im Anschluss als einer der ersten speziell mit den Methoden und Prozeduren[69] zur Widerlegung des Gegners auseinandergesetzt.[70] Durch die Verwendung von prüfenden Fragetechniken gelingt es Sokrates den Gegner „in

---

67   Sokrates' (* 469 v. Chr.; † 399 v. Chr.) Philosophie erschließt sich allein aus den Werken seiner Schüler, wie beispielsweise Platon. Mit dem Begriff <sokratische Dialoge> werden deshalb heute „üblicherweise diejenigen Dialoge von Platon, von denen man annimmt, daß sie ein getreues Abbild nicht nur der Wesensart des Sokrates, sondern auch und vor allem seines Denkens liefern", bezeichnet (Narcy/Zinsmaier 2007: 953).

68   Der Name der Eleaten geht auf eine der ältesten Philosophieschulen der Antike zurück, die sich in der antiken griechischen Hafenstadt Elea an der westitalienischen Küste (heute nahe der Stadt Ascea) befand.

69   Robinson bezeichnet den Élenchos in den sokratischen Dialogen als „method" ([2]1953: 7) und als „procedure" ([2]1953: 11).

70   Aufgrund der Spezialisierung Sokrates' auf die Widerlegung wird nicht auf frühgriechische Philosophen eingegangen, die ebenfalls den Begriff des Élenchos verwenden (vgl. Schirren 1994: 1013).

Widersprüche zu verwickeln, so daß er am Schluß das Gegenteil behauptet wie am Anfang" (Schickert 1977: 2). Der *Élenchos* wird von Sokrates „bei seinen Prüfungsgesprächen" verwendet und wird dabei „zu einem Mittel philosophischer Therapie, die von falschen Annahmen befreien und auf eigentliche Belehrung vorbereiten will" (Erler 2006: 103). Die Funktion ist demnach, durch Prüfung den Gegner von „falschen Annahmen" zu heilen vor dem hintergründigen Ziel, ihn neugierig auf Wissen[71] zu machen. Denn eines der Ziele des Élenchos lautet nach Robinson ([2]1953: 17): „to wake men out of their dogmatic slumbers into genuine intellectual curiosity[72]".

Der strukturelle und strategische Ablauf eines solchen „therapeutischen" Prüfungsgesprächs wird von Erler auf folgende Weise beschrieben:

> Auf die erste Frage – was etwas ist (<Was ist x?>) – bietet der Antwortende eine These oder Definition an. Zweck des weiteren Verfahrens ist, durch Fragen die Stichhaltigkeit des Angebotes (=1. Prämisse) zu überprüfen. Der Fragende [...] untersucht, ob der Antwortende [...] argumentativ zur Annahme des Gegenteils seiner These zu zwingen ist. Dem Antwortenden geht es darum, dies abzuwenden und seine These zu verteidigen. Um sein Ziel zu erreichen führt der Fragende zumeist einen weiteren Begriff ein (=2. Prämisse), mit dem der zu definierende Begriff als empfehlenswert bezeichnet wird. [...] Oft mithilfe von Beispielreihen versucht der Fragende zu zeigen, daß es zumindest einen Fall gibt, bei dem der Thesenbegriff, sich als nicht <gut>, <schön>, <nützlich> erweist, Prämisse 1 also sich mit Prämisse 2 nicht deckt. (Erler 2006: 104)

Erler sieht im sokratischen *Élenchos* folglich eine vorwiegend negative Prüfmethode, „die ihre Wurzeln im Bereich mündlicher Streitrede [...] und forensischer Rhetorik [...] hat" (Erler 2006: 104). Ein „positives Ergebnis" liefert das Prüfungsverfahren „nur insofern als die Kohärenz einer Bestimmung oder These immer wieder geprüft und im positiven Fall als widerstandsfähig gegen Widerlegungsversuche erwiesen werden kann" (Erler 2006: 104). Das Überprüfen ist insofern auf die Kohärenz von Äußerungen gerichtet und kann als negatives Ergebnis die Inkohärenz der Bestimmung oder der These nachweisen, was laut Erler Sokrates' vornehmliches Ziel ist, das mittels geschickter Fragen erreicht werden soll. Die Kunst dabei ist es, Prämissen zu finden „believed by the answerer and yet entailing the contrary of his thesis" (Robinson [2]1953: 15).

Pleger vertritt hingegen den Standpunkt, dass es sich bei den so genannten sokratischen Dialogen[73] um ein „zetetisches, das heißt untersuchendes Verfahren"

---

71 Vgl. zur Konzeption von „knowledge" und „opinion" Robinson ([2]1953: 17).
72 Zum Begriff der Neugier, erweckt durch den Élenchos, vgl. Robinson ([2]1953: 12).
73 Sokrates' Technik bzw. Methode der Gesprächsführung wurde von ihm in Hinblick auf den Beruf seiner Mutter „Maieutik" genannt (‚Hebammenkunst'). So „hilft [er] [...]

handelt, bei dem die „Widerlegung, der Elenchos (ἔλεγχος), [...] unvermeidlich nebenher [geschieht]. Sie ist nicht das Motiv" (Pleger 1998: 194).

Der Begriff *Élenchos* steht somit nach Plegers Interpretation bei Sokrates weder ausschließlich für ein positives noch ein negatives Prüfungsverfahren, da die Widerlegung als ein „Abfallprodukt" der Gesprächsführung dargestellt wird und folglich nicht zwingend geplant ist.

Élenchos wird allgemein in der Forschungsliteratur als ein reines „Frage- und Antwortspiel" (z.B. Erler (2006: 103f.)) definiert, welches nicht eine negative Funktion innehat, und welches in dieser Auslegung der *Maieutik* entspricht:

M. [Maieutik] ist die Kunst, dem Gesprächspartner durch Fragen und Antworten zu helfen, latentes, unbewußtes Wissen von innen herauszuholen und zur Sprache zu bringen. Dieser Pädagogik- und Philosophiekonzeption liegt eine Auffassung von Wissen nicht als von außen passiv Vermitteltem, sondern von Selbsterzeugtem zugrunde. Der Maieutikbegriff geht textuell auf eine einzige Stelle in Platons <Theaitetos> (148d–151d) zurück und gehört wirkungsgeschichtlich zur Sokratesgestalt. (Renaud 2001: 727)

Der Begriff *Élenchos* entspräche demnach einer „Kunst", unbewusstes Wissen durch gezieltes Fragen dem Gegner zu entlocken.

Renaud (2001) beschäftigt sich in seinem Artikel über die *Maieutik* mit dem Verhältnis von *Maieutik* und *Élenchos* und klärt dieses insofern, als er konstatiert, dass „der *Élenchos* hauptsächlich die Aufdeckung von falschem Wissen leistet, [...][während] die M. [Maieutik] die Entdeckung wahren Wissens ermöglichen [soll]" (Renaud 2001: 730).

Das Ergebnis oder die „Leistung" des *Élenchos* unterscheidet sich folglich von dem der *Maieutik*, weshalb noch zu klären ist, ob der Prüfungsvorgang zur „Aufdeckung" zum „Herausholen" von Wissen der gleiche ist, oder ob es sich doch um „zwei verschiedenartige Methoden" handelt (Renaud 2001: 730).

Renaud kommt zunächst zu dem Ergebnis, dass „Sokrates' Elenchos [...] eine primär negative Funktion [erfüllt]; er wirkt[e] bekanntlich wie ein ‚Biß' oder ein ‚Stich'" (Renaud 2001: 730). Später merkt er jedoch an, dass der *Élenchos*, in seiner Bedeutung als Methode zur Widerlegung, nicht als rein negativ bzw. destruktiv angesehen werden kann, da „er [...] der erste Schritt zur

---

nicht bei körperlicher, sondern bei geistiger Geburt" (Renaud 2001: 727). Im Gegensatz zu den Sophisten setzte er durch Fragen auf Einsicht seines Gesprächspartners und nicht durch Belehren (vgl. Pleger (1998: 95; 166ff.); Renaud (2001: 728)). „Nicht er will andere belehren, sondern von ihnen belehrt werden." (Pleger 1998: 57). Die Frage, ob die Maieutik tatsächlich Sokrates' praktische Vorgehensweise darstellt, oder inwieweit sie eine nachträgliche Erfindung von Platon ist, wurde in der Forschung noch nicht eindeutig geklärt (vgl. Patzer 1987; Döring 1998).

Selbstentdeckung [sei] [...] und im besten Fall in ein reflektiertes Dasein führe" (Renaud 2001: 730).

Robinson (^{2}1953) definiert den *Élenchos* ebenfalls unter einem positiven Aspekt. So beschreibt er ihn als das Prüfen des Gegners mittels Fragen in der Hoffnung, dem Antwortenden weitere Äußerungen zu entlocken, die die erste Äußerung als wahr determinieren könnten. So versteht er den *Élenchos* als

examining a person with regard to a statement he has made, by putting to him questions calling for further statements, in the hope that they will determine the meaning and the truth-value of his first statement. Most often the truth-value expected is falsehood; and so 'elenchus' in the narrower sense is *a form of* cross-examination or *refutation* (Robinson ^{2}1953: 7, eigene Hervorhebung).

Betont wird hier, dass der *Élenchos* eine Fragemethode ist, die nicht immer als Ergebnis oder Form die Widerlegung annimmt, aber in der Regel aufgrund des herausgestellten falschen Wahrheitswertes der fraglichen Äußerung (*statement*).

Sokrates habe so oft die Widerlegung des Gegners mittels des *Élenchos* herbeigeführt, dass Robinson (^{2}1953: 7) zu dem Schluss kommt, „we may almost say that Socrates never talks to anyone without refuting him." Eine Ausnahme für eine Unterhaltung, in der er seinen Gesprächspartner nicht widerlegt,

is his conversation with Cephalus in his first book of the *Republic* (the first book of the *Republic* may be regarded as an early dialogue); but there the subject is personal experience and not abstract ethics. (Robinson ^{2}1953: 7, Hervorhebung im Original)

Dass Sokrates hier seinen Gesprächspartner nicht widerlegt, begründet Robinson mit dem Thema des Dialogs: Da Sokrates nicht wie gewöhnlich seinem Gesprächspartner allgemeine Fragen über Ethik stelle, sondern über persönliche Erfahrungen, endet der Dialog nicht mit dessen Widerlegung. Das Thema des Dialogs ist folglich für den positiven oder negativen Ausgang eines *Élenchos* verantwortlich.

Baur (2006) hingegen konstatiert in Anlehnung an Spencer (2003: 2) allgemein eine negative Konnotation des Begriffs, die auf das i.d.R. negative Ergebnis des Élenchos zurückzuführen sei:

Obwohl der Begriff ‚Elenktik' im sokratischen Dialog die prozessuale, neutrale Bedeutung des „Suchens", „Überprüfens" und „Testens" angenommen hat, bleibt die negative Zielrichtung des „Widerlegens" im Sinne einer Falsifikation auch konnotativ erhalten (Spencer 2003). (Baur 2006: 41, Hervorhebung im Original)

Platon übernimmt von Sokrates anfangs diese negative Form der Dialektik[74] in Gestalt des *Élenchos*[75]. Sie wird später bei ihm von der gr. *Hypothesis*[76] und gr. *Dihairesis*[77] abgelöst.[78] Die Dialektik wird bei Platon folglich weitergebildet „zu einem Weg zum positiven Wissen" (Bröcker 1958: 514).

Festzuhalten ist, dass das prüfende Verfahren Sokrates' (der *Élenchos*) in der Regel für den Fragenden den „positiven" Nebeneffekt hatte, dass damit der Gegner widerlegt wurde, weshalb er für Letztgenannten fast durchwegs „negativ" im Sinne des Ergebnisses verlief, da „durch die Entlarvung des Scheinwissens de[r] Dünkel des Befragten" bloßgelegt wurde. Positiv für den Gegner ist allerdings die Möglichkeit, aus ihm selbst heraus gewonnenes wahres Wissen zu entdecken. Sokrates' Errungenschaft, mittels gezielt gestellter Fragen den Gegner zu widerlegen, hatte deshalb zur Folge, dass sich alle, die „bei Diskussionen mithalten

---

74 Laut Robling „bezeichnet [Dialektik] ursprünglich das Sich-Unterreden zweier Personen (vgl. διάλεκτος), diálektos: die Unterredung)" (Robling 1994: 560). Der Begriff der *Dialektik* hat von der Antike bis zur Neuzeit eine ganz unterschiedliche Definition erfahren. Kant sieht in ihr in der *Kritik der reinen Vernunft* eine „Logik des Scheins" (Kant A61f./B86f.), wohingegen Schleiermacher in ihr ganz allgemein die Kunst, ein Gespräch zu führen, sieht (vgl. Gawoll 1994: 583).

75 Der *Élenchos*, wie ihn Platon in seinen Dialogen darstellt, erscheint in einem negativen Licht aus mehreren Gründen. So hat er zum einen einen ironischen Beigeschmack aufgrund des von Sokrates geheuchelten Unwissens über einen Sachverhalt; zum anderen zeigt er einen zerstörerischen Charakter gegenüber seinen „Opfern", indem er „caused pain to its victims"; weiterhin veranlasst er seinen Gegner, sich für sein Nicht-Wissen zu schämen, und verärgert ihn dadurch, sodass er sogar zu seinem Feind wird (vgl. Robinson ²1953: 10ff.).

76 Zur Verwendung des Begriffs „Hypothese" bei Platon vgl. Veit (2009: 542). Zum hypothetischen Verfahren Platons im *Menon* vgl. Heitsch (1977: 265f.). Robinson (²1953) beschäftigt sich bereits zuvor ausführlich mit der Hypothesis in Platons Werken *Menon*, *Phaidon* und im *Staat*.

77 Die *Dihairesis* (gr. ‚Zerlegung') stellt laut Peters (1994: 748) in der Antike eine Methode dar, mittels derer ein Begriff „durch fortgesetzte Dichotomie" aufgegliedert wird. Laut Gatzemeier (²2005: 209) wurde die *Dihairesis* von Platon entwickelt und stellt ein Verfahren zur „unter- bzw. überordnenden Einteilung [...] von Begriffen zum Zwecke einer durchgängigen, vollständigen, in ihren Abhängigkeiten durchschaubaren ontologischen und logischen begrifflichen Gliederung, die – möglichst durch Zweiteilung ([...] Dichotomie) – vom Allgemeinen zum Besonderen oder vom Besonderen zum Allgemeinen führt."

78 Vgl. zu den Ausführungen über die „Hypothesis" und „Dihairesis" Bröcker (1958: 514ff.).

wollte[n], in der Kunst des Beweisens und Widerlegens schulen [mussten]"
(Schickert 1977: 2).

Auch Aristoteles (* 384 v. Chr.; † 322 v. Chr.) ist – so ist anzunehmen – in jungen Jahren in Diskussionsübungen zu Beweis- und Widerlegungsstrategien während seiner Akademiezeit geschult worden. So schreibt Schickert (1977: 3), dass

> sie [die Übungen] ihm den Anstoß dazu gegeben haben, sich zu überlegen, wie man
> die Gesprächsführung so in den Griff bekommen könnte, daß es für den Partner kein
> Entrinnen gibt – und wie man sich auf der anderen Seite gegen eine derartige Strategie
> erfolgreich zur Wehr setzen könnte.

Anleitungen, wie eine Widerlegung erzielt, bzw. wie man sich gegen sie „erfolgreich zur Wehr setzen könnte" (Schickert 1977: 3), finden sich später bei Aristoteles in der *Topik*, den *Analytica priora* und in der *Rhetorik* (ebd.). Die Behandlung der Widerlegung in den verschiedenen Werken von Aristoteles erfolgt im Folgenden insoweit chronologisch, als dass zunächst seine Aussagen in der *Topik*, dann in den *Analytiken* und zuletzt in der *Rhetorik* untersucht werden. Dass die *Topik* vor den *Analytiken* verfasst wurde, ist allgemein anerkannt.[79] Dass zuletzt die *Rhetorik* analysiert wird, obwohl sie zur selben Zeit wie die beiden letztgenannten entsteht, ist dadurch zu begründen, dass sie von ihm zuletzt in seiner zweiten Athenperiode (von 334–322 v. Chr.) vollständig überarbeitet wurde und die beiden Kapitel II, 23–24[80] erst zu diesem Zeitpunkt eingefügt wurden.[81]

Zur Benennung der widerlegenden „Argumentationsstrategien"[82] lässt sich festhalten, dass Aristoteles gleichfalls wie Sokrates[83] den Begriff *Élenchos*[84] (gr. *élenchos*) verwendet sowie einen weiteren: den der *Lýsis* (gr. *lýsis*[85]).[86]

---

79 Beide wurden während seiner Akademiezeit in Athen 367–347 v. Chr. verfasst (vgl. Düring (1966: 54); Flashar (1998: 220).

80 Die beiden Kapitel der Rhetorik werden von Düring in Anlehnung an die Untersuchungen von Leonhard Spengel wie folgt interpretiert: „diese beiden umfangreichen Kapitel sind für die Rhetorik das […], was die Topik als Ganzes für die Dialektik ist, und daß Kap. 24 im Prinzip dem neunten Buch der Topik entspricht" (Düring (1966: 143)).

81 Vgl. zur relativen Chronologie der Werke Düring (1966: 48–52).

82 Staab (2005: 1110).

83 Hauptquellen sind Platons Schriften.

84 „Den Gegenschluß nennt ARISTOTELES auch *élenchos*" (Eggs 1984: 269, Hervorhebung im Original).

85 Aristoteles, *Rhet.*, II, 25.

86 Vgl. zu den beiden in der *Rhetorik* verwendeten griechischen Begriffen (*Élenchos*; *Lýsis*) mit der Übersetzung „Widerlegung" Flashar (2002): Aristoteles, *Rhet.*, Bd. 1: 463; ebd., Bd. 2: 747f.: 788–798.

Unter *Élenchos* versteht Aristoteles „einen negativen Syllogismus"[87], so Schirren (1994: 1015). Die „Methode" seinen Gesprächspartner durch geschicktes Fragen

> zur Anerkennung eines bestimmten Satzes zu zwingen, ist das, was Aristoteles zunächst – d.h. in der dialektischen Theorie der *Topik* – unter ‚Syllogismus' [...] versteht. (Schickert 1977: 12)

Dasselbe Schlussverfahren – allerdings in seiner negativen Form – kann als Mittel zur Widerlegung (*Élenchos*) angesehen werden, wenn „ein Schluß mit Widerspruch gegen den Schlußsatz (des Gegners)" geäußert wird. (Dt. Übersetzung von Rolfes 1995a: Aristoteles, *Topik*, IX, 1, 165a 2). Der Unterschied zwischen den beiden Begriffen wird von Kapp dadurch beschrieben, dass der *Élenchos* im Gegensatz zum *Syllogismus*, „in seine[m] Begriff noch die anfängliche Gegenbehauptung des Antworters eingeschlossen [...] [hat], so daß herauskommt, daß dieser gezwungen wird, sich selbst zu widersprechen" (Kapp 1968: 266).

Die aristotelische Definition von *Syllogismus* und *Élenchos* findet sich zu Beginn der *Sophistischen Widerlegungen*:

> Der *Schluß* besteht aus einigen (Annahmen), die gesetzt werden, so daß er mit Notwendigkeit aufgrund des Gesetzten etwas von diesem Gesetzten Verschiedenes aussagt. Eine *Widerlegung* ist ein Schluß mit Widerspruch gegen einen (zuvor erreichten) Schluß-Satz. (Dt. Übersetzung von Zekl 1997: Aristoteles, *Topik*, IX, 1, 164b 27–165a 3, Hervorhebung im Original)

Der Begriff *Widerlegung* im Zitat ist die deutsche Übersetzung des gr. *élenchos*. Aus der *Élenchos*-Definition[88] wird deutlich, dass es sich bei der Widerlegung um ein „nachgeordnete[s] Verfahren" handeln muss (Zekl 1997: 647, Anmerkung 406). Ein „Schluß-Satz" muss vorausgegangen sein, dessen Gegenteil bewiesen werden soll. Dabei könne das Behauptete im „Schluß-Satz" erschlossen sein, d.h. allgemein anerkannt, so Zekl 1997, müsse es aber nicht; es genüge dafür ein spontanes „Vor-Urteil", bzw. allgemeiner gefasst, eine „Meinung" (Zekl 1997: 647, Anmerkung 406).

Aristoteles definiert den *Élenchos* folglich als einen negativen Syllogismus, der einem vorausgehenden Schluss widerspricht und somit das Merkmal <Widerspruch> und das Ziel <Widerlegung> hat.

In der *Analytica priora* findet sich die Beschreibung des *Élenchos* im zweiten Buch (Kapitel XX, 66b), welcher in der Ausgabe von Rolfes (1995b: 134) definiert

---

87 Vgl. Aristoteles, *Topik*, I, 1, 100a 25; IX, 1 164b 27–165a 2.
88 Vgl. außerdem Zekl (1997): Aristoteles, *Topik*, IX, 5, 167a 21–27.

wird als „ein Schluß auf das kontradiktorische Gegenteil". Die Definition ist demnach deckungsgleich mit der aus der *Topik*. Deutlicher wird Aristoteles' Definition in der Ausgabe von Cook/Tredennick (1962: 499), in der der Elenchos „is a syllogism which proves the contradictory conclusion".[89] Die Bedingungen, die erfüllt sein müssen, damit eine Widerlegung möglich ist, beschreibt Aristoteles dort zuvor durch folgende Aussage: Eine Widerlegung kann erfolgen, „wenn alles eingeräumt wird oder wenn die Antworten abwechselnd lauten, die eine verneinend, die andere bejahend" (Rolfes 1995b: Aristoteles, *Analytica priora*, II, XX, 66b). Festzuhalten ist, dass die Definition in den *Analytica priora* sich mit der obigen Definition aus den *Sophistischen Widerlegungen* deckt (ohne Berücksichtigung der Äußerungssituation).

3.2 Gr. *lýsis; anaskeuázein*

Das Substantiv gr. *lýsis*[90] findet sich bei Aristoteles zusammen mit dem Substantiv gr. *élenchos*[91] u.a. in den *Sophistischen Widerlegungen*[92] und somit in der *Topik*. Die *Lýsis* deckt dort laut Aristoteles als negative Beweisführung „die begrifflich irrige Argumentation der Gegenpartei [auf]" und der *Élenchos* „[beweist] durch komplexe Argumentation eine Gegenthese" (Staab 2005: 1110). Es handelt sich dabei um Argumentationsstrategien, die bei Aristoteles innerhalb des die Argumentation enthaltenden Redeteils (gr. *pístis*) zur Widerlegung der gegnerischen Partei eingesetzt werden. In der *Rhetorik* taucht der Begriff der *Lýsis* ebenfalls auf und wird von Staab als „Argumentationstechnik" und „Argumentationsstrategie" definiert, die durch „rhetorische Syllogismen, die Enthymeme", die Widerlegung herbeiführt. (Staab 2005: 1110)

Wenn Aristoteles von *widerlegen* spricht, benutzt er u.a. das Verb gr. *anaskeuázein* (in der dt. Übersetzung der *Rhetorik* von Krapinger 2007: ‚widerlegen' II, 23, § 1; ‚(Argument) zu Fall bringen' II, 24, § 4), welches im Gegensatz zu *kataskeuazéin* (in der dt. Übersetzung ‚begründen'/‚beweisen'[93]) steht. Wörtlich

---

89 Eine weitere Stelle, in der das Substantiv *élenchos* (Widerlegung) auftaucht, ist: II, XV, 64b 24. Stellen, an denen das Verb *anaskeuázein* (dt. widerlegen) von Aristoteles in den *Analytica priora* verwendet wird, sind: I, XXVI, 43a 1 – 15; I, XXXI, 46b 26.
90 Vgl. zum Begriff der *lýsis*: Aristoteles, *Topik*, VIII, 10, 160b 23–161a 15; IX, 19, 176b 29–177a 8; Kap. 16–18.
91 Zur Definition des Begriffs *élenchos* vgl. Aristoteles, *Topik*, IX, 1, 165a 2f.; IX, 6, 168a 34–37; IX, 9, 170b1–3; Aristoteles, *Rhet.*, II, 25.
92 Die *Sophistischen Widerlegungen* sind das neunte Buch der *Topik*.
93 Vgl. Kienpointner (1992a: 547).

bedeuten die Verben „einreißen" und „aufbauen" laut Wagner (2005a: 41). Die von diesen Verben abgeleiteten Substantive *Anaskeue*[94] und *Kataskeue* treten bei Aristoteles noch nicht auf. Ab dem 1. Jahrhundert v. Chr. finden sie sich jedoch mit unterschiedlichen Bedeutungen u.a. bei dem epikureischen Philosophen und Dichter Philodemos von Gadara sowie später bei Sextus Empiricus (2. Jh. n. Chr.)

So merkt Kienpointner (1992a) an:

Später treten auch die substantivischen Formen ἀνασκευή (anaskeué) und κατασκευή (kataskeué) als rhetorisch-logische Termini auf. [...] Der Epikureer Philodemos von Gadara (1. Jh. v. Chr.) benützt A. [=Anaskeue] in einem engen *formallogischen* Sinn für den Modus tollens der stoischen Aussagenlogik, der als Widerlegungsformel angesehen wird (Modus tollens: wenn p, dann q; nicht q; also: nicht p.) [...] In einem wissenschaftlich-logischen Kontext gebraucht auch der Skeptiker Sextus Empiricus [...] <A.> und <K.> [=Kataskeue] für Widerlegung und Beweis. (Kienpointner, 1992a: 547, Hervorhebung im Original)

Philodemos von Gadara bezeichnet aus formallogischer Sicht mit der *Anaskeue* einen *Modus tollendo tollens*[95] bzw. eine Widerlegungsformel und Sextus Empiricus aus wissenschaftlich-logischer Sicht eine Widerlegung.

Die Hauptbedeutung der *Kataskeue* ist jedoch laut Kienpointner „die Begründung einer Position (Pro-Argumentation)", wohingegen die *Anaskeue* die „Widerlegung einer Position (Kontra-Argumentation)" darstellt (Kienpointner 1992a: 547).

Die beiden Begriffe *Anaskeue* (positive Beweisführung) und *Kataskeue* (negative Beweisführung) verwendet Aristoteles in der *Rhetorik* und in der *Topik*[96]

nicht in substantivischer Form (hier stehen bei Aristoteles die Termini *Lysis* (Widerlegung) und *Pistis* (Beweis), sondern [nur] in verschiedenen verbalen Formen von ἀνασκευάζειν, anaskeuázein (widerlegen) und κατασκευάζειν, kataskeuázein (begründen/beweisen). (Kienpointner 1992a: 547)

---

94 Schreibweise in Anlehnung an Kienpointner (1992a: 547).

95 Kraus (2009: 276ff.) definiert den *Modus tollendo tollens* als einen von „fünf Grundaxiomen, den sogenannten <Unbeweisbaren>", der durch das „stoische Schlußschemata" beschrieben werden kann: „Wenn das erste, dann das zweite; nun aber nicht das zweite; also nicht das erste: p →q; ¬q; → ¬p".

96 Stellen, die Kienpointner (1992a: 549) als Belege für die Verwendung von *anaskeuázein* und *kataskeuázein* in der *Rhetorik* und in der *Topik* anführt: Aristoteles, *Rhet.*, II, 24, 1401b 1; II; 23, 1397a 9; ders., *Topik*, I, 5, 102a 15–17; II, 2, 109b 26; II, 4, 111b 9–10; V, 4, 111b 9–10ff.; VIII, 2, 152b 36–153a 5.

Die *Lýsis* (gr. „Auflösung') stellt laut Staab (2005: 1110) bei Aristoteles eine „Argumentationstechnik" dar und wird von Schickert definiert als „das Zunichtemachen der gegnerischen Argumente durch Kritik an ihnen" (Schickert 1977: 12) bzw. von Schirren als „die auf die Zerstörung der Fragerposition zielende Argumentation", welche „Fehler in der Beweisführung des anderen" aufdeckt (Schirren 1994: 1015). Der Unterschied zum *Élenchos* wird von Kranz (2004) beschrieben:

> Nach ARISTOTELES [ist] eine W. [Widerlegung] die Herbeiführung eines kontradiktorischen Widerspruchs [...] zwischen der Konklusion eines Schlusses aus einer zugestandenen Prämisse und der Konklusion aus einem weiteren Zugeständnis. Die W. ist also kein apodeiktischer Schluß; sie erfolgt dialektisch, nämlich in Abhängigkeit vom Gesprächsrahmen (Gesprächspartner und -situation). Von anderer Art ist diejenige W., die die Unrichtigkeit eines Schlusses aufgrund von formalen Schlußfehlern aufdeckt, also unabhängig vom Gesprächsrahmen gültig ist; diese nennt Aristoteles ‚Auflösung' (λύσις) eines Fehlschlusses. (Kranz 2004: 680, Hervorhebung im Original)

Die Auflösung (*Lýsis*) wird bei Aristoteles u. a. mittels Einwänden vorgenommen. Diese äußert der Antwortende bzw. der Verteidiger, um den Fragenden bzw. den Angreifer am Voranschreiten seines Angriffs zu hindern und das von ihm Gesagte als falsches Ergebnis zu entlarven. Denn: „Alle die Reden, in denen falsche (Ergebnisse) erschlossen werden, sind *aufzulösen*, indem man (die Annahmen) aufhebt, durch welche das Falsche zustande kommt" (dt. Übersetzung von Zekl 1997: Aristoteles, *Topik*, VIII, 10 160b 23–25, eigene Hervorhebung).

In der *Rhetorik* widmet Aristoteles sich besonders im 25. Kapitel des zweiten Buches der *Lýsis* (Widerlegung) von Enthymemen[97] (vgl. Flashar 2002: *Rhetorik*, Bd. 2: 788). Die Widerlegung definiert er dort als eine in zwei Formen vorkommende Äußerung: „Widerlegen aber heißt, entweder einen Antisyllogismus oder einen Einwand vorzubringen." (Krapinger 2007: Aristoteles, *Rhet.*, II, 25, § 1) Eggs übersetzt diese Stelle etwas anders, indem er „Antisyllogismus" mit *Gegenargumentation* wiedergibt: „On peut réfuter soit par une contre-argumentation, soit par une objection." (Eggs 1994: 20)

Die erste Argumentationsstrategie um einen Gegner zu widerlegen ist somit die Äußerung einer Gegenargumentation in Form eines Antisyllogismus. Die zweite Möglichkeit stellt der Einwand[98] dar, welcher sich nach den Arten des

---

97 Laut Eggs (1994: 43) kann das griechische Wort „Enthymem" mit „Argument" übersetzt werden.

98 Zur Definition des Einwands von Aristoteles vgl. Krapinger (2007: Aristoteles, *Rhet.*, II, 25, § 3). Dufour übersetzt „Einwand" im Französischen mit „instance" in Anlehnung

Enthymems richtet. An dieser Stelle betont Aristoteles außerdem, dass Antisyllogismen aus denselben Topoi[99] gebildet werden wie Syllogismen (Krapinger 2007: Aristoteles, *Rhet.*, II, 25, § 2), d. h. diese Form der Widerlegung wird mithilfe der gleichen Topoi gebildet wie eine Deduktion (Syllogismus) (vgl. Flashar 2002: Bd. 2: 7888).

In den Kapiteln 22–24 behandelt er speziell die Topoi, die für die Bildung von Widerlegungs-Enthymemen genutzt werden können.[100] Diese müssten im Umkehrschluss zur Aussage in § 2 (Krapinger 2007: Aristoteles, *Rhet.*, II, 25, § 2) auch für das positive Beweisverfahren gültig sein, jedoch scheint Aristoteles sie für besonders geeignet zu halten, um einen Gegner zu widerlegen, im Gegensatz zu den restlichen Topoi des positiven Beweisverfahrens, die er nicht gesondert an dieser Stelle auflistet.

Zum Platz innerhalb einer Rede bemerkt er im dritten Buch der *Rhetorik*, dass „die Widerlegung des Gegners [...] kein besonderer Abschnitt [sei], sondern [...] zum Beweisverfahren [gehöre]" (Aristoteles, *Rhet.*, III, 17, 1418b 14). Diese Bemerkung zur Widerlegung wird durch eine Aussage aus dem zweiten Buch unterstützt, die besagt, dass „die widerlegenden Enthymeme [...] keine eigene Gattung dar[stellen]" (Aristoteles, *Rhet.*, II, 26, § 3). Sie kommen genau wie die beweisenden Enthymeme innerhalb des Beweisverfahrens (*pístis*) zum Einsatz, je nach Redeart. So sollte der Redner in der „Beratungs- als auch in der Gerichtsrede, redet man als erster, zuerst seine eigenen Beweise vorbringen, erst dann sich den gegnerischen Argumenten stellen und sie widerlegen und verächtlich machen" (Krapinger 2007: Aristoteles, *Rhet.*, III, 17, § 14). Der Einsatz der Widerlegung ist demnach davon abhängig, an welcher Stelle der Redner seine Rede hält, d. h. an erster oder zweiter Stelle. Redet er an zweiter Stelle, so wird zuerst mit der Widerlegung der gegnerischen Argumente begonnen und dann erst die eigenen vorgebracht (vgl. Krapinger 2007: Aristoteles, *Rhet.*, III, 17, § 15). Der Grund für das vorherige Zunichtemachen der (negativen) gegnerischen

---

an den griechischen Ausdruck „enstasis" (vgl. Dufour 1960: Aristoteles, *Rhétorique*, II, 25, 1402a 31). Eggs (1994: 20) hingegen übersetzt den Begriff mit „objection".

99   Topos bezeichnet bei Aristoteles „ein Element aus dem Fundus gemeinsamen Wissens, der als gedankliches Potential für das Begründen, Bewerten und die komplementären Verstehensprozesse bereitsteht" (Hoffmann 2000: 344). „Cicero [...] und Quintilian [...] bezeichnen die Topoi metaphorisch als <Schlupfwinkel> (*sedes*), in denen sich gesuchte Argumente wie gejagtes Wild verborgen halten. Wenn der Redner die Schlupfwinkel kennt, kann er die Argumente <aufstöbern>" (Coenen 2001: 398). Vgl. dazu ebenfalls Lausberg (³1990: 201; § 373).

100   Aristoteles, *Rhet.*, II, Kapitel 22–24.

Argumente ist, dass beim Zuhörer erst Platz für die eigenen (positiven) Argumente geschaffen werden soll (ebd.).

Die Abfolge der Redeteile von Kläger und Verteidiger wird somit von Aristoteles streng festgelegt, um das Gewinnen des Gerichtsverfahrens in Aussicht zu stellen. Allgemein kann man sich das Gerichtsverfahren im 4. Jahrhundert v. Chr. wie folgt vorstellen. Es gab keine Einzelrichter, eine Einteilung in ein Vor- und Hauptverfahren und nur die Möglichkeit der Zustimmung (Schuldspruch) oder Ablehnung (Freispruch) eines Gerichts. Nach der „Ja"- oder „Nein"-Entscheidung des Gerichts (durch die Geschworenenabstimmung und nicht wie heute üblich durch einen Richter) wurde das Urteil in keiner Form begründet und konnte weder von einer weiteren Instanz nachgeprüft noch revidiert werden (vgl. Burckhardt/Ungern-Sternberg 2000: 37). Bevor der erste Redner (Ankläger) in einem Gerichtsverfahren mit seiner Rede vor dem „Laiengericht" beginnen durfte, wurde auf Aufforderung des Gerichtsvorsitzenden die Streitsache aufgerufen, die Klageschrift und die Antwort des Verteidigers verlesen. Die Dauer einer Rede (von Ankläger und Verteidiger) betrug bei einer Privatsache, je nach Streitwert zwischen 15–30 Minuten. „Gemessen wird in *choūs* Wasser (1 *choūs* rinnt aus dem Röhrchen der Wasseruhr, klepsýdra, in 3 Minuten aus […])." (Burckhardt/Ungern-Sternberg 2000: 46) Die Wasseruhr wurde von dem dafür zuständigen Geschworenen nur angehalten, wenn der Redner vom Schreiber ein Dokument verlesen ließ. Das Rederecht war somit normiert und nicht unbegrenzt.

Die Rede eines Klägers bzw. Verteidigers hatte (aufgrund des Zeitlimits) auf das Genaueste vorbereitet und rhetorisch ausgefeilt zu sein, damit das Gerichtsverfahren zu seinen Gunsten verlief.

Schematisch kann der Ablauf eines Gerichtsverfahrens wie folgt vorgestellt werden:

*Abb. 1: Ablauf eines antiken Gerichtsverfahrens (4. Jh. v. Chr.) in Anlehnung an die
Ausführungen von Burckhardt/Ungern-Sternberg (2000: 37).*

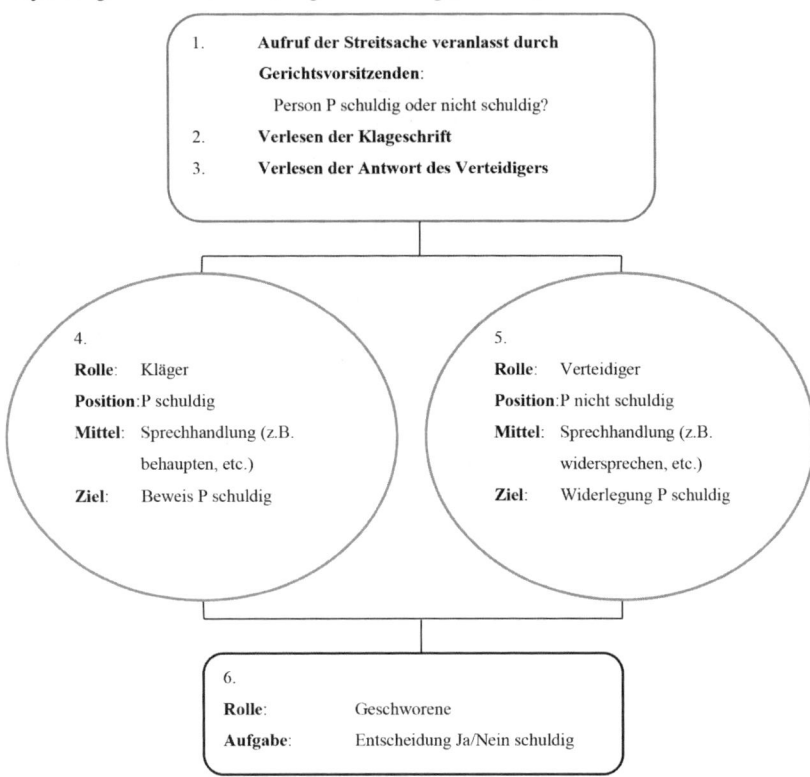

Betont werden soll an dieser Stelle, dass der Ablauf einer Rede bzw. einer Gerichtsrede in den einschlägigen rhetorischen Lehrbüchern in Idealform dargestellt wird, und dass Abweichungen im Aufbau, Auslassungen oder spontane
Ergänzungen von Redeteilen sicherlich beim Vortragen der Rede (gr. *hypókrisis*;
lat. *pronuntiatio*[101]/*actio*) vorgekommen sind. So ist es in der Praxis gewiss zu
Unterbrechungen durch den Gegner gekommen (z.B. durch Zwischenrufe) oder
dieser hat das Redecrecht in Anspruch genommen hat, obwohl er nicht an der
Reihe war. In den klassischen Lehrbüchern, wie der Rhetorik, wird jedoch der

---

101 Die *pronuntiatio* zählt zu den fünf Teilen der rhetorischen Kunstlehre: 1. inventio,
     2. dispositio 3. elocutio und 4. memoria.

Idealfall des ununterbrochenen Redevortrags dargelegt, bei dem ein Redeteil auf den nächsten folgt.

Die in den drei Werken (*Topik*, *Analytica priora*, *Rhetorik*) angeführten methodischen Bemerkungen zur Widerlegung unterscheiden sich nicht grundsätzlich voneinander, außer in Hinsicht auf die „Sprechsituation", in der die Widerlegung geäußert wird, wie Schickert (1977: 1) betont. Denn die Widerlegung bei Aristoteles hätte „ihren Platz [...] einmal in der Diskussion [...], dann in der wissenschaftlichen Unterweisung – sei es Lehrgespräch oder Lehrvortrag[102] [...] –, schließlich in der politischen oder gerichtlichen Rede". Die Widerlegung wurde folglich je nach Sprechsituation bzw. Verwendungssituation von Aristoteles von ihrer Methode her angepasst. Die Ursprungsverwendung, die der Widerlegung von ihm angedacht wurde, liegt im Rahmen der mündlichen Diskussion. Dort war sie Teil der Dialektik, einer Art Frage-und-Antwortverfahren, das laut Aristoteles auf den Philosophen Zenon von Elea zurückgeht (vgl. Aristoteles, Fragment 65; vgl. Lossau 1994: 561, Anm. 10) und das in der Regel in einer Dialogsituation stattfindet.[103] Erst später wurde die von Aristoteles erarbeitete dialektische Widerlegungsübung (Frager-Antworter)[104] von ihm auf eine Methode

---

102 Was der Unterschied zwischen einem Lehrgespräch und einem Lehrvortrag ist, wird von Aristoteles in der *Topik* nicht von Anfang an einheitlich festgelegt (vgl. Topik I, 1 und IX, 2, sowie VIII, 5, 159a 25–36 und VIII, 2, 161a 23–38; ferner IX, 8, 169b 20–29 und IX, 11). Die zitierten Topik-Stellen wurden entnommen aus Schickert (1977: 1, Anmerkung 2).

103 Aristoteles nutzte die Dialektik ebenfalls als Instrument für die eigene philosophische Forschung, indem er in Form eines Selbstgesprächs die Rolle des Fragenden und Antwortenden jeweils selbst annahm. D.h. die Form eines Dialogs mit zwei Personen war nicht notwendige Bedingung für die Dialektik (vgl. zu den Bemerkungen Aristoteles' über die dialektische Argumentation mit sich selbst: Aristoteles, *Topik*, 163b 2–4).

104 Die Widerlegung war Teil eines philosophischen Übungsgesprächs, welches aus zwei Personen bestand: einem Frager und einem Antworter. Der Frager setzt dem Antworter ein Problem vor, welches in Form einer Alternativfrage formuliert wurde (vgl. Sprute 1982: 50). Kapp (1968: 264) beschreibt den Ablauf des Gesprächs dadurch, dass „der Antworter [...] eine der beiden möglichen Seiten des Problems zu seinem Standpunkt [wählt], dann ist die Aufgabe für den Frager, diese Aufstellung zu widerlegen, er muß den Antworter zu dem entgegengesetzten Zugeständnis zwingen." Der Antworter sollte deshalb auf der Hut sein und seine Zustimmung oder Ablehnung gezielt vornehmen, um das anvisierte Ziel des Fragers zu vermeiden. Den Zweck der dialektischen Argumentation beschreibt Sprute deshalb damit, dass es einzig um die Anerkennung einer Behauptung gehe und nicht um Belehrung darüber, „weshalb etwas so und so ist und nicht anders sein kann" (Sprute 1982: 51).

ausgeweitet, die zur Unterrichtung von Schülern (Lehrgespräch zwischen Lehrer und Schüler) und in einer Rede (für die Politik oder bei Gericht) als rhetorisches „Wirkungsmittel des Redners" dienen konnte (Schickert 1977: 2). Inwieweit sich die dialektische Widerlegung (in den *Sophistischen Widerlegungen*) von der rhetorischen (in der *Rhetorik*) unterscheidet, beschreibt Cope (1970: 322) wie folgt:

> The principal difference between them is that the dialectical λύσις [lýsis] deals only with the refutation of *fallacious* arguments, the rhetorical with that of rhetorical inferences or enthymemes in general.

Die dialektische *lýsis* beschäftigt sich demzufolge mit der Widerlegung von trügerischen Argumenten, wohingegen die rhetorische Widerlegung rhetorische Inferenzen (Schlüsse, Folgerungen) oder Enthymeme im Allgemeinen widerlegt. Die Form der Widerlegung unterscheidet sich also in den drei genannten Werken nicht nur aufgrund der Äußerungssituation, sondern auch aufgrund der zu widerlegenden „Gegenstände" (Schlüsse, Enthymeme, trügerische Argumente).

Gebildet werden kann eine Widerlegung laut Aristoteles aus den vier Formen des Enthymems: dem Enthymem „aus der Wahrscheinlichkeit", „aus dem Beispiel", „aus dem Beweis" und „aus dem Indiz" (Krapinger 2007: Aristoteles, *Rhet.*, II, 25, § 8). Allerdings ist laut Apothéloz, Brandt und Quiroz „de ces quatres sortes de réfutations, seule la réfutation par *tekmèrion* [notwendiges Indiz; Beweis] [...] une vraie réfutation, étant donné qu'elle est construite sur le nécessaire" (Apothéloz/Quiroz/Brandt 1989: 7). Die nicht „wahren Widerlegungen", d. h. die nicht aus dem notwendigen Indiz schließen, sind folglich nur scheinbare Widerlegungen (Scheinwiderlegungen). „Wahre Widerlegungen" hingegen seien nur möglich bei einem Enthymem aus der Wahrscheinlichkeit, aus dem Beispiel und aus dem Indiz, da bei Enthymemen aus dem Beweis (notwendiges Zeichen, *tekmèrion*) keine Entkräftung, bzw. Widerlegung möglich sei, da ihr Schluss „notwendig" folge (vgl. Krapinger (2007: Aristoteles, *Rhet.*, 25, § 12; Kraus (1994: 1197). Es kann höchstens versucht werden, dass der durch das notwendige Indiz angeblich existierende Sachverhalt als nicht existent dargestellt wird (vgl. Krapinger 2007: Aristoteles, *Rhet.*, II, 25, § 14).

Aristoteles' Gleichsetzung der Mittel der Widerlegung (die Enthymeme) mit den Mitteln der Beweisführung[105] wird von nachfolgenden Autoren nicht beibehalten. Diese teilen zum einen die *argumentatio* in ihren Lehrschriften streng nach Beweisführung und Widerlegung in eigenständige Teile der Rede und behandeln zum anderen die Widerlegungsmittel gesondert von den

---

105   Vgl. Lausberg (³1990: 236, § 430; 191–227, §§ 350–426).

Beweismitteln.[106] Die Tatsache, dass Aristoteles die *argumentatio* nicht aufteilt, ist jedoch vermutlich einer der Gründe dafür, warum die Widerlegung/Gegenargumentation bis heute als Teil der Argumentation behandelt wurde. Denn wenn die „widerlegenden Enthymeme [...] keine eigene Gattung dar[stellen]" (Krapinger 2007: Aristoteles, *Rhet.*, II, 26, § 3) und sich „beide Seiten [Ankläger und Verteidiger] [...] derselben Argumentationsweisen [bedienen], sie bringen nämlich Enthymeme vor, daß etwas nicht ist oder ist" (ebd.), wieso sollte dann die Widerlegung als eigenständige Theorie in Abgrenzung zur Argumentation behandelt werden?

Die Autoren der römischen Rhetorik prägen in der Folgezeit ihren eigenen Begriff der Widerlegung oder aber übernehmen den griechischen Begriff *anaskeué*, indem sie ihn ins Lateinische überführen (*anasceua*[107]) (vgl. Kienpointner 1992a: 547f.). Zu beiden Gruppen zuordnen kann man Quintilian,[108] der einmalig auf den griechischen Begriff der Anaskeue in seiner Schrift über die *Ausbildung des Redners* (anaskeye; II, 4, 18) zurückgreift und anschließend im fünften Kapitel seines Werkes seinen eigenen lateinischen Begriff der Widerlegung prägt: den der *refutatio* (Quintilian, *Ausbildung des Redners*, V, 13, 1). Die römischen Autoren wie der Auctor ad Herennium und Cicero[109] verweisen nicht auf den griechischen Terminus der „Anaskeue".[110] Sie prägen die Begriffe *confutatio* und *reprehensio* für den Redeteil, der sich mit der Widerlegung beschäftigt.

Die folgende Tabelle zeigt deshalb (mögliche) einzelne Teile einer Gerichtsrede[111] (*genus iudicale*[112]), deren Benennung im Verlauf der Zeit bei den

---

106 Schirren (2009: 1522, Hervorhebung im Original) weist darauf hin, dass der Auctor ad Herennium zwar *confirmatio* und *confutatio* „begrifflich" voneinander trennt, „doch nicht getrennt behandelt, vielmehr entwickelt die *confirmatio* das gesamte Statussystem [...], das auch für die *confutatio* gelten soll".

107 Der latinisierte Begriff der *anaskeué* findet sich laut Kienpointner u.a. bei dem Enzyklopädisten Isidorus von Sevilla (7. Jh. n. Chr.) (vgl. Kienpointner 1992a: 548).

108 Quintilian ist nach Cicero der größte Rhetoriker des römischen Reichs und gleichzeitig der letzte große Redner der Antike (35–96 n. Chr.).

109 In seinen Schriften *Orator* und *De oratore* versucht Marcus Tullius Cicero (106–43 v. Chr.) zu beschreiben, wie der ideale Redner seiner Meinung nach zu sein hat, auch wenn die Realisierung praktisch nicht möglich sei.

110 Cicero verweist zwar nicht auf die Anaskeue, aber in seinen *Epistulae ad Atticum* (Briefe Ciceros an seinen Freund Atticus) erwähnt er die Kataskeue (Cicero, *Epistulae ad Atticum*, I, 14, 4).

111 Bei den Rhetoren herrscht keine Einigkeit darüber, wie viele Teile eine Rede enthalten soll (vgl. Lausberg ³1990: 147, § 262).

112 Zur Gerichtsrede (*genus iudicale*) vgl. Lausberg (³1990: 53ff., § 61).

verschiedenen antiken griechischen und römischen Autoren variiert (vgl. Lausberg [3]1990: 148f.; § 262; Riemer/Weissenberger 2000: 98; Mortara Garavelli 2003: 61). Die Gerichtsrede wird beispielhaft (d. h. stellvertretend für eine der drei aristotelischen Redegattungen[113]) aufgrund ihres „besonders ausgebildeten dialektischen Charakters" (Lausberg [3]1990: 147, § 261) vorgestellt.

Dabei soll verdeutlicht werden, an welcher Stelle innerhalb einer Rede die Widerlegung ihre Position in der Antike hatte.

Die Bezeichnungen für die Widerlegung sind graphisch hervorgehoben, wobei darauf hingewiesen wird, dass die griechischen Bezeichnungen Aristoteles' (*lýsis/élenchos*) mit der Übersetzung dt. Widerlegung nicht als eigenständiger Teil einer Rede anzusehen sind und deshalb in Klammern stehen, da sie Verfahren innerhalb der *pístis* sind:

Griechisch	Lateinisch
prooímion	prooemium/exordium
dihégesis	narratio
próthesis	propositio/divisio
pístis -kataskeué/pístis -**anaskeué (lýsis, élenchos)**	argumentatio: -catasceua/probatio/confirmatio -**anasceua/refutatio/confutatio/** **reprehensio**[114]
epílogos	peroratio/conclusio

Aristoteles sieht allgemein für eine Rede zwei Teile als notwendig an. So sind von den in der Tabelle angeführten griechischen Begriffen – in einer engen Fassung einer Rede – nur die Prothesis und die Pistis[115] notwendig (vgl. Lausberg [3]1990: 148, § 262). Meist jedoch bestehe eine Rede aus vier Teilen: Prooimion, Prothesis, Pistis und Epilog (vgl. Krapinger 2007: Aristoteles, *Rhet.*, III, 13, § 4; Lausberg [3]1990: 147ff., § 262). Der Begriff der *pístis* steht im Kontext des Redeaufbaus für

---

113 Aristoteles unterscheidet von der Gerichtsrede noch zwei weitere Redegattungen (*genera*), denen er unterschiedliche Redebestandteile als konstitutiv zuordnet: die Festrede und die Beratungsrede (vgl. Lausberg [3]1990: 52 ff.; § 59–65).

114 Die von römischen Rhetoren verwendeten Begriffe „refutatio/confutatio/reprehensio" für den Widerlegungsteil einer Rede werden in den folgenden Kapiteln erläutert.

115 Der Begriff *Pistis* wird von Aristoteles nicht einheitlich verwendet. Insgesamt unterschieden werden können fünf Bedeutungen: „Überzeugung", „Beeinflussungsprozess", „Überzeugungsmittel", „Gelöbnis" und „Teil der Rede, der der Beweisführung dient" (Sprute 1982: 59).

den „Teil der Rede, der der Beweisführung dient" (Sprute 1982: 59). Innerhalb der Beweisführung (*Pistis*) wird neben der positiven ebenfalls die negative Beweisführung (Widerlegung) abgehandelt. Allgemein festhalten lässt sich folglich, dass die Widerlegung und somit auch die Kontra-Argumentation Teil der gr. *pístis* bzw. der lt. *argumentatio* ist.

3.3 Lat. *confutatio*

Der Terminus *confutatio*[116] für die „negative Beweisführung" innerhalb einer Rede wird laut Kienpointner zum ersten Mal in der *Rhetorik an Herennius* (Rhetorica ad Herennium) nachgewiesen, einem Werk aus den 80er Jahren des 1. Jahrhunderts vor Christus (vgl. Kienpointner 1994: 355). Da der Autor dieser Schrift nicht bekannt ist[117], wird er in Anlehnung an die Widmung „Auctor ad Herennium" genannt. Insgesamt verwendet er den Begriff der Widerlegung in sechs verschiedenen Formen (als Substantiv oder Verb): confutandis (1), confutandum (1), confutari (1), confutatio (2), confutatione (6), confutationem (3).[118] Der Auctor ad Herennium befasst sich mit der Widerlegung als Teil der Rede bereits im ersten Kapitel, wenn er über die *inventio* (Auffinden der Gedanken für eine Rede[119]) spricht:

> Inventio in sex partes orationis consumitur: exordium, narrationem, divisionem, confirmationem, confutationem, conclusionem.[120] (Auctor ad Herennium, *Rhetorica ad Herennium*, I, 3, 4)

---

116 Vgl. Auctor ad Herennium, *Rhetorica ad Herennium*, I, 3,4; II, 1, 2.

117 Lange Zeit wurde vermutet, dass Cicero der Autor ist, da die *Rhetorica ad Herennium* und Ciceros *De inventione* inhaltlich große Ähnlichkeiten aufwiesen. Diese These wurde jedoch verworfen und das aus folgenden Gründen (vgl. Polo 1996: 70; Adamietz (1960)): 1. Wieso sollte Cicero die gleichen Themen zweimal behandeln, da er diese bereits in *De inventione* darlegt. 2. Cicero hat dieses Werk nie als sein eigenes in seinen Schriften erwähnt. 3. Die Werke unterscheiden sich stark stilistisch. Vermutet wird letztlich, dass sich die beiden Werke deshalb ähneln, weil sie sich auf die gleichen griechischen oder lateinischen Quellen beziehen. Sehr ausführlich untersucht und diskutiert Hafner (1989) die Überlieferungsgeschichte der *Rhetorica ad Herennium*.

118 Die in Klammern angegebenen Zahlen zeigen, wie oft das Wort in der *Rhetorica ad Herennium* auftaucht (vgl. http://www.intratext.com/IXT/LAT0377/_INDEX.HTM).

119 Das >Finden< der Gedanken „ist ein produktiv-ausschöpfender Vorgang: das, was die *res* an mehr oder minder verborgenen Gedankenentwicklungsmöglichkeiten enthält, wird herausgeholt (*excogitatio*)" (Lausberg ³1990: 146, § 260, Hervorhebung im Original).

120 „Die Auffindung des Stoffes erstreckt sich auf sechs Teile der Rede: die Einleitung, die Darlegung des Sachverhaltes, die Gliederung des Stoffes, die Begründung, die

Die *inventio* ist der erste von fünf Schritten bei der Erstellung und praktischen Ausführung einer Rede. Sie geht der *dispositio* (Gliederung des Vortrags), der *elocutio* (Vollkommenheit der Formulierung), der *memoria* (Auswendiglernen der Rede) und der *pronuntiatio/actio* (Vortrag der Rede) voraus (vgl. Lausberg ³1990: 249, § 460). Ihr Ziel ist es, alle „Gedankenentwicklungsmöglichkeiten zu berücksichtigen" (Lausberg 1990: 146, § 260), die jeweils den einzelnen Redeteilen zugeordnet werden. Bei dem Vorgang der *inventio* betrachtet der Redner folglich u. a. auch alle Möglichkeiten, die für die Widerlegung der Argumentation des Gegners zur Verfügung stehen, er versucht etwaige Widerlegungen des Gegners im Vorfeld vorherzusehen und Abwehrstrategien zu entwickeln. Als erster Schritt einer Rede, bei dem es darauf ankommt, alle Argumente zu sammeln, die der eigenen Partei nützen oder schaden könnten, muss die *inventio* folglich als kreative Vorleistung verstanden werden, da sie sich auf alle Redeteile bezieht.

Zu den Redeteilen zählt der Auctor ad Herennium[121]:

1. *exordium*   (dt. Übersetzung: Einleitung[122])
2. *narratio*   (dt. Übersetzung: Sachverhaltsdarstellung/Darlegung des Sachverhalts)
3. *divisio*   (dt. Übersetzung: Gliederung/Gliederung des Stoffes)
4. *confirmatio*   (dt. Übersetzung: positive Beweisführung/Begründung)
5. *confutatio*   (dt. Übersetzung: negative Beweisführung/Widerlegung)
6. *conclusio*   (dt. Übersetzung: Redeschluss/Schluss).

Die negative Beweisführung bzw. Widerlegung (*confutatio*) wird demnach an vorletzter Stelle in einer Rede platziert und vom Auctor ad Herennium auf folgende Weise definiert (Nüßlein 1994: Auctor ad Herennium, *Rhetorica ad Herennium*, I, 3, 4):

„Confutatio est contrarium locorum dissolutio."

In der deutschen Übersetzung nach Nüßlein (1994):

„Die Widerlegung ist die Entkräftung der gegnerischen Beweispunkte."

Widerlegung, den Schluß." (Dt. Übersetzung von Nüßlein 1994: Auctor ad Herennium, *Rhetorica ad Herennium*, I, 3, 4).

121   Die deutschen Übersetzungen der lateinischen Begriffe entsprechen an erster Stelle der Ausgabe von Müller (1994) und an zweiter Stelle der Ausgabe von Nüßlein (1994). Vgl. Auctor ad Herennium, *Rhetorica ad Herennium*, I, 3, 4.

122   *Exordium* übersetzen Müller (1994) und Nüßlein (1994) gleich.

54

In wörtlicher Übersetzung der Definition bedeutet die „dissolutio" nicht die Widerlegung, sondern die ‚Auflösung' bzw. ‚Eliminierung' der „entgegengesetzten <Orte>, d.h. der gegnerischen Argumentationsgrundlagen" (Kienpointner 1994: 355). Für den Redner, der mit seiner Rede beginnt (in einer Gerichtsrede der Ankläger), bedeutet dies, die in der *inventio* erarbeiteten möglichen <Orte> des Gegners in der *confutatio* vorwegzunehmen, um diese zu widerlegen (d.h. er widerlegt ohne dessen Beweisführung überhaupt gehört zu haben[123]). Der gegnerische Redner – der Verteidiger in einem Gerichtsverfahren – ist, da er das Rederecht an zweiter Stelle erhält, gezwungen, in seiner Widerlegung flexibel und ggf. auch spontan auf die positive Beweisführung (*confirmatio*) *und* auf die negative Beweisführung (Widerlegung; *confutatio*) des Anklägers einzugehen. Er muss in seiner Widerlegung (*confutatio*) folglich an zwei Fronten kämpfen: auf der einen Seite muss er versuchen, die positive Beweisführung des Anklägers anzugreifen (mit dem Ziel, deren <Orte> zu widerlegen), und auf der anderen Seite muss er dessen zuvor geäußerte Widerlegungsversuche der eigenen <Orte> abwehren bzw. widerlegen (aus der negativen Beweisführung).

Wie genau bei der Widerlegung vorgegangen werden soll, beschreibt der Auctor ad Herennium an folgender Stelle:

> Quoniam igitur ostendimus perfectam et plenam argumentationem ex quinque partibus constare, in una quaque parte argumentationis quae vitia vitanda sunt, consideremus, ut ipsi ab his vitiis recedamus ac adversariorum argumentationes hac praeceptione in omnibus partibus temptare et ab aliqua parte labefactare possimus.[124] (Nüßlein 1994: Auctor ad Herennium, *Rhetorica ad Herennium*, II, 20, 31)

Indem der Redner folglich die Beweisführung (*argumentatio*) des Gegners überprüft, kann er Fehler ausfindig machen und versuchen, sie zu widerlegen. Die *inventio* hilft demnach bei der Vorbereitung auf die Verhandlung, letztendlich kann es aber trotzdem vorkommen, dass fehlerhafte Argumente bzw. Gegenargumente vom Gegner vorgetragen werden, auf die spontan reagiert werden muss.

---

123 Auf die Problematik, dass die Gegenmeinung nicht explizit geäußert, sondern vom Redner zunächst erfunden wird, geht der Auctor ad Herennium nicht ein.

124 „Da ich nun dargelegt habe, daß eine vollkommene und vollständige Beweisführung aus fünf Teilen besteht, will ich in Betracht ziehen, welche Fehler man bei jedem einzelnen Teil der Beweisführung vermeiden muß, damit wir selbst uns von diesen Fehlern fernhalten und die Beweisführungen der Gegenpartei, gestützt auf diese Anleitung, in allen Teilen prüfen und in irgendeinem Teil erschüttern können." (Dt. Übersetzung von Nüßlein 1994: Auctor ad Herennium, *Rhetorica ad Herennium*, II, 20, 31).

Zu der Reihenfolge der Redeteile – ob z. B. der zweite Redner mit der Widerlegung beginnen soll, statt mit seiner positiven Beweisführung – bemerkt der Auctor ad Herennium im Gegensatz zu Aristoteles nichts.

Die Kenntnis darüber, wie jemandes Rede widerlegt werden kann, hat laut dem Auctor ad Herennium zwei Vorteile für den Redner: zum einen hilft sie, Argumentationsfehler in seiner eigenen Rede zu vermeiden, und zum anderen befähigt sie dazu, die Fehler des Gegners zu erkennen und zu kritisieren.[125] Sie ist folglich für Ankläger und Verteidiger gleichermaßen wichtig. Angriffsziele von Widerlegungen können alle Teile der gegnerischen Beweisführung (*argumentatio*[126]) sein, die dann „erschüttert" werden können (vgl. Auctor ad Herennium, *Rhetorica ad Herennium* II, 20, 31):

Da die vollständigste und vollkommenste Beweisführung (*argumentatio absolutissima et perfectissima*) aus folgenden fünf Teilen[127] besteht, kann der Verteidiger Kritik üben an:

1. *propositio* (dt. Übersetzung: These)
2. *ratio* (dt. Übersetzung: Begründung)

---

125 „Haec cognitio vitiosarum argumentationem duplicem utilitatem adferet. Nam et vitare in argumentatione vitium admonebit et ab aliis non vitatum commode reprehendere docebit." (Auctor ad Herennium, *Rhetorica ad Herennium*, II, 20, 31). Vgl. dazu ebenfalls Kienpointner (1994: 355).

126 Der Auctor ad Herennium benutzt an dieser Stelle den Begriff *argumentatio* statt den zu seiner Terminologie gehörenden eindeutigen Begriff der *confirmatio*. Dadurch könnte man vermuten, dass die positive und die negative Beweisführung gemeint sind, da *argumentatio* in der späteren Argumentationstheorie als Oberbegriff für *confirmatio* und *confutatio* gilt. Es handelt sich hier jedoch, wenn er den Begriff *argumentatio* verwendet, allein um die positive Beweisführung (*confirmatio*), die von ihm in fünf Teile geteilt wird (vgl. Kienpointner (1994: 355); Veit (1992: 909)). So setzen Veit (1992) und Kienpointner (1994) den Begriff der *argumentatio* mit dem der *confirmatio* beim Auctor ad Herennium gleich. So schlage der Auctor ad Herennium, so Veit (1992: 909, Hervorhebung im Original), „für die *confirmatio* [...] ein fünfteiliges Schema als das ‚vollständigste und perfekteste' vor." Im Text vom Auctor ad Herennium ist jedoch die Rede von der „*argumentatio* absolutissima et perfectissima". Zur *argumentatio* bestehend aus den Teilen *probatio* (bzw. *confirmatio*) und *refutatio* (bzw. *confutatio*) vgl. Lausberg (³1990: 236, § 430; S. 190, § 348; S, 148f., § 262 Tabelle).

127 Die ausführlichste Beweisführung ist laut dem Auctor ad Herennium die fünfteilige, „die kürzeste [ist] die dreiteilige; die Mitte bildet die vierteilige, wenn entweder die Ausschmückung oder die Zusammenfassung ausgelassen ist" (Nüßlein 1994: Auctor ad Herennium, *Rhetorica ad Herennium*, II, XIX, 30).

3. *rationis confirmatio* (dt. Übersetzung: verstärkte Begründung der *ratio* mit mehreren Argumenten)
4. *exornatio* (dt. Übersetzung: Ausschmückung)
5. *conplexio*[128] (dt. Übersetzung: Zusammenfassung).[129]

Widerlegungstechniken, die vom Auctor jeweils den fünf Teilen zugeordnet werden, sind im zweiten Buch der *Rhetorica ad Herennium* aufgeführt (II, § 20, 32-§ 29, 46). Sie werden unter dem Begriff der „fehlerhaften Beweise" (*argumentationes vitiosae*) behandelt und sollen zeigen, wie solche fehlerhaften Beweise widerlegt werden können. Von den *argumentationes vitiosae* gibt es laut dem Auctor ad Herennium zwei Arten: „die eine [Art], welche vom Gegner widerlegt werden kann – eine Widerlegung, die sich auf den Fall bezieht –, die andere, welche, obwohl sie unnütz ist, dennoch keiner Widerlegung bedarf." (Auctor ad Herennium, *Rhetorica ad Herennium*, II, 20, 31) Die Beweisführungen, die der ersten Art angehören und deshalb widerlegt werden können, werden in Anlehnung an den Oberbegriff der *„argumentationes vitiosae"* bezeichnet als:

1. *expositio vitiosa* (II, § 20, 32-§ 22, 34)
2. *ratio vitiosa* (II, § 23, 35-§ 24, 37)
3. *confirmatio rationis vitiosa* (II, § 24, 38-§ 28, 45)
4. *exornatio vitiosa* (II, § 29, 46)
5. *conplexio vitiosa* (II, § 29, 46).[130]

Die Liste der Widerlegungstechniken folgt, wie aus der Auflistung ersichtlich, der oben aufgeführten Anordnung der „vollständigsten und perfektesten" Beweisführung in einer Rede. Jedoch kritisiert Kienpointner (1994: 355f.) an den Ausführungen des Auctor ad Herennium, dass diese nicht eindeutig den einzelnen Teilen der Beweisführung zugeordnet werden können. Diese Nicht-Zuortbarkeit zeige sich u. a. an „terminologischen Schwankungen (bei der Aufzählung von Schwächen des ersten Teils, der *propositio*, wird nicht mehr von *propositio*, sondern von *expositio* (Darlegung) gesprochen)" (Kienpointner (1994: 356).

---

128 Beim Auctor ad Herennium heißt es ʿconplexioʾ, bei Cicero ʿcomplexioʾ (vgl. Nüßlein 1994: 92).

129 Dt. Übersetzungen von Müller (1994: Auctor ad Herennium, *Rhetorica ad Herennium*, II, 18, 28; II, 19, 30). Nüßlein (1994) übersetzt *ratio*, *exornatio* und *conplexio* genau gleich wie Müller (1994). Abweichend übersetzt er die *propositio* mit „Themaangabe" und die *ratio confirmationis* mit „Bekräftigung der Begründung".

130 Die *argumentationes vitiosae* werden im Einzelnen – nach den Teilen der Beweisführung – bei Calboli (1969: 62f.) aufgelistet. Nur die 22 Arten der *confirmatio rationis vitiosa* werden nicht im Einzelnen aufgeführt.

Als Widerlegungstechnik für eine These (*propositio, expositio*) führt der Auctor ad Herennium folgendes Beispiel an: Die These (*expositio*[131]) „nemo potest uno aspectu neque praeteriens in amorem incidere" (niemand kann durch einen einzigen Blick und auch nicht im Vorübergehen in Liebe verfallen)[132] kann widerlegt werden, indem angeführt wird, dass es durchaus jemanden gegeben habe, der sich auf den ersten Blick verliebt habe. Die These ist folglich fehlerhaft (*expositio vitiosa*), weil etwas Seltenes als überhaupt nicht vorkommend dargestellt wird (vgl. Auctor ad Herennium, *Rhetorica ad Herennium*, II, 20, 33). Es kommt vielleicht selten vor, dass sich jemand auf den ersten Blick verliebt, aber es ist vorgekommen und es wird wieder vorkommen, sodass nicht von „niemandem" die Rede sein kann.

Die Widerlegungstechniken, die der Auctor ad Herennium für die anderen Teile der *confirmatio* nennt, sind überall eindeutig außer im Bereich der *ratio*[133] und der *rationis confirmatio*[134] (vgl. Auctor ad Herennium, *Rhetorica ad Herennium*, II, 23, 35-II, 28, 45). Dort ist nicht klar abgrenzbar, worin der Unterschied zwischen den Widerlegungstechniken der beiden Teile liegt. Denn für beide gilt, dass sie widerlegt werden können, wenn der Redner nur unzureichende bzw. nicht hinreichende Begründungen liefert. Dieses „Fehlen eines einleuchtenden Unterschieds zwischen den Widerlegungstechniken" wird auch von Kienpointner (1994: 356) kritisiert, indem er anmerkt, dass die *vitiosa confirmatio rationis* „nicht ausreichend von den mangelhaften Formen der Kurzbegründung abgehoben" wird.[135]

Als Beispiele für fehlerhaft verstärkte Begründungen können folgende Aussagen gelten, die in diesem Fall aus nicht sicheren Indizien gewonnen werden:

---

131 Ohne erkennbaren Grund verwendet der Auctor ad Herennium an dieser Stelle den Begriff „expositio" für den ersten Teil der *confirmatio* (argumentatio) – anstatt wie zuvor in II, 18, 28 den Begriff der „propositio" (vgl. Kienpointner 1994: 356).

132 Auctor ad Herennium, *Rhetorica ad Herennium*, II, 20, 33. Nüßlein (1994) weist in seinen Anmerkungen darauf hin, dass derselbe Wortlaut auch in Ciceros *De inventione* (I, 80) zu finden und das Zitat aus einer Verteidigungsrede des C. Scribonius entlehnt sei (vgl. Nüßlein 1994: 396, Anmerkung 87).

133 „Die Begründung ist der Teil, der den Fall, auf den wir abzielen, als wahr darstellt, wobei wir eine kurze Erklärung hinzufügen." (Nüßlein 1994: Auctor ad Herennium, *Rhetorica ad Herennium*, II, 18, 28).

134 „Die Bekräftigung der Begründung ist der Teil, welcher durch noch mehr Beweise die kurz auseinandergesetzte Begründung verstärkt." (Nüßlein 1994: Auctor ad Herennium, *Rhetorica ad Herennium*, II, 18, 28).

135 Vgl. zu den *argumentationes vitiosae* Calboli (1969: 62; S. 241ff., Kommentar 40) sowie Adamietz (1960: 42–53).

Ebenso ist die Bekräftigung der Begründung fehlerhaft, wenn wir eine Sachlage, die mehr Umstände bezeichnet, fälschlich anwenden als sicheres Zeichen eines einzigen Umstandes, z.B. auf folgende Weise: ,Er muß notwendigerweise krank gewesen sein, weil er ja bleich ist'; oder: ,Sie muß notwendigerweise Mutter geworden sein, weil sie ja einen Säugling ernährt.'[136] (dt. Übersetzung von Nüßlein 1994: Auctor ad Herennium, *Rhetorica ad Herennium*, II, 25, 39)

Die Aussagen (mit Unterstreichung) „Er muß notwendigerweise krank gewesen sein, weil er ja bleich ist" oder „Sie muß notwendigerweise Mutter geworden sein, weil sie ja einen Säugling ernährt"" (Nüßlein 1994: 105, eigene Hervorhebung[137]) werden somit vom Auctor ad Herennium als verstärkte Begründungen angesehen, die widerlegt werden können. Hier wird „was mehrlei bedeutet, fälschlich als sicheres Indiz in einem einzigen Sinne verwende[t]" (Müller 1994: 81), denn Blässe kann auch ein Indiz für etwas anderes sein, z.B. für Angst haben. Nicht sicher sind folglich die Indizien „Blässe für Krankheit" und „Kind ernähren für Kind geboren haben"[138]. Auffällig ist, dass der Auctor ad Herennium ähnliche Indizien wie Aristoteles in der *Rhetorik* verwendet, wenn er die Indizien-Enthymeme behandelt (vgl. Müller 1994: 199, Anmerkung 66). Allerdings sind sie bei Aristoteles in etwas abgewandelter Form den unwiderlegbaren Indizien zugeordnet und nicht den widerlegbaren (vgl. Krapinger 2007: Aristoteles, *Rhet.*, I, 2, § 18). Als unwiderlegbares Indiz gilt bei Aristoteles „Fieber haben für Krankheit" und nicht „Blässe" sowie „Milch haben für ein Kind bekommen haben" (ebd.), die zu den widerlegbaren beim Auctor ad Herennium zählen.

Insgesamt werden 22 fehlerhafte verstärkte Begründungen (*confirmatio rationis vitiosa*) in der Regel in Verbindung mit Beispielen in der *Rhetorica ad Herennium* vorgestellt, die mittels bestimmter Techniken widerlegt werden können. Diese 22 fehlerhaften Arten sind laut Kienpointner (Kienpointner 1994: 356) nicht sinnvoll sortiert, weshalb er eine grobe Einteilung in drei Gruppen vorschlägt:

---

136 Item vitiosa confirmatio est rationis, cum ea re, quae plures res significat, abutimur pro certo unius rei signo, hoc modo: „necesse est, quoniam pallet, aegrotasse" aut „necesse est peperisse, quoniam sustinet puerum infantem." (Auctor ad Herennium, *Rhetorica ad Herennium*, II, 25, 39).

137 Die Hervorhebung markiert die verstärkte Begründung.

138 „Kind ernähren" im Sinne von „Stillen eines Kindes" wäre ein unwiderlegbares Indiz für die Tatsache, dass eine Frau ein Kind geboren hat. „Ernähren" kann aber auch einfach füttern mit Nahrung z.B. Kuhmilch bedeuten. Die Übersetzung von Nüßlein für „quoniam sustinet puerum infantem" lautet: „weil sie ja einen Säugling ernährt" (Nüßlein 1994: 105).

1. Formen unkooperativen Handelns des Argumentierenden
2. Inhaltliche Schwächen in der Argumentation
3. Schwächen der Verbalisierung.

Im Anschluss an die Behandlung der fehlerhaften verstärkten Begründungen wendet sich der Auctor ad Herennium den Formen fehlerhafter Ausschmückung zu, die Anlass zur Widerlegung geben können. Insgesamt unterscheidet er fünf Formen der *exornatio vitiosa* (Auctor ad Herennium, *Rhetorica ad Herennium*, II, 29, 46; Calboli 1969: 63):

1. Unähnlichkeit der Teile (bei einem Gleichnis)
2. Fehlendes oder falsches Beispiel
3. Unpassende richterliche Vorentscheidung
4. Einfache Feststellung einer von der Gegenpartei bereits zugegebenen Tat
5. Vergrößerung einer Tat, die noch nachgewiesen werden muss.

Die letzten Widerlegungstechniken des Auctor ad Herennium beziehen sich auf eine fehlerhafte Zusammenfassung (*conplexio vitiosa*). Die Zusammenfassung der Rede eines Gegners (*conplexio*) kann aufgrund folgender fehlerhafter Aspekte widerlegt werden. Wenn die *conplexio*

1. in ungeordneter Reihenfolge zusammenfasst, wie vorgetragen wurde,
2. zu ausschweifend ist und somit keinen kurzen und bündigen Abschluss findet,
3. unvollständig ist[139].

Insgesamt betrachtet stellen die Widerlegungstechniken einerseits Ratschläge dar, die verhindern sollen, dass Teile der eigenen *confirmatio* widerlegt werden, und andererseits zeigen sie auf, wie die des Gegners widerlegt werden können.[140] Die Widerlegung (*confutatio*) erfüllt somit einen Doppelnutzen (vgl. Auctor ad Herennium, *Rhetorica ad Herennium*, II, 20, 31).

Der Begriff der Widerlegung – *confutatio* – wird von anderen römischen Autoren überwiegend übernommen, wie Kranz (2004: 680ff.) behauptet.

---

139 Unvollständig ist die Zusammenfassung, wenn sie „nicht von der Aufzählung [enumeratio] ein bestimmtes und feststehendes Ergebnis hinterlässt, so daß man erkennt, was in der Beweisführung angekündigt, was dann in der Begründung, was in der Bekräftigung, was in der ganzen Beweisführung dargelegt wurde" (Auctor ad Herennium, *Rhetorica ad Herennium*, II, 29, 46).

140 Vgl. zu einem Beispiel, wie eigene Fehler vermieden werden sollen: Auctor ad Herennium, *Rhetorica ad Herennium*, II, 25, 39, und zu einem Beispiel, wie Fehler des Gegners widerlegt werden: Auctor ad Herennium, *Rhetorica ad Herennium*, II, 25, 38.

Kienpointner (1994) hingegen ist der Meinung, dass der Terminus der *confutatio* in der römischen Rhetorik weitgehend von Ciceros Begriff der *reprehensio* verdrängt wurde. So folgen „die meisten spätantiken Rhetoriker [...] [wie z.B. Fortunatian, Sulpicius Victor, Martianus Capella, Boethius und Cassiodor] Ciceros Terminologie" (Kienpointner 1994: 356) und verwenden den Begriff der *reprehensio*.

Da jedoch auf die *Rhetorica ad Herennium* (infolge der fälschlichen Zuordnung zu Ciceros Werken) in der Nachfolgezeit häufig zurückgegriffen wurde und Kommentare dazu verfasst wurden, blieb der Begriff der *confutatio* vom Mittelalter bis in die frühe Neuzeit lebendig und geriet nicht vollends in Vergessenheit.[141]

3.4 Lat. *reprehensio*

Cicero (* 3. Januar 106 v. Chr.; † 7. Dezember 43 v. Chr.) verwendet den eigens geprägten Terminus der *reprehensio* in seinem ersten rhetoriktheoretischen Werk *De inventione*[142] (Über die Auffindung (des Redestoffes)), das ebenfalls wie die *Rhetorica ad Herennium* circa 80 v. Chr. geschrieben wurde. Darin definiert Cicero die *reprehensio* wie folgt:

> Reprehensio est, per quam argumentando adversariorum confirmatio diluitur aut infirmatur aut elevatur. (Cicero, *Inv.*, I, 42, 78)

In der deutschen Übersetzung von Nüßlein (1998) wird *reprehensio* mit „Widerlegung" übersetzt:

> Die Widerlegung ist das, wodurch mittels einer Beweisführung die Bekräftigung der Gegner unhaltbar gemacht, entkräftet oder abgeschwächt wird. (Dt. Übersetzung von Nüßlein 1998: Cicero, *Inv.*, I, 42, 78)

Auch in Artikeln des HWdR wird *reprehensio* mit dt. Widerlegung übersetzt (vgl. Kienpointner 1994: 355; Staab 2005: 1109). Die Widerlegung stellt somit genau wie beim Auctor ad Herennium einen eigenständigen Teil der Rede dar, der die negative Beweisführung enthält (vgl. Kienpointner 1994: 356). Anders als der Auctor ad Herennium betont Cicero in seiner Definition der *reprehensio* lediglich den

---

141 Philippus Melanchton (* 2. Februar 1497; † 19. April 1560) beispielsweise definiert – unter Verwendung des Begriffs *confutatio* – die Widerlegung wie folgt: „confutatio est dissolutio argumentorum, quae objiciuntur [sic]" (Melanchton 1559, Liber primus: 38). Die Widerlegung wird von ihm ebenfalls als Auflösung der Argumente beschrieben, denen entgegnet wird (vgl. Kienpointner 1994, Sp 357, Anmerkung 14).

142 Das Werk besteht aus zwei Büchern, die sich mit dem ersten Teil der Technik der Rhetorik – der *inventio* – beschäftigen.

Nutzen der Entkräftung der gegnerischen Beweisführung, während er die Vermeidung eigener Fehler nicht als Zweck erwähnt (vgl. Cicero, *Inv.*, I, 42, 78-I, 52, 98). *Reprehensio* und *confirmatio* sind für ihn gleichberechtigte Teile der Gesamtrede. Sie folgen an vierter und fünfter Stelle innerhalb des Redeaufbaus, so wie ihn sich Cicero programmatisch vorstellt[143]:

1. *exordium* (dt. Übersetzung: Einleitung)
2. *narratio* (dt. Übersetzung: Darlegung des Sachverhalts)
3. *partitio* (dt. Übersetzung: Einteilung des Stoffes)
4. *confirmatio* (dt. Übersetzung: Bekräftigung)
5. *reprehensio* (dt. Übersetzung: Widerlegung)
6. *conclusio* (dt. Übersetzung: Schluss).

Die *reprehensio* zeichnet sich durch vier Arten aus:

> Omnis argumentatio reprehenditur, si aut ex eis, quae sumpta sunt, non conceditur aliquid unum plurave aut his concessis complexio ex his confici negatur, aut si genus ipsum argumentationis vitiosum ostenditur, aut si contra firmam argumentationem alia aeque firma aut firmior ponitur.[144] (Cicero, *Inv.*, I, 42, 79 zit. nach Nüßlein 1998)

Diese vier Arten (*modos reprehensionis*[145]), mittels derer eine gegnerische Beweisführung widerlegt werden kann, werden von Cicero genau in dieser Reihenfolge in seinem Werk erläutert und mit Beispielen unterlegt.

Auch in seinem Werk „Über den Redner" (*De Oratore*) behandelt er die *reprehensio*.[146] Sie wird dort als einer von insgesamt sechs bzw. sieben Redeteilen präsentiert. Der fünfte Teil der Rede – in der die Gegenposition widerlegt wird[147]

---

143 Cicero, *Inv.*, I, 14, 19. Die deutschen Übersetzungen der lateinischen Begriffe werden der lateinisch-deutschen Ausgabe von Nüßlein (1998: 45) entnommen. Vgl. zu der unterschiedlich veranschlagten Anzahl von Redeteilen bei den antiken Rhetoren Lausberg (³1990: 147ff., § 262 Tabelle; S. 236, § 430).

144 „Jede Beweisführung wird widerlegt, wenn man von dem, was angenommen wird, irgendeinen Punkt oder mehrere zugibt; oder wenn man, falls diese zugegeben sind, behauptet, daraus ergebe sich keine Zusammenfassung; oder wenn man zeigt, daß die Art der Beweisführung selbst fehlerhaft ist; oder wenn man einer starken Beweisführung eine ebenso starke oder noch stärkere entgegenstellt." (Dt. Übersetzung von Nüßlein 1998: Cicero, *Inv.*, I, 42, 79).

145 Cicero, *Inv.*, I, 42, 78.

146 Cicero, *De or.*, II, 331.

147 Cicero, *De or.*, II, 80. In dieser Passage verwendet Cicero nicht das Substantiv *reprehensio*, sondern das Verb *refutare*, das von Merklin (2006: 257) übersetzt wird mit dt. „widerlegen".

– zeichnet sich dadurch aus, dass eine Wechselwirkung mit der *confirmatio* besteht, da durch die „Entkräftung" (*reprehensio*) der Gegengründe die eigenen bekräftigt werden:

> Namque una in causis ratio quaedam est eius orationis, quae ad probandam argumentationem valet; ea autem et confirmationem et reprehensionem quaerit; sed quia neque reprehendi, quae contra dicuntur, possunt, nisi tua confirmes, neque haec confirmari, nisi illa reprehendas, idcirco haec et natura et utilitate et tractatione coniuncta sunt.[148]
> (Cicero, *De or.*, II, 331 zit. nach Merklin 2006)

Daraus lässt sich schließen, dass Bekräftigung und Widerlegung als gleichwichtige Teile im Redeaufbau galten und Cicero eine Widerlegungsfunktion der Bekräftigung unterstellte und vice versa. Hier wird ebenfalls deutlich, dass sich Cicero für die zusammenhängende Behandlung (*tractatione coniuncta*) von positiver und negativer Beweisführung (*confirmatio* und *reprehensio*) ausspricht, da sie auch aufgrund ihrer „Art" (*natura*) und ihrer „Behandlung" (*utilitate*) eng verbunden sind.

3.5 Lat. *refutatio*

Quintilian (* 35; † um 96) schließt sich der Widerlegungsterminologie Ciceros nicht an, obwohl Cicero für ihn als das hervorragendste Beispiel römischer Redekunst gilt und seiner Vorstellung vom idealen Redner am nächsten kommt.[149] Er erhebt seinen Stil zum Vorbild und vertritt die Meinung, dass der Name Ciceros kein Eigenname mehr sei, sondern für die Beredsamkeit selbst stehen würde, wenn er die nachahmenswerten Autoren im zehnten Buch seiner *Institutio oratoria* (*Ausbildung des Redners*) auflistet.[150]

---

148 „Denn bei Verhandlungen gibt es nur einen Grundsatz für den Teil der Rede, der der Beweisführung dient. Er zielt zwar sowohl auf Bestätigung wie auf Entkräftung ab; doch weil sich weder Gegengründe widerlegen lassen, ohne daß man die eigenen bekräftigt, noch die eigenen bekräftigen, ohne daß man die gegnerischen widerlegt, darum hängt beides in seiner Eigenart, in seinem Wert und in der Art seiner Behandlung eng zusammen." (Dt. Übersetzung von Merklin 2006: Cicero, *De or.*, II, 331).
149 Quintilian glaubt trotz seiner Verehrung von Cicero nicht an die Existenz eines perfekten Redners (*orator perfectus*). Zur Auffassung Quintilians über das Bild des idealen Redners, welchem Cicero am ehesten entspricht, vgl. Quintilian, *Ausbildung des Redners*, XII, 10,73. Dort heißt es: Auch wenn ihm (Cicero) die höchste Vollendung fehle, so sei doch kein anderer zuvor ihr näher gekommen. Vgl. ebenfalls Teuber (1994: 226–229); Robling (2007: 120ff.).
150 Quintilian, *Inst. Or.*, X, 1, 112.

Jedoch ahmt er dessen Terminologie nicht nach und verwendet anstatt Ciceros Begriff der *reprehensio* einen neuen Terminus für die Widerlegung: den der *refutatio*. Staab vermutet, dass Quintilians Terminologie an „vorciceronianische Lehren" anschließe, „die in einem Referat des Antonius in Ciceros Schrift <De oratore> noch erkennbar sind" (Staab 2005: 1110).

Die *refutatio* ist bei Quintilian einer von fünf Teilen einer Gerichtsrede – d.h. Quintilian unterscheidet einen Teil weniger als der Auctor ad Herennium und Cicero. Zu den fünf Teilen zählen[151]:

1. *prooemium* (dt. Übersetzung: Prooemium)
2. *narratio* (dt. Übersetzung: Erzählung)
3. *probatio* (dt. Übersetzung: Beweisführung)
4. *refutatio* (dt. Übersetzung: Widerlegung)
5. *peroratio* (dt. Übersetzung: Schlusswort).

An vierter Stelle innerhalb einer Gerichtsrede[152] widerlegt der Redner folglich das, was der Gegner vorbringen könnte oder bereits vorgebracht hat. Auch hier sind Beweisführung und Widerlegung gleichberechtigte Teile innerhalb einer Rede und bilden die „grundsätzlich dichotomisch[e] *argumentatio*" (Staab 2005: 1109).

Die *refutatio* im Speziellen behandelt Quintilian im 13. Kapitel des fünften Buches. Die *refutatio* wird – obgleich als „Komplement" (Staab 2005: 1109) zur positiven Beweisführung (*probatio*) gesehen – relativ kurz abgehandelt. Quintilian widmet letzterer insgesamt 12 Kapitel, der *refutatio* jedoch nur ein einziges (vgl. Staab 2005: 1110).

Seine Definition der *refutatio* ist vor dem Hintergrund zu sehen, dass er sich ab dem dritten Buch – seiner insgesamt 12 Bücher – mit der Gerichtsrede befasst:

> Refutatio dupliciter accipi potest: nam et pars defensoris tota accusatori satis sit plerumque verum esse id, quod obiecerit, patronus est posita in refutatione, et quae dicta sunt ex diverso, debent utrimque dissolvi : et hoc est proprie, cui in causis quartus adsignatur locus […].[153] (Quintilian, *Inst. Or.*, V, 13, 1)

---

151 Dt. Übersetzungen von Rahn (³1995: Quintilian, *Inst. Or.*, III, 9, 1).

152 Quintilian, *Inst. Or.*, V, 13, 1.

153 „Unter Widerlegung kann man zweierlei verstehen. Denn einmal beruht die Rolle des Verteidigers ganz auf der Widerlegung, ferner müssen aber auch beide Parteien das entkräften, was von der Gegenseite behauptet worden ist. Und dies ist es im eigentlichen Sinne, was in der Gliederung der Gerichtsrede an vierter Stelle kommt." (Dt. Übersetzung von Helmut Rahn ³1995: Quintilian, *Inst. Or.*, V, 13, 1).

Die *refutatio* (dt. Übersetzung von Rahn (³1995): „Widerlegung") wird von Quintilian demnach unter zwei Gesichtspunkten betrachtet: zum einen ist die Rolle des Verteidigers (*pars defensoris*) auf die Widerlegung der Beweisführung des Anklägers angelegt, und zum anderen ist die Widerlegung der vierte Teil einer Rede. Dieser enthält rhetorische Verfahren zum „Entkräften" (*dissolvere*) der gegnerischen Behauptungen.[154]

Der Redeteil der *refutatio* zeigt weiterhin eine Besonderheit, die durch das abwechselnde Rederecht von Ankläger und Verteidiger zustande kommt. Denn dadurch, dass der Verteidiger auf die Anklage antwortet, hat er laut Quintilian zuerst mit der *refutatio* zu beginnen und daran erst die *probatio* anzuschließen. Hingegen beginnt der Ankläger seine Rede mit der *probatio* und schließt daran die *refutatio* an. Die Anordnung der Redeteile beschreibt Quintilian in folgender Passage:

> Ordo quidem in parte nulla minus adfert laboris. nam si agimus, nostra confirmanda sunt primum, tum quae nostris opponuntur, refutanda: si respondemus, prius incipiendum a refutatione.[155] (Quintilian, *Inst. Or.*, V, 13, 53)

In der Rede des Verteidigers müsste sie demnach an dritter Stelle stehen. Dies widerspricht sich mit der eingangs erwähnten Aussage Quintilians, dass die *refutatio* das sei, was an vierter Stelle in einer Gerichtsrede stehe.

Dass der Ankläger bereits eine *refutatio* in seine Rede integriert, obwohl der Verteidiger noch gar nichts gesagt hat, was Ersterer widerlegen könnte, „ergibt sich", so Dingel (1988: 62), „aus der Praxis, auf erwartete *contradictiones* der Verteidigung einzugehen (V,13.36.42.54)", weshalb „schon in der Klagerede eine *refutatio* möglich ist". Der Widerlegungsteil nimmt beim Ankläger somit *contradictiones* (Einwände[156]) des Verteidigers vorweg und versucht, sie zu entkräften.

Der Aufbau der Rede von Ankläger und Verteidiger ist folgender Darstellung zu entnehmen:

---

154 Vgl. zur Anordnung bei Ankläger und Verteidiger sowie zur tatsächlichen Einhaltung dieser Reihenfolge innerhalb der *argumentatio* die Erläuterungen von Dingel (1988: 62ff.).

155 „Die Anordnung macht bei keinem Abschnitt der Rede weniger Mühe. Denn wenn wir die Prozeßhandlung beginnen, müssen wir erst unsere Beweise bringen, dann die des Gegners widerlegen. Wenn wir auf die Anklage zu antworten haben, müssen wir zuerst mit der Widerlegung beginnen." (Quintilian, *Inst. Or.*, V, 13, 53).

156 Der Begriff lt. *contradictiones* stammt von Quintilian (*Inst. Or.*, V, 13, 36) und wird von Rahn (³1995: 641) mit dt. „Einwände" übersetzt.

Klagerede		Verteidigungsrede	
Prooemium		Prooemium	
Narratio		Narratio	
Argumentatio[157]	Probatio	Argumentatio	**Refutatio**
	Refutatio		Probatio
Peroratio		Peroratio	

Die Reihenfolge des widerlegenden und beweisenden Redeteils ist in der Klagerede und Verteidigungsrede vertauscht. Ankläger und Verteidiger bedienen sich demgemäß in ihrer Argumentation der *refutatio* (als Redeteil), um die jeweilige gegnerische Beweisführung zu entkräften. Der Verteidiger sollte darin die Beweisführung des Anklägers angreifen und widerlegen und der Ankläger die des Verteidigers.

Direkt im Anschluss an die Anordnung der Redeteile bei Ankläger und Verteidiger weist Quintilian darauf hin, dass „aus dem, was wir einem Einwand entgegengestellt haben, neue Einwände [entstehen]" (Quintilian, *Inst. Or.*, V, 13, 53). Damit ist eine Entgegnung auf einen Einwand i.d.R. als Auslöser für das Äußern neuer Einwände (*contradictiones*) auf der gegnerischen Seite zu sehen, die dazu dienen, diese Entgegnung zu entkräften. Die Einwände von Ankläger und Verteidiger wechseln sich demnach bei Quintilian ab. Dieser Schlagabtausch und das Ringen um den Sieg lassen ihn deshalb wohl auch an späterer Stelle des 13. Kapitels den Gerichtsprozess auf dem Forum mit einem „Kampf" vergleichen. Dieser Kampf könne nur mit einer an der Praxis orientierten Rhetoriklehre gewonnen werden, die nicht „durch die Härte des wirklichen Kampfes [auf dem Forum] durcheinandergeworfen [...] [würde]" (Quintilian, *Inst. Or.*, V, 13, 59).

Dass das Anklagen leichter ist als das Verteidigen einer Person, zu diesem Schluss kommt – wie bereits Aristoteles[158] – Quintilian aufgrund der Tatsache, dass der Verteidiger bei seiner Vorbereitung nicht weiß, welche Beweise der Ankläger vorbringen wird (vgl. Quintilian, *Inst. Or.*, V, 13, 2; vgl. Staab 2005: 1110).

Weiterhin hat der Ankläger den Vorteil, dass er nur die Wahrheit seiner Anschuldigung beweisen muss, wohingegen „der Verteidiger [...] abzuleugnen, in Schutz zu nehmen, abzuwälzen, zu entschuldigen, Fürsprache einzulegen, zu mildern, zu mindern, abzuwenden, mit Hohn und mit Spott zu überschütten

---

157 Die *argumentatio* wird von Quintilian in *probatio* und *refutatio* aufgeteilt (*Quintilian, Inst. Or.*, III, 9, 1–5; vgl. Lausberg ³1990: 147, § 262).
158 Aristoteles, *Analytica priora*, I, XXVI, 43a 11–15.

[hat]" (Quintilian, *Inst. Or.*, V, 13, 2). Die Verteidigung ist folglich komplexer und bedarf „tausend Wendungen und Kniffe" (ebd.).

Die Rolle des Verteidigers ist weiterhin als schwieriger einzuschätzen, da „der Kläger den größten Teil seines Anklagestoffes schon wohldurchdacht von Hause mit[bringt], der Verteidiger jedoch stößt häufig auf Unerwartetes" (Quintilian, *Inst. Or.*, V, 13, 3). An späterer Stelle bemerkt Quintilian deshalb, dass für die Anklage auch mittelmäßige Redner genügen, ein Verteidiger jedoch ein Meister der Beredsamkeit sein müsse (vgl. ebd.).

Die Fundstellen[159] für die Beweise/Argumente[160] seien im widerlegenden und beweisführenden Redeteil gleich[161], woraus sich schließen lässt: die Suche nach „sach- und parteientsprechenden Gedanken" vollzieht sich für Ankläger und Verteidiger auf die gleiche Art und Weise (Lausberg ³1990: 201, § 373). Bei der Redevorbereitung stellen sich beide Parteien deshalb bei der *inventio* (Stoffauffindung) eine „konkret-individuell-praktische [...] *quaestio finita*[162]" (Lausberg ³1990: 63, § 73), um passende Argumente an bestimmten Stellen zu finden, die dann entweder zum Beweisen oder zum Widerlegen genutzt werden. Als Beispiel für eine konkrete bzw. begrenzte Frage (*quaestio finita*), kann die folgende gelten: ob es recht sei, Clodius, den Attentäter, zu töten? (vgl. Quintilian, *Inst. Or.*, III, 5, 10). Die Dichterstellen oder Lebensregeln, die dann beispielsweise von den beiden Rednern in ihrer Rede verwendet werden, sind das Ergebnis ihrer konkreten Fragestellung und entsprechen jeweils ihren „sach- und parteientsprechenden Gedanken" (Lausberg ³1990: 201, § 373).

---

159 In der antiken Rhetorik werden unter Fundstellen, diejenigen Stellen und Plätze (lat. *loci*/ gr. *tópoi*) verstanden, die Material für eine Rede liefern. Zu diesen Fundstellen zählen u.a. Stellen aus Gedichten, historische Beispiele, Lebensregeln und allgemein anerkannte Lebensweisheiten. Der Redner macht sich auf die Suche nach diesen Fundstellen in der *inventio* und wählt diejenigen aus, die sich „für einen vorliegenden Stoff oder ein gegebenes Publikum [...] [eignen]" (Lausberg 1990³: 147, § 260).

160 In der Übersetzung der *Inst. Or.* von Helmut Rahn ist die Rede von „Beweisen", wohingegen Staab (2005: 1110) von „Argumenten" spricht.

161 Ähnlich wie Aristoteles ist Quintilian der Ansicht, dass im Widerlegungsteil dieselben „Fundstellen für die Beweise", d.h. loci/Topoi zu finden sind „wie im Beweisteil". (Quintilian, *Inst. Or.*, V, 13, 1) Ähnlich nur deshalb, weil Aristoteles keinen eigenen Redeteil innerhalb der *pístis* unterscheidet, der der Widerlegung dient. Hingegen sieht Quintilian *probatio* und *refutatio* als eigenständige Redeteile an, die sich der gleichen „Fundstellen" bedienen können.

162 Vgl. Quintilian, *Inst. Or.*, III, 5, 7. Quintilian nennt die *quaestio finita* ebenfalls *quaestio specialis* (Quintilian, *Inst. Or.*, III, 5, 9).

Weiterhin typisch für den widerlegenden Redeteil ist, dass dessen „Gefühlswirkungen" „gedämpfter" seien als die der restlichen Redeteile (vgl. Quintilian, *Inst. Or.*, V, 13, 2). Er löst demzufolge weniger starke positive oder negative Reaktionen bei den Zuhörern aus als *prooemium, narratio, probatio* und *peroratio*. Eine konkrete Anleitung dazu, wie der Redner etwas, das einem Rechtsfall „eigentümlich" ist (und das nicht von „außen" hineingebracht wurde), entkräften kann, liefert Quintilian ab Kapitel 13.4 des fünften Buches. Die Möglichkeiten des Redners sind dabei seiner Meinung nach auf drei beschränkt. So kann er:

1. *negare* (dt. leugnen)
2. *defendere* (dt. verteidigen)
3. *transferre* (dt. umdeuten (bzw. abwälzen)).

„Außer diesen Möglichkeiten gibt es in Prozessen gewöhnlich nichts weiter", so Quintilian (Rahn ³1995: Quintilian, *Inst. Or.*, V, 13, 4). Einzig die Abbitte (*deprecatio*) fände sich bei einzelnen Richtern, die nicht an eine feste Form der Urteilssprechung gebunden seien (vgl. Quintilian, *Inst. Or.*, V, 13, 5).

Verteidigen ist nach Quintilians Meinung die letzte Möglichkeit der Gegenseite, wenn Leugnen oder Umdeuten nicht möglich sei. Denn so betont er: „[E]rgo quae neque negari neque transferri possunt, utique defendenda sunt, qualiacumque sunt, aut causa cedendum."[163] (Quintilian, *Inst. Or.*, V, 13, 7 zit. nach Rahn ³1995) Sowie:

[Q]uae neque defendi neque transferri possunt, utique neganda, nec solum si finitio potest esse pro nobis, sed etiam si nuda infitatio superest.[164] (Rahn ³1995: Quintilian, *Inst. Or.*, V, 13, 7)

Nach diesen konkreten Handlungsvorgaben, wann verteidigt, wann geleugnet und wann umgedeutet werden soll, gibt Quintilian noch weitere Anweisungen wie „Behauptungen der Gegenseite zu entkräften"[165] seien (Quintilian, *Inst. Or.*, V, 13, 12), bzw. an späterer Stelle erklärt er „[i]d autem quod erit ab adversario

---

163 „Was also weder geleugnet noch abgewälzt [bzw. umgedeutet] werden kann, muß man verteidigen, sei es was es wolle, oder man muß den Fall aufgeben." (Quintilian, *Inst. Or.*, V, 13,7).

164 „Was weder verteidigt noch abgewälzt werden kann, muß man unbedingt leugnen, nicht nur, wenn eine Begriffsbestimmung der Tat zu unseren Gunsten erfolgen kann, sondern sogar, wenn nichts übrig bleibt als die nackte Abstreitung." (Quintilian, *Inst. Or.*, V, 13,7).

165 „[…] resolvere ex parte diversa dicta […]." (Quintilian, *Inst. Or.*, V, 13, 12).

dictum, quo modo refutari debeat"[166] (Quintilian, *Inst. Or.*, V, 13, 15). Das lateinische Verb, das von Rahn mit „entkräften" übersetzt wird, ist *resolvere* und dasjenige, das mit „zurückweisen" wiedergegeben wird, *refutari*.

Gegen gegnerische Beweise soll entweder einzeln vorgegangen werden oder im Kollektiv, je nachdem wie stark bzw. schwach die Beweise sind. Sind sie nicht sehr stark, können beispielsweise mehrere gleichzeitig entkräftet werden (vgl. Quintilian, *Inst. Or.*, V, 13, 11).

Insgesamt betrachtet ist es laut Quintilian für den Ankläger vorteilhaft, Beweise zu häufen, und für den Angeklagten, sie zu zerpflücken (*dissolvere*) (vgl. Quintilian, *Inst. Or.*, V, 13, 15). Je mehr Beweise der Ankläger liefert, desto mehr Aufwand muss der Verteidiger betreiben, um diese zu entkräften. Weiterhin wird daraus deutlich, dass im Kollektiv stark wirkende Argumente durch Zerpflücken (d. h. durch schrittweises Entkräften[167]) ihre Gesamtwirkung verlieren. Quintilian drückt dies metaphorisch aus, indem er behauptet, dass „wir selbst die größten Ströme, wenn sie in Bäche abgeleitet werden, an jeder Stelle überschreiten können" (Quintilian, *Inst. Or.*, V, 13, 13).

Angreifen kann ein Redner nicht nur die Rede des Gegners, sondern auch die Person des Gegners. So können seine Lebensführung, sein Mienenspiel, sein Gang und seine Haltung angegriffen werden (*inacusari*) (vgl. Quintilian, *Inst. Or.*, V, 13, 39). Die Thematisierung der Person hat zum Ziel, die Autorität des Gegners zu untergraben und damit einhergehend seine Beweisführung zu schwächen. Die Handlungen des Geringschätzens (Quintilian, *Inst. Or.*, V, 13, 22), Verspottens (Quintilian, *Inst. Or.*, V, 13, 40) und Beschwerens (Quintilian, *Inst. Or.*, V, 13, 41) sind ebenfalls Möglichkeiten, die innerhalb der *refutatio* zum Einsatz kommen können.

Das 13. Kapitel listet weiterhin Fehler (*vitia*; Quintilian, *Inst. Or.*, V, 13, 36) auf, die vom Gegner gemacht werden können, und die es zu „enthüllen" (Quintilian, *Inst. Or.*, V, 13, 34) gilt. So sollte der Redner beispielsweise herausfinden:

1. ob es (scheinbar) Widersprüchliches in der Rede des Gegners gibt (vgl. Quintilian, *Inst. Or.*, V, 13, 30)
2. ob der Gegner „einen zweifelhaften Beweis verwendet statt eines zwingenden, etwas Umstrittenes statt etwas allgemein Anerkanntem, was für mehrere

---

166 „[W]ie man das zurückweisen muß, was der Gegner behauptet hat" (Quintilian, *Inst. Or.*, V, 13, 15).
167 Quintilian verwendet an dieser Stelle das Verb „dissolvere" (Quintilian, *Inst. Or.*, V, 13, 13).

gilt, statt des Besonderen sowie Gewöhnliches, Überflüssiges und gegen die Glaubwürdigkeit Angegebenes"[168] (Quintilian, *Inst. Or.*, V, 13, 34).

Erkennt der Gegner die Fehler seines Gegenübers, kann er seine Äußerung angreifen und versuchen, sie im Widerlegungsteil zu widerlegen.

Der Redner kann aber auch durch sich selbst „widerlegt werden" (*reprehenditur*), wovor Quintilian warnt (vgl. Quintilian, *Inst. Or.*, V, 13, 37). Denn auf einen vorgebrachten Einwand (*contradicito*) des Gegners kann auch „fehlerhaft" reagiert werden. Nämlich zum einen durch keine Reaktion auf einen Einwand und zum anderen durch übertriebene Gewissenhaftigkeit. Es ist für einen Redner folglich nicht ratsam, einen Einwand zu übergehen, nur weil er sich auf diesen nicht von Hause aus vorbereitet hat (vgl. Quintilian, *Inst. Or.*, V, 13, 36), und zum anderen ist es schlecht, wenn er zu gewissenhaft bei der Erwiderung vorgeht (vgl. Quintilian, *Inst. Or.*, V, 13, 37). Denn dadurch bestehe die Gefahr, dass „so [...] nicht die Sache widerlegt [wird], sondern ihr Vertreter"[169] (Quintilian, *Inst. Or.*, V, 13, 37). Seine Fähigkeiten bzw. sein Talent als Redner und Anwalt seien durch diese Formen der Reaktion (übertriebene Gewissenhaftigkeit) bzw. Nicht-Reaktion (Auslassen einer eigentlich notwendigen entkräftenden Replik) angreifbar bzw. widerlegbar.

3.6 Zusammenfassung

Der Ursprung der Gegenargumentation liegt – wie anhand der vorgestellten widerlegenden Verfahren und Redeteile deutlich gemacht wurde – in der Antike. Mit dem Begriff „Widerlegung" wird eine Bandbreite von antiken griechischen und lateinischen Termini übersetzt, die unterschiedliche Funktionen und Bedeutungen gezeigt haben. Nicht nur Verfahren, Techniken, Mittel und Methoden wurden mit „Widerlegung" wiedergegeben, sondern auch der Redeteil, der die negative Beweisführung enthält.

Gr. *élenchos* stand in der griechischen Antike zum einen für ein fragendes Prüfungs**verfahren** des Argumentierenden, das als Ergebnis die Widerlegung annimmt (Sokrates). Zum anderen bezeichnet Aristoteles mit dem *Élenchos* einen Syllogismus, der im Widerspruch zur Konklusion des Gegners steht und

---

168   Quintilian ist der Meinung, dass das „Enthüllen" der genannten Fehler nicht viel „Scharfsinn" beim Redner verlange: „Illa magis vitiose dicuntur quam acute reprenduntur, argumentum dubium pro necessario, controversum pro confesso, commune pluribus pro proprio, vulgare, supervacuum, constitutum contra fidem." (Quintilian, *Inst. Or.*, V, 13, 34).

169   „Non enim causa reprehenditur, sed actor [...]." (Quintilian, *Inst. Or.*, V, 13, 37).

somit als **Mittel** zur Widerlegung eingesetzt wird (vgl. Wagner 2005b). Die *Lýsis* (gr. lýsis) ist eine Argumentations**technik**, die eine fehlerhafte Beweisführung des Gegners auflösen soll, indem mit ihr die gegnerischen Argumente kritisiert werden. Ein weiteres Mittel zur Widerlegung der gegnerischen Beweisführung stellen Enthymeme dar. Die widerlegenden Enthymeme (Schlussform) werden von Aristoteles mit den beweisenden gleichgesetzt, da sie seiner Meinung nach der gleichen „Gattung" angehören (vgl. Krapinger 2007: Aristoteles, *Rhet.*, II, 25, § 3). Dadurch dass er keine Trennung zwischen diesen Schlussformen zieht, die unterschiedliche Ziele verfolgen, aber gleicher Gattungsart sind, ist auch die Nichtunterteilung in einen beweisenden und widerlegenden Redeteil nachvollziehbar.

Festzuhalten ist, dass es allgemein in der Antike einen Unterschied zwischen dem Teil der Rede gibt, der der positiven Beweisführung dient, und dem, der die negative Beweisführung (Widerlegung) darstellt. Nur bei Aristoteles ist die Widerlegung Teil des allgemeinen Beweisverfahrens (gr. *pístis*[170]) und wird nicht als eigener Abschnitt der Rede betrachtet (vgl. Krapinger 2007: Aristoteles, *Rhet.*, II, 26, § 3; III, 17, § 14). Eine Tatsache, die Quintilian als negativ ansieht, wie in folgender Stelle ersichtlich wird:

tamen nec eis adsentior, qui detrahunt refutationem, tamquam probationi subiectam, ut Aristoteles. Haec enim est, quae constituat, illa, quae destruat[171] (Quintilian, *Inst. Or.*, III, 9, 5).

Auch wenn Aristoteles der Widerlegung keinen eigenen Redeabschnitt zugesteht, spricht er sich trotzdem für eine innere Ordnung innerhalb der Beweisführung aus: wenn man der erste Redner ist, soll man zuerst die eigenen Argumente vorbringen und dann die des Gegners widerlegen, und sollte man an zweiter Stelle das Rederecht erlangen, dann in umgekehrter Reihenfolge verfahren.

Der Auctor ad Herennium, Cicero und Quintilian hingegen unterteilen die Beweisführung in einen eigenständigen positiven und negativen **Teil innerhalb einer Rede**. Für die negative Beweisführung prägt der Auctor ad Herennium den Terminus lt. *confutatio*, in der die gegnerischen „Orte" (*loci*) aufgelöst (*dissolvere*)

---

170   Der Begriff Pistis wird „im Sinne von Beweisverfahren […] auch als Oberbegriff von Enthymema (=deduktives Argument) und Paradeigma (=induktives Argument) verwendet; cf. etwa 93a 24" (Eggs 1984: 34, Fußnote 1b).

171   „Nicht indessen stimme ich denen zu, die die Widerlegung als zur Beweisführung gehörig entfernen, wie es z.B. Aristoteles tut; denn die Beweisführung hat aufzubauen, die Widerlegung abzureißen." (Rahn ³1995: Quintilian, *Inst. Or.*, III, 9, 5).

werden. Das Widerlegen von fehlerhaften Beweisen (*argumentationes vitiosae*) erfolgt bei ihm gesondert nach den Argumentationsstrukturen.

Cicero prägt einen neuen Begriff: den der lt. *reprehensio*, welche im Deutschen mit „Widerlegung" wiedergegeben wird und der *confirmatio* (dt. „Bekräftigung"; „Bestätigung"[172]) innerhalb des Redeaufbaus folgt. Die *reprehensio* enthält eine Beweisführung, die die gegnerische unhaltbar machen soll, sie entkräftet oder abschwächt. Quintilian benennt den Teil der Gerichtsrede, der die Mittel zur Widerlegung des Gegners enthält, mit lt. *refutatio* und schließt sich damit nicht der Terminologie Ciceros an. Quintilian betont als erster die Bedeutung der Widerlegung für den Verteidiger, dessen Rolle innerhalb eines Gerichtsverfahrens auf der Widerlegung der Beweisführung des Anklägers basiert.

Quintilian bemerkt, dass die Topoi (Fundstellen der Argumente/Beweise) für den beweisführenden und den widerlegenden Redeteil gleich seien, und steht dabei in der Tradition von Aristoteles, der die beweisenden nicht von den widerlegenden Enthymemen trennt. **Argumentation und Gegenargumentation (Widerlegung)** sind folglich **aufgrund der Topoi miteinander verbunden**, was den entscheidenden Hinweis darauf liefert, **warum die Gegenargumentation heute z. T. als Element der Argumentation behandelt wird.**

Die enge Verbindung der Gegenargumentation mit der Widerlegung beruht hingegen nicht nur auf strukturellen Begebenheiten, sondern auf der Tatsache, dass die Widerlegung ein Ziel der Gegenargumentation sein kann, welches mittels einer Gegenargumentation realisiert wird. Zum Teil werden die beiden Begriffe gleichgesetzt, wie sich anhand des Wörterbucheintrags „*refutatio*" im *HWdR* (2005) zeigen lässt. Staab (2005: 1109) übersetzt *refutatio* mit „dt. Gegenargumentation, Widerlegung" und „it. argomentazione contraria, refutazione". In der englischen und französischen Übersetzung finden sich nur die Entsprechungen in der Bedeutung von ‚Widerlegung': „engl. refutation" und „frz. réfutation".

Betrachtet man weitere (allgemeine) Definitionen der antiken Bezeichnungen für die Widerlegung (als Redeteil), wird deutlich, dass diese unter Zuhilfenahme des Begriffs der „Kontra-Argumentation" bzw. Gegenargumentation erklärt werden:

---

172 Dt. Übersetzung von *confirmatio* in *De inventione*: Bekräftigung (Nüßlein 1998: Cicero, *Inv.* I, 14, 19). Dt. Übersetzung von *confirmatio* in *De oratore*: Bestätigung (Merklin 2006: Cicero, *De or.*, II, 80).

Anaskeue:	„Unter A. [Anaskeue] versteht man die Widerlegung einer Position (Kontra-Argumentation), unter K. [Kataskeue] die Begründung einer Position (Pro-Argumentation)." (Kienpointner 1992a: 547)
Confutatio:	„Unter C, [Confutatio] versteht man die Widerlegung einer strittigen Annahme (Kontra-Argumentation)." (Kienpointner 1994: 355)

Die antiken widerlegenden Redeteile werden in der heutigen Argumentationsterminologie mit dem Begriff der Kontra-Argumentation (Gegenargumentation) erläutert und wiedergegeben. Die Bezeichnungen für die negative Beweisführung oder Verfahren, die als Ergebnis die Widerlegung des Gegners haben, können somit als „Vorläufer" für das gelten, was heute mit Gegenargumentation bezeichnet wird. Die Frage nach dem Grund für Neuschöpfungen bzw. die unterschiedliche Bezeichnung ein und desselben Begriffs ist nicht nur der zeitlichen Dimension zuzuschreiben, sondern ebenfalls der räumlichen und kulturellen. Hinzu kommt noch eine persönliche Dimension, die antike Autoren dazu angeregt hat, ihr eigenes Wort für einen Begriff zu kreieren, der bereits früher konzeptualisiert wurde, jedoch nicht ausreichte, die begriffskonstituierenden Merkmale entsprechend wiederzugeben. Dabei ist zu beachten, dass die Gegenargumentation der argumentative Prozess ist, der zu dem Ergebnis Widerlegung führen kann, aber nicht muss.

4. Modelle und Strukturen der Gegenargumentation von der Antike bis zur Gegenwart

Der gegenargumentative Diskurs beginnt – wie im vorigen Kapitel gezeigt – mit der Rhetorik in der Antike und reicht bis in die Argumentationstheorien der Gegenwart. Dieser Diskurs besteht aus der theoretischen Auseinandersetzung mit der Gegenargumentation unter definitorischen, modellhaften und strukturellen Aspekten und ist bestimmten Traditionen unterworfen, die in ständigem Wandel sind.[173] Um diese Traditionen und deren Wandel ansatzweise nachzeichnen zu können, werden in einem ersten Schritt Modelle und Strukturen – die die Gegenargumentation darstellen – von den wohl größten Rhetorikern der Antike (wie z.B. Aristoteles, Cicero, Quintilian) vorgestellt, die bis in die moderne Argumentationstheorie nachwirken (z.B. Toulmin-Modell (1958), Eggler-Modell (2006)). Van Eemeren und Grootendorst stellen zu Recht fest, dass

> [l]ike research in many other disciplines, the study of argumentation goes back to classical antiquity. Unlike in most other disciplines, however, knowledge of the ancient literature remains in argumentation theory a necessary condition for a proper exercise of the profession. Certain theoretical insights formulated by classical authors, such as Aristotle and Cicero, still belong to the core of argumentation theory. They are an integral part of the foundations of the hermeneutic and critical tools that are currently available for the analysis and evaluation of argumentative discourse and texts. (van Eemeren/Grootendorst 2004: 42)

In einem zweiten Schritt werden eine Reihe von zeitgenössischen Ansätzen vorgestellt.

In Kapitel 4.1 wird zunächst die Widerlegung mittels eines Antisyllogismus betrachtet, wobei neben dem klassischen Syllogismus auch das Enthymem von Aristoteles vorgestellt wird. Die widerlegenden Enthymeme werden anhand des Schemas von Eggs (1984) expliziert, die einem (rhetorischen) Antisyllogismus entsprechen.

Daran schließt sich in Kapitel 4.2. die Betrachtung des Einwands an, der eine weitere Möglichkeit zur Widerlegung bei Aristoteles repräsentiert. Darauf folgt das fünfgliedrige Argumentationsschema Ciceros (die *ratiocinatio*), welches von Quintilian auf drei Elemente verkürzt und unter dem Begriff des Epicheirems

---

173 Vgl. Wilhelm (2001: 470).

geführt wird (4.3). Das Epicheirem hat innerhalb der *argumentatio* nicht nur in der positiven, sondern auch in der negativen Beweisführung seinen Platz. Auf die Vorstellung des Argumentationsmodells vom Auctor ad Herennium wird in diesem Kapitel verzichtet, da dieses bereits in 3.3 dargelegt wurde, um die *argumentationes vitiosae* zu erläutern, und es zudem große Ähnlichkeit mit dem Epicheirem aufweist.[174]

Die Beschreibung geht danach über zu den zeitgenössischen Ansätzen. Als Erstes wird die *Eristische Dialektik* von Schopenhauer vorgestellt, in der ein Argumentationsmodell vorgeschlagen wird, das explizit die Widerlegung des Gegners beinhaltet: das so genannte „Skelett jeder Disputation" (4.4). Die Modellbildung in der modernen Argumentationstheorie beginnt mit der (unbewussten) Modifikation des aristotelischen Syllogismus durch Toulmin (1958) und der Loslösung von der „alten" Rhetorik hin zu einer „Nouvelle Rhétorique", wie sie Perelman/Olbrechts-Tyteca (1958) verstehen. In Kapitel 4.5 wird zunächst das sechsteilige Toulmin-Schema dargestellt, welches mit einem Abstand von ca. 50 Jahren von Adam (2004) (Unterkapitel 4.5.1) und Eggler (2006) (Unterkapitel 4.5.2) aufgegriffen und abgewandelt wurde. Kapitel 4.6 stellt das Dissensmodell von Eggs vor, Kapitel 4.7 das Nicht-minimale Argumentationsmodell von Wunderlich, Kapitel 4.8 das Argumentationsdiagramm von Grewendorf, Kapitel 4.9 die Argumentationssequenzen nach Kienpointner, Kapitel 4.10 die Argumentationsstränge bzw. die Makrostruktur einer Argumentation von Kopperschmidt, Kapitel 4.11 das Netzdiagramm-Format von Klein, Kapitel 4.12 die Baumstruktur von Lo Cascio, und das letzte Unterkapitel präsentiert den Ansatz von Pirazzinis Textprofilen der Opposition.

Methodisch sei angemerkt, dass die knappe Skizzierung der Antike und das Auslassen der Zeit zwischen Mittelalter und 19. Jahrhundert der Notwendigkeit der Selektion und dem Forschungsdefizit[175] aufgrund des Verschwindens der Rhetorik als Disziplin von den Hochschulen „im Laufe des 18. und frühen 19. Jahrhunderts" geschuldet ist (Ueding 1994: Vf.). Das Modell von Schopenhauer soll deshalb einen Übergang zwischen antiken und modernen Ansätzen darstellen.

Es werden in diesem Kapitel nicht nur Gegenargumentationsmodelle, sondern auch Argumentationsmodelle berücksichtigt[176], bedingt durch die allgemein

---

174 Zur Ähnlichkeit von Epicheirem und Ratiocinatio vgl. Steudel-Günther (2005: 595f.); Lausberg (³1990: 199f, § 371).

175 Ueding spricht von einer 200-jährigen „Lücke", die es im Rahmen der Geschichte der Rhetorik zu schließen gelte (vgl. Ueding/Steinbrink ⁴2005: 4).

176 Zu nennen ist beispielsweise das antike Epicheirem, welches von Toulmin (1958) unbewusst aufgenommen wird. Das Argumentationsmodell von Toulmin wurde

argumentativ-strukturellen Gemeinsamkeiten, wie u. a. den beiden zugrundeliegenden Topoi. Ziel des Kapitels ist es, der Frage nachzugehen, welche Modelle und Ansätze bereits zu dem zu untersuchenden Phänomen vorhanden sind, und inwieweit sie für die spätere Analyse theoretische und methodische Ergebnisse zur Verfügung stellen. Des Weiteren soll ihre Anwendbarkeit für die Analyse von Gegenargumentationen in Internetforumsdiskussionen diskutiert werden.

Berücksichtigt werden vorwiegend logisch kognitive Modelle, welche die argumentative Mikro- sowie Makrostruktur behandeln,[177] sowie diejenigen, die nicht nur die Rolle des Proponenten, sondern auch die des (tatsächlichen oder fiktiven) Opponenten fokussieren und dadurch dem dialogischen Charakter von Argumentation und Gegenargumentation Rechnung tragen.[178]

4.1 Antisyllogismus/Gegendeduktion/gr. *élenchos*

Laut Aristoteles kann eine Widerlegung auf zwei Arten erfolgen: zum einen durch einen Antisyllogismus (gr. *élenchos*) und zum anderen durch einen Einwand (gr. *énstasis*). Dazu wird es im folgenden Kapitel notwendig sein, auf das dreigliedrige Argumentationsmodell von Aristoteles in Form des Syllogismus einzugehen sowie auf sein rhetorisches Pendant, das Enthymem (rhetorischer Syllogismus).

In Kapitel 25 des zweiten Buches der *Rhetorik* behandelt Aristoteles die „Gegendeduktion"[179] oder auch „Antisyllogismus"[180] oder „Élenchos"[181] genannt, welche(r) auf den gleichen Topoi beruht, wie der Syllogismus und sich gegen Enthymeme richtet (vgl. Eggs 1984: 269). Zunächst soll als theoretische Basis erläutert werden, was Aristoteles unter ‚Syllogismus' versteht.

Der Syllogismus ist „ein deduktives Prämissen-Konklusions-Argument" (Kraus 2009: 275), welches aus drei Elementen bestehen soll, die sich mit unterschiedlichen Termini, z. T. bis in die heutige Argumentationstheorie fortgesetzt

---

wiederum von Eggler (2006) für sein „Argumentationsmuster" der Gegenargumentation verwendet und modifiziert.

177　Die komplexe Verknüpfung von minimalen Argumentationen führt zu „argumentativen Makrostrukturen" (vgl. Atayan 2006: 35; 49).

178　Dialogizität gilt nach der Meinung zahlreicher Argumentationsforscher als zentrales Charakteristikum der Argumentation: Hundsnurscher (1976), Göttert (1978), Wunderlich (1980), Kienpointner (1983), Plantin (1996), Pirazzini (2002), van Eemeren/Grootendorst (1984) etc.

179　Rapp (2002): Aristoteles, *Rhet.*: 788.

180　Krapinger (2007): Aristoteles, *Rhet.*, II, 25, § 1.

181　„Den Gegenschluß nennt Aristoteles auch élenchos" (Eggs 1984: 269).

haben: einer generischen Prämisse, einer spezifischen Prämisse und einer Konklusion, die notwendig aus den Prämissen folgt, d. h. deduktiv ist. In den *Sophistischen Widerlegungen* heißt es deshalb:

> Der *Schluß* besteht aus einigen (Annahmen), die gesetzt werden, so daß er mit Notwendigkeit aufgrund des Gesetzten etwas von diesem Gesetzten Verschiedenes aussagt. (Dt. Übersetzung von Zekl 1997: Aristoteles, *Topik*, IX, 1, 164b 27–165a 3, Hervorhebung im Original; vgl. weiterhin: IX, 5, 167a 21–27).

In Modellform sieht der dreiteilige Syllogismus wie folgt aus:

Generische Prämisse
Spezifische Prämisse
Konklusion

Kraus (2009: 270) bietet folgendes Beispiel für einen Syllogismus:

Generische Prämisse:	Alle Menschen sind sterblich.
Spezifische Prämisse:	Alle Griechen sind Menschen.
Konklusion:	Folglich sind alle Griechen sterblich.

Diese dreiteilige Struktur ist für die Modellbildung in der heutigen Argumentationstheorie immer noch als Basis anzusehen, da diese dem entspricht, was als (Pro- oder Kontra-) Argumentation verstanden wird: von einem Argument (in Form einer Prämisse) kann auf eine Konklusion geschlossen werden, weil zwischen den beiden eine Stützungsrelation besteht. Diese Stützungsrelation übernimmt im Syllogismus von Aristoteles die generische Prämisse und hat in der Regel die Form „Alle S sind P"[182]. Mit anderen Worten das Argument (als etwas Unstrittiges) wird dazu genutzt, einen strittigen Geltungsanspruch einer Äußerung (in dem Fall denjenigen einer Konklusion) zu belegen oder zu widerlegen.

Der Antisyllogismus hingegen ist „eine Deduktion mit kontradiktorischer Konklusion" (Rapp 2002: Aristoteles, *Rhet.*: 788). Dies bedeutet, dass dem Antisyllogismus ein Schluss vorausgeht, dem in Form eines Syllogismus widersprochen wird. Strukturell gesehen arbeitet der Antisyllogismus „mit Prämissen […], die denen des zu widerlegenden Enthymems entgegengesetzt sind." (Rapp 2002: Aristoteles, *Rhet.*: 788) Aus diesem Zitat von Rapp (2002) geht hervor, dass der

---

182 Mit den Symbolen (S) und (P) werden in einem Syllogismus zwei der insgesamt drei Begriffe (Ober- Mittel- und Unterbegriff) bezeichnet: (S) steht für das Subjekt (Unterbegriff) und (P) für das Prädikat (Oberbegriff). Im „Alle Griechen sind sterblich"-Beispiel ist „‚sterblich' der Oberbegriff, ‚Grieche' der Unterbegriff und ‚Mensch' der Mittelbegriff" (Kraus 2009: 270).

Antisyllogismus einem Enthymem widerspricht und nicht einem Syllogismus, bzw. keinem klassischen Syllogismus. Worin die Unterschiede und Gemeinsamkeiten zwischen diesen beiden Schlussformen bestehen, und welche argumentativen Strukturen für die Widerlegung des Kommunikationspartners in Frage kommen, soll im Folgenden erläutert werden.

Das Enthymem kann vom Redner zum Beweisen oder zum Widerlegen genutzt werden, d. h. es werden die beweisenden von den widerlegenden Enthymemen unterschieden. Enthymeme schließen entweder aus dem Wahrscheinlichen oder aus einem Indiz. Da die „widerlegenden Enthymeme [...] keine eigene Gattung dar[stellen]", so Aristoteles, und sich „beide Seiten [Ankläger und Verteidiger; Anmerk. Verf.] [...] ja derselben Argumentationsweisen [bedienen], sie bringen nämlich Enthymeme vor, daß etwas nicht ist oder ist" (Krapinger 2007: Aristoteles, *Rhet.*, II, 26, § 3), wird im Folgenden Aristoteles Enthymemtheorie[183] der beweisenden Enthymeme dargelegt, um dadurch gleichzeitig Rückschlüsse auf die widerlegenden zu ziehen.

Vor Aristoteles finden sich Nachweise bereits bei Korax und Teisias sowie bei Gorgias und Anaximedes von Lampsakos[184], die jedoch den Begriff ‚Enthymem' nicht einheitlich definieren und nur punktuell verwenden (vgl. Dörpinghaus 2002: 67, Anmerkung 215; Kraus 1994: 1201f.).

Aristoteles hat sich als Erster ausführlich mit Enthymemen beschäftigt (vgl. Kraus 1994: 1202). Seiner Meinung nach ist das Enthymem das wichtigste Überzeugungsmittel[185] eines Redners, weshalb er in der *Rhetorik* bemängelt, dass vor ihm keiner dieser Tatsache Tribut gezollt hat.[186]

Von der Form und Struktur her entspricht das Enthymem einem Syllogismus und wird deshalb in der *Rhetorik*[187] von Aristoteles in Abgrenzung zum

---

183 Solmsen (1929), der sich mit der Entwicklungsgeschichte der *Rhetorik* beschäftigt hat, kam in seiner Analyse *Die Entwicklung der aristotelischen Logik und Rhetorik* zu dem Schluss, dass in der überlieferten Rhetorikfassung zwei unterschiedliche Enthymemtheorien vorlägen, „die aus verschiedenen Entwicklungsstadien des Aristoteles stammen" (Sprute 1982: 24).

184 Bei Anaximedes von Lamosakos (*Rhetorik an Alexander*, ca. 340 v. Chr.) wird das Enthymem zu den Beweismitteln gezählt.

185 Aristoteles, *Rhet.*, I, 1 § 3.

186 Aristoteles, *Rhet.*, I, 1, 1354a14–16; b16–22.

187 Die *Rhetorik* beginnt Aristoteles mit der Aussage, dass die Rhetorik ein Gegenstück der Dialektik sei (Aristoteles, *Rhet.*, I, 1, 1354a 1). An späterer Stelle wiederholt er diese Konzeption, indem er sagt, dass sie „ja gewissermaßen ein Teil der Dialektik und ihr ähnlich [ist], wie wir schon am Anfang ausgeführt haben. Keine von beiden ist eine Wissenschaft über ein abgegrenztes Gebiet, dessen Beschaffenheit sie

klassischen Syllogismus als „rhetorischer Syllogismus" bezeichnet. Was diesen rhetorischen Syllogismus vom Syllogismus der *Analytiken* bzw. der *Topik* unterscheidet, ist mitunter sein Wahrscheinlichkeitscharakter („logische [...] Unvollkommenheit"[188]). Seine Konklusion folgt nur mit Wahrscheinlichkeit und nicht mit Gewissheit aus den Prämissen, d.h. sie ist nicht logisch stringent (kein analytischer Schluss[189]).

Weiterhin unterscheidet sich das Enthymem jedoch auch vom Syllogismus durch seine „formale Unvollkommenheit" (vgl. Kraus 1994: 1198). Indem Aristoteles dem Redner empfiehlt, Prämissen oder Konklusionen, die als selbstverständlich oder allgemein bekannt gelten, wegzulassen[190], wirkt das Enthymem als ein „formal unvollständige[r] verkürzte[r] oder verstümmelte[r] Syllogismus[191] (unabhängig von der logischen Stringenz)" (Kraus 1994: 1199). Das Weglassen einer Prämisse ist jedoch nicht zwingendes Charakteristikum des Enthymems, sondern lediglich als Möglichkeit zu verstehen, den Zuhörer nicht durch langes Reden über Selbstverständliches[192] zu langweilen (vgl. Kraus 2009: 273). Vorteil

---

bestimmten, sondern beide sind gleichsam Fähigkeiten, Worte zu finden." (Aristoteles, *Rhet.*, I, 2, 1356a 30f.).

188   Die logische Unvollkommenheit des Enthymems zeichnet sich dadurch aus, dass das Enthymem aus dem Wahrscheinlichen folgert. Im Gegensatz zum Syllogismus, dessen Konklusion mit logischer Stringenz gezogen wird, sind die Prämissen des Enthymems nur mit großer Wahrscheinlichkeit wahr. Die Konklusion wird „aber durch geschickte Formulierung des E. [Enthymems] sehr wahrscheinlich gemacht." (Kraus 1994: 1198).

189   Argumente, deren Konklusion zwingend aus den Prämissen folgt, werden in der Logik als analytisch, bzw. deduktiv bezeichnet (vgl. Pielenz 1993: 19). Der Begriff der Deduktion geht mitunter auf Aristoteles zurück, der den Syllogismus in der *Topik* auf folgende Weise definiert: „Eine Deduktion (*syllogismos*) ist also ein Argument, in welchem sich, wenn etwas gesetzt wurde, etwas anderes als das Gesetzte mit Notwendigkeit durch das Gesetzte ergibt" (Aristoteles, *Topik I 1, 100a25–27*). *In den Analytiken definiert er den Syllogismus unter technischen Aspekten auf ganz ähnliche Weise:* „Ein Schluß ist eine Rede, in der, indem einiges vorausgesetzt wird, etwas vom Vorausgesetzten Verschiedenes mit Notwendigkeit dazukommt" (Aristoteles, *Analytica Priora* I 1, 24b19–21).

190   Aristoteles, *Rhet.* I, 2, 1357a16–21; II, 22, 1395b25–27.

191   Boethius bezeichnet das Enthymem als *syllogismus imperfectus* (vgl. Boethius: *In Ciceronis Topica commentaria* (I, 279/1050).

192   Zu ‚Selbstverständlichem' zählt im Beispiel „Alle Griechen sind sterblich" die generische Prämisse „Alle Menschen sind sterblich".

für den Redner ist somit, dass er durch den rhetorischen Syllogismus der rhetorischen Tugend[193] der Kürze (*brevitas*[194]) entspricht.[195]

Wie die Zahl der Prämissen innerhalb des rhetorischen Syllogismus reduziert werden kann, merkt Aristoteles an folgender Stelle an. Dieser steht im Gegensatz zum analytischen Syllogismus, der immer aus generischer und spezifischer Prämisse sowie Konklusion zu bestehen hat:

> das Enthymem ein Syllogismus ist, gefolgert aus wenigen oft spärlichen Prämissen […];
> denn wenn etwas bekannt ist, muß man es nicht nennen, der Zuhörer fügt es doch von
> selbst hinzu. (Krapinger 2007: Aristoteles, *Rhet.*, I, 2, § 13)

Der rhetorische Syllogismus (Enthymem) kann folglich auf eine der Prämissen verzichten.[196]

Als Beispiel für solch einen „verstümmelten" Syllogismus führt Aristoteles das Beispiel über den Olympiasieg von Dorieus an. Um zu sagen, dass Dorieus gewonnen und einen Siegeskranz bekommen habe, „reicht es zu sagen: ‚Er hat bei den olympischen Spielen gesiegt.'" (Krapinger 2007: Aristoteles, *Rhet.*, I, 2, § 13) Die generische Prämisse, dass der Gewinner einen Siegeskranz erhält, kann vom Redner unterschlagen werden, weil dies als selbstverständlich gilt[197]:

Abb. 2: Enthymem (rhetorischer Syllogismus) nach Aristoteles (vgl. Krapinger 2007: Aristoteles, Rhet., I, 2, § 13).

Generische Prämisse	Der Siegespreis bei den olympischen Spielen ist ein Siegeskranz.
Spezifische Prämisse	Dorieus hat bei den olympischen Spielen gesiegt.
Konklusion	Dorieus hat bei den olympischen Spielen gesiegt und einen Siegeskranz erhalten.

---

193 Rhetorische Tugenden (*virtutes dicendi*) hinsichtlich der *elocutio* sind in der Regel drei im Lateinischen: *perspicuitas*, *ornatus* und *aptum* (vgl. Lausberg ³1990: 249, § 460). Die *brevitas*, als vierte weitere rhetorische Tugend, war ein von den Stoikern propagiertes Stilideal.

194 Vgl. Gardt (2007, bes. S. 73–77); Kallendorf (1994).

195 „In der Rhetorik braucht man ja weder weit ausholen noch alles aufgreifen und miteinander in Verbindung bringen, das eine nämlich führt infolge der Weitschweifigkeit zu Unklarheiten, das andere ist Geschwätzigkeit, weil man Dinge sagt, die einleuchtend sind." (Krapinger 2007: Aristoteles, *Rhet.*, II, 22, § 3).

196 In der Regel wird auf die generische Prämisse verzichtet. Vgl. zur „Ellipsenhaftigkeit […] des enthymematischen Schlussverfahrens" Dörpinghaus (2002: 76).

197 Vgl. Sprute (1975: 77).

Die generische Prämisse kann beim Enthymem fehlen, weshalb diese dunkelgrau unterlegt wurde. Die Möglichkeit, im Enthymem auf Teilsätze zu verzichten,[198] ist in der Zeit nach Aristoteles immer stärker zum Hauptcharakteristikum und -definitionsmerkmal avanciert.[199]

Neben der formalen Vollkommenheit ist die festgelegte Reihenfolge von Prämissen und Konklusion ebenfalls im Enthymem aufgehoben, sodass dieses flexibler in der stilistischen Handhabung ist. Der Redner kann folglich frei entscheiden, wie er die Prämisse(n) und die Konklusion anordnet, und ob er sie parataktisch oder hypotaktisch „zu einer (meist kausalen) Periode" verbindet. (Kraus 1994: 1200)

Aufgrund ihrer Flexibilität und ihres Wahrscheinlichkeitscharakters[200] stellen die beweisenden und widerlegenden Enthymeme für einen Redner die wichtigste Argumentationsform dar, da der Redner nicht an der „Erstellung lückenloser wissenschaftlicher Beweise, sondern an der Überzeugung eines Gegenübers durch Argumente" interessiert ist. (Kraus 1994: 1198)

Durch die Möglichkeit, durch das zu schließen, was wahrscheinlich zutrifft, kann der Redner über menschliche Handlungen und Entscheidungen reden, die sich nicht mit Absolutheit beurteilen lassen[201].

Enthymeme – ob beweisend oder widerlegend – können laut Aristoteles in vier Formen auftauchen: „nämlich als Wahrscheinlichkeit, Beispiel, Beweis und Indiz."[202]

Wie diese Schlüsse zustande kommen, erklärt er wie folgt:

---

198 Kraus (1994) verweist darauf, dass eine der Prämissen weggelassen werden kann, aber auch die Konklusion, „sofern sie vom Hörer leicht selbst gezogen werden kann." (Kraus 1994: 1199).

199 Hoppmann (2008:633) ist der Meinung, dass die „so genannte Syllogismus-truncatus-Lehre [...] bis ins 20. Jh. hinein bestimmend für die Auslegung des Enthymems [war]." Vgl. ebenfalls Kraus (1994: 1199).

200 Nicht das, was sich immer so verhält, sondern das, was meistens oder in der Regel zutrifft, wird in einem Enthymem behandelt, „denn was unmöglich anders sein, werden oder sich verhalten kann, darüber berät niemand, wenn er dies annimmt. Denn darüber gibt es nichts mehr zu sagen." (Krapinger 2007: Aristoteles, *Rhet.*, I, 2, § 12).

201 „Denn das meiste, worüber Urteile getroffen und Überlegungen angestellt werden, kann sich ja auch anders verhalten. Denn man berät und denkt nach über die eigenen Handlungen, Handlungen sind aber alle von solcher Art, und keine ergibt sich sozusagen aus einer unbedingten Notwendigkeit". (Krapinger 2007: Aristoteles, *Rhet.*, I, 2, § 14).

202 Krapinger (2007): Aristoteles, *Rhet.*, II, 25, § 8.

Die von Wahrscheinlichkeit abgeleiteten Enthymeme rühren von Dingen her, die meistens zutreffen oder zuzutreffen scheinen. Andere Enthymeme wiederum kommen durch Induktion, und zwar von einem einzelnen oder mehreren ähnlichen Fällen ausgehend, zustande. Wenn man das Allgemeine annimmt und dann auf das Einzelne schließt, gewinnt man ein Enthymem aus einem Beispiel. Andere Enthymeme wiederum werden durch das Notwendige und das sich immer Gleichbleibende mittels eines Beweises gewonnen, andere wieder durch generell oder zum Teil Gültiges mittels Indizien dafür, ob etwas ist oder nicht.[203]

Für Aristoteles gibt es folglich vier Formen für beweisende und widerlegende Enthymeme:

1. Enthymem aus dem Wahrscheinlichen
2. Enthymem aus dem Beispiel
3. Enthymem aus dem Beweis
4. Enthymem aus einem Indiz.[204]

Das, was Krapinger (2007) in seiner Rhetorikausgabe mit Enthymem aus dem Beweis übersetzt, entspricht in der Übersetzung von Eggs (1984) dem Enthymem aus notwendigen Zeichen.[205] Enthymeme aus Indizien entsprechen darin denen aus nicht-notwendigen Zeichen.

---

203 Krapinger (2007): Aristoteles, *Rhet.*, II, 25, § 8.
204 Bei Eggs (1984: 249–266) findet sich hingegen eine Einteilung in drei Enthymemkategorien, die mit seiner abweichenden Übersetzung für die Enthymeme aus dem Beweis und dem Indiz zusammenhängt: 1. Enthymem aus dem Wahrscheinlichen, 2. Enthymem aus dem Beispiel, 3. Enthymem aus dem Zeichen: a) notwendig, b) nicht-notwendig (namenlos). Bei Kraus (1994) werden – entgegen der vier bei Aristoteles genannten – nur zwei Enthymemformen unterschieden: das Enthymem aus dem Wahrscheinlichen (Eikós-Enthymem) und die (aus notwendigen bzw. nichtnotwendigen Zeichen bestehenden) Indizienenthymeme. Das Enthymem aus dem Beispiel wird von ihm nicht als eigene Form behandelt, da es sich „lediglich dadurch vom Eikós-E. unterscheidet, daß darin in einer Art Doppelschluß zuerst durch ein oder mehrere Beispiele mittels (unvollständiger) Induktion ein allgemeiner Satz wahrscheinlich gemacht wird, ehe daraus auf einen Einzelfall geschlossen wird." (Kraus 1994: 1204) Das Enthymem aus einem notwendigen Zeichen (Beweis) stellt seiner Meinung nach nur einen Sonderfall des Indizienenthymems dar, sodass er insgesamt eine Reduktion der vier Erscheinungsformen auf zwei vornimmt, ohne dass dies der Vierteilung von Aristoteles widerspricht (vgl. Kraus 1994: 1204).
205 Beispielhaft wird die zitierte Stelle in der Übersetzung von Eggs (1984) angegeben: „Enthymeme, die aus dem, was meistens ist oder zu sein scheint, schließen, sind Enthymeme aus dem Wahrscheinlichen (eikós); Enthymeme, bei denen man sich auf einen oder mehrere ähnliche Fälle stützt – wobei man zuerst das Allgemeine nimmt

83

Wie die formalen Charakteristika dieser vier Enthymemarten aussehen, soll im Folgenden erläutert werden.

1. Das Enthymem aus dem Wahrscheinlichen („Eikós-Enthymem") entspricht laut Kraus (1994) der folgenden Struktur, wobei die generische Prämisse nur mit Wahrscheinlichkeit folgt:

Generische Prämisse:	M ist in der Regel bzw. nach allgemeiner Ansicht P.
Spezifische Prämisse:	S ist M.
Konklusion:	S ist wahrscheinlich P.[206]

Dörpinghaus (2002: 71) bemerkt, dass der Anspruch der wahrscheinlichen Prämisse derjenige einer absolut allgemeingültigen Prämisse sei, „obwohl sie nur einen wahrscheinlichen Gewissheitsgrad" verbürge. Die Eikos-Enthymeme enthalten „Urteile oder Sätze, an denen zu zweifeln der Sprach- und Argumentationsgemeinschaft nicht sinnvoll erscheint, die also selbstverständlich gelten." (Dörpinghaus 2002: 71)

2. Für ein Enthymem aus dem Beispiel (parádeigma) führt Aristoteles folgende Argumentation an:

Konklusion:	„Dionysios trachtet nach der Alleinherrschaft, weil er eine Leibwache fordert"
Prämisse (1):	„denn auch Peisistratos forderte vorher mit derselben Absicht eine Leibwache und als er sie erhielt, wurde er Tyrann"
Prämisse (2):	„ebenso Theagenes in Megara." (Krapinger 2007: Aristoteles, *Rhet.*, II, 1, § 19)

Aus den beiden Einzelfällen Peisistratos und Theagenes,

> die in bestimmten Hinsichten miteinander vergleichbar sind, wird 1. induktiv das Allgemeine [...] [alle die eine Leibwache verlangen, werden zum Tyrannen] erschlossen; dieses Allgemeine erlaubt 2. deduktiv auf die Konklusion [...] [bzw.] auf den singulären Sachverhalt „Dionys will zum Tyrannen werden" zu schließen. (Eggs 1984: 262)

> und dann auf das Besondere schließt – sind Enthymeme aus dem Beispiel (paradéigma); stützen sich Schlüsse auf Notwendiges und Wahres, so sind das Enthymeme aus dem notwendigen Zeichen (tekmērion); Schlüsse schließlich, aus dem Allgemeinen oder Besonderen – mag dies nun als wirklich oder nicht wirklich angenommen werden – sind Enthymeme aus nicht-notwendigen Zeichen (sēmeion) (*Rhetorik* 02b 15)." (Eggs 1984: 259).

206   Kraus (1994: 1198).

Hier wird – wie bereits oben erläutert – deutlich, warum sich das Enthymem aus dem Beispiel nicht vom Enthymem aus dem Wahrscheinlichen abgrenzt, da nur mit Wahrscheinlichkeit vom Allgemeinen auf das Besondere geschlossen wird.

Weiterhin kommt Eggs zu dem Schluss, dass „in jedem Paradeigma […] von Gleichrangigem auf Gleichrangiges geschlossen [wird], wobei der induktive Schritt implizit oder im Argument explizit genannt sein kann" (Eggs 1984: 265). Im Dionysiosbeispiel wird der induktive Schritt nicht explizit genannt, nämlich dass alle, die nach einer Leibwache verlangen, Tyrannen werden wollen.[207]

3. Zuletzt zur Definition dessen, was Aristoteles unter einem Enthymem aus dem Zeichen (gr. *sēmeion*) versteht.

Wie bereits erwähnt, unterteilt Aristoteles die Enthymeme aus dem Zeichen in:

1. Enthymeme aus dem *notwendigen Zeichen* (Beweis, *tekmērion*)
2. Enthymeme aus dem *nicht-notwendigen Zeichen* (Indiz, *anōnymon*[208]).

Zeichen sind Indizien, die auf einen Sachverhalt hinweisen – entweder notwendig oder nicht-notwendig. Wenn sie notwendig auf einen Sachverhalt hinweisen, handelt es sich um einen „Beweis"[209], der einem vollgültigen und unwiderlegbaren Syllogismus gleichkommt.[210]

Von den in Enthymemen verwendeten Indizien

> verhalten sich einige wie das Besondere zum Allgemeinen, andere wieder wie das Allgemeine zum Besonderen. […] Von den Indizien liegt dasjenige, das sich wie das Besondere zum Allgemeinen verhält, dann vor, wenn z. B. jemand behauptet, daß Sokrates weise und gerecht war, sei ein Indiz dafür, daß alle Weisen gerecht sind. Das ist zwar gewiß ein Indiz, aber ein widerlegbares, auch wenn die Behauptung stimmt, denn sie ist keine streng logische Schlussfolgerung. (Krapinger 2007: Aristoteles, *Rhet.*, I, 2, §§ 17–18).

---

207 Gleichrangig, weil es sich in allen drei Fällen um Einzelfälle handelt, sind in dem genannten Beispiel Dionysios, Peisistratos und Theagenes. Diese drei Männer befanden sich in derselben Situation, in der sie aufgrund ihrer Machtposition nach einer Leibwache verlangt haben. Da die beiden anderen daraufhin zum Tyrannen wurden, muss folglich auch Dionysios die Absicht haben, ein solcher zu werden. Dieser Schluss ist nicht logisch stringent, aber wahrscheinlich.

208 Das Enthymem aus nicht-notwendigen Zeichen (*anōnymon*) hat anders als der Beweis „keine Bezeichnung zur Unterscheidung" und wird als „Indiz" in der Ausgabe von Krapinger bezeichnet (Krapinger 2007: Aristoteles, *Rhet.*, I, 2, § 16).

209 „Notwendig nenne ich das, woraus ein Syllogismus zustande kommt, daher ist so etwas unter den Indizien auch ein Beweis, […]." (Krapinger 2007: Aristoteles, *Rhet.*, I, 2, § 17).

210 Vgl. Kraus (1994: 1203).

Das, was Aristoteles an dieser Stelle beschreibt, ist ein Schluss aus dem nicht-notwendigen Zeichen. Denn Sokrates' Gerechtigkeit lässt nicht notwendigerweise den Schluss zu, dass alle Weisen gerecht sind. Der Schluss ist angreifbar und widerlegbar, da es auch ungerechte Weise geben wird.

4. Ein Enthymem aus einem notwendigen Zeichen (Beweis) definiert Aristoteles im Anschluss an die oben zitierte Stelle folgendermaßen:

> Ein anderes Indiz aber, das sich wie das Allgemeine zu einem Einzelfall verhält, wenn etwa jemand sagt, jemand sei krank, da er Fieber habe, oder jemand habe geboren, weil sie Milch habe, ist zwingend. Das ist unter den Indizien einzig ein Beweis, denn nur, wenn es wahr ist, ist es unwiderlegbar. (Krapinger 2007: Aristoteles, *Rhet.*, I, 2, § 18)

Das notwendige (d.h. zwingende) Indiz „Milch" ergibt beispielsweise einen gültigen und nicht widerlegbaren Syllogismus der Form:

Generische Prämisse:	Frauen, die Milch haben, haben ein Kind geboren.
Spezifische Prämisse:	Diese Frau hat Milch.
Konklusion:	Also hat sie ein Kind geboren.

Aber nur, wenn die spezifische Prämisse wahr ist (das Indiz: „Milch haben"), handelt es sich um einen Beweis laut Aristoteles.[211] Aus der Unwiderlegbarkeit dieser Syllogismen kann man schließen, dass im Umkehrschluss nur die Syllogismen/Enthymeme aus notwendigen Zeichen wahre Widerlegungen darstellen,

> les autres formes ne sont que des réfutations apparentes, parce que ce qu'elles démontrent, ce n'est pas 'que la chose n'est pas vraisemblable, mais qu'elle n'est pas nécessaire' (Rhétorique: 1402b, 13) (Apphéloz/Brandt/Quiroz 1989 : 7).

Zusammenfassend lässt sich sagen, dass die ersten drei Formen von Enthymemen i.d.R. eine Widerlegung durch einen Gegner erfahren können, da sie auf wahrscheinlichen Prämissen basieren. Allein Enthymeme aus notwendigen Indizien sind unwiderlegbar, da die Konklusion zwingend aus den Prämissen folgt.

Wie Enthymeme widerlegt werden können, wird von Aristoteles – neben dem Einwand – durch einen Antisyllogismus/ein widerlegendes Enthymem beschrieben (vgl. Aristoteles: *Rhet.*, II, 25). Eggs 1984 zeigt die Abfolge der Argumentationsstrukturen, die bei der Widerlegung eines Enthymems durch einen

---

211 Der zweite Syllogismus in der zuvor zitierten Textstelle kann wie folgt dargestellt werden: Generische Prämisse: Menschen, die Fieber haben, sind krank. Spezifische Prämisse: Dieser Mensch hat Fieber. Konklusion: Also ist dieser Mensch krank. „Fieber haben" ist somit ein zwingendes bzw. unwiderlegbares Indiz dafür, dass jemand krank ist.

Antisyllogismus auftauchen[212], mittels der folgenden graphischen Darstellung, in der mit dem Buchstaben K ein Problem symbolisiert wird: K oder –K.

Der Buchstabe P symbolisiert darin „eine[n] Satz (Aussage), aus dessen Wahrheit die Wahrheit von K folgt" (Eggs 1984: 270).

Abb. 3: Abfolge der Argumentationsstrukturen zur Widerlegung eines Enthymems durch einen Antisyllogismus nach Eggs (1984: 270).

Problem: K oder –K?

1a)	1b)
Opp.: K	Opp.: -K
Prop.: P?	Prop.: Q?
Opp.: P	Opp.: Q
Prop.: Also: -K	Prop.: Also: K

P,Q = Prämissen; K = Konklusion

Beweisendes Enthymem	**Beweisendes Enthymem** (nur 1b)/
	Widerlegendes Enthymem (1b nach 1a)

Die Graphik von Eggs (1984: 270) wurde abgeändert, indem die Prämisse in 1b) nicht mit P, sondern mit Q dargestellt wurde, um eine Verwechslung mit der Prämisse P in 1a zu vermeiden. Beide Abbildungen 1a) und 1b) zeigen einen möglichen Dialogverlauf zwischen einem Opponenten und einem Proponenten („Akademische Dialektik"[213]). Ausgangspunkt des Dialogs ist jeweils, wenn der Opponent das Problem K oder –K äußert. Je nachdem wie der Opponent K beurteilt (ob K oder –K), nimmt der Proponent die gegensätzlich Haltung zu

---

212   Mittels der Graphik erklärt er die Stelle in der *Rhetorik*, die sich mit den zeigenden und widerlegenden Enthymemen beschäftigt. Diese beiden Formen von Enthymemen werden von Aristoteles mit der Widerlegung (Elenchos) und dem Beweis (Syllogismus) aus der Dialektik in Verbindung gebracht und als deren Äquivalente innerhalb der Rhetorik präsentiert: „Sie unterscheiden sich voneinander wie in der Dialektik Widerlegung und Beweis." (Krapinger 2007: Aristoteles, *Rhet.*, II, 22, § 14) Dass es sich bei den Ausführungen von Egss (1984: 270) um beweisende und widerlegende Enthymeme und nicht um klassische Syllogismen handelt, ist dadurch ersichtlich, dass nur eine Prämisse (und nicht[zwei) und die Konklusion Berücksichtigung finden.

213   Eggs (1984: 270).

K ein[214] und „sucht nun nach einem Satz (Aussage) P, aus dessen Wahrheit die Wahrheit von K [oder –K] folgt (technischer gesagt: er sucht eine Aussage P, die die Aussage K [oder –K] impliziert)" (Eggs 1984: 270). Dadurch, dass dem Gegner nur eine Prämisse (Aussage P) vorgelegt wird und nicht zwei, handelt es sich in der Graphik um (beweisende und widerlegende) Enthymeme, d. h. rhetorische Syllogismen. Hat der Proponent eine adäquate Aussage P gefunden, äußert er diese, welche im Schaubild durch P dargestellt wird. Das Fragezeichen (P?) symbolisiert, dass der Proponent auf die Beurteilung seiner Aussage durch den Opponenten angewiesen ist, um auf seine anvisierte Aussage K oder –K (These) schließen zu können. „Akzeptiert nun der Opponent P, so muß er auch K [oder –K] als wahr akzeptieren." (Eggs 1984: 270) Ziel des Proponenten ist es schließlich in der akademischen Dialektik auf die gegenteilige Ausgangsthese des Opponenten schließen zu können.[215]

Beide Schlussverfahren, die durch 1a) und 1b) bildlich dargestellt werden, sind „zeigende Schlüsse", d. h. „beide schließen aus Zugestandenem" (Eggs 1984: 270) und „weisen darauf hin, daß etwas ist bzw. nicht ist" (Krapinger 2007: Aristoteles: *Rhet.*, II, 22, § 14). Das bedeutet, dass 1a) zeigt, dass K nicht ist (-K), beziehungsweise 1b zeigt, dass K ist. Anhand des Problems, ob wir eine oder keine Zigarette rauchen gehen sollen, zeigt eine dialogische Situation, in der sich Proponent und Opponent als Pro- und Kontra-Argumentierende gegenüberstehen.[216] 1b) zeigt ein widerlegendes Enthymem, in dem auf die Konklusion K

---

214 Zur Rollenfindung Konzeption der Redebeiträge schreibt Brunschwig in seiner *Introduction* zur *Topik*, dass man vermuten könne, dass den Gegnern nur eine kurze Zeitspanne der Reflexion blieb, nachdem sie sich für eine Rolle entschieden hatten (Rolle des Fragenden und Antwortenden). Der Fragende konnte sich kurz Gedanken über seine Strategie und Taktik seiner Fragen machen, während der Antwortende „s'efforce d'imaginer à quelles objections il devra faire face". Weiter betont Brunschwig, dass die begrenzte Vorbereitungszeit einer dialektischen Diskussion einen „caractère de quasi-improvisation" verleihen sollte und deshalb von einer „importance extrême" sei (Brunschwig 1967: XXIX, Fußnote 4).

215 Für die Dialektik als Frage- und Antwortspiel sind laut Lossau zwei Rollen zu besetzen: „Der Behaupter bzw. Antworter ist Verteidiger einer These, der Frager deren Angreifer, dem es obliegt, in seinen Fragen zu einem stringenten Schluß zu gelangen. [...] Die vom Behauptenden und vom Fragenden bezogenen Positionen sind notorisch gegensätzlich, so daß der Fragende das Gegenteil des behaupteten Satzes erschließt." (Lossau 1994: 563f.).

216 In Anlehnung an die Stelle, in der Aristoteles über Einwände spricht. (Aristoteles, Rhetorik, II, 25, § 4) Einwände können die Funktion von Prämissen in einem klassischen oder rhetorischen Schluss übernehmen (vgl. Eggs 1984: 278).

geschlossen wird, die im Widerspruch zu der in 1a) gezogenen Konklusion steht. Es handelt sich hier um ein konstruiertes Beispiel, da in der *Rhetorik* im Kapitel über die Widerlegung[217] von Aristoteles selbst kein Beispiel für ein widerlegendes Enthymem gegeben wird:

Problem: Sollen wir eine Zigarette rauchen oder sollen wir keine Zigarette rauchen? (K oder –K?)

1a)	1b)
O: Wir gehen eine Zigarette rauchen (K)	O: Wir gehen keine Zigarette rauchen (-K)
P: Zigaretten rauchen macht uns krank? (P?)	P: Zigaretten rauchen ist gesund? (Q?)
O: Zigaretten rauchen macht uns krank (P)	O: Zigaretten rauchen ist gesund (Q)
P: <u>Also</u>: Wir gehen keine Zigarette rauchen (-K)	P: <u>Also</u>: Wir gehen eine Zigarette rauchen (K)

Es wird deutlich, dass sich die beweisenden Enthymeme strukturell nicht von den widerlegenden unterscheiden, „nur durch ihre Zielsetzung", wie Hoppmann (2008: 634) zu Recht bemerkt.

Die zeigenden bzw. beweisenden Enthymeme stehen im Gegensatz zu den widerlegenden[218]:

> Es gibt ja zwei Arten von Enthymemen: die einen weisen darauf hin, daß etwas ist bzw. nicht ist, die anderen widerlegen das, und sie unterscheiden sich voneinander wie in der Dialektik Widerlegung und Beweis. Das beweisende Enthymem ist eine Schlußfolgerung aus allgemein anerkannten Prämissen, das widerlegende aus nicht allgemein anerkannten Prämissen. (Krapinger 2007: Aristoteles, *Rhet.*, II, 22, § 14f.)

Die widerlegenden Enthymeme schließen folglich <u>auf</u> das „Nicht-Zugestandene" (dt. Übersetzung von Eggs 1984: 270) bzw. <u>aus</u> „nicht allgemein anerkannte Prämissen" (dt. Übersetzung von Krapinger 2007: Aristoteles, *Rhet.*, II, 22, § 15), was

---

217 Krapinger (2007: Aristoteles: *Rhet.*, II, 25).

218 Diese Aussage, dass es zwei Arten von Enthymemen gäbe, scheint im Widerspruch mit der Stelle in Kapitel 26 des zweiten Buches der Rhetorik zu stehen, in der es heißt: „Auch die widerlegenden Enthymeme stellen keine eigene Gattung dar" (Krapinger 2007: Aristoteles, *Rhet.*, II, 26, § 3). Rapp erläutert diesbezüglich, dass „dieser Widerspruch […] aber wirklich nur dem Wortlaut nach zu bestehen scheint, denn es lässt sich zeigen, dass es in beiden Kapiteln um ganz unterschiedliche Dinge geht." (Rapp 2002: 748; Rhet., II, 22, 1396b 25–26).

bedeutet, dass „auf das kontradiktorische Gegenteil der Konklusion des gegnerischen Schlusses" (Eggs 1984: 271) geschlossen wird. Rapp interpretiert Aristoteles' Aussage zu den widerlegenden Enthymemen in der Form, dass mit ihnen auf das geschlossen würde, dem der Redner nicht zustimme. (Rapp 2002: Aristoteles, *Rhet.*: 747) Mit anderen Worten, wenn der Proponent in 1a) auf -K geschlossen hat, dann schließt der Proponent[219] in 1b) anschließend mittels eines widerlegenden Enthymems auf K.

Stellt man sich vor, dass die Sequenz aus 1b auf 1a) folgt, dann ist 1a) ein beweisendes Enthymem und 1b) ein darauf anschließendes widerlegendes Enthymem, das dem vorangehenden widerspricht. Den Unterschied zwischen beweisenden und widerlegenden Enthymemen beschreibt Aristoteles wie denjenigen zwischen *Élenchos* (dt. Übersetzung von Krapinger 2007: Widerlegung) und Syllogismus (dt. Übersetzung von Krapinger 2007: Beweis) in der Dialektik. (Krapinger 2007: Aristoteles, *Rhet.*, II, 22, § 14) Dabei findet ein Rollenwechsel von Proponent und Opponent statt. In dem Moment, in dem der Proponent in 1a) im letzten Schritt auf –K geschlossen hat und der Opponent (logischerweise) damit nicht einverstanden ist (weil er K zeigen will), nimmt er in dem darauffolgenden widerlegenden Enthymem die Rolle des Opponenten ein. Der frühere Opponent aus 1a) wird dadurch zum Proponenten in 1b).

Die Widerlegung eines Enthymems mittels eines Gegenschlusses (Antisyllogismus) beruht – so Rapp – im Wesentlichen darauf, dass sie „mit Prämissen arbeitet, die denen des zu widerlegenden Enthymems entgegengesetzt sind" (Rapp 2002: Aristoteles, *Rhet.*: 788).

Das Wechselspiel von Argumentation und Gegenargumentation wird von Aristoteles dadurch beschrieben, dass „wenn z. B. der eine bewiesen hat, daß etwas geschehen ist, so beweist der andere, daß es nicht geschehen ist und umgekehrt" (Krapinger 2007: Aristoteles, *Rhet.*, II, 26, § 3). Einen Unterschied zwischen einem beweisenden und einem widerlegenden Enthymem sieht Aristoteles nicht,

> denn beide Seiten bedienen sich ja derselben Argumentationsweisen, sie bringen nämlich Enthymeme vor, daß etwas nicht ist oder ist (Krapinger 2007: Aristoteles, *Rhet.*, II, 26, § 3).

Eggs kommt deshalb zu dem Schluss, dass der Unterschied zwischen den beiden „rein pragmatisch[er]" Natur sei (Eggs 1984: 271). Die zitierte Stelle spielt ebenfalls auf die Tatsache an, dass sich die widerlegenden Enthymeme sowie die „normale[n] – nicht zur Widerlegung bestimmte[n] – Enthymem[e]" derselben Topoi bedienen und sich deshalb auch die „Argumentationsweisen" entsprechen

---

219 Ehemals Opponent in 1a.

(vgl. Rapp 2002: Aristoteles, *Rhet.*: 748 sowie 800). Die Kernaussage von Aristoteles' Nichtunterscheidung zwischen diesen beiden Arten von Enthymemen, so Rapp, sei ebenfalls, dass die „Widerlegungen keinen unabhängigen Teil der Rhetorik ausmachen und daher auch keiner eigenen Topen bedürfen" (Rapp 2002: Aristoteles, *Rhet.*: 748). Rapp sieht weiterhin durch diese Stelle Aristoteles' Haltung bestätigt, dass die Überzeugungsmittel nicht von den Entgegnungsmitteln zu trennen seien und auch die Widerlegung deshalb nicht als eigenständiger Teil der Rede zu sehen sei, wohingegen „die herkömmliche Rhetorik die Widerlegung des Gegners als einen eigenständigen Teil der rhetorischen Lehre und als eigenständigen Bestandteil der Rede einschätzte" (Rapp 2002: Aristoteles, *Rhet.*: 800).

4.2 Gr. *enstasis*/dt. Einwand

Der Einwand stellt bei Aristoteles ebenfalls ein gegenargumentatives Mittel dar, mit dem das Ziel – die Widerlegung des Gegners – erreicht werden kann. Nach Eggs ist der Einwand als eine „Form der Widerlegung" anzusehen (vgl. Eggs 1984: 268). Die gegenargumentative Struktur, die einen Einwand charakterisiert, bildet jedoch im Gegensatz zum Antisyllogismus keinen Schluss (weder ein Enthymem noch einen Syllogismus). Aristoteles betont in der *Rhetorik*, dass

der Einwand aber […] kein Enthymem [ist], sondern wie in den *Topika*, die Äußerung einer Ansicht, aus der klar hervorgehen soll, daß (der Gegner) entweder keinen Schluß gezogen hat oder einem Irrtum erlegen ist. (Krapinger 2007: Aristoteles, *Rhet.*, II, 26, § 4, Hervorhebung im Original)

Der griechische Begriff, der in den deutschen Ausgaben i.d.R. mit „Einwand" übersetzt wird, ist bei Aristoteles derjenige der *enstasis*[220].

Der Einwand ist folglich kein Enthymem und stellt somit auch keine Schlussform im klassischen Sinne dar,[221] da es sich nur „um eine Behauptung [handelt], mit der man zeigt, dass eine Behauptung entweder nicht richtig deduziert wurde oder von falschen Annahmen ausgegangen ist" (Rapp 2002: Aristoteles, *Rhet.*: Aristoteles, *Rhet.*: 800). Laut Löhner „bestimmt [Aristoteles] den Einwand als Gegenmeinung, die entweder als gültiges Argument anerkannt wird oder als rhetorisches Mittel, um die stärkere Position zu behindern" (Löhner 1994: 983).

Festhalten lässt sich, dass es sich beim Einwand um eine reaktive Äußerung bzw. Gegenmeinung/-behauptung handelt, „aus der folgt, daß der Proponent

---

220 Im Lateinischen entspricht der *enstasis* die *obiectio* (vgl. Höffe 2005: 186),
221 Vgl. Eggs (1984: 278).

eine falsche Prämisse gewählt oder nicht korrekt geschlossen hat" (Eggs 1984: 271). Aus Aristoteles' Definition des Einwands lässt sich aber laut Eggs (1984: 275ff.) nicht schließen – anders als von einigen Forschern behauptet –, dass er sich nicht klar vom Antisyllogismus abgrenzen lässt. Grimaldi (1972: 101ff.) schließt laut Eggs fälschlicherweise in Anlehnung an den Kommentar von Ross (1949: 495) darauf, dass es zwischen dem Einwand aus der Sache selbst und dem Gegenschluss keinen Unterschied gebe,[222] obwohl Aristoteles eindeutig sagt, dass „der Einwand [...] kein Enthymem [ist]". (Krapinger 2007: Aristoteles: *Rhet.*, II, 26, 1403a) Unterschiede bestehen nicht nur formal zwischen Gegenschluss und Einwand, sondern ebenfalls in Bezug auf das, was sie angreifen. Eggs spricht in diesem Fall von „Angriffszielen" (Eggs 1984: 276).

Das Angriffsziel des Antisyllogismus ist immer die gegnerische Konklusion. Einwände richten sich laut Eggs (1984:72, FN 1) hingegen „entweder a) gegen eine Behauptung[223] des Gegners oder b) gegen die Prämissen in einem Schluß des Gegners" (Eggs 1984: 272, Fußnote 1).

Eggs veranschaulicht die unterschiedlichen Angriffsziele anhand folgenden Schemas:

Abb. 4: Gegenschluss und Einwand, entnommen aus Eggs (1984: 277).

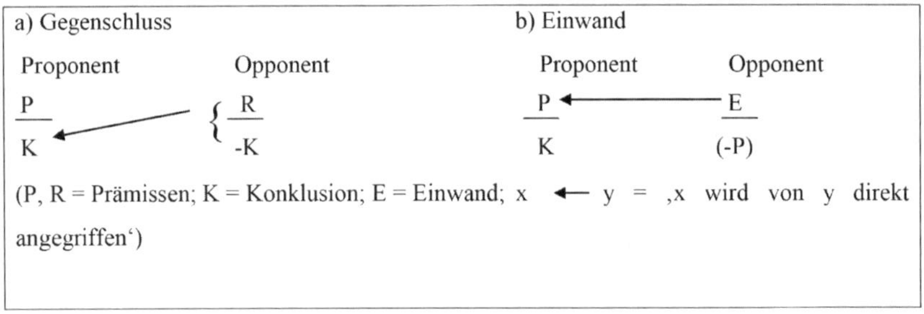

(P, R = Prämissen; K = Konklusion; E = Einwand; x ⬅ y = ‚x wird von y direkt angegriffen')

---

222 „In other words this kind of *enstasis* appears to be the kind of *enstasis* described in the Abalytics (69a 37-b37; Ross, Commentary, says that it ‚agrees exactly') which is in fact counter-syllogism." (Grimaldi 1972: 102).

223 Eggs versteht unter Behauptung an dieser Stelle die These des Gegners, wie sich anhand des folgenden Zitats belegen lässt: „[...] ein Einwand hingegen stellt entweder die Behauptung ('These') des Gegners in Frage oder – wenn diese Behauptung als Prämisse im gegnerischen Schluß aufgeführt wird – eine Prämisse des Gegners" (Eggs 1984: 277).

Der Angriff wird in der Abbildung durch einen Pfeil symbolisiert. Das Angriffsziel des Gegenschlusses (in der Abbildung a) ist demzufolge die Konklusion
des Proponenten (K), wohingegen beim Einwand (in der Abbildung b) das Angriffsziel die Prämisse des Proponenten ist (P). Beim Gegenschluss a) wird eine
kontradiktorische Konklusion gezogen (-K), die strukturell der Widerlegung
entspricht; beim Einwand b), der die Prämisse des Proponenten angreift, kann
der Opponent implizit auf –P schließen, d.h. dass die Prämisse P des Proponenten falsch[224] ist. Der Einwand besteht somit strukturell aus einer einzigen
Prämisse, die im Widerspruch zu einer anderen Prämisse eines gegnerischen
Schlusses steht und trägt somit das Merkmal <Widerspruch> und verfolgt das
Ziel <Widerlegung>.

Allgemein zum Platz von Einwänden innerhalb der antiken Rede (also nicht
nur auf Aristoteles' Redeaufbau bezogen[225]) bemerkt Löhner weiterhin, dass der
Einwand innerhalb der *argumentatio* bzw. der *refutatio* zu finden sei (vgl. Löhner
1994: 983).

4.3 Gr. *epicheirem*/lat. *ratiocinatio*

Das „Epicheirem" ist in der Antike eine terminologisch nicht fest determinierte
Schlussform, die bei Quintilian beispielsweise Ausdruck in einem Argumentationsschema findet. Der aus dem Griechischen stammende Begriff „Epicheirem"
bedeutet eigentlich ‚Angriff' und taucht später bei den lateinischen Rhetoren
ebenfalls unter dem Begriff lat. *adgressio* auf (Pielenz 1993: 35, FN 57). In der
Antike lassen sich verschiedene Verwendungsweisen finden, die neben der erwähnten Angriffsbedeutung auch auf die Bezeichnung für Schlussverfahren
hinweisen.

In Aristoteles' *Topik* wird mit dem Epicheirem allgemein ein „(argumentativer) Angriff (gegen den Disputationskontrahenten)"[226] bezeichnet, und an einer
weiteren Stelle erklärt Aristoteles, dass es sich bei dem Epicheirem um einen

---

224 Vgl. Eggs (1984: 271).
225 Der Redeteil wäre bei Aristoteles die *pístis* (vgl. Hoppmann 2008: 638f.). Diese enthält
     die Widerlegungsmittel Antisyllogismus/Élenchos/Gegendeduktion und Einwand/
     Enstasis/Instanz.
226 Klein (1994: 1252).

„dialektischen Schluss"[227], d.h. einen Schluss aus einem Untersuchungsgespräch, handele.[228] Seinem Nachfolger in der peripatetischen Schule, Theophrast (um 371 v. Chr.–287 v. Chr.), wird unterstellt[229], dass er darunter eine fünfteilige Schluss- bzw. Argumentationsform verstand, wie sie circa 200 Jahre später Cicero proklamierte (vgl. Kroll 1936: 16f.). Das Epicheirem als prototypisches Argumentationsschema findet sich bei Cicero in seinem Werk *De inventione* (I, 34, 57; I, 37, 67) unter einer neuen, lateinischen Bezeichnung: der *ratiocinatio*[230]. Darunter versteht Cicero eine erweiterte Form des klassischen Syllogismus: diese zeichnet sich neben den zwei Prämissen und der Konklusion durch sogenannte Stützargumente für die Prämissen aus.

Visualisieren lässt sich sein prototypisches Argumentationsschema in Anlehnung an das „antike Epicheirem" von Quintilian wie folgt (vgl. Pielenz 1993: 36):

Abb. 5: Ratiocinatio *nach Cicero (De inv. I, 34, 57; I, 37, 67).*

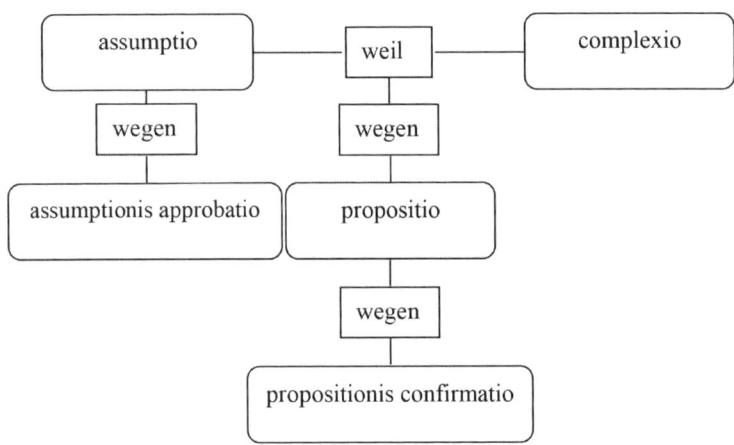

---

227 Klein (1994: 1252).

228 „Es ist nun aber >>Philosophem<< ein Schluß der zwingend beweist, >>Epicheirem<< ein Schluß, wie er im Untersuchungsgespräch üblich ist, >>Sophisma<< ist ein spitzfindig-streitsüchtiger Schluß, >>Aporem<< ist ein Schluß im Untersuchungsgespräch, der auf Widerspruch aus ist." (Aristoteles, Topik, VIII, 11, 162a 15–18).

229 Theophrast kann die Fünfteiligkeit nur unterstellt werden, weil seine zwei Schriften „Über die Epicheireme" nicht überliefert sind.

230 *Ratiocinatio* wird in der Übersetzung von Ciceros *De Inventione* durch Theodor Nüßlein (1998) mit "Schlussfolgerung" wiedergegeben.

Dieses fünfteilige Schema[231] entspricht formal, wenn man die Grundstruktur herausstellt, dem klassischen aristotelischen Syllogismus dessen Prämissen jeweils eine ausdrückliche Begründung erhalten:

Abb. 6: Gegenüberstellung der Grundstrukturen von Syllogismus und Epicheirem.

Syllogismus	Epicheirem
1. Generische Prämisse	1. Oberprämisse (*propositio*) und Stützargument(e) der Oberprämisse (*propositionis confirmatio*)
2. Spezifische Prämisse	2. Unterprämisse (*assumptio*) und Stützargument(e) der Unterprämisse (*assumptionis approbatio*)
3. Konklusion	3. Schlussfolgerung (*complexio*)

Bei dem Epicheirem, welches bei Cicero als *ratiocinatio* bezeichnet wird, handelt es sich um eine „Expansionsform"[232] des aristotelischen klassischen Syllogismus, da jede Prämisse (mindestens) ein zusätzliches Stützargument[233] (*propositionis confirmatio*; *assumptionis approbatio*) erhält. Cicero entscheidet sich explizit gegen[234] den dreiteiligen Syllogismus und für die fünfteilige *ratiocinatio*, wobei er sich auf die Redelehrer beruft, „die für die am feinsten gebildeten und

231 Kienpointner (2005: 372) stellt ein dreiteiliges Schema der *ratiocinatio* dar, in dem nur die Elemente *adsumptio, complexio* und *propositio* enthalten sind. Diese stellen die Grundstruktur bzw. die „elementare[n] Argumentationsstrukturen" dar.

232 Klein (1994: 1253).

233 Dörpinghaus (2002: 99) bezeichnet die *propositionis adprobatio* und die *adsumptionis adprobatio* als „Stützargumente" der Ober- bzw. Unterprämisse, wohingegen in der deutschen Übersetzung von Nüßlein (1998) die Rede von „Beweisen" für den „Obersatz" und „Untersatz" ist (vgl. z.B. Nüßlein 1998: Cicero, *Inv.*, I, 37, 67).

234 Cicero, *Inv.*, I, 35, 60–61. Cicero stellt die Einteilung und Begründung der Beweisführung in drei oder fünf Teile vor und weist dann die dreiteilige zurück.

kunstfertigsten gehalten wurden", u. a. nennt er Aristoteles[235], Theophrast und die Peripatetiker. (Cicero, *Inv.*, I, 35, 61)

Seine Entscheidung für fünf Teile begründet Cicero zudem damit, dass Oberprämisse und Unterprämisse zu schwach sein können und deshalb ein Stützargument erhalten.[236] Die Oberprämisse würde auf diese Weise „durch Begründungen bekräftigt, glaubwürdiger und offenkundiger" werden und die Unterprämisse ebenfalls durch „Begründung bekräftigt". (Dt. Übersetzung von Nüßlein 1998: Cicero, *Inv.*, I, 37, 67)

Explizit erwähnt Cicero nicht, dass die *ratiocinatio* als Beweisverfahren innerhalb der *reprehensio* Verwendung findet.[237] Indirekt – aufgrund des folgenden Zitats – kann sie dennoch zu den Beweisverfahren der *reprehensio* gezählt werden:

> Die Widerlegung ist das, wodurch mittels einer Beweisführung die Bekräftigung der Gegner unhaltbar gemacht, entkräftet oder abgeschwächt wird.[238] (Dt. Übersetzung von Nüßlein 1998: Cicero, *Inv.*, I, 42, 78)

Auch die Aussage Ciceros, dass die in der Beweisführung geäußerten Gründe und Gegengründe der gleichen Eigenart *(natura)* seien, stützt diese Annahme:

> Denn bei Verhandlungen gibt es nur einen Grundsatz für den Teil der Rede, der der Beweisführung dient. Er zielt sowohl auf Bestätigung wie auf Entkräftung ab; doch weil sich weder Gegengründe widerlegen lassen, ohne daß man die eigenen bekräftigt, noch die eigenen bekräftigen, ohne daß man die gegnerischen widerlegt, darum hängt beides in seiner Eigenart, in seinem Wert und in der Art der Behandlung eng zusammen.[239] (Dt. Übersetzung von Merklin (2006): Cicero, *De or.*, II, 331)

---

235 Dass Cicero auf der einen Seite den dreiteiligen Syllogismus von Aristoteles als unzureichend ansieht und auf der anderen Seite Aristoteles zu den gebildetsten und kunstfertigsten zählt, scheint ein Widerspruch zu sein. Dieses Zitat soll zur Stützung seines fünfteiligen Schemas dienen, obwohl sich Aristoteles bekanntermaßen zum dreiteiligen Syllogismus entschlossen und keine weiteren Stützkomponenten in Erwägung gezogen hat.

236 Cicero, *Inv.*, I, 36, 64–65.

237 Steudel-Günther (2005) erwähnt ebenfalls nur, dass die *ratiocinatio* „Anwendung innerhalb der Beweisführung, der *probatio* [findet]." (Steudel-Günther 2005: 595, Hervorhebung im Original).

238 „Reprehensio est, per quam argumentando adversariorum confirmatio diluitur aut infirmatur aut elevatur." (Cicero, Inv., I, 42, 78).

239 „Namque una in causis ratio quaedam est eius orationis, quae ad probandam argumentationem valet; ea autem et confirmationem et reprehensionem quaerit; sed quia neque reprehendi, quae contra dicuntur, possunt, nisi tua confirmes, necque

„Quintilian nennt dieselbe Argumentationsform, die Cicero als R. [Ratiocinatio] bezeichnet, Epicheirem" (Steudel-Günther 2005: 598). Quintilian entscheidet sich für nur drei Teile, die das Epicheirem konstituieren (in der Bedeutung von ‚Argumentationsschema‘),[240] welche er z. T. mit zusätzlicher anderer Terminologie belegt: *intentio* und *propositio* für die Oberprämisse, *adsumptio* und *ratio* für die Unterprämisse und *conexio* und *complexio* für die Konklusion (vgl. Klein 1994: 1254; Quintilian, *Inst. Or.*, V, 14, 11–13). Epicheireme sind neben Einwänden (*contradictiones*)[241] für Quintilian Entgegnungsmittel, die das Ziel <Widerlegung> verfolgen. Die „Fundstellen für die Beweise", betont er direkt zu Beginn des 13. Kapitels des fünften Buches, sind in der *refutatio* die gleichen wie in der *probatio*. (Quintilian, *Inst. Or.*, V, 13, 1; vgl. Zundel 1989: 84)

Die Widerlegung eines Epicheirems kann an allen drei Teilen ansetzen:

> Dieser Beweisform tritt man auf dreierlei Weise entgegen, das heißt in allen drei Teilen. Entweder nämlich wird der Ansatz widerlegt oder die stützende Annahme oder die Schlußfolgerung, zuweilen auch alles – doch alles das sind diese drei. (Dt. Übersetzung von Rahn ³1995: Quintilian, *Inst. Or.*, V, 14, 20)

Angreifen kann ein Gegner die *adsumptio*, *intentio* oder die *conexio* einzeln, oder aber alle drei Teile. Inwieweit alle drei Teile auf einmal angegriffen werden können, wird von Quintilian nicht weiter ausgeführt.

Folgende Abbildung soll zur Verdeutlichung der Struktur des Argumentationsschemas bei Quintilian dienen. Sie bildet gleichzeitig die Angriffsziele ab:

Abb. 7: Das antike Epicheirem nach Quintilian Inst. Or., V, 14, 11–13.

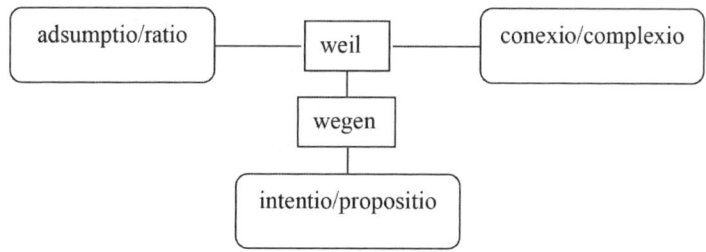

haec confirmari, nisi illa reprehendas, idcirco haec et natura et utilitate et tractatione coniuncta sunt." (Cicero, *De or.*, II, 331).
240 Vgl. Quintilian, *Inst. Or.*, V, 14, 6.
241 Vgl. Quintilian, *Inst. Or.*, V, 13, 28; V, 13, 36–50.

In dieser Form entspricht das dreiteilige Epicheirem der Struktur des Syllogismus, wobei jedoch Quintilian betont, dass der Unterschied zwischen den beiden darin bestünde, dass Syllogismen aus Wahrem schlössen, „während die Verwendung des Epicheirems häufiger bei nur Glaubhaftem sich findet." (Quintilian, *Inst. Or.*, V, 14, 14)

Klein (1994: 1255) bemerkt eine terminologische Doppeldeutigkeit bei Quintilian: Quintilian bezeichne mit „Epicheirem" nicht nur ein Argumentationsschema, sondern ebenfalls ein Angriffsargument in Anlehnung an C. Valgius[242] (vgl. Quintilian, *Inst. Or.*, V, 10, 4). Dieses Angriffsargument ist laut Quintilian allerdings nur eine kognitive Operation, da es „noch nicht in Worten ausgeführt, jedoch schon in Gedanken ausgearbeitet ist." (Quintilian, *Inst. Or.*, V, 10, 4) Diese Verwendung des Epicheirem-Begriffs geht demzufolge auf die anfangs erwähnte griechische Bedeutung ‚Angriff' zurück.

Zusammenfassend lässt sich festhalten, dass das Epicheirem in seiner dreigliedrigen Form dem klassischen Syllogismus ähnelt, in seiner reduzierten zweiteiligen Form dem prototypischen Enthymem und in seiner ausführlichen Fünfteiligkeit ein Novum darstellte. Das Epicheirem (als fünfteiliges Argumentationsschema) von Cicero dient zweitausend Jahre später Toulmin (1958) als Vorbild für sein Argumentationsmodell (vgl. Kolmer/Rob-Santer 2002: 176). Das Modell von Toulmin sowie der Ansatz von Perelman/Olbrechts-Tyteca (1958) gelten als „die Wiege der modernen Argumentationstheorie", da sie „eine Vielzahl verbaler, kontextueller, situationeller und anderer pragmatischer Faktoren" berücksichtigen, die von der Logik ausgeklammert wurden (van Eemeren 2006: 346). Die Bedeutung dieser antiken logischen Modelle ist – trotz dieser Anmerkung – nicht zu schmälern, jedoch wird ersichtlich, warum sie für die vorliegende Studie nicht als theoretische Grundlage ausreichen. Allgemein lässt sich als Hauptkritikpunkt – in Bezug auf die logischen Ansätze – die Ausklammerung der Wahrheit der Prämissen für die Beurteilung der Gültigkeit eines Schlusses besonders im klassischen Syllogismus sowie der situativen und kontextuellen Aspekte festhalten.

4.4 Das Modell der Eristischen Dialektik

Das Modell der Eristischen Dialektik stellt einen Übergang zwischen antiken und gegenwärtigen Modellen dar. Obgleich es in der Tradition der aristotelischen Logik steht, behandelt es ebenfalls Kunstgriffe, die für den Alltagsgebrauch

---

242 Valgius war ein lateinischer Poet aus augustinischer Zeit.

eingesetzt werden können. Der deutsche Philosoph Arthur Schopenhauer (1788–1860) definiert die Dialektik als „die Kunst, Recht zu behalten" (Schopenhauer 1864/2009: 12) und vergleicht sie metaphorisch mit der Fechtkunst, da es sich dabei um eine Art Duell handele, bei dem versucht werde, den Gegner zu treffen (sprich anzugreifen) und Angriffe zu parieren (vgl. Schopenhauer 1864/2009: 13f.).

Schopenhauer entwarf in seiner eristischen[243] Dialektik von circa 1830 38 rhetorische Kunstgriffe, die es einem Redner ermöglichen sollten, Recht zu behalten, „per fas et nefas" (Schopenhauer 1864/2009: 7), d.h. selbst, wenn er im Unrecht ist. Schopenhauers Werk, das erst nach seinem Tod von Julius Frauenstädt[244] veröffentlicht wurde, trägt deshalb auch den Untertitel: „Die Kunst, Recht zu behalten".

Schopenhauer beschäftigt sich in seinem Werk – welches in der Tradition der aristotelischen Trugschlusstheorie steht – spezifisch mit der Widerlegung und damit indirekt ebenfalls mit der Gegenargumentation, da die „eristische Dialektik" zwei „Gegner"[245] bzw.[246] „Streitende"[247] voraussetzt, die sich in einer „Disputation"[248] bzw. einem „Streit"[249] befinden und entweder „Gründe"[250] für oder gegen eine „These[251]" äußern (vgl. Schopenhauer 1864/2009: 17). Die Handlung des „disputirens"[252] in der negativen Form (Schopenhauer spricht vom „umstoßen der Behauptungen des Anderen"[253]) ermöglicht dem Sprecher, seinem Ziel, „Recht zu behalten", bzw. der subjektiven Wahrheit näherzukommen und die Widerlegung, d.h. das Anerkennen des Gegners des Rechthabens,

---

243 Der Begriff „Eristik" stammt aus dem Griechischen und bedeutet *streiten* oder *wettkämpfen*.

244 Der philosophische Schriftsteller Frauenstädt stand in regem persönlichen und schriftlichen Verkehr mit seinem Vorbild Schopenhauer, der ihn zum Erben seines literarischen Nachlasses einsetzte. 1864 veröffentlichte Frauenstädt die *Eristische Dialektik* (vgl. Heinze 1904: 731f.).

245 Terminologie von Schopenhauer (1864/2009: 7).

246 Wechselnde Terminologie von Schopenhauer.

247 Terminologie von Schopenhauer (2009: 19). Schopenhauer verwendet alternativ auch „Streiter" (vgl. Schopenhauer 1864/2009: 7).

248 Terminologie von Schopenhauer (1864/2009: 19).

249 Terminologie von Schopenhauer (1864/2009: 19).

250 Terminologie von Schopenhauer (1864/2009: 17).

251 Terminologie von Schopenhauer (1864/2009: 17). Schopenhauer verwendet außerdem synonym: „zuerst aufgestellte Meinung" (S. 8) und „Behauptung" (S. 17).

252 Vgl. Schopenhauer (1864/2009: 19).

253 Vgl. Schopenhauer (1864/2009: 13).

zu bewirken. Schopenhauer verwendet allerdings in seiner Terminologie nicht die Begriffe *gegenargumentieren* oder *Gegenargumentation*, sondern nur den Begriff des „Gegenarguments[254]" (Schopenhauer 1864/2009: 9) und für die gegenargumentativen Handlungen u. a.: „umstoßen von Argumenten" (Schopenhauer 1864/2009: 9), „refutiren" (ebd.: 10) und „widerlegen" (ebd.: 12). Dies ist sicherlich bedingt durch die Anlehnung an die Schriften von Aristoteles, die sich u. a. mit sophistischen Widerlegungen beschäftigen, und in denen ebenfalls nicht die Rede von *gegenargumentieren*, sondern von „widerlegen" ist.

Ein Modell, welches die eristische Dialektik Schopenhauers und gleichzeitig die Widerlegungsmöglichkeiten darstellt, ist das folgende (welches jedoch nicht von Schopenhauer selbst stammt, sondern von Münzer (1989)):

Abb. 8: Modi und Wege der Widerlegung von Schopenhauer nach der graphischen Darstellung von Münzer (1989: 3).

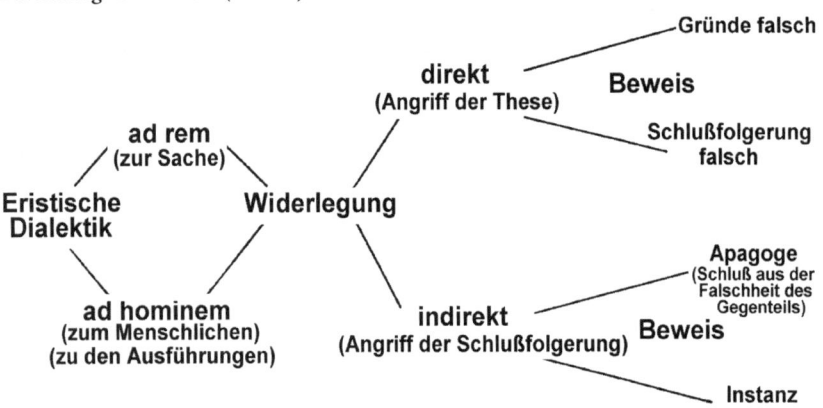

Nach Schopenhauer gibt es zwei Modi (linke Hälfte der Graphik) und zwei Wege der Widerlegung (rechte Hälfte der Graphik). Beim Modus unterscheidet Schopenhauer zunächst Argumente *ad rem* und Argumente *ad hominem*[255]:

---

254 Schopenhauer (1864/2009) verwendet an gleicher Stelle synonym den Begriff „Argument des Gegners".

255 Vgl. zum „argumentum ad hominem" Perelman/Olbrechts-Tyteca (1958/²2008: 148–153).

1. Modi:

    a) *ad rem* (auf die Sache gerichtet) – zeigt, „daß der Satz nicht übereinstimmt mit der Natur der Dinge, der objektiven Wahrheit[256]",

    b) *ad hominem* (auf den Menschen gerichtet), oder *ex concessis* (aus den Einräumungen[257]; Folgerungen[258]) – zeigt, dass der Satz „nicht mit andern Behauptungen oder Einräumungen des Gegners, d.h. mit der relativen subjektiven Wahrheit" übereinstimmt. (Schopenhauer 1864/2009: 17)

Folglich gibt es Argumente, die objektiv der Wahrheit entsprechen, d.h. die wirklich rein sachlich wahr sind, und andere, die nur subjektiv der Wahrheit entsprechen, d.h. vom menschlichen Denken herrühren und nur als wahr geltend gemacht werden (sollen). Eine Widerlegung zu erreichen, kann direkt oder indirekt erfolgen, d.h. auf zwei „Wegen", und setzt an unterschiedlichen Strukturen der gegnerischen Argumentation an:

2. Wege:

    a) **direkte Widerlegung** – „greift die These bei ihren Gründen an" oder bestreitet die Schlussfolgerung und „zeigt, daß die **These nicht wahr ist**" (Schopenhauer 1864/2009: 17). Termini, die von Schopenhauer für diese Vorgehensweisen verwendet werden, sind:

        a. nego majorem [ich bestreite den Obersatz]

        b. nego minorem [ich bestreite den Untersatz]

        c. nego consequentiam [ich bestreite die Schlussfolgerung].

Hierbei wird ersichtlich, welche Argumentationsstrukturen Schopenhauer allgemein unterscheidet: Obersatz, Untersatz, These/Konklusion und Schlussfolgerung. Insgesamt folglich vier Argumentationsstrukturen – im Gegensatz zu den klassischen (aristotelischen) drei.

    b) **indirekte Widerlegung** – greift die These „bei ihren Folgen" an und zeigt, dass die **These „nicht wahr seyn kann"** (Schopenhauer 1864/2009: 17f.). Schopenhauer unterscheidet hierbei den Einsatz der:

        a. **Apagoge:** ein Schluss, der zeigt, dass der Satz des Gegners falsch ist.

---

256   Die objektive Wahrheit wird von der Logik festgelegt nach der Meinung von Schopenhauer (1864/2009: 12).

257   Schopenhauer übersetzt „concessio" mit „Einräumung" (vgl. Schopenhauer 1864/2009: 17).

258   Münzer (1989: 4) übersetzt „ad hominem" mit „zum Menschlichen" und „ex concessis" mit „zu den Folgerungen".

Dabei nimmt der Gegner den Satz des „Andern"[259] vorläufig als wahr an und bringt ihn in Verbindung mit einer neuen, beliebig wählbaren Prämisse[260]. Aus diesen beiden folgt eine Konklusion, welche im Widerspruch zu „den andern Behauptungen des Gegners" (ebd.: 18) steht. Es entsteht ein „Schluss aus der Falschheit des Gegenteils" (Münzer 1989: 5). In folgender Abbildung wird von Gegner 1 und Gegner 2 gesprochen, um Verwechslungen zu vermeiden:

Abb. 9: Die Apagoge – ein „Schluss aus der Falschheit des Gegenteils", veranschaulicht in Anlehnung an die Ausführungen von Schopenhauer (1864/2009: 17f.).

Gegner 1		Gegner 2	
Oberprämisse	wahr	Oberprämisse (ehemals These von Gegner 1)	wahr (?)
Unterprämisse	wahr	Unterprämisse[261]	wahr
These/Konklusion	wahr	These/Konklusion	falsch

Da beide Prämissen wahr sein müssen, damit eine wahre Konklusion entsteht, beweist der Schluss des Gegners 2, dass die These von Gegner 1 falsch gewesen sein muss[262] (da die Unterprämisse ein beliebiger, aber allgemein anerkannter wahrer Satz ist). Die These des Gegners 2 steht dabei im Widerspruch zur These des Gegners 1, die eigentlich hätte wahr sein müssen, da aus ihr wiederum wahre Sätze folgen müssten, wenn sie denn wahr gewesen wäre. Der Gegner 2 kann die These des Gegners 1 aufgrund der frei wählbaren (aber wahren) Prämisse in einen beliebigen Kontext versetzen und somit zu Folgerungen gelangen, die eigentlich nichts mit der Sache zu tun haben, über die der Gegner 1 zuvor sprach.

Als zweite Möglichkeit, eine indirekte Widerlegung herbeizuführen, benennt Schopenhauer den Gebrauch der:

---

259 Schopenhauer benutzt einzig den Begriff „Gegner", der im Gegensatz zu einem „Ich" oder einem „Andren" diskutiert (vgl. Schopenhauer 1864/2009: 8).

260 Schopenhauer spezifiziert nicht, ob es sich dabei um die Ober- oder Unterprämisse handelt. In der Abbildung wird angenommen, dass die beliebige wahre Aussage die Unterprämisse ist und die als wahr angenommene These des Gegners die Oberprämisse. Es könnte aber auch anders herum sein.

261 Die Unterprämisse von Gegner 2 unterscheidet sich von derjenigen von Gegner 1.

262 Aus diesem Grund ist im Schaubild ein (?) hinter der Angabe „wahr".

b. **Instanz:** (auch als *exemplum in contrarium* bezeichnet) sie beweist, dass einzelne, spezielle „unter seiner Aussage begriffne[…] Fälle" falsch sind und somit der zuvor vom Gegner geäußerte allgemeine Satz auch falsch sein muss. (Schopenhauer 1864/2009: 19)

Zu unterscheiden sind die beiden Widerlegungswege durch das Ergebnis, welches sie fokussieren: die direkte Widerlegung zeigt, dass die These des Gegners *nicht wahr ist,* und die indirekte zeigt, dass die These *nicht wahr sein kann.* Bezeichnend ist, dass Schopenhauer bei der Widerlegung (direkt und indirekt) von Angriffen spricht (einmal der These und einmal der Schlussfolgerung), die mittels Beweisen zu ihrem Ziel der Widerlegung des Gegners (zu Recht oder Unrecht) führen. Dabei ist fragwürdig, ob sich von „Beweis" sprechen lässt, wenn der Gegner zu Unrecht die „Widerlegung" herbeiführt, d.h. nicht objektiv bewiesen hat, dass er im Recht ist (vgl. Abb. 8).[263] Schopenhauer argumentiert, dass „man selbst nicht sicher wissen kann", ob man objektiv Recht oder Unrecht hat, was aber „ja erst durch den Streit ausgemacht werden" soll (Schopenhauer 1864/2009: 19). Ein Anreiz, selbst dann noch vorzugeben, man sei im Recht, ist begründet durch die Angst, man könnte hinterher herausfinden, man hätte doch Recht gehabt, aber zu früh aufgegeben und sich widerlegen lassen, weil uns „das rettende Argument […] nicht gleich beigefallen [war]". Daraus entstünde, so Schopenhauer weiterhin,

die Maxime, selbst wann das Gegenargument richtig und schlagend scheint, doch noch dagegen anzukämpfen, im Glauben, daß dessen Richtigkeit selbst nur scheinbar sei, und uns während des Disputierens noch ein Argument, jenes umzustoßen, oder eines, unsre Wahrheit anderweitig zu bestätigen, einfallen werde: hierdurch werden wir zur Unredlichkeit im Disputieren beinahe genöthigt, wenigstens leicht verführt. (Schopenhauer 1864/2009: 9)

Im Anschluss an seine Darstellung der Wege der direkten und indirekten Widerlegung merkt er an, dass dies das **„Skelett"** – das „Grundgerüst" – einer jeden Disputation sei.[264] Darauf folgt der Hauptteil seiner eristischen Dialektik, die Auflistung der 38 Kunstgriffe, die einem Argumentierenden zur Verfügung stehen, damit eine Widerlegung des Gegners erreicht wird, und die es im Gegenzug gleichermaßen durch frühes Erkennen mit geeigneten Maßnahmen abzuwehren gilt, um selbst nicht widerlegt zu werden. Die Darstellung eines Kunstgriffs besteht in der Regel aus der Verknüpfung von zwei minimalen Argumentationen:

---

263 Vgl. zur objektiven Wahrheit, bzw. zum Rechthaben Schopenhauer (1864/2009: 13).
264 In diesem Kontext spricht Schopenhauer von der „Osteologie" der Disputation (vgl. Schopenhauer 2009: 19).

einer positiv argumentierenden und einer negativ argumentierenden, die den Gegner widerlegen soll.

Mit jedem Kunstgriff, den er aufführt, gibt er Hinweise für den richtigen Einsatz und die Formulierung sowie bisweilen Beispiele (Exempel), die aus dem Alltagsgebrauch (z.B. Kunstgriff 26[265]) aber auch aus einem Fachbereich (z.B. Kunstgriff 28[266]) oder literarischen Text stammen können (z.B. Kunstgriff 30[267]).

Zusammenfassend lässt sich konstatieren, dass sich Schopenhauers Modell in die in der Logiktradition stehenden Argumentationsmodelle einreiht. Bei der Darstellung der Kunstgriffe liegt der Fokus auf der Vermittlung von Widerlegungstechniken. Die Darstellung des Grundgerüsts einer Disputation und die Kunstgriffe zur Widerlegung eines Gegners geben einen wichtigen Hinweis darauf, wie Gegenargumentationen grundsätzlich unterschieden werden können. Das Kriterium ist das der Bezugnahme, d.h. ob sie *ad rem* oder *ad hominem* gerichtet sind. Diese Unterteilung ist für die spätere Analyse wichtig, dennoch fehlt in Schopenhauers Ansatz eine genaue Definition der Gegenargumentation und der Einbezug der kontextuellen Bedingungen. Einen weiteren Nachteil stellt die Tatsache dar, dass die Anwendung auf Alltagsargumentationen nicht zu dem Modell geführt hat.

4.5 *Layout of Argument*

Layout of Argument bezeichnet das Argumentationsschema von Stephen Toulmin. In der Argumentationstheorie nimmt das Schema des britischen Wissenschaftstheoretikers und Philosophen einen besonderen Platz ein. Toulmin war einer der ersten, der das klassische Modell der Argumentation überwunden hat, mit dem Ziel, jede Form von Äußerungen darstellen zu können.

---

265 Der Kunstgriff 26 behandelt die *retorsi argumenti*. Das Beispiel zur Erläuterung wählt Schopenhauer aus dem Bereich der Kindererziehung: „,es ist ein Kind, man muß ihm was zu gute halten': *retorsio*,eben weil es ein Kind ist, muß man es züchtigen, damit es nicht verhärte in seinen bösen Angewohnheiten'" Schopenhauer 2009: 43).

266 Der Kunstgriff 28 behandelt das *argumentum ad auditores*. Damit ist ein „ungültiger Einwurf" gemeint, „dessen Ungültigkeit aber nur der Sachkundige einsieht: ein solcher ist der Gegner, aber der Hörer nicht" (Schopenhauer 2009: 44). Das Beispiel, das Schopenhauer anführt, stammt aus dem Fachbereich der Physik.

267 Der Kunstgriff 30 behandelt das *argumentum ad verecundiam* („an die Ehrfurcht gerichtetes Argument", Schopenhauer 2009: 47). Es sollen Autoritäten gefunden und zitiert werden, die vom Gegner respektiert werden. Dabei können Autoritäten berühmte Autoren sein, „allgemeine Vorurtheile [sic!]" oder „allgemeine Meinung[en]" (Schopenhauer 2009: 49f.).

Sein sechsteiliges Argumentationsschema weist eine große Ähnlichkeit mit dem fünfteiligen Epicheirem aus der antiken Rhetorik auf (vgl. Kapitel 4.3). Dieses findet sich in der römischen Tradition bei Cicero wieder und geht, wie Pielenz bemerkt, „über die peripatetische Schule[268] letztlich auf Aristoteles zurück" (Pielenz 1993: 35).

Seit dem Erscheinen seines Buches *The uses of arguments*[269] im Jahre 1958 wurden etliche Aufsätze und Bücher über seine Argumentationstheorie veröffentlicht.[270] In der Sekundärliteratur wurde sein Modell mit Begeisterung angenommen, aber natürlich auch kritisiert und weiterentwickelt.[271] Im deutschsprachigen Raum verhalfen dem Modell der Artikel von Jürgen Habermas („Wahrheitstheorien", 1973) und die Arbeit von Dieter Wunderlich (*Grundlagen der Linguistik*, 1974) zum entscheidenden Durchbruch. Besonders in den USA waren es die Autoren Wayne Brockriede und Douglas Ehninger (1960), die für den durchschlagenden Erfolg sorgten.[272]

Sein Werk erschien im gleichen Jahr wie das *Traité de l'argumentation* von Perelman/Olbrechts-Tyteca, die zusammen „den Wendepunkt einer Entwicklung, die von der formalen Logik zu einer informellen Logik innerhalb der Argumentationstheorie geführt hat", markieren (Pielenz 1993: 15).

Toulmins Schema ist von der Kernstruktur ähnlich aufgebaut wie der klassische aristotelische Syllogismus. So besteht es aus den ‚data' (in der dt. Übersetzung ‚Datum'; das Unstrittige),[273] dem ‚warrant' (in der dt. Übersetzung ‚Schlussregel'; die begründende Relation) und dem ‚claim'[274] (in der dt. Übersetzung

---

268 Die peripatetische Schule ist die philosophische Schule Aristoteles'. Vertreter der peripatetischen Schule sind neben Theophrast (Schulleiter), Eudemos, Menon, Pasikles, Neleus etc. (vgl. Wehrli ²1994).

269 Toulmin, Stephen Edelston (1958), *The Uses of Arguments*, Cambridge.

270 Eggler (2006: 26) bekräftigt Völzings Aussage über das Toulmin-Modell: So läge das Modell „bis heute allen sprachwissenschaftlichen Arbeiten zur Argumentationstheorie zu Grunde und […] [habe] sich als Eckpfeiler der wissenschaftlichen Diskussion über die Form des Argumentierens erwiesen" (Völzing 1980: 214).

271 Problematisch ist u. a. Toulmins Unterscheidung von Schlussregel und Stützung (vgl. Pielenz 1993: 12).

272 Vgl. van Eemeren/Grootendorst (1987); Plantin (1990).

273 Die Begriffe in Klammern entsprechen der deutschen Übersetzung von Toulmins *The Uses of Arguments*. Verwendet wird die deutsche Ausgabe (²1996): *Der Gebrauch von Argumenten*.

274 Toulmin verwendet auch die Bezeichnung ‚conclusion'.

‚Conclusion'; das Strittige) und ist in seiner dreiteiligen Grundstruktur zunächst nicht zu unterscheiden von Aristoteles Syllogismus[275]:

Alle A sind B.
Alle B sind C.
Folglich: Alle A sind C.

Im klassischen Syllogismus – anders als bei Toulmin – spielt die Wahrheit der Prämissen bei der Evaluierung der Gültigkeit eines Schlusses keine Rolle. Die Gültigkeit eines Arguments ist dort nur eine Funktion der Form, sodass auch die Konklusion „Wale haben Flügel" gefolgt aus den Prämissen das Prädikat ‚Gültigkeit' erhalten würde:

„Alle Fische haben Flügel.
Wale sind Fische.
Folglich: Wale haben Flügel."[276]

Von Toulmin wird die allgemeine Prämisse, im Gegensatz zum klassischen syllogistischen Muster, „in unserer konkreten Erfahrungswelt fundiert"[277] und nicht mehr unveränderlich als Verallgemeinerung dargestellt. Der Inhalt der Prämissen spielt bei der Bewertung einer Argumentation nach Toulmin eine wesentliche Rolle und kann nicht bei der Gültigkeitsbeurteilung vernachlässigt werden. Sein Modell (*pattern of an argument*[278]) soll an dem vielzitierten „Harry-Beispiel" (Toulmin 1958/²2003: 97) kurz erläutert werden, welches graphisch wie folgt realisiert werden kann:

Abb. 10: Layout of Argument *nach Toulmin (1958).*

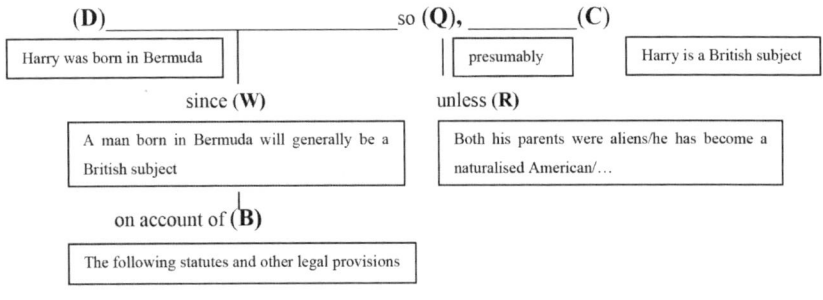

---

275 Vgl. zur Ähnlichkeit des Schemas mit dem aristotelischen Syllogismus: Eggs (2000a: 404).
276 Beispiel entnommen aus Pielenz (1993: 18).
277 Göttert (1978: 14).
278 Vgl. Toulmin (1958/²2003: 89).

Neben den Kernkomponenten/strukturen[279] *data* (D), *conclusion* (C) und *warrant* (W) fügt Toulmin noch drei weitere hinzu: 1. den modalen *qualifier* (Q; in der dt. Übersetzung ,Operator'), der die Konklusion abschwächen kann, 2. das *backing* (B; in der dt. Übersetzung ,Stützung'), welches zur Stützung des *warrant* (Schlussregel) eingesetzt werden kann, sowie 3. die *rebuttal*-Komponente (R; in der dt. Übersetzung ,Ausnahmebedingung'), welche den *claim* außer Kraft setzen kann. Der *backing*-Komponente wird unterstellt, dass sie ein Hinweis für die Präsenz eines virtuellen Gegners darstellt, der die Abstützung des *warrant* (Schlussregel) einfordern könnte. In diesem Sinne ist das Modell auch als makroskopisch zu verstehen, da die *backing*-Komponente die Funktion eines Arguments zur Stützung des *warrant*, als Konklusion, einnimmt (Antizipation der Infragestellung).[280]

Die *rebuttal*-Komponente ist für die Gegenargumentation besonders relevant, weil sie indirekt als möglicher Ansatzpunkt für eine Gegenargumentation oder eine Widerlegung gelten kann. (Adam 2004: 93) Die *rebuttal*-Komponente führt vor Augen, dass der *claim* nicht immer mit Bestimmtheit gezogen werden kann und von einem reellen oder potentiellen Gegner aufgehoben werden könnte. Zumindest indirekt wird hier auf den dialogischen Charakter der Argumentation verwiesen, der deutlich macht, dass der *claim* nicht immer ohne Ausnahmebedingung gezogen werden kann und ein (reeller oder potentieller) Gegner mitbedacht werden sollte.[281] Nennt der Argumentierende die Ausnahmebedingung selbst, ist diese eine Möglichkeit des gegenargumentativen Ansatzpunktes für den (reellen) Gegner verloren.

Des Weiteren steht die *rebuttal*-Komponente in einem besonderen Verhältnis zum *qualifier* (Modaloperator). Dieses Verhältnis zeichnet sich laut Adam (2004: 83) dadurch aus, dass die *rebuttal*-Komponente nur dazu diene, die Stärke des Modaloperators anzugeben. Je mehr Ausnahmebedingungen es gäbe, desto weniger stark wäre der Modaloperator „probably". Und je weniger Ausnahmebedingungen es gäbe, desto größer ist die Wahrscheinlichkeit, mit der der *claim* gezogen werden könne.

---

279 Toulmin bezeichnet diese drei Komponenten als „first skeleton of a pattern for analysing arguments." (Toulmin 1958/2003: 92).

280 Durch die Erweiterung des Schemas durch Lo Cascio (1991), Adam (2004) und Eggler (2006) wird die „fehlende" Berücksichtigung der Dialogizität der Argumentation kompensiert.

281 Denn so schreibt Moeschler (1985: 47): „Un discours argumentatif [...] se place toujours par rapport à un contre-discours effectif ou virtuel." Wenn C angenommen wird, ist deshalb implizit auch ~C anzunehmen.

Insgesamt kann das Modell von Toulmin vorzugsweise zur Analyse monologischer Argumentation genutzt werden und somit ist sein Ansatz als „rhetorisch" zu beurteilen und nicht als „dialektisch", wie es zunächst den Anschein hat. Van Eemeren und Grootendorst (2004) kommen zu der Konklusion, dass

> although the reactions of the others are anticipated, the model is primarily directed at representing the argumentation for the standpoint of the speaker or writer who advances the argumentation. The other party remains in fact passive [...]. (van Eemeren/ Grootendorst 2004: 47)

Die Berücksichtigung der Reaktionen der Gegenpartei wird in Toulmins Modell folglich als unzureichend angesehen. Von Passivität der Gegenpartei kann in Internetforumsdiskussionen jedoch nicht die Rede sein, weshalb die Analyse von Argumentation in Internetforen nur bis zu einem gewissen Grad mit dem toulminschen Modell erfolgen kann.

4.5.1 *La séquence argumentative prototypique*

Jean-Michel Adam (2004) nähert sich in seinem Ansatz der Argumentation aus textlinguistischer Perspektive und bezeichnet sein Argumentationsschema als „séquence argumentative prototypique"[282]. Adam bezieht sich auf das sechsgliedrige Modell Toulmins und ändert es in ein fünfgliedriges ab, welches er als argumentative Sequenz[283] bezeichnet. Mit dieser Sequenz versucht er die Argumentation darzustellen (vgl. Adam 2004: 93):

Abb. 11: La séquence argumentative prototypique *nach Adam (2004).*

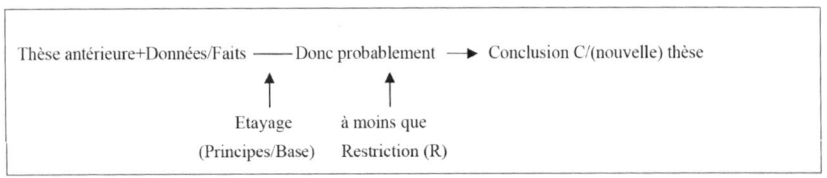

---

282 Adam (2004: 92).

283 Adam (2004: 93) definiert eine argumentative Sequenz auf folgende Weise: „Une séquence est une structure relationelle hiérarchique préformatée regroupant des macro-propositions au sein d'une unité textuelle plus vaste qu'une simple période."

Adam unterscheidet nicht explizit zwischen Schlussregel und Stützung, sodass das Schema nur noch fünf Komponenten enthält. Hinzu kommt allerdings die *thèse antérieure*,[284] die explizit oder implizit vorhanden sein kann und damit der *(nouvelle) thèse* vorausgeht (vgl. Adam 2004: 93). Gegenargumentative Ansatzpunkte repräsentieren nach Adam die *thèse antérieure* und die *restriction* (R), da an diesen Stellen gegensätzliche *point de vues* geäußert werden können. Mit diesen Ansatzpunkten für die *contre-argumentation* möchte er dem dialogischen Charakter der Argumentation Rechnung tragen, denn „l'argumentation est négociée avec un contre-argumenteur (auditoire) réel ou potentiel" (Adam 2004: 93). Aus welchen Strukturen die Gegenargumentation besteht, wird im prototypischen Schema von argumentativen Sequenzen von Adam (2004) nicht berücksichtigt.

4.5.2 Argumentationsmuster der Gegenargumentation

Eggler hat im Jahr 2006 im Rahmen seiner textlinguistischen Argumentationsanalyse ein Argumentationsmodell entworfen, welches die reale oder imaginäre Gegenargumentation berücksichtigt, sowie ein Gegenargumentationsmodell, welches die reale oder imaginäre (Pro-)Argumentation abbildet. Als Grundlage diente ihm dabei ebenfalls das Argumentationsmodell von Toulmin (1958).

Eggler hat das *Layout of Argument* modifiziert mit dem Zweck, „konkrete Texte" analysieren und komplexe Argumentationsstrukturen darstellen zu können (vgl. Eggler 2006: 31). Ausgangspunkt der Modifikation des Schemas ist der dialogische Charakter von Argumentationen. Denn „wer argumentiert, wird früher oder später auf relevante Übergänge aus dem öffentlichen Diskurs in zustimmender, beschränkt zustimmender oder ablehnender Weise Bezug nehmen" (Eggler 2006: 31). Die ablehnende Weise des Bezugnehmens ist demzufolge das, was u.a. unter der Handlung des Gegenargumentierens zu verstehen ist.

Weiterhin betont er, dass

---

284 Als eine eigene Komponente soll sie jedoch anscheinend nicht gelten, da sie zusammen – angedeutet durch das „+"-Zeichen – mit den *données* im Schema dargestellt wird.

in diesem Sinn [...] auch monologische, essayistische Texte dialogisch [sind]; sie enthalten zitierte Bruchstücke aus dem Argumentationsraum[285], so genannte Argumentationserwähnungen[286] oder –zitate, die es vom eigentlichen Argumentationsvollzug[287] zu unterscheiden gilt (Eggler 2006, S: 31, Hervorhebung im Original).

Überträgt man dies auf die Handlung des Gegenargumentierens, folgt daraus, dass von dem Gegenargumentationsvollzug Zitate vorangegangener Argumentationen getrennt werden müssen. Aus diesem Grund finden sich in seinem Gegenargumentationsmodell zwei Argumentationen visualisiert, wobei diejenige, welche zitiert bzw. erwähnt wird, d.h. die Argumentationserwähnung, durch eine gestrichelte Pfeillinie[288] markiert ist:

Abb. 12: Argumentationsmuster der Gegenargumentation, entnommen aus Eggler (2006: 32).

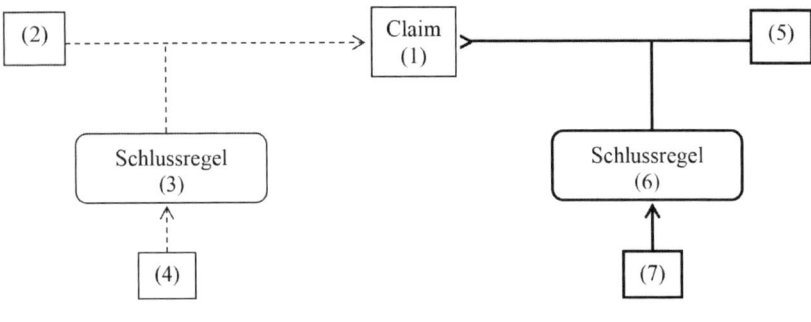

---

285 Nach Eggler sind Argumentationsräume historisch gewachsen und es können in ihnen Diskurse verortet werden (vgl. Eggler 2006: 21).

286 Der Begriff „Argumentationserwähnung" stammt ursprünglich aus der Terminologie von Kopperschmidt (1989: 90). Letzterer bezeichnet damit das „Reden über Argumentation", wenn beispielsweise in einer Zeitungsnachricht über eine Argumentation berichtet wird. Eggler versteht unter Argumentationserwähnungen sehr viel eingeschränkter „hauptsächlich Argumentationszitate in argumentativen Zusammenhängen" (Eggler 2006: 31).

287 Unter Argumentationsvollzug versteht Kopperschmidt die bereits vollzogene, geäußerte Argumentation eines Sprechers. Unter Argumentieren versteht Kopperschmidt, wenn „A versucht gegenüber B, den problematisierten GA [Geltungsanspruch] von p mithilfe von q einzulösen." (Kopperschmidt 1989: 93) Zur Abgrenzung von Argument und Argumentation vgl. Kopperschmidt (1989: 96).

288 Grewendorf erfand zur Rekonstruktion von Argumentationsbeziehungen aus verschiedenen Diskussionsartikeln Pfeile mit gestrichelten und durchgehenden Linien. Gestrichelte Pfeile zeigen Argumentationsbeziehungen zwischen verschiedenen Artikeln an und durchgehende Pfeile diejenigen aus dem gleichen Artikel (Grewendorf 1975: 35).

Eggler beschreibt sein Modell als „Gewinner-Argumentation gegen einen vom argumentativen Gegner befürworteten Claim" (Eggler 2006: 32, Hervorhebung im Original), sowie die im Schema dargestellte Handlung als Vorbringen von Gegenargumenten gegen einen von einer Person oder Gruppe befürworteten Claim (vgl. ebd.). Auf den ersten Blick zeigt das Modell zwei „originale" Toulmin-Modelle nebeneinandergestellt, die durch den Claim[289] (1) miteinander verbunden sind. Identisch mit dem Toulmin-Modell ist die ursprüngliche Struktur aus Claim (1), Datum (2), Schlussregel (3) und Backing (4). Hingegen wurden die Ausnahmebedingung- und Modaloperator-Komponenten weggelassen – ohne dass eine Begründung für deren Fehlen von Eggler gegeben wird. Ergänzt wurden von ihm ein Datum (5), eine Schlussregel (6) und eine Stützung (7) sowie folgende Symbole in Anlehnung an Grewendorf (1975, 1980) zur Darstellung von:

1. Argumentationserwähnungen
2. Gegenargumenten
3. siegreichen Gegenargumenten.

Im Schema ist die Argumentationserwähnung bzw. das Argumentationszitat auf der linken Hälfte mittels gestrichelter Pfeillinien visualisiert und besteht aus den Argumentationsstrukturen: 1) Claim, 2) Datum, 3) Schlussregel, 4) Backing. Gegenargumente wurden von Grewendorf (1975) mittels eines „inversen Argumentationspfeils" dargestellt, welcher von Eggler in sein Gegenargumentationsmodell übernommen wurde. Der inverse Argumentationspfeil gibt an, dass „q[290] [...] ein Gegenargument zu p[291]" ist bzw. „implizit auch *nicht-p, weil q*" (Eggler 2006: 31+FN 89, Hervorhebung im Original). Der inverse Argumentationspfeil führt im Schema weg vom Claim (1) in Richtung Data (5) und ist fett gedruckt. Durch die Fettmarkierung des Pfeils und anderer Gegenargumentationsstrukturen will Eggler (2006) zeigen, dass es sich dabei um ein „siegreiches Gegenargument"[292] handelt. Data (5), Schlussregel (6) und Stützung (7) richten sich demnach gegen den Claim (1) aus der Argumentationserwähnung und besiegen diesen in der Form, dass sie ihn schwächen und zum Verliererclaim degradieren. Der Verliererclaim (1) wird in Egglers Schema nicht fett umrandet,

---

289 Eggler übernimmt die Terminologie von Toulmin.
290 q entspricht dem Datum im Toulmin-Schema.
291 p entspricht dem Claim im Toulmin-Schema.
292 In der Terminologie von Grewendorf heißt das siegreiche Argument „Gewinnerargument". „Verliererargumente" definiert er als „Argumente, die Minuspunkte einbringen" (Grewendorf 1975: 52).

da er nicht zur siegreichen „Eigenargumentation des Argumentierenden" gehört (Eggler 2006: 32, Fußnote 91).

Problematisch anzumerken ist Egglers Darstellung der Gewinnerargumentation, da in ihr *kein* Gewinnerclaim vorkommt. Zu Recht bemerkt er, dass „die Vorstellung einer Gewinnerargumentation ohne Gewinnerclaim absurd" sei. Weiter bemerkt er, man müsse

> sich in diesem Falle aber einen Gewinnerclaim denken, der den Inhalt *nicht-(1)* hat. Diesen Claim hat der Argumentierende nämlich implizit erfolgreich *gestützt*, indem er den Claim (1) schwächte. Der Gewinnerclaim *nicht-(1)* verdiente also, träte er im Schema auf, den fetten Rahmen. (Eggler 2006: 32)

Schematisch lässt sich die Gegenargumentation – ergänzt um die Komponente Gewinnerclaim (Claim nicht-(1)) – wie folgt darstellen (eigene Darstellung):

Abb. 13: Um die Komponente „Gewinnerclaim" erweitertes Argumentationsmuster der Gegenargumentation in Anlehnung an Eggler (2006: 32).

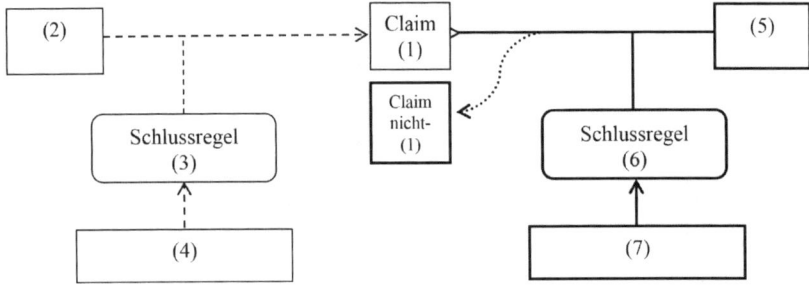

Egglers Modell stellt ein logisch-kognitives Modell dar, welches dazu dient, die argumentative Begründung der entgegengesetzten Konklusion darzustellen. Es beschreibt eine dialogische Kommunikationssituation und bietet nicht nur eine Möglichkeit, eine Gegenargumentation zu visualisieren, sondern gleichzeitig auch die Argumentation des Gegners und darüber hinaus das Ergebnis des Gegenargumentationsprozesses: Sieg oder Niederlage. Negativ anzumerken ist die Annahme, dass das Angriffsziel der Gegenargumentation einzig der Claim (1) sei, der aus den Strukturen Datum (2), Schlussregel (3) und Stützung (4) folgt. Datum, Schlussregel und Stützung der Argumentationserwähnung als Angriffsziele werden nicht angenommen.

Eggler stellt zudem die These auf, dass

das Erwähnen fremder Übergänge [...] unerlässlich [ist], wenn der Argumentierende (1) Argumente *für* einen von einer bestimmten Person oder Gruppe abgelehnten Claim oder (2) Gegenargumente *gegen* einen von einer Person oder Gruppe befürworteten Claim vorbringen will. (Eggler 2006: 31, Hervorhebung im Original)

Er geht folglich davon aus, dass unabhängig davon, ob für oder gegen einen Claim argumentiert wird, immer ein potenzieller Gegner vorhanden ist, der den gegenteiligen Claim annimmt.[293]

Deshalb enthält sein Modell für die Darstellung der Pro-Argumentation ebenfalls alle Strukturen der gegenteiligen Argumentationserwähnung – bis auf den Verliererclaim:

Abb. 14: Pro-Argumentation, entnommen aus Eggler (2006: 32).

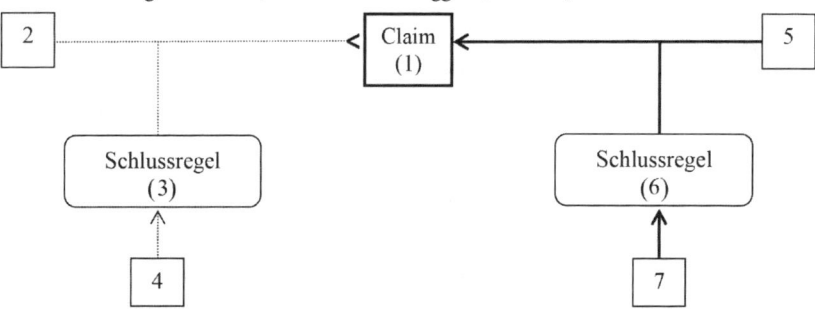

Der Verliererclaim müsste „hinzugedacht" werden, da er nicht im Schaubild erscheint.[294] Auf diese Tatsache, dass eine Verliererargumentation ebenfalls einen Verliererclaim enthalten müsste, weist Eggler (2006) jedoch in diesem Fall nicht hin – anders als beim Modell der Gegenargumentation. In diesem Fall verdient der Verliererclaim einen unmarkierten Rahmen.

Insgesamt lässt sich festhalten, dass Eggler mit seinen Schemata eine enge Verknüpfung von Argumentation und Gegenargumentation unterstellt, da entweder einer Argumentation eine Gegenargumentationserwähnung vorangeht oder einer Gegenargumentation eine Argumentationserwähnung (vgl. Eggler 2006: 32). Dieser dialogische Ansatz von Argumentation und Gegenargumentation wird auch von Ducrot (1980: 81), Moeschler (1985: 47), Plantin (1990: 31) und Lo Cascio (1999: 19) propagiert. Eggler (2006) präsentiert mit seinem Modell

---

293 Vergleichbar wie in der Dialektik.

294 Vgl. zur „perspektivischen Doppelcharakterisierung" eines Argumentes entweder als Gewinner- oder Verliererargument die Bemerkungen von Grewendorf (1975: 53).

somit eine immer präsente dialogische argumentative Situation, die Toulmin im Rahmen seiner Behandlung des *Layout of Argument* nicht fokussiert hat.

4.6 Das Dissensmodell

Das von dem Linguisten und Argumentationstheoretiker Ekkehard Eggs (1984; 2000a; 2000b) entwickelte Dissensmodell beruht auf der Annahme, dass der „Ausgangspunkt einer Argumentation [...] immer etwas Strittiges [ist], ein Dissens" (Eggs 2000a: 398).

Eggs differenziert in Anlehnung an die Rhetorik von Aristoteles[295] drei „Argumentationsarten":[296] die epistemische, die deontische und die ethisch/ästhetische Argumentation. Argumente definiert Eggs in Anlehnung an Aristoteles als „sprachliche Handlungen, die erlauben, von etwas explizit oder implizit – den Prämissen – Gesetztem auf etwas anderes als das Gesetzte – die Konklusion zu schließen." (Eggs 2000a: 398)

Als Beispiele für die epistemische, deontische und ethisch/ästhetische Argumentationsart gibt er folgende an (Eggs 2000b: 599):

i)	Problem:	Ist Frank krank oder nicht? (**epistemisch**)
	Proponent:	Frank ist krank, da er nicht arbeitet.
	Opponent:	Frank ist nicht krank, ich habe ihn nämlich gerade eben gesehen.
ii)	Problem:	Sollen wir im Hotel X essen oder nicht? (**deontisch**)
	Proponent:	Wir sollten im Hotel X essen, da man da sehr gut ißt.
	Opponent:	Wir sollten nicht im Hotel X essen, da es zu teuer ist.
iii)	Problem:	Soll man heute noch studieren? (**ethisch-ästhetisch**)
	Proponent:	Natürlich. Das bringt ja immer noch eine größere Anerkennung.
	Opponent:	Nein. Man hat ja inzwischen als Akademiker kaum noch Berufschancen.

Diese Argumentationsarten haben ihren „pragmatischen Ausgangspunkt" in einer „Dissens-Situation"[297] (reell oder imaginär[298]), d.h. in einer unterschiedlichen Beurteilung von etwas Strittigem durch einen „Proponenten" und einen „Opponenten" (Eggs 2000a: 398). Dieses Strittige bzw. dieser Dissens[299] wird als

---

295 Vgl. Sandys (1970).

296 Vgl. zur Definition der drei Argumentationsarten Eggs (2000a: 398).

297 Eggs (2000a: 398).

298 Eggs (1994: 19).

299 Kopperschmidt setzt Dissens mit dem Begriff Konflikt gleich und erklärt, dass „bei dem Versuch diesen Dissens [zwischen kommunizierenden Subjekten] aufzuarbeiten, [...] die Kommunikationspartner prozeßimmanent die Rollen von Proponent und Opponent [übernehmen]" (vgl. Kopperschmidt 1989: 54).

Problem dargestellt, welches semantisch „als alternative Entscheidungsfrage formuliert werden kann: Für oder gegen T?" (Eggs 2000a: 399)

Eggs kommt daher zu folgender schematischer Darstellung eines Dissenses mit anschließender Argumentation pro T, bzw. Argumentation kontra T:

Abb. 15: „Übersicht über Argumentationsarten" nach Eggs (2000a: 399).

Pragmatischer Ausgangspunkt:		DISSENS	
Semantisch:		Problem	
Rollen (Proponent/Opponent):		für oder gegen T	

	i)	ii)	iii)
pro T	Belegen	Anraten	für gut befinden
kontra T	Bestreiten	Abraten	für schlecht befinden
Argumentationsart	epistemisch	Deontisch	ethisch/ästhetisch

i) T ist der Fall/ist nicht der Fall

ii) Wir sollten T tun/Wir sollten T unterlassen

iii) T ist gut (schön)/T ist schlecht (hässlich)

Für jede der drei Argumentationsarten nimmt Eggs eine „orientation argumentative"[300] an: entweder pro oder kontra[301] die These (T). Mit gegenargumentieren (argumentieren kontra-T,[302] bzw. argumentieren gegen eine These T[303]) beschäftigt sich Eggs explizit im Rahmen der „Argumentationsarten" (Eggs 2000a) und der „orientation argumentative" (Eggs 1994) sowie allgemein im Kontext von „Grundbegriffen" der Argumentation (Eggs 1996: 181ff.). Er definiert diese analog zum „argumentieren pro T":

Für eine These T argumentieren heißt [...], Argumente beizubringen, aus denen T als Konklusion folgerbar ist. **Entsprechend gilt für den Opponenten, daß er explizit oder**

---

300 Eggs (1994: 19).

301 Es wird der Schreibweise von „kontra" in Eggs (2000a: 399) gefolgt und nicht derjenigen von „contra" in (Eggs 1996: 183).

302 Terminologie von Eggs (2000a: 399).

303 Die Formulierung „Argumentieren gegen eine These T" wird analog zu folgender Textpassage angenommen: „*Für* eine These T argumentieren heißt [...]. Entsprechend gilt für den Opponenten, daß [...]." Eggs (1996: 183).

**implizit eine Konklusion ‚anbieten' muß, welche die Berechtigung seiner *Contra-*
These unterstreicht. (Eggs 1996: 183, Hervorhebung kursiv im Original; Fettmarkierung eigene Hervorhebung)

Die Argumentation kontra T,[304] also die negative argumentative Orientierung des Opponenten, kann nach Eggs aus drei Handlungen bestehen:

1. bestreiten (epistemische Argumentation)
2. abraten (deontische Argumentation)
3. für schlecht befinden (ethisch/ästhetische Argumentation) (vgl. Eggs 2000a: 399).

Die prototypische Dissens-Situation wird von Eggs wie folgt beschrieben:

> einer der beiden Gesprächsteilnehmer, der Proponent, [bringt] ein Argument für eine These T vor, die vom Opponenten durch den Nachweis, dass nicht-T zutrifft, widerlegt wird. (Eggs 2000a: 398)

Die Handlungen, die von beiden Gesprächsteilnehmern durchgeführt werden, sind: argumentieren pro T (Versuch T nachzuweisen) durch den Proponenten und argumentieren contra-T (Versuch kontra T nachzuweisen) durch den Opponenten. Akzeptiert der Proponent die Argumentation des Opponenten kontra T wird ein Konsens hergestellt.[305] Aus Eggs' Ausführungen geht hervor, dass die Widerlegung somit prototypisch immer als reaktiver Akt zu verstehen ist und ihr eine These vorangeht (implizit oder explizit[306]). Eggs differenziert bei der *réfutation* in Anlehnung an die Theorie von Aristoteles zwischen *contre-argumentation*[307] und *objection*, wenn es das Ziel ist: „réfuter la thèse de l'opposant." (Eggs 1994: 20) Die Gegenargumentation (fr. *contre-argumentation*) und den Einwand (fr. *objection*) stellt Eggs folgendermaßen dar:

---

304 Eggs verwendet den Begriff „contre-argumentation" im Französischen, im Deutschen ist nie die Rede von Gegenargumentation. In Anlehnung an die Graphik könnte man von Argumentation kontra T sprechen, um der Terminologie von Eggs treu zu bleiben (vgl. Eggs 2000a: 399; Eggs 1994: 20).
305 Vgl. Eggs (1996: 181).
306 Vgl. Eggs (1996: 183).
307 Die Gegenargumentation entspricht dem Antisyllogismus und dem Elenchos, so Eggs (1994: 20).

Abb. 16: Contre-argumentation *und* objection *nach Eggs (1994: 20).*

Pg kennzeichnet die *prémisse générique* (generische Prämisse), Ps die *prémisse singulière* (singuläre Prämisse) und das Symbol C steht für die *conclusion* (Konklusion). Die drei Elemente[308] stimmen insofern mit den Komponenten des klassischen Syllogismus überein. Anhand der Anzahl der Pfeile ist sofort ersichtlich, dass die Gegenargumentation nur an einer Stelle ansetzt, der gegnerischen Konklusion, und der Einwand drei Möglichkeiten der *réfutation* bietet, ohne dass der Opponent dabei auf das Gegenteil von C, sprich non-C, schließt. Der Einwand kann sich gegen folgende zwei gegnerische argumentative Elemente richten und diese anzweifeln („mettre en doute"[309]):

1. die generische Prämisse,
2. die singuläre Prämisse,

sowie auf einer anderen Ebene

3. die logische Gültigkeit („validité logique") des Arguments.

Der Unterschied zwischen einem Einwand und der Gegenargumentation besteht folglich darin – an diesem Punkt zitiert Eggs eine Stelle[310] aus Aristoteles' *Rhetorik* –, dass der Einwand keine eigenständige Argumentation darstelle, sondern lediglich die Äußerung einer Meinung sei, aus der folge, dass es kein Argument gegeben habe, oder dass eine falsche Prämisse vom Gegner gewählt wurde (vgl. Eggs 1994: 20). Die Gegenargumentation hingegen schließe „avec une argumentation indépendante le contraire de l'opposant, donc non-T" (Eggs 1994: 20). Jedoch weist Eggs explizit darauf hin, dass „une contre-argumentation n'implique nullement une conclusion contraire, mais seulement une *rectification* de la thèse adverse" (Eggs 1994: 16, Hervorhebung im Original), weshalb das

---

308 Eggs (1994: 21) verwendet den Begriff „les éléments d'une argumentation".
309 Eggs (1994: 20).
310 Eggs (1994: 20) zitiert aus der *Rhetorik* von Aristoteles: II, 26, 1403a28.

„non" von „non-T" nicht als „négation absolue" zu verstehen sei, sondern als „Non, je ne peux pas accepter ta thèse telle que tu l'as formulée" (Eggs 1994: 17). In diesem Sinne stellt die Gegenargumentation eine Berichtigung (fr. *rectification*) der gegnerischen These dar, so wie sie der Opponent „korrigieren" möchte. Dabei kann diese Berichtigung der Gegenthese skalar erfolgen, d.h. dem Opponenten steht ein „breites Modulationsfeld" von Gegenthesen zur Verfügung, sodass These und Gegenthese nicht zwingend „kontradiktorisch" sein müssen (vgl. Eggs 2000a: 399).

Zur Veranschaulichung des Modulationsfeldes von Gegenthesen verwendet Eggs als Beispiel die Antonyme *schön-hässlich*, welche graduelle Abstufungen wie „wenig schön" und „nicht sehr schön" zulassen, ohne dabei Zwischenstufen auszuschließen:

Abb. 17: Modulationsfeld von Gegenthesen nach Eggs (2000a: 399).

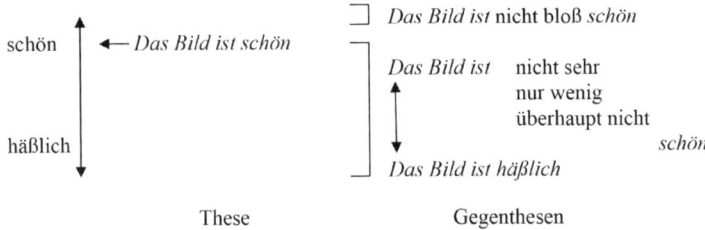

Positiv anzumerken ist, dass das Modell der *contre-argumentation* und der *objection* die unterschiedlichen Angriffsziele visualisiert und die dialogische Kommunikationssituation zwischen einem *proposant* und einem *opposant* berücksichtigt.[311] Das Modell der Gegenargumentation und des Einwands reicht jedoch nicht aus, um eine komplexe Argumentation[312] darzustellen, in der sich Proponent und Opponent einen längeren Schlagabtausch leisten, was jedoch durch die Verknüpfung mehrerer Modelle erreicht werden könnte.

---

311 Eggs ist der Meinung, dass Argumentation „in doppelter Hinsicht dialogisch ist, antwortet sie doch a) auf einen Dissens, den sie nur dann zum Konsens machen kann, wenn b) der andere den argumentativen Vorschlag akzeptiert" (Eggs 1996: 181). Ausgangspunkt ist demnach ein Dissens, bei dem es zwei „Dialogrollen" zu besetzen gilt: die Rolle des Proponenten und die des Opponenten.

312 Komplexe Argumentationen können auch einsträngig sein (vgl. Kopperschmidt 1989: 210).

4.7 Nicht-minimales Argumentationsmodell

Wunderlich (1980) entwickelt ein „nicht-minimales Argumentationsmodell", welches er als „Entscheidungsbaum" darstellt (vgl. Wunderlich 1980: 112). Wunderlich ist einer der wenigen Argumentationstheoretiker, der sich explizit mit der Gegenargumentation auseinandergesetzt hat, wie Wohlrapp (2009: 318) zu Recht bemerkt.

Wunderlich beschäftigt sich mit der Gegenargumentation im Rahmen einer dialogischen Ausgangssituation, in der der Proponent und der Opponent vor der Entscheidungsfrage „q?" stehen und jeweils pro und kontra Argumente für ihre „Position" liefern (q vs. ~q) (Wunderlich 1980: 110). Die Gegenargumentation entspricht somit der Argumentation für ~q. Des Weiteren geht Wunderlich davon aus, dass die „Prämissen" von den beteiligten „Parteien"[313] nach ihrer „Evidenz" und ihrer „Relevanz" bewertet[314] werden (Wunderlich 1980: 111) und derjenige die Argumentation gewinnt, dessen Konklusion den höheren „Evidenzgrad" erhält.

Abb. 18: Nicht-minimales Argumentationsmodell nach Wunderlich (1980: 112).

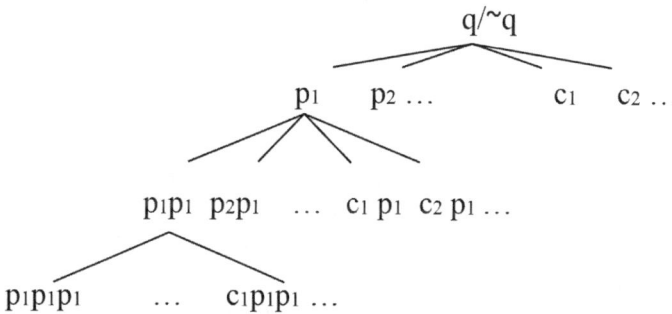

Der von ihm entworfene Entscheidungsbaum zeigt ein Makrostrukturmodell, welches exemplarisch sehr ausführlich die „Entscheidung" des Pro-Argumentierenden darlegt (vgl. Wunderlich 1980: 112). Bis zur dritten Ebene von untergeordneten Argumenten für die Konklusion q zeigt Wunderlich eine baumartige

---

313 Wunderlich (1980: 110) nennt zwei Parteien: die Partei P des Proponenten und die Partei O des Opponenten. Er spricht zudem von „Kontrahenten" und „Gegnern" (vgl. Wunderlich 1980: 111).

314 Die Entscheidung zugunsten von P oder O findet laut Wunderlich „offensichtlich" durch die „Bewertung der Positionen statt" (Wunderlich 1980:11).

Darstellung (in Anlehnung an Naess 1975 und W. Klein 1980), die auch die Kontra-Argumente (wie etwa $c_1\, p_1$) für die einzelnen Ebenen berücksichtigt.[315] Der Entscheidungsbaum von Wunderlich wurde im Folgenden dahingehend abgeändert, dass nicht exemplarisch die Pro-Argumentation repräsentiert wird, sondern die Kontra-Argumentation des Opponenten äquivalent zur Pro-Argumentation:

Abb. 19: Veränderte Darstellung des Entscheidungsbaumes von Wunderlich (1980: 112) zur Darstellung der Makrostrukturen der Kontra-Argumentation.

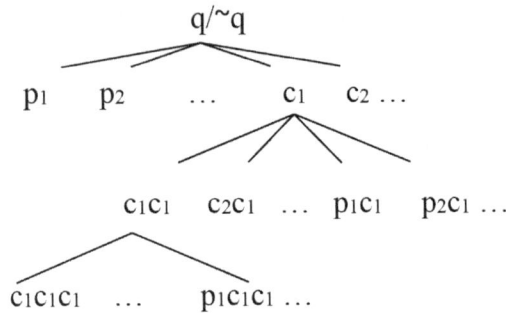

Hier wird ebenfalls ersichtlich, dass „gegenargumentieren" zweierlei beinhaltet: zum einen gegenargumentieren im (weiteren) Sinne von $\sim q$ durch die Kontra-Argumente $c1$, $c2$, etc., und gegenargumentieren, im (engeren) Sinne von argumentieren gegen ein Argument des Opponenten, wie z.B. p_1c_1. Allerdings ist aus der Graphik und aus den Ausführungen von Wunderlich nicht ersichtlich, ob es sich beim Gegenargumentieren im engeren Sinne um ein Kontra-Argument handelt, welches gleichzeitig für die Konklusion q argumentiert, oder ob es sich lediglich um ein Gegenargument handelt, welches keine gegenteilige Konklusion unterstützt.[316]

Die abgebildete nicht-minimale Argumentation, wie Wunderlich den Entscheidungsbaum nennt, kann aber durchaus noch komplexer werden. Dies ist der Fall, wenn sich in der Ausgangssituation nicht nur zwei Kontrahenten gegenüberstehen bzw. zwei Positionen (des Proponenten und des Opponenten), sondern noch eine dritte Person bzw. eine dritte Position. Wunderlich spricht

---

315 Klein verwendet einen so genannten „Baumgraphen" zur Veranschaulichung eines Arguments (vgl. Klein, W. 1980: 15).

316 Vgl. zur Problematik der Direktheit/Indirektheit und Unmittelbarkeit und Mittelbarkeit von Argumenten Kopperschmidt (1980: 98); Kienpointner (1983: 117).

von „mehr als zwei Möglichkeiten", die in einer solchen Kommunikationssituation „zur Debatte stehen", und die „z.B. in der Ausgangsfrage ‚q_1 oder q_2 oder q_3?'" Ausdruck finden können. (Wunderlich 1980: 112) Für jede Position „muß [...] ein eigener Entscheidungsbaum konstruiert werden",[317] um die jeweiligen Pro- und Kontra-Argumente abbilden zu können. An dieser Stelle betont er, dass aber „ein Kontra-Argument zu q_1 noch lange kein Pro-Argument für q_2" sei. (Wunderlich 1980: 112)

Zur Darstellung makrostruktureller Argumentationen von drei oder mehr vertretenen Positionen liefert Wunderlich (1980) jedoch keine eigene Abbildung und wendet sein Modell nur auf konstruierte Argumentationen in dieser Konstellation an. Reale sprachliche Äußerungen[318] untersucht er anhand je einer monologischen Pro- und einer Kontra-Argumentation zum Thema Ganztagsschule. Dabei stellt sich heraus, dass sein Entscheidungsbaum in der Lage ist, die Makrostrukturen des Proponenten und Opponenten darzustellen, da in ihm „die tatsächlichen oder erwarteten Widerlegungen" zusammengeführt werden können (Atayan 2006: 63). Atayan schließt daraus, dass sich Wunderlichs Entscheidungsbaum ebenfalls gut für die Analyse „authentischer Dialoge" eignet, jedoch für die „Repräsentation zweier voneinander unabhängiger Diskurse etwas problematisch" sei (Atayan 2006: 63).

Einordnen lässt sich Wunderlichs Darstellung der nicht-minimalen Argumentation in die logisch-kognitiven Modelle, da sie durch Abstraktion entstanden ist und nicht aus konkreten sprachlichen Argumentationsrealisierungen. Hervorgehoben werden kann zudem, dass das Modell dialogisch konzipiert ist und die Hierarchisierung der Argumente erlaubt.

4.8 Argumentationsdiagramm

Das Argumentationsdiagramm wurde von Grewendorf im Jahr 1980 entwickelt und dient der Argumentationsanalyse einer Diskussion. Unter Argumentationsanalyse versteht Grewendorf eine „Menge von Diagrammen (für jeden Beitrag eines) und ein[e] [...] durchlaufende Satzliste" (Grewendorf 1980: 135). Grewendorf geht von einer dialogisch ausgerichteten Argumentationssituation aus, in der es eine Diskussion[319] zwischen einem Proponenten und einem Opponenten

---

317 Wunderlich (1980: 112).

318 Wunderlich (1980: 120) spricht von „Pro- und Kontra-Äußerung".

319 „Diskussion impliziert nicht die Akkumulation sondern den Austausch von Argumenten, den argumentativen Dialog zwischen Proponent und Opponent." (Grewendorf 1975: 33).

gibt. Es werden insgesamt neun Argumentetypen nach „funktionalen" Kriterien und „fachspezifischen Begründungspotenzialen" (Grewendorf 1975: 17f.) unterschieden – von Verstehensargumenten über ästhetische Argumente bis hin zu literaturhistorischen Argumenten –, deren Klassifikation aber noch nicht als endgültig und „erschöpfend" anzusehen ist, und die nicht als „disjunkt" zu sehen sind, da manche Argumente in mehr als nur eine Kategorie eingeordnet werden können (vgl. Grewendorf 1975: 23ff.). Auf Grundlage der Auswertung von fünf germanistischen Lyrikdiskussionsanalysen, die in einem Projekt der deutschen Forschungsgesellschaft erstellt wurden, erarbeitet Grewendorf Regeln, die eine Rangfolge von Argumentetypen erkennen lassen (vgl. Grewendorf 1975: 33ff.). Welche Argumentetypen sich gegen andere durchsetzen, und warum andere akzeptiert werden, sind deshalb zwei zentrale Fragen, denen Grewendorf in seiner Analyse nachgeht. Zur „Rekonstruktion von Argumentationsbeziehungen in einer Diskussion" setzt er Argumentationspfeile ein (Grewendorf 1975: 14). Innerhalb des Argumentationsdiagramms repräsentieren Pfeile Argumente und inverse Pfeile Gegenargumente. Die einzelnen Argumente einer zu analysierenden Diskussion werden von ihm durchgehend nummeriert, sodass ein Gegenargument z. B. wie folgt in einem Diagramm mit einem „Contra-Argumentpfeil"[320] visualisiert wird (vgl. Grewendorf 1980: 134):

„2 —< 3" bedeutet „2 wird als Argument gegen 3 vorgebracht".

Ein Gegenargument definiert er als „(mündliche oder schriftliche) Äußerung Y", die von einer Person X „gegen eine Hypothese Z" vorgebracht wird (Grewendorf 1980: 133). In dieser Definition wird deutlich, dass es sich nicht um einen realen Opponenten handeln muss, sondern dass es Gegenargumente auch in einem Monologs geben kann, in dem die eigene Hypothese Z angegriffen wird.

Bereits 1975 macht Grewendorf darauf aufmerksam, dass

ein gewiegter Taktiker […] meistens nicht nur Argumente für seine These vorbringen, sondern auch einige Gegenargumente anführen [wird], sei es, um sie dann zu widerlegen, sei es, um zu demonstrieren, daß er die entsprechenden Einwände zwar sieht, aber nicht für stark genug hält, um seine These zu erschüttern, sei es um einen potentiellen Gegner durch Präventiv-Maßnahmen einzuschüchtern. (Grewendorf 1975: 52, Hervorhebung im Original)

---

320 Vgl. Grewendorf (1975: 54).

Hier ist eine terminologische Unschärfe anzusprechen, da er nicht genau zwischen These und Hypothese unterscheidet und ebenfalls Gegenargument mit Einwand gleichsetzt.

Ein Novum seines Ansatzes stellt die Einführung von Argument-Argumenten (A-Argumente) dar, die er in „A-Argument für" und „A-Argument gegen" unterteilt (vgl. Grewendorf 1975: 53ff.). Argument-Argumente beziehen sich auf die Argumentbeziehung zwischen zwei Argumenten und können diese Beziehung entweder unterstützen (A-Argument für) oder angreifen (A-Argument gegen) (vgl. Grewendorf 1975: 54; 1980: 134). Nach Grewendorf handelt es sich bei einem „A-Argument gegen" um ein Argument y gegen ein Argument x, „das eine durch x gelieferte Begründung für oder einen durch x vorgebrachten Angriff auf ein Argument z oder einen These T abschwächt oder negativ beurteilt" (Grewendorf 1975: 53).

In seinem Argumentationsdiagramm gibt es zwei mögliche Darstellungsformen für A-Argumente gegen ein Argument x, welches die These T oder ein Argument z stützt (Grewendorf 1975: 54; 1980: 134):

Abb. 20: A-Argumente nach Grewendorf (1975: 54).

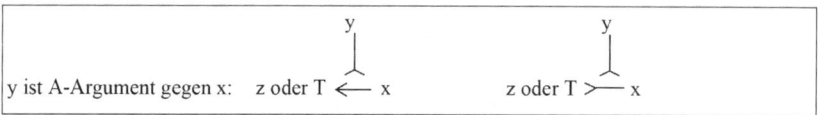

Ansatzpunkte von Gegenargumentationen können demzufolge die Argumentationsstrukturen These oder Argument sein. Ein Beispiel für ein solches A-Argument gegen ein Argument bzw. gegen mehrere koordinierte Argumente für eine These ist der Analyse eines Artikels von Beißner (1954) zur Interpretation der Hölderlin-Hymne „Friedensfeier" entnehmbar (Text A (1) im Anhang bei Grewendorf (1975), welcher dort als vollständige Argumentationsstruktur abgebildet ist).

Auf die Beziehung zwischen den Argumenten für die These I nimmt Beißner mittels eines solchen A-Argumentes Bezug und greift diese an:

Abb. 21: Argumentationsstruktur nach Grewendorf (1975: 106).

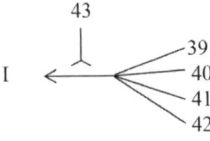

I = „Der „Fürst des Fests" (F.d.F.) ist Christus
39 = Der F.d.F. wird als „Jüngling" vorgestellt
40 = Auch die Götter werden als ewige und unsterbliche Jünglinge vorgestellt
41 = Ein Gott hieß der F.d.F. schon in der 2. Strophe
42 = Auch Christus ist in diesem Gedicht als ein Jüngling angeredet worden
43 = Es ist nicht zwingend, daß beide ein und derselbe Jüngling sein müssen

Zu lesen ist die Gegen-A-Argument-Struktur in der Art, dass 43 ein Argument gegen die Begründung von These I mit Hilfe der Argumente 39–42 darstellt.

Der Grund, weshalb Beißner dieses Argument(e)-Argument gegen die Argumente, die für die These sprechen, Christus sei der Fürst des Fests, verwendet, ist, dass er damit die Geltung dieser Argumentation außer Kraft setzen kann.[321]

Kopperschmidt interpretiert die A-Argumente von Grewendorf als reine Möglichkeit der Bewertung der „Leistung" von anderen argumentativen Redebeiträgen (vgl. Kopperschmidt 1989: 218), und somit stellen die Gegen-A-Argumente negative Bewertungen von Argumentationsbeziehungen (entweder Stützung oder Ablehnung) dar.

Grewendorfs Argumentationsdiagramm berücksichtigt die Strukturen sowohl der Argumentation als auch der Gegenargumentation und kann nicht nur zur Darstellung von schriftlichen monologischen und dialogischen Texten,[322] sondern auch zu mündlichen monologischen und dialogischen (in „transkribierte Form" gebrachten) Texten verwendet werden. Positiv hervorgehoben wurde

---

321 Beißner (1955) vertritt in dem Artikel zu Hölderlins Hymne „Friedensfeier" insgesamt die These, dass mit dem Fürst des Fests der „Genius des Volkes" gemeint ist und nicht Christus (wie es v. Pigenot (1955) und Lachmann (1955) interpretieren) und auch nicht Napoleon (These, die von Kerenyi (1955) und Allemann (1954) vertreten wird) (vgl. Grewendorf 1975: 101 ff.).

322 So verwendet Grewendorf in seinem Korpus Aufsätze, die in wissenschaftlichen Zeitschriften veröffentlicht wurden, in denen „Vertreter dieser Wissenschaft argumentativ aufeinander Bezug nehmen." (Grewendorf 1980: 134) Er bemüht sich folglich, in seinem Modell nicht nur monologische, sondern auch dialogische Argumentationen und Gegenargumentationen zu erfassen.

von Kopperschmidt, dass dieses Argumentationsdiagramm „äußerst komplexe Argumentationen sowohl mit mehreren Argumentationssträngen wie mit einer Vielzahl von direkten und indirekten Stützleistungen transparent" darzustellen vermag (Kopperschmidt 1989: 219). Hingegen kritisierte er zu Recht die fehlende funktionale Unterscheidung der argumentativen Redebeiträge – seien es nun Thesen oder Hypothesen –, die alle unter dem Begriff „Argument" geführt würden. Die Möglichkeiten, in einer Diskussion gegenzuargumentieren, sind zum einen bei Grewendorf auf die Handlungen des Angreifens[323] bzw. Attackierens[324] sowie die Relevanz bestreiten aufzuteilen (derer sich Proponent als auch Opponent bedienen können). Zum anderen sind sie in der Rolle des Opponenten begründet, der gegen den Proponenten argumentiert. Erstere beiden Möglichkeiten werden durch die Nicht-Akzeptanz von Argumenten hervorgerufen (die vom Gegner nicht verschwiegen werden kann und aus dem Bedürfnis des Widerspruchs verbalisiert werden muss) und Letztere durch die Quaestio,[325] die einer Diskussion zugrunde liegt, und die die Diskussionsteilnehmer ihre Rollen und damit verbundenen Handlungen einnehmen bzw. äußern lässt.

4.9 Argumentationssequenzen

Im Modell von Manfred Kienpointner (1983) – dargestellt in seiner Studie mit dem Titel *Argumentationsanalyse* – verketten die Gesprächsteilnehmer „argumentative Schlußmuster" zu Sequenzen[326], sprich „Argumentationssequenzen".[327] Das Modell wurde zur Darstellung von argumentativen Makrostrukturen entworfen, welche auch Strukturen des „Kontrahenten"[328] berücksichtigt. Hauptziel Kienpointners ist es, die Analyse von „argumentativen Gesprächen" (Kienpointner 1983: 74), d.h. die Interaktion der Gesprächspartner aus argumentationstheoretischer Sicht darstellen zu können. Die gegenargumentativen Elemente spielen für seine dialogische Konzeption der Argumentationsanalyse eine wichtige Rolle, denn zu Recht bemerkt er, dass

---

323 Grewendorf (1980: 144).
324 Grewendorf (1980: 143).
325 Zur Quaestio vgl. Grewendorf (1980: 130).
326 Vgl. Kienpointner (1983: 74).
327 Kienpointner (1983: 112–122) referiert verschiedene Modelle zur Analyse von Argumentationssequenzen und stellt deren Grenzen dar, um anschließend sein Modell davon abzugrenzen.
328 Kienpointner (1983: 117) verwendet die Begriffe „Kontrahenten" und „Gegner" synonym.

in realen Argumentationen [...], sofern es sich um kollektive Argumentationen handelt, Folgen von Pro- und Contra-A [Argumente] verschiedener Sprecher auf[treten können; eigene Ergänzung]; weiters oft mehrere A für eine K [Konklusion]; schließlich nicht nur unmittelbare A pro oder contra, sondern auch mittelbare, d.h. solche, die eine Aussage stützen oder angreifen, die ihrerseits wieder die strittige Aussage stützt/angreift. (Kienpointner 1983: 115)

Im Kapitel zur Argumentationsanalyse diskutiert er die verschiedenen Modelle von Göttert (1978), Beasley (1981) und W. Klein (1980), jedoch bemängelt er, dass diese entweder konstruierte Alltagsargumentationen oder „Idealtypen" argumentativer Interaktion repräsentieren und im Falle von Öhlschläger (1979) nur „Argumentationsschemata desselben Sprechers" seien (vgl. Kienpointner 1983: 115). In dem von ihm als „Graphen"[329] bezeichneten Argumentationsschema zur Darstellung von Argumentationssequenzen, das Kienpointner (1983) schließlich vorschlägt, finden sich inverse Pfeile (im Schema repräsentiert durch) zur Darstellung von Gegenargumenten („Contra-A"[330]) in Anlehnung an Grewendorf (1975) und die Baumstruktur von W. Klein (1980) wieder. Mit gestrichelten Linien werden Argumente gekennzeichnet, die „sich auf A [Argumente] des Kontrahenten" beziehen (Kienpointner 1983: 117). T_1 und T_2 stehen darin für zwei „konträre" Thesen zweier Kontrahenten, die durch verschiedene hierarchisch angeordnete Argumente gestützt bzw. angegriffen werden.

Anwendung findet sein Schema auf eine Diskussion zum Thema Afghanistan aus dem Korpus von Kienpointner (1983: Corpus: 17). Geführt wird die untersuchte Diskussion von dem Tass-Korrespondenten[331] Maslow und dem bundesdeutschen Publizisten Strohn. Das Strittige ist dabei die Frage, wer an der Gefährdung des Entspannungsprozesses schuld sei (Kienpointner 1983: 115). Die Thesen lauten:

„These 1: Die U.S.A./die NATO/der Westen torpedieren die Entspannung
These 2: Die Sowjetunion/der Ostblock/der Osten torpedieren die Entspannung"

Kienpointner unterscheidet in der folgenden Graphik nicht zwischen Argument und Schlusspräsupposition, und auch das Verhältnis von A und K wird aus Gründen der Übersichtlichkeit „vernachlässigt" (Kienpointner 1983: 117):

---

329   Vgl. Kienpointner (1983: 118).
330   Terminologie von Grewendorf, die Kienpointner übernimmt (vgl. Kienpointner (1983: 117).
331   Tass ist eine russische Nachrichtenagentur mit Sitz in Moskau.

Abb. 22: Graphen, entnommen aus Kienpointner (1983: 118).

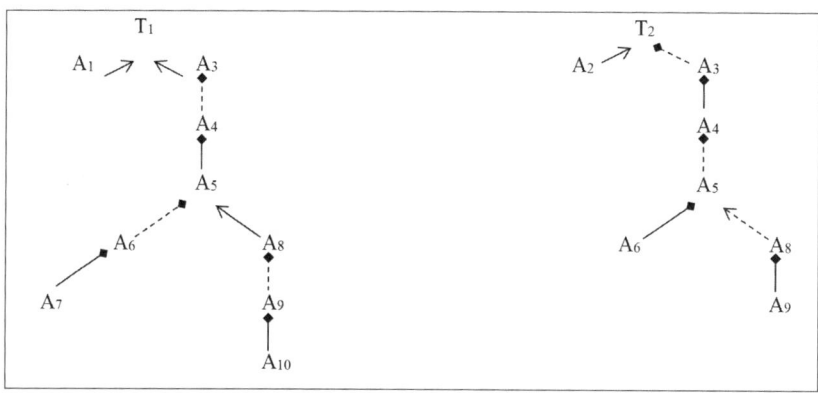

Die beiden Graphen vermögen nicht nur die Hierarchie darzustellen, sondern darüber hinaus auch die unmittelbare bzw. mittelbare Funktion von Argumenten.[332] Beispielhaft soll dies anhand des Arguments 3 (A_3) veranschaulicht werden, welches die These T_1 unmittelbar stützt und gleichzeitig als Contra-A gegen These T_2 fungiert. Mit A_4 beginne die mittelbare Argumentation, schreibt Kienpointner (1983: 118), da das Argument T_1 mittelbar widerlegt und T_2 stützt. A_5 ist ein Contra-A zu A_4. A_6 attackiert A_5 unmittelbar, wohingegen A_8 A_5 unmittelbar stützt. A_8 wird durch A_9 direkt „attackiert"[333] usw.

Problematisch ist die fehlende Unterscheidung zwischen A und S[334] im Schema, da – wie Kienpointner selbst anmerkt – „Gegenargumente […] nämlich sowohl gegen A gerichtet sein [können], also dessen Haltbarkeit bestreiten, als auch gegen die S gerichtet sein [können], also die Relevanz des A in Zweifel ziehen" (Kienpointner 1983: 83). Dadurch dass im Schema nicht zwischen A und S differenziert wird, kann damit nicht deutlich werden, gegen welche Argumentationsstrukturen

---

332 Vgl. zum Inhalt und Verlauf der Sequenz die Ausführungen von Kienpointner (1983: 115–119).

333 Terminologie von Kienpointner. Er verwendet zudem „angreifen" und „versuchen zu widerlegen" (Kienpointner 1983: 117f.).

334 A steht für Argument und S für Schlusspräsupposition bei Kienpointner (1983: 82). Mit dem Begriff „Schlußpräsupposition" folgt Kienpointner der Terminologie von Öhlschläger (1979).

sich ein Argument richtet.[335] Hervorzuheben ist die Anmerkung von Kienpointner zur Willkür innerhalb der Argumentationsanalyse,

> daß sowohl die Rekonstruktion der linearen Abfolge der Basisschemata als auch der mehrstufigen Hierarchie der Sequenz die Analyse auf Interpretation, d.h. dem Verständnis des Analysierenden, beruht und daher bis zu einem gewissen Grad willkürlich sein muß bzw. sich andere Darstellungen denken ließen. (Kienpointner 1983: 119)

Insgesamt eignet sich das Schema zur Wiedergabe von komplexen Argumentationen, d.h. von „subordinierten, koordinierten und gegenargumentativen Strukturen" (Atayan 2006: 63) von zwei und mehr Sprechern, jedoch fehlt zur genauen Darstellung der gegenargumentativen Bezugsstrukturen die Differenzierung zwischen A, K, und S.

4.10 *Contra-argumentation coming from an antagonist* in der Pragma-Dialektik

Die Amsterdamer Schule unterscheidet die Argumentation von der Gegenargumentation. Im Folgenden soll deshalb ihr Argumentations- und Gegenargumentationsverständnis erläutert werden vor dem Hintergrund ihres pragma-dialektischen Ansatzes.

Argumentation definieren sie als „verbal, social, and rational activity".[336] Sie ist ein komplexer Sprechakt,[337] der zum Rechtfertigen der Akzeptabilität oder Zurückweisen eines Standpunkts dient:

> Argumentation is a communicative and interactional (speech) act complex aimed at resolving a difference of opinion before a reasonable judge by advancing a constellation of reasons the arguer can be held accountable for as justifying the acceptability of the standpoint(s) at issue. (van Eemeren 2010: 29)

Ein Standpunkt wird definiert als eine Einstellung (*attitude*) eines *language user* in Bezug auf eine *expressed opinion*. „A positive standpoint expresses a *positive*

---

335 Vgl. zur Problematik der Abgrenzung von Argument und Schlußpräsupposition Öhlschläger (1979: 105).

336 Van Eemeren/Grootendorst (2004: 1).

337 In der ersten Definition aus dem Jahr 1984 war die Argumentation ein einfacher und nicht ein komplexer Sprechakt: „Argumentation is a speech act consisting of a constellation of statements designed to justify or refute an expressed opinion and calculated in a regimented discussion to convince a rational judge of a particular standpoint in respect of the acceptability or unacceptability of that expressed opinion." (van Eemeren/Grootendorst 1984: 18).

committedness and a negative standpoint expresses a *negative committedness* to an expressed opinion." (van Eemeren/Grootendorst 1984: 5) Die *expressed opinion* besteht aus einer Proposition, deren Inhalt „positive" oder „negative" sein kann: „For example, ‚His resignation is inevitable' and ‚His resignation is not inevitable' may both function as expressed opinions." (van Eemeren/Grootendorst 1984: 5)

Zur Argumentationsstruktur (*argumentation structure*) bemerken van Eemeren und Grootendorst, dass „argumentation for or against a standpoint can be simple, as in single argumentation, which consists of only one explicit reason for or against the standpoint" (van Eemeren/Grootendorst 2004: 4). Als Beispiele für einen positiven bzw. negativen Standpunkt (*point of view* wird abgekürzt zu POV) werden genannt:

+POV: I think it is true that women have a logic of their own
-POV: I think it is not true that women have a logic of their own[338]

Argumentative *statements*[339] können zur Stützung oder Zurückweisung (*refutation*) eines Standpunkts von einem Protagonisten genutzt werden, weshalb van Eemeren und Grootendorst eine zusätzliche Unterscheidung in *pro-argumentation* und *contra-argumentation* vornehmen:

> The argumentation advanced by the protagonist in defence of his standpoint may be either pro-argumentation or contra-argumentation in respect of the expressed opinion to which his standpoint relates. In the former case he tries to justify the expressed opinion and in the latter he tries to refute it. (van Eemeren/Grootendorst 1984: 1 7)

Als Beispiel für eine *pro-argumentation* für einen positiven Standpunkt, der sich auf eine positive initiale *expressed opinion* bezieht, führen van Eemeren und Grootendorst (1984: 90) an:

initial expressed opinion IO[340]:   'Women have a logic of their own'
point of view +/IO: 'I think women have a logic of their own'
pro-argumentation PA for IO: 'Women solve puzzles quite differently from men'

Insgesamt unterschieden van Eemeren und Grootendorst (1984: 89) **zwei Arten von Gegenargumentation** (*contra-argumentation*) in ihrem pragma-dialektischen

---

338   Van Eemeren/Grootendorst (1984: 5).
339   "Advancing argumentation for a point of view amounts to making statements in support of that point of view." (van Eemeren/Grootendorst 1984: 82).
340   Die Abkürzung IO steht für *initial expressed opinion*.

Ansatz. Die Erste ist die Gegenargumentation **eines Protagonisten** und die Zweite die Gegenargumentation **eines Antagonisten**.[341] Die des Protagonisten wird definiert als

> contra-argumentation originating from a *protagonist* (in a wholly compound dispute there are two such protagonists) of a negative attitude to an expressed opinion that is asserted and doubted in the dispute which is at the centre of the discussion and relates to the *initial expressed opinion*. (van Eemeren/Grootendorst 1984: 89, Hervorhebung im Original)

Als Beispiel für eine Gegenargumentation eines Protagonisten für eine negative Einstellung (*negative attitude*) in Bezug auf eine positive *expressed opinion* kann angeführt werden:

initial expressed opinion IO:	'Women have a logic of their own'
point of view -/IO:	'I think it's not true that women have a logic of their own'
contra-argumentation CA for IO:	'Men and women have the same brain structures'

Die initiale *expressed opinion* wird in der Theorie der Amsterdamer Schule nicht von einem an der Diskussion teilnehmenden *language user* „geäußert", wie das „expressed" in *expressed opinion* vermuten ließe, sondern ist ein Standpunkt (*view*), der in Form einer Frage formuliert werden kann[342] und als Auslöser der Diskussion gilt, um den sich der Disput dreht.[343] Er kann jedoch nicht einem Disputteilnehmer bzw. *language user 1* oder *language user 2* zugeordnet werden, sondern ist ein Standpunkt einer „imaginären" dritten Instanz bzw. einer realen Person, die diesen „äußert" (expresses) bzw. irgendwann geäußert hat. Die initiale *expressed opinion* wird von van Eemeren und Grootendorst mithilfe einer Szene erklärt, in der ein Standpunkt (*view*) eines Sprechers im Fernsehen Gegenstand einer Diskussion wird, zu der drei Leute verschiedene Standpunkte einnehmen:

---

341 In dieser Tradition stehen später Apothéloz, Quiroz und Brandt (1989: 26), die zwischen *argumentation positive* und *argumentation négative* differenzieren.

342 In der Argumentationstheorie i.d.R. als Quaestio (= res dubia) bezeichnet. Es handelt sich meist um eine Entscheidungsfrage.

343 In Maynards (1985) Untersuchung von Argumentationen im Kindesalter stellte sich heraus, dass sich ein Konflikt an Äußerungen, Handlungen und Präsuppositionen von Äußerungen entzünden kann.

Suppose three people hear someone on television propound the view that women have a logic of their own; suppose also that the three people, having heard this view propounded, embark upon a (serious) discussion of the question 'Have women a logic of their own?' One of them says 'In my opinion it is true that women have a logic of their own', the second says 'In my opinion it is not true that women have a logic of their own', and the third says 'I do not know whether or not it is true that women have a logic of their own'. (van Eemeren/Grootendorst 1984: 78)

Die initiale *expressed opinion* ist der Auslöser der Standpunkteinnahme des Protagonisten. Sie ist eine *opinion* bzw. eine Ansicht (*view*), zu der ein *language user* 1 wiederum eine Einstellung einnimmt, sodass ein *positive, negative* oder *zero* Standpunkt entsteht. Van Eemeren und Grootendorst betonen, dass

[t]he *initial expressed opinion* is thus an expressed opinion that occurs in *none* of the argumentations occurring in the discussion or discussions in progress" (van Eemeren/Grootendorst 1984: 92, Hervorhebung im Original).

Die folgende Graphik zeigt einen Überblick einer *simple single discussion*. Ausgangspunkt ist eine initiale *expressed opinion*, zu der ein *language user* (später Protagonist) einen Standpunkt (*point of view*) einnimmt. Ist dieser Standpunkt *negative*, dann wird, wenn sich die *language user* entschließen, eine Diskussion zu beginnen, von Seiten des Protagonisten eine Gegenargumentation gegen die *expressed opinion* (in der Übersicht O) vorgebracht:

Abb. 22: Überblick über eine simple single discussion *nach van Eemeren/Grootendorst (1984: 84, Hervorhebungen im Original).*

EXPRESSED OPINION O

point of view	positive: +/O	negative: -/O	zero: ø/O
dispute			
LANGUAGE USER 1	+/O		-/O
LANGUAGE USER 2	(?)/(+/O)		(?)/(-/O)
decision to embark on discussion			
LANGUAGE USER 1	PROTAGONIST P of view +/O		PROTAGONIST P of view -/O
LANGUAGE USER 2	ANTAGONIST A of view +/O		ANTAGONIST A of view -/O

discussion		
PROTAGONIST P	*defends* view +/O = attempts to *justify* O = advances *pro-argumentation for O* = attempts to *convince* A of *acceptability* of O	*defends* view -/O = attempts to *refute* O = advances *contra-argumentation against O* = attempts to *convince* A of *unacceptability* of O
ANTAGONIST A	*attacks* view +/O = draws P into *pro-argumentation* for O (&) *attacks* pro-argumentation for O	*attacks* view -/O = draws P into *contra-argumentation* against O (&) *attacks* contra-argumentation against O
resolution of the dispute		
in favour of P	successful *defence* of view +/O = Language user 1 *maintains* view +/O & Language user 2 *retracts doubt* about view +/O and *accepts* O	successful *defence* of view -/O = Language user 1 *maintains* view -/O & Language user 2 *retracts doubt* about view -/O and *rejects* O
in favour of A	successful *attack* on view +/O = Language user 2 *maintains doubt* about view +/O & Language user 1 *retracts* view +/O and no longer calls O *acceptable*	successful *attack* on view -/O = Language user 2 *maintains doubt* about view -/O & Language user 1 *retracts* view -/O and no longer calls O *acceptable*

Die Gegenargumentation eines Protagonisten entspricht einer Argumentation (rechte Spalte) für eine *negative attitude in respect of an initial expressed opinion* innerhalb eines *dispute*, der in Form einer kritischen Diskussion gelöst werden kann.

Die Gegenargumentation eines Antagonisten definieren sie hingegen als

> contra-argumentation coming from an *antagonist* of an attitude to an expressed opinion that is asserted and doubted in the dispute which is at the centre of the discussion and relates to *a statement advanced by the protagonist in defence of his point of view.* (van Eemeren/Grootendorst 1984: 89, Hervorhebung im Original)

Es ist klar ersichtlich, dass der Antagonist allein gegen das Argument des Protagonisten argumentiert (*statement advanced by the protagonist **in defence** of his point of view*) und nicht gegen das *statement*, welches den Standpunkt enthält. Gleichzeitig wird deutlich, dass der Antagonist zwei Ziele mit seiner Gegenargumentation erreichen kann: die Stützung der *attitude to an expressed opinion that is asserted and doubted in the dispute which is at the centre of the discussion* und die Zurückweisung des *statement advanced by the protagonist in defence of his point of view.*[344]

An dieser Stelle soll hervorgehoben werden, dass nach van Eemeren und Grootendorst der Sprechakt zur Verbalisierung des Standpunkts nicht Teil der Argumentation ist:

> A speech act [...] which is not part of the illocutionary act complex *argumentation* but is an *assertive* is the speech act whereby the protagonist makes known his *attitude* or *point of view* in respect of the expressed opinion. (van Eemeren/Grootendorst 1984:95, Hervorhebung im Original)

Ebenso nicht die *expressed opinion:* „We believe, however, that it is wrong to count the expressed opinion as part of the argumentation" (van Eemeren/Grootendorst 1984: 33).

Zusammenfassend lässt sich festhalten, dass ihr Vorschlag zur Vermeidung der Doppeldeutigkeit des Begriffs *contra-argumentation*, welcher zwei verschiedene kommunikative Handlungen bezeichnet, hauptsächlich auf die Zuweisung der Gegenargumentation zu Protagonist oder Antagonist gestützt ist und angibt,

---

344 Die beschriebene *contra-argumentation coming from an antagonist* kann mit dem von Angenot (1982) beschriebenen *discours agonique* in Verbindung gebracht werden, welcher zwei Strategien verfolgt. Angenot (1982: 34) setzt bei einem „discours agonique" einen „contre-discours antagoniste" voraus. Der „discours agonique „vise dès lors une double stratégie : démonstration de la thèse et réfutation/disqualification d'une thèse adverse".

worauf sich die Gegenargumentation bezieht: entweder auf die initiale *expressed opinion* oder auf ein *statement advanced by the protagonist in defence of his point of view.* Die Definition der *contra-argumentation originating from a protagonist* entspricht ihrer „normalen" Argumentationsdefinition, da es sich um eine Argumentation eines Protagonisten „gegen" eine *expressed opinion* handelt bzw. für eine *negative attitude in respect of the initial expressed opinion.*

4.11 Argumentationsstränge/Makrostruktur einer Argumentation

„Argumentationsstränge" stellen in der Argumentationsanalyse von Josef Kopperschmidt (1989) die Makrostruktur einer Argumentation dar und konstituieren sich aus „argumentativen Redebeiträgen", die wiederum die Mikrostruktur innerhalb der von ihm angenommen „Globalargumentation" repräsentieren (Kopperschmidt 1989: 219).

Innerhalb seiner Argumentationsanalyse schlägt Kopperschmidt eine schrittweise Herangehensweise vor: Als Erstes soll die „Globalargumentation" ermittelt werden, indem die Argumentationsstränge (Makrostrukturen) und argumentativen Redebeiträge (Mikrostrukturen) rekonstruiert werden. Als Zweites kann die mikrostrukturelle Argumentationsanalyse erfolgen nach „funktionalen", „materialen" und „formalen" Kriterien (vgl. Kopperschmidt 1989: 228). Kopperschmidt entwirft ein ähnliches Darstellungsformat für Argumentationen wie Grewendorf (1975, 1980), der ebenfalls „inverse Argumentationspfeile" (>——) einsetzt, um gegenargumentative Relationen zu kennzeichnen. Anhand einer Analyse eines Textes zum Thema „frauenfeindliche Werbung" überprüft Kopperschmidt die Anwendbarkeit seines Argumentationsmodells auf eine Globalargumentation.[345] Ein Ausschnitt aus seinem Modell zeigt einen Argumentationsstrang und somit einen Teil der Makrostruktur einer monologischen Kontra-Argumentation, die auch Pro-Argumente enthält:

---

345 Kopperschmidt (1989: 219).

Abb. 23: Argumentationsstrang, dargestellt in Anlehnung an Kopperschmidt (1989: 224).

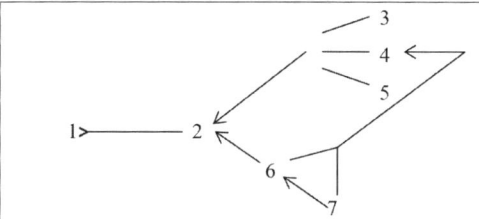

(1) Werbung ist nur ein Spiegelbild gesellschaftlicher Wirklichkeit.
(2) Werbung ist ein gewichtiger Sozialisationsfaktor.
(3) Menschen sind Augentiere.
(4) Menschen lernen durch Bilder.
(5) Werbung ist ubiquitär präsent.
(6) Werbung vermittelt normative Leitbilder.
(7) Die unbewusste Beeinflussung durch werbliche Leitbilder ist wirkungsvoller als bewußte pädagogische Einwirkung.

Zu lesen ist das Modell in der Form, dass der Beitrag 2 ein „Contra-Argument"[346] zu Beitrag 1 ist, welcher die „zentrale These" des untersuchten Textes darstellt. Angezeigt wird dieses Verhältnis durch den inversen Argumentationspfeil (>——). Kopperschmidt führt aus, dass der Beitrag 2 zudem funktional als „Einwand" zu betrachten ist, „während 3_s[347]-7_s als indirekte Stützleistungen diesen Einwand abzusichern versuchen; und zwar in zweifacher Weise; einmal durch die Aussagen 3_s-5_s" und „zum anderen [...] durch die Aussagen 6_s und 7_s" (Kopperschmidt 1989: 223f.).

Das Schema erlaubt es direkte und indirekte „argumentative Stützleistungen"[348] abzubilden sowie die Gleichgewichtung von „Satzgliedern",[349] wie im Falle der Beiträge 3–5. Der Pfeil, der von Beitrag 6 und 7 zu Beitrag 4 führt, zeigt die Stützleistung der beiden „Aussagen".[350]

346 Terminologie von Kopperschmidt (1989: 222).
347 Das tiefergestellte „S" steht für die äußernde Person: „Schmerl". Christiane Schmerl – als Verfasserin des Buches über „Frauenfeindliche Werbung" aus dem Jahr 1983 – setzt sich mit der zentralen These des untersuchten Textes auseinander.
348 Vgl. Kopperschmidt (1989: 222).
349 Vgl. Kopperschmidt (1989: 223).
350 Kopperschmidt verwendet die Termini „Aussage" und „Redebeitrag" synonym in seiner Untersuchung des Textes über die Rolle der Werbung. Vgl. Kopperschmidt (1989: 222).

Wie bereits erwähnt, kann im Anschluss an die Rekonstruktion von Argumentationssträngen die „globale Struktur" bestimmt werden, die jedoch für die
vorliegende Studie nicht von Relevanz ist.[351] Insgesamt stellt das „kompilierte
Modell" Kopperschmidts (1989: 219) eine Möglichkeit der makrostrukturellen
Argumentationsanalyse von monologischen und dialogischen Texten dar, wobei hier zu bemängeln ist, dass die unterschiedlichen Rollen (als Argument oder
Konklusion) der Redebeiträge nicht direkt ablesbar sind, obwohl Kopperschmidt
dies bei Grewendorf (1980) kritisch anmerkt (vgl. Kopperschmidt 1989: 219).

4.12 Netz-Diagramm-Format

Das „Netz-Diagramm-Format" wurde von J. Klein (1993) „zur vergleichenden
Analyse argumentativer Texte" jedoch unter kritischer Betrachtung[352] der seit
den 1970er Jahren entworfenen Argumentationsmodelle von Naess (1975) und
Grewendorf (1975; 1980) entwickelt. Kleins Netz-Diagramm ist ein „3-Ebenen-
Modell",[353] welches er anhand von drei Zeitungskommentaren aus der *Frankfurter Allgemeine Zeitung*, der *Frankfurter Rundschau* und aus *Die Welt* überprüft.
In seinem Modell werden konzessive Argumentationen[354] dargestellt, von denen
angenommen werden kann, dass sie „auch für die Darstellung von Gegenargumentationen verwendet werden" können (Atayan 2006: 65). Dabei beschränkt
sich J. Kleins Modell nicht nur auf einfache Argumentationsmuster, sondern
bietet auch die Möglichkeit, komplexe Argumentationen bzw. Gegenargumen-

---

351 Vgl. zur Darstellung der „globalen Struktur" des untersuchten Textes Kopperschmidt
     (1989: 226f).
352 Zu den Kritikpunkten an den genannten Argumentationsmodellen vgl. J. Klein (1993:
     79). Besonders bemängelt er das Fehlen „der sprechakttheoretischen Unterschei-
     dungen von Propositionen, propositionalen Einstellungen und Illokutionen" in den
     Modellen von Naess und Toulmin, die „Genauigkeit und Differenziertheit" erlaubten
     (J. Klein 1993: 105).
353 Vgl. den Titel des Aufsatzes, in dem er sein Modell darlegt: „Ein 3-Ebenen-Modell
     zur vergleichenden Analyse argumentativer Texte dargestellt im Netz-Diagramm-
     Format und exemplifiziert an Zeitungskommentaren".
354 „Eine Argumentation liegt dann vor", so die Meinung von J. Klein, „wenn eine Äu-
     ßerung, in der eine strittige (oder zumeist problematische) Position formuliert ist,
     solchermaßen mit (mindestens) einer anderen Äußerung verknüpft ist, daß dieses
     als Stützung(sversuch) für den Geltungsanspruch jener Position gilt" (J. Klein 1993:
     79f.).

tationen abzubilden.[355] Einfache Argumentationsmuster werden von ihm durch Pfeile symbolisiert. Einfache Gegenargumentations- bzw. Konzessivitätsmuster durch „Gabeln", d.h. inverse Pfeile. Die Symbole a und b stehen in seinem Darstellungsformat für Propositionen und X und Y zur Repräsentation von illokutionären Rollen[356] oder propositionalen Einstellungen:[357]

$$\text{daß a X} \relbar\joinrel\relbar < \text{Y daß b}$$

Die Formel bedeutet: „Obwohl X(a), gilt Y(b)". Darin ist X (a) das unwirksame, konzessive Argument, welches gegen Y (b) gerichtet ist, dessen Geltung dadurch jedoch „nicht beeinträchtigt wird" (J. Klein 1993: 83). J. Klein berücksichtigt neben diesen mikrostrukturellen Argumentationsmustern auch komplexere gegenargumentative Strukturen, wie beispielsweise die Möglichkeit, konzessive, d.h. unwirksam bleibende Argumente abzubilden, die sich gegen einen Argumentationszusammenhang richten:[358]

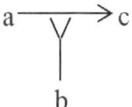

„Zu lesen als obwohl b, gilt c aufgrund von a, d.h. an der konklusiven Beziehung zwischen a und c prallt b sozusagen ab und ist zur Verhinderung der Geltung von c unwirksam" (J. Klein 1993: 90).

---

355 Zur ökonomischen Darstellung der einzelnen Zeitungskommentare hat J. Klein (1993: 84f.) systematisch die von van Dijk propagierten „„Makroregeln" [...] zur Reduktion und Zusammenfassung von Texten" angewandt und erhielt dadurch „propositionale Konzentrate", die es konklusiv-argumentativ zu analysieren galt, was sich mitunter als problematisch herausstellte, wenn es keine Indikatoren zur Identifikation der argumentativ-konklusiven Verknüpfungen gab (vgl. J. Klein 1993: 97ff.).

356 Die illokutionären Rollen lehnen sich an die Illokutionstypologie von Searle an und können infolgedessen mit den Begriffen: *behaupten, feststellen, Vermutung äußern, Hypothese aufstellen, erwägen dass* etc. beschrieben werden. Vgl. J. Klein (1993: 88, Übersicht 1).

357 Die Einstellung zur Proposition variiert zwischen: die Proposition für wahr, wahrscheinlich, möglich, erforderlich, zulässig zu halten; sie als positiv bzw. negativ zu beurteilen, sowie diese auf Klarheit und Offenheit hinsichtlich einer Fragestellung zu bewerten (vgl. J. Klein 1993: 87f.).

358 Es gibt eine weitere Möglichkeit, dargestellt durch den inversen Pfeil in Richtung von b zeigend, und die es zu lesen gilt als: b gilt, obwohl c gilt, aufgrund von a.

Des Weiteren gibt es nach Klein konzessive Argumente, die sich wiederum gegen eine konzessive Argumentationsbeziehung richten:[359]

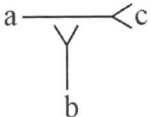

Dieses Schema ist zu verstehen als: obwohl b, gilt c, obwohl a. Zwei weitere argumentative Strukturen mit konzessiver Beziehung stellen die folgenden Kombinationsmöglichkeiten dar, in denen mehrere Argumente miteinander verbunden werden (Konjunktion von Argumenten):

Unberücksichtigt bleibt in seinem Netz-Diagramm die Darstellung von Gegenargumenten, die sich *wirksam* gegenüber anderen Argumenten durchsetzen und somit eine Widerlegung darstellen. Die konzessiven Strukturen sind somit nur als potenzielle Widerlegungen zu interpretieren, da die konzessiven Argumente sich nicht gegenüber den anderen Argumenten durchsetzen, wie Atayan (2006: 66) feststellt.

Aus der Analyse der Zeitungskommentare geht ein Netz-Diagramm hervor, das zeigt, dass es in den drei Texten vorwiegend koordinierte, d.h. mehrere auf eine Konklusion hin zentrierte Argumente gibt und weniger „komplexe Argumentationsfiguren" bzw. „hierarchisch aufgebaute Argumentationsketten", die aus einer Konklusion plus einem u.U. komplexen Argument zur Stützung, welches wiederum gestützt werden muss, bestehen (J. Klein 1993: 100; 106).

Durch die „konklusive Verknüpfung"[360] von Propositionen und/oder Illokutionen entstehen folglich komplexe Argumentationen, die mittels des Netz-Diagramm-Formats repräsentiert werden können. Das Netz-Diagramm stellt somit ein logisch-kognitives Argumentationsmodell dar, welches nicht nur monologische, sondern auch dialogische Kommunikationsvorgänge (Pro- und Kontra-Argumentationen) darzustellen vermag.

---

359 Es gibt eine weitere Möglichkeit, dargestellt durch den inversen Pfeil, der in Richtung von b zeigt und zu lesen ist als: b gilt, obwohl c gilt, obwohl a.

360 Eine „konklusive Verknüpfung" lässt sich laut J. Klein durch die Sprechhandlungen *folgern*, *begründen*, *rechtfertigen* und *erklären-warum* herstellen (vgl. J. Klein 1993: 89).

4.13 *Riserva* und *conclusione alternativa* in der *struttura ad albero*

Lo Cascio (1991) entwirft in der *Grammatica dell'argomentare*[361] ein hierarchisch organisiertes Argumentationsmodell in Form einer *struttura ad albero* (Baumstruktur), welches eine Konstituente[362] enthält, die unter funktionalen Gesichtspunkten als Gegenargumentation gelten kann: die *riserva*.[363]

In seiner Argumentationstheorie beschäftigt sich Lo Cascio nicht nur mit einfachen, sondern auch komplexen Argumentationen und Gegenargumentationen.[364] Die einfache Argumentation definiert er als einen Sprechakt, der aus einer These[365] und einem Argument[366] besteht, „collegati tra di loro da un atto linguistico, esplicito o implicito, in superficie o in profondità, che esprime la regola generale." (Lo Cascio 1991: 128) Graphisch realisiert wird die einfache Argumentation durch die Symbole O für *opinione* und A für *argomento*, wobei A1 ein Stützargument für die Konklusion (*opinione* oder *tesi*) ist. Die *regola generale* wird von Lo Cascio in seiner graphischen Darstellung nicht aufgeführt.[367] Die folgende Abbildung 24 illustriert die *argomentazione semplice*:

Abb. 24: Entnommen aus Lo Cascio (1991: 131).

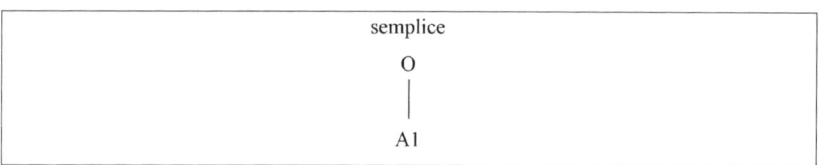

Die *opinione* kann dabei entweder einen *punto di vista positivo* (+O) oder *negativo* (-O) enthalten.

---

361 Es handelt sich dabei um einen textgrammatisch deskriptiven Ansatz der Regeln der Argumentation. Vgl. Lo Cascio (1991: 31).

362 In der Terminologie von Lo Cascio (1991: 177) „costituente dell'argomentazione", „elemento che forma l'argomentazione" oder „categoria" (Lo Cascio 1991: 168).

363 „La riserva, che, a sua volta, è una forma di argomentazione". (Lo Cascio 1991 : 182).

364 Lo Cascio verwendet den Begriff it. *controargomentazione*, der in der vorliegenden Arbeit mit Gegenargumentation übersetzt wird. Vgl. Lo Cascio (1991: 335).

365 Lo Cascio setzt *tesi* mit *opinione* und *conlusione* gleich. Vgl. Lo Cascio (1991: 128). Zur Kritik an der Gleichsetzung der beiden Termini vgl. Pirazzini (2002: 17).

366 Lo Cascio setzt *argomento* mit *dato* gleich. Vgl. Lo Cascio (1991: 128).

367 „La *regola generale* (o abitudine diffusa), [...] è [...] un argomento taciuto ma presupposto" (Lo Cascio 1991 : 54, Hervorhebung im Original).

Zu komplexen Argumentationen zählt er die *argomentazione multipla* und die *argomentazione a grappolo*.[368] Diese werden durch die folgende Abbildung verdeutlicht:

Abb. 25: Eine argomentazione semplice, complessa, paratattica ed ipotattica, *entnommen aus Lo Cascio (1991: 131).*

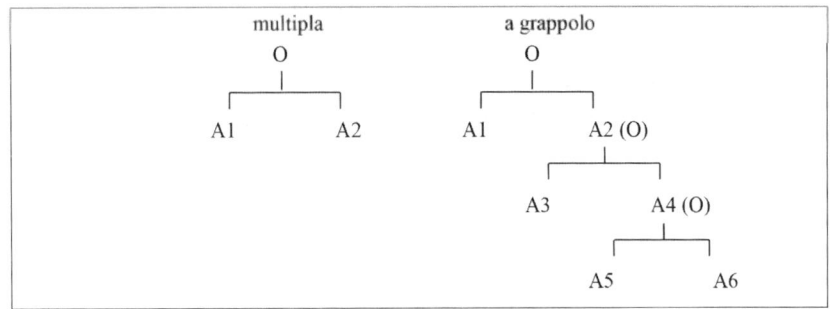

Eine Argumentation ist demnach als komplex anzusehen, wenn eine zentrale *opinione* (O) durch eine sie gruppierende Ansammlung von mindestens zwei koordinierten oder subordinierten Argumenten gestützt wird.[369] Die Komplexität hängt dabei von der (angenommenen) Stärke der Argumente oder von der thematischen Stärke des *interlocutore* ab (vgl. Lo Cascio 1991: 132).

Die an eine Weintraube erinnernde Struktur der Argumentation (*argomentazione a grappolo*[370]) zeigt, dass die für eine Ebene untergeordneten Argumente für eine weitere Ebene als übergeordnet gelten können und dabei ihre logisch-pragmatische Funktion als *argomento* aufgeben und die Funktion einer *opinione* übernehmen. Die Möglichkeit, dass auch Gegenargumentationen einfach und komplex strukturiert sein können, wird von Lo Cascio berücksichtigt, indem er die Typen von Argumentationen beschreibt:

---

368 Lo Cascio (1991: 128).

369 Im Gegensatz zum simplen argumentativen Sprechakt besteht der komplexe argumentative Sprechakt aus einer *opinione* und mehr als einem *argomento* (vgl. Lo Cascio 1991: 128).

370 Der *argomentazione a grappolo* entspricht in der Terminologie von van Eemeren/Grootendorst (1984: 91f.) die subordinierte Argumentation. Lo Cascio definiert sie als „un ragionamento che si dirama e la cui procedura di svolgimento va dall'alto verso il basso per cui ogni argomento proposto viene considerato o come un'opinione che a sua volta deve essere giustificata o un dato di cui deve essere provata l'esistenza." (Lo Cascio 1991: 129).

un'argomentazione, quale che sia la sua struttura, semplice, multipla o a grappolo, può essere:a. *a favore* di certe opinioni espresse; b. *contro* le opinioni espresse. È bene tenere presenti i due tipi. In genere ci troviamo più spesso dinanzi a fenomeni del primo tipo [...], il secondo tipo viene dimenticato. Eppure e indispensabile prendere anche in considerazione le procedure di comportamento di chi entra in discussione per porsi come antagonista. (Lo Cascio 1991: 132f., Hervorhebung im Original)

Nach Lo Cascio werden folglich zwei Typen von Argumentation unterschieden: eine *argomentazione a favore di certe opinioni espresse* und eine *argomentazione contro le opinioni espresse*. Die Beschäftigung mit dem zweiten Typ, d.h. der Gegenargumentation, stellt seiner Meinung nach ein Forschungsdesiderat[371] dar (vgl. Lo Cascio 1991: 81).

Die *argomentazione contro le opinioni espresse* ist eine Reaktion auf eine zuvor geäußerte *opinione*, da von „le opinioni espresse" im Gegensatz zu „certe opinioni espresse" die Rede ist. Der Antagonist kann dem Zitat nach die „argomentazione *contro* le opinioni espresse" zugeschrieben bekommen. Aber auch der Protagonist kann sich gegen *certi tesi* wenden und somit gegenargumentieren, wie folgende Bemerkung von Lo Cascio unterstreicht:

ogni parlante oltre a sapere argomentare, deve possedere competenze che gli permettano di agire anche come interlocutore attivo, cioè come **protagonista che si pone contro certi tesi e che cerca di evidenziare la debolezza del ragionamento dell'antagonista**, oppure di trovare argomenti differenti ed interdipendenti per sostenere tesi contrarie a quelle dell'antagonista. (Lo Cascio 1991: 81, eigene Hervorhebung)

Der Protagonist führt demnach auch gegenargumentative Handlungen aus, was sich durch das Wechselspiel von Argumentation und Gegenargumentation zwischen Protagonist und Antagonist ergibt.[372] Eine Unterscheidung, wie sie bereits zuvor von van Eemeren/Grootendorst (1984: 89) und Apothéloz/Brandt/Quiroz (1989: 34) vorschlagen wurde, wird von Lo Cascio nicht vorgenommen.

Die Kommunikationssituation, in der sich ein *protagonista* und ein *antagonista* gegenüberstehen, wird als *disputa*[373] *argomentativa* beschrieben, die in verschiedene strukturelle argumentative Phasen bzw. Stadien eingeteilt werden kann. Dabei orientiert sich sein Ansatz (Lo Cascio 1991: 143f.) an der pragma-dialektischen Argumentationstheorie von van Eemeren und Grootendorst (1984), die insgesamt vier Stadien (*stages*) einer kritischen Diskussion unterscheiden:

---

371   Diese mangelnde Beschäftigung mit der Gegenargumentation bemerken auch van Eemeren/Grootendorst (1984: 16).

372   Vgl. zur Beherrschbarkeit der beiden argumentativen Verhaltensweisen in einer Diskussion ebenfalls Lo Cascio (1991: 162).

373   Lo Cascio (1991: 143).

Konfrontations-, Eröffnungs-, Argumentations- und Schlussstadium.[374] Die möglichen sprachlichen Handlungen und Verhaltensprozeduren in der dritten Phase, der so genannten *argomentazione* bei Lo Cascio (1991), belaufen sich beim *protagonista* auf die des Formulierens von Argumenten für eine *opinione* und beim *antagonista* auf die folgenden sprachlichen Handlungen: 1. „avanzare dubbi sulle argomentazioni giustificatorie", 2. „refutare", 3. „proporre dei controargomenti", 4. „formulare opinioni contrarie".[375]

Als argumentationstheoretische Basis für sein Modell („griglia argomentativa"[376]) in seiner *grammatica argomentativa*[377] dient das *Layout of Argument* von Toulmin (1958), wobei er genau wie van Eemeren/Grootendorst (1984: 200) die begrenzte Darstellungsmöglichkeit dialogischer Argumentationsprozesse kritisiert (vgl. Lo Cascio 1991: 161). Er integriert aus diesem Grund das „comportamento" und die „reazione" des *antagonista* (P2) in das Modell, da

> il comportamento [...] [dell'antangonista] può essere, senza dubbio, presentato allo stesso modo che quello di P1 [protagonista], se naturalmente egli porta a sua volta delle opinioni, anche se contrarie a quelle proposte da P1, corredate, da argomenti. (Lo Cascio 1991: 161)

Die *procedura del comportamento* des *antagonista* (P2), die sich auf das Produkt des Argumentierens, die Argumentation des *protagonista*[378], bezieht, kann durch die folgenden Schritte charakterisiert werden:

Giudizio:	P2 analizza l'opinione di P1;
	P2 analizza l'argomento 1 di P1, poi l'argomento 2, fino ad arrivare all'argomento n;
Opinione:	P2 **esprime opinione negativa/positiva rispetto** alla tesi di P1;
Argomento:	P2 **porta argomento a favore/contro l'argomento** 1....n di P1;
Opinione:	P2 **esprime una sua opinione** sul tema.[379]

---

374 Zu den einzelnen Diskussionsstadien und englischen Bezeichnungen vgl. van Eemeren/Grootendorst (1984: 85–87).

375 Lo Cascio (1991: 144).

376 Die „griglia argomentativa" soll die Darstellung argumentativer Makrostrukturen ermöglichen (vgl. Lo Cascio 1991: 164).

377 Die *grammatica argomentativa* hat neben einer syntaktisch-textuellen Komponente ebenfalls eine pragmatische inne und wird von Lo Cascio als „modello descrittivo coerente" gesehen, welches vielleicht auch zum Erlernen des Argumentierens genutzt werden könne (vgl. Lo Cascio 1991: 167ff.).

378 Lo Cascio behauptet, dass sich das Argumentationsmodell von Toulmin (1958) nur zur Beschreibung des argumentativen Produkts oder Resultates eigne (vgl. Lo Cascio 1991: 161).

379 Lo Cascio (1991: 162, eigene Hervorhebung).

Markiert wurden die gegenargumentativen sprachlichen Handlungen des *anta-gonista* P2. Die ersten beiden Schritte sind Denkprozesse der Dekodierung und Bewertung, welche nicht verbalisiert werden, aber wichtige Voraussetzungen für die Äußerung von Gegenargumentationen sind.

Aus der Abfolge und Struktur lässt sich ableiten, dass sich das Argument von P2 gegen das Argument des Gegners P1 richtet und P2 eine gegensätzliche These zu der von P1 ausdrückt. Aus dieser Prozessbeschreibung ließe sich auch ableiten, dass Lo Cascio 1991 annimmt, dass sich immer gespiegelte Strukturen gegenüberstehen (vgl. „P2 porta **argomento** a favore/contro l'**argomento** 1….n di P1"; „P2 esprime **opinione** negativa/positiva rispetto alla **tesi** di P1") und nicht Strukturen, die einen unterschiedlichen argumentativen Status haben.

Das Modell zur Darstellung der Makrostruktur von Argumentationen enthält alle von Toulmin (1958) vorgeschlagenen Strukturen sowie eine Reihe von Zusatzkomponenten und -strukturen, die u. a. auch gegenargumentative Strukturen darstellen, welche im Folgenden erläutert werden sollen.

Neben den drei obligatorischen Elementen von *opinione* (O), *argomento* (A) und *regola generale* (RG), die zusammen einen Argumentationsknoten (ARG) bilden, wird die Struktur der *riserva* (R) hinzugefügt, die eine zweite parallele Argumentation neben der zentralen Argumentation bildet und mit dieser dadurch in Verbindung steht, dass sie *lo stesso dato* verwendet, aber aufgrund einer anderen *regola generale* zu einer anderen *opinione* kommt.

> In altri termini, la riserva ha la funzione di indicare che, a partire dello stesso *dato* utilizzato per pervenire all'opinione sostenuta, si può arrivare, nella stessa situazione, a conclusioni diverse applicando regole generali diverse. (Lo Cascio 1991 : 183, Hervorhebung im Original)

Für welche der präsentierten *opinioni* sich der Argumentierende ausspricht, kann durch die *ordine di presentazione* festgemacht werden: ARG + R oder R + ARG (vgl. Lo Cascio 184f.). Die *opinione* in der *riserva* muss folglich nicht als „secondaria" zu derjenigen in der ersten Argumentation gesehen werden. Sie kann auch als plausibler gelten und, so schreibt Lo Cascio, „a volte può perfino riuscire meglio a convincere uno specifico uditorio" (Lo Cascio 1991: 184). Anhand der folgenden Baumstruktur (*struttura ad albero*) zeigt sich, dass es sich bei der *riserva* um eine Verknüpfung von zwei minimalen Argumentationen zu einer Makrostruktur (ARG") handelt, die beide das gleiche Argument (A$_j$") verwenden, aber aufgrund unterschiedlicher *regole generali* auf unterschiedliche *opinioni* schließen:

Abb. 26: Darstellung der riserva ((R)ARG'2) in struttura ad albero entnommen aus Lo Cascio (1991: 183).

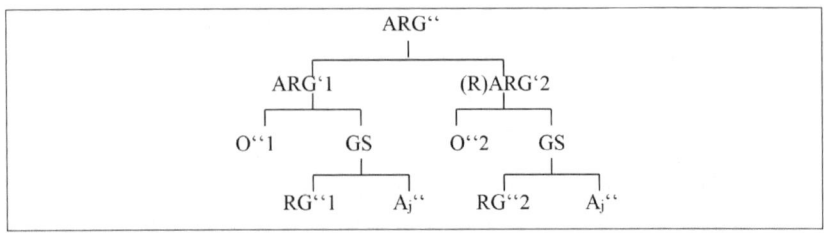

Die Ausnahmebedingung[380] oder Alternative,[381] die mit der *riserva* (R)ARG'2 formuliert wird, befindet sich in der Graphik auf gleicher Höhe mit dem Argumentationsknoten ARG'1.[382] Die *opinione* (O) bildet zusammen mit der *giustificazione*[383] (Abkürzung GS) einen der beiden Argumentationsknoten. Die *giustificazione* setzt sich wiederum aus der *regola generale* (RG) und dem *argomento* (A) zusammen.

In der Regel dient die *riserva* nach Lo Cascio dazu: „citare una opinione possibile ma non privilegiata, nonostante fosse possibile adottarne un'altra apparentemente più prevedibile" (Lo Cascio 1991: 192). Die *riserva* stellt folglich eine Möglichkeit dar, als Argumentierender eine *contra-opinione* zu antizipieren, diese aber als schwächer im Gegensatz zur favorisierten *opinione* darzustellen. Dabei verknüpft der *parlante*[384] zwei mögliche minimale Argumentationen und somit zwei verschiedene *opinioni*, die sich auf das gleiche Argument stützen.

Anders ist die gegenargumentative Kategorie zu bewerten, welche mit der Abkürzung AL bezeichnet wird: die „conclusione alternativa" (Lo Cascio 1991: 193). Im Unterschied zur *riserva* wird in der AL eine alternative *contro-opinione* zur vorangehenden formuliert, die der Argumentierende als zu bevorzugen

---

380 Die *riserva* kommt der toulminschen Komponente *rebuttal* (Ausnahmebedingung) gleich.

381 Lo Cascio bemerkt, dass die riserva „non serve a rinforzare l'opinione sostenuta, ma a proporre un'opinione alternativa" (Lo Cascio 1991: 190).

382 Atayan (2006) interpretiert die *riserva* u.a. unter funktionalen Gesichtspunkten als Gegenargumentation, welche „die ARG außer Kraft setzen kann." (Atayan 2006: 84).

383 Der *giustificazione* entspricht bei Toulmin (1958) die *backing*-Komponente (vgl. Lo Cascio 1991: 154).

384 Lo Cascio geht folglich von einem einzigen „soggetto argomentante" (Lo Cascio 1991: 184) aus, welches eine zweite gegenargumentative minimale Argumentation äußert und nicht von einem realen Opponenten.

herausstellen möchte und als evidenter beurteilt (vgl. Lo Cascio 1991: 192). „Essendo una categoria aggiuntiva e periferica seguirà sempre il nodo ARG": ARG+AL. (Lo Cascio1993: 193) Anhand folgender Argumentation wird die AL von Lo Cascio illustriert:

> Gianni è una persona docile, quindi non dovrebbe essere stato lui ad uccidere Maria. *Tuttavia*, dato che quella sera era ubriaco, penso che sia stato lui l'assassino. (Lo Cascio 1991 : 193, Hervorhebung im Original)

Die AL dient demnach dazu, die zuvor angenommene *opinione* zurückzuweisen („rigettare") und zu entkräften („indebolire").[385] Die konträre *opinione*, eingeleitet durch den Indikator it. *tuttavia*, basiert auf einem anderen zugrundegelegten *argomento* wie die erste *opinione* – anders als in der *riserva*. Graphisch ließe sich die *categoria* der *alternativa* AL wie folgt darstellen, da Lo Cascio selbst kein Modell vorgibt:

Abb. 27: Alternativa *(AL) nach Lo Cascio (1991: 193).*

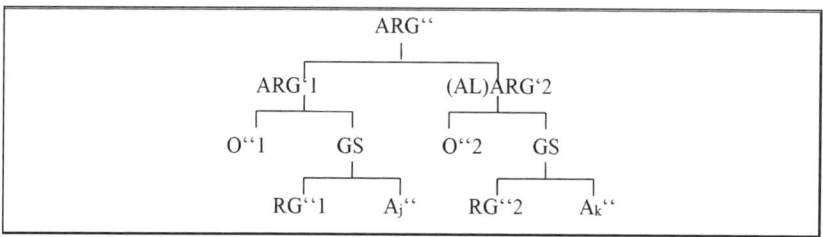

Eingeleitet werden gegenargumentative *categorie*, wie die der AL, in der Regel durch sprachliche Marker wie *tuttavia* oder *nonostante ciò* (vgl. Lo Cascio 1991: 192).

Allgemein nimmt Lo Cascio für die Gegenargumentation an, dass der Sprecher P2 Folgendes herausstellen kann (Lo Cascio 1991: 285):

a. il ragionamento di P1 non è adeguato e presenta un vizio logico, o
b. P2 perviene ad un'opinione contraria (?O oppure –O) rispetto a quella sostenuta dal parlante P1, perché si hanno argomenti diversi che inducono appunto a conclusioni diverse, o
c. gli argomento portati da P1 sono inaccettabili o falsi o non pertinenti o non convincenti. In quest'ultimo caso si evidenzia solo indirettamente che l'opinione sostenuta non convince.

---

385   Lo Cascio (1991: 192).

Zusammenfassend kann festgehalten werden, dass die *riserva* und die AL gegenargumentative Kategorien innerhalb des von Lo Cascio (1991) entwickelten makroskopischen Modells der Argumentation darstellen. Die Verknüpfung von zwei minimalen Argumentationen zu einer Makrostruktur bestätigt die Annahme der notwendigen Bezugnahme auf eine vorangehende Argumentation eines Protagonisten. Die Bemerkungen zu den verschiedenen Typen von Argumentationen haben außerdem einen wichtigen Hinweis auf die Zuordnung zu Protagonisten und Antagonist gegeben. Das Modell erlaubt zudem, die Hierarchisierung der Argumente darzustellen. Allerdings ist es nicht für eine dialogische Kommunikationssituation konzipiert, da ein Gegner nicht graphisch realisiert wird.

4.14 Textprofile der Opposition

Mit „Textprofil der Opposition" bezeichnet Pirazzini (2002a) argumentative Textmuster, welche zustande kommen, „wenn der Argumentierende sich gegen eine bereits vorgelegte Meinung stellt" (Pirazzini 2002a: 3), und welche „vorrangig kontrahentenorientiert" (Pirazzini 2002a: 51) sind. Textprofile der Opposition werden abgegrenzt von „Textprofilen der Affirmation" und „Textprofilen der Reflexion", die „vorrangig rezipientenorientiert" bzw. „gegenstandsorientiert" sind. (Pirazzini 2002a: 51)

Sie setzen eine „vorgelegte Meinung" voraus und stellen eine Reaktion auf diese dar (vgl. Pirazzini 2002a: 3). Für Profile der Opposition sind im untersuchten Korpus[386] folgende drei Textbestandteile (in geschriebenen Texten) konstitutiv:

- referierender Textbestandteil
- angreifender Textbestandteil
- argumentierender Textbestandteil.

Der referierende Textbestandteil, „in welchem die zu verwerfende Auffassung [des Proponenten] vorgestellt bzw. skizziert wird, kann deshalb als einleitender Bestandteil des Profils verstanden werden" und fungiert „als wesentlicher Ausgangspunkt für die nachfolgende Opposition" (Pirazzini 2002: 155). Der Opponent hat dabei die Möglichkeit, die Meinung des Proponenten in direkter oder indirekter Rede wiederzugeben oder eine Mischform der beiden Typen zu

---

386 Das Korpus entstammt ausschließlich dem „schriftlichen Kommunikationskanal" und besteht aus „drei Textsorten, die als prototypische Textmuster argumentativer Schriftsprache gelten: ‚Fachzeitschriftenaufsatz‘, ‚Meinungszeitungsartikel‘ und ‚juristische Gerichtsurteile‘" (Pirazzini 2002: 3).

verwenden.[387] Die Redewiedergabe erfüllt dabei verschiedene Funktionen innerhalb des Gegenargumentierens. Zum einen dient sie der Verstärkung des Authentizitätsgrades der wiedergegebenen Originaläußerung (direkte Rede), zum anderen kann die indirekte Rede eine einschränkende Funktion des Authentizitätsgrades übernehmen oder aber auch die Geltung der zitierten Meinung einschränken.

Der angreifende Textbestandteil schließt an den referierenden Textabschnitt an. Markiert wird dieser Abschnitt durch sprachliche Signale bzw. syntaktische Strukturen, die die Gegenargumentation einleiten. Zu den sprachlichen Signalen zählen z. B. Nomina,[388] Adjektive[389] oder Adverbien der Abwertung sowie Verben der subjektiven Zurückweisung[390] (Unterkapitel 4.3.1). Die syntaktischen Strukturen, mit denen auf verschiedene Art und Weise Bezug auf die gegnerische Meinung genommen wird, werden in zwei verschiedene angreifende Handlungen unterteilt: das *Widersprechen* (Pirazzini 2002a: 186ff.) und das *Einräumen* (Pirazzini 2002a: 197).

Im ersten Fall wendet sich der Argumentierende gegen die referierte Meinung und bekundet argumentativ seinen Widerspruch. Die dazu verwendeten syntaktischen Strukturen sind z. B. Widerspruchsfragen (in Kombination mit verneinender Antwort), Stoppsignale, Echo-Strukturen mit Urteilsadverbien sowie Adversativ-Junktoren in Verbindung mit Negations-Adverbien.

Im zweiten Fall, sprich beim argumentativen Einräumen, bestätigt der Textautor die Gültigkeit des gegnerischen Arguments, weist aber die Konklusion zurück. Die Struktur, die in italienischen Grammatiken dem Einräumen zugrunde gelegt wird, besteht aus zwei Bestandteilen: ‚concessio' (it. ‚è vero che') in Kombination mit einer Zurückweisung (it. ‚ma'). Pirazzini ergänzt diese Struktur um einen weiteren Bestandteil, da die Zurückweisung der gegnerischen Meinung nicht ohne eine Stützung legitimiert werden kann. Das Einräumen besteht folglich aus den drei folgenden Textbestandteilen: *Einräumen*, *Zurückweisen* und *Begründen*, oder in einer weiteren möglichen Dreier-Kombination aus: *Einräumen*, *Zurückweisen*, *Abstützen*.

---

387 Am häufigsten ist die Verwendung der indirekten Rede bei Profilen der Opposition. Vgl. Pirazzini (2002: 157).

388 Beispielsweise im Italienischen: „ambiguità, assurdità, astratezza, confusione, contraddizione […]" (ebd. Unterkapitel 4.4.1.1).

389 Beispielsweise im Italienischen: „assurdo, banale, contraddittorio, illogico, immorale […]" (ebd. Unterkapitel 4.4.1.2).

390 Beispielsweise im Italienischen: „confutare, contestare, contraddire, contraargomentare, controbattere […]" (ebd. Unterkapitel 4.4.1.3).

An den angreifenden Textbestandteil des Oppositionsprofils schließt zuletzt der argumentierende Textbestandteil an, welcher das Gegenargument des Textautors enthält. Entweder wird das Gegenargument kurz in einen einfachen Satz eingebettet, damit dem Inhalt der Gegenmeinung eine besondere Geltung verschafft wird, oder es wird explizit in einer Reihe von Sätzen dargestellt.

Eingeleitet wird die Gegenmeinung am häufigsten durch einen Adversativ-Junktor[391] (im Italienischen z. B. *ma*), auf den ein argumentativer Konnektor (z. B. it. *siccome, visto che*) folgt, der das Gegenargument einbettet. Zusammenfassend lässt sich sagen, dass es sich bei den Profilen der Opposition in der Regel um makroskopische Argumentationsstrukturen handelt. Atayan (2006) kommt zu dem Schluss, dass „die Gesamtstruktur dieses Profils der gegenargumentativen Makrostruktur einspricht" (ebd.: 88).

In der Untersuchung der Textprofile wird noch eine terminologische Differenzierung vorgenommen, die für den Fortgang der vorliegenden Studie maßgeblich ist. Diese betrifft die Tatsache, dass unter dem Begriff *gegenargumentieren* verschiedene Konzepte zusammengefasst werden. Zum einen das Vorbringen von Argumenten für die Gültigkeit einer negativen Konklusion sowie das Vorbringen von Argumenten für die Gültigkeit einer Konklusion, welche gleichzeitig gegen eine andere gerichtet sind. Pirazzini geht davon aus, dass es sich

beim Argumentieren ‚für' und beim Argumentieren ‚gegen etwas' um zwei verschiedene kommunikative Handlungen [handelt], die keinesfalls gleichzusetzen sind. Durch die fehlende Trennung zwischen Argumentieren und Gegenargumentieren […] kann man nicht zwischen Argumenten unterscheiden, die (i) für die Gültigkeit einer Konklusion und (ii) Argumenten, die für die Gültigkeit einer Konklusion und gegen die Gültigkeit einer anderen angeführt werden. Bei argumentativen Handlungen des Typus (i) wird die Geltung ‚für' die vertretene Konklusion aus der unterstellten Geltung von den Argumenten abgeleitet, d.h. die Konklusion gilt in Relation zu den Argumenten. Eben diese spezifische Funktion verleiht der Argumentation den Status einer fr. argumentation positive, die nach Apothéloz, Brandt und Quiroz 1989 ‚prend dans certains cas la forme d'une démonstration ou d'une preuve'. Bei argumentativen Handlungen des Typus (ii) dagegen beruht die Geltung für die vertretene Konklusion nicht nur auf der unterstellten Geltung der Argumente, was bei einer positiven Argumentation der Fall ist, sondern auch auf der Opposition ‚gegen' die zurückgewiesene Behauptung. Diese spezifische Funktion verleiht der argumentativen Handlung den Status einer argumentation

---

391 Pirazzini definiert Adversativ-Junktoren wie folgt: Es „sind textuelle Kontaktsignale der Opposition, die dem Sprecherwechsel dienen und gleichzeitig zwei Sachverhalte oppositiv verbinden" (Pirazzini 2002: 192).

négative: ‚une réponse négative argumentée s'oppose toujours implicitement à un point de vue adverse qu'elle conteste'[392] (Pirazzini 2002a: 34).

Durch diese terminologische Differenzierung von *argumentation positive* und *argumentation négative* können die verschiedenen Handlungen, Produkte und Konzepte des Argumentierens und Gegenargumentierens voneinander getrennt werden.

4.15 Zusammenfassung

Zunächst sollen in einem ersten Schritt die Strukturen und Modelle der Antike betrachtet werden und in einem zweiten Schritt die Strukturen und Modelle der Gegenwart.

Die Vorstellung von Argumentationsmodellen und -strukturen der Antike hat gezeigt, dass besonders die Darstellung des Syllogismus und des Enthymems als basales Argumentationsmodell eine *conditio sine qua non* ist.

Das Ziel eines dialektischen Verfahrens, die Widerlegung des Proponenten, wird mittels einer widersprechenden argumentativen Äußerung (bestehend aus einer oder mehreren Strukturen) vom Opponenten realisiert. Diese Äußerung kann aus einem Schlussverfahren oder aber aus einer Behauptung bestehen, die das Merkmal <Widerspruch> trägt. Die widerlegenden Strukturen sind Teil der *argumentatio* und treten überwiegend im negativen Teil (z. B. *refutatio, reprehensio*) auf, wobei Aristoteles die Unterscheidung des die Argumentation enthaltenden Redeteils als einziger nicht vornimmt, da die von den Argumentierenden verwendeten Topoi dieselben seien.

Der Antisyllogismus bzw. das widerlegende Enthymem von Aristoteles kann sich zur Widerlegung des Opponenten nur gegen Enthymeme aus dem Wahrscheinlichen, aus dem Beispiel und aus dem nicht-notwendigen Zeichen richten, nicht aber gegen Syllogismen und Enthymeme aus notwendigen Zeichen. Im Umkehrschluss stellen auch nur Widerlegungen aus Syllogismen und Enthymemen aus dem notwendigen Zeichen zwingende und nicht nur wahrscheinliche Widerlegungen dar. Von den beweisenden Enthymemen unterscheiden sich die widerlegenden strukturell nicht, allerdings sind sie reaktiv, d. h. sie folgen notwendig auf ein beweisendes Enthymem und es kommt zu einem Rollenwechsel von Proponent und Opponent. Einzig das Ziel des widerlegenden Enthymems, die kontradiktorische Konklusion, unterscheidet sie, wohingegen beide beweisen, dass etwas ist oder nicht ist.

---

392   Apothéloz/Brandt/Quiroz (1989: 27).

Der Einwand stellt kein gegenargumentatives Schlussverfahren (weder Syllogismus noch Enthymem) dar, sondern lediglich eine Äußerung, die einen Widerspruch zum Ausdruck bringt (vgl. Eggs 1984: 271). Angegriffen werden eine gegnerische Behauptung oder die Prämissen eines Schlusses. In diesem Fall kommt es zu keinem Rollenwechsel.

Das Epicheirem als prototypisches Argumentationsmodell der Antike findet sich bei Cicero unter dem lateinischen Terminus *ratiocinatio*. Die *ratiocinatio* ist ein um zwei Komponenten erweiterter Syllogismus und findet in der Beweisführung als Beweismittel ihren Platz. Quintilian verwendet den griechischen Begriff Epicheirem für sein Argumentationsschema. Dieses entspricht der Struktur nach dem klassischen Syllogismus und lässt sich ebenfalls zum Beweisen und Widerlegen nutzen. Der Unterschied zwischen den beiden liegt in der Wahrscheinlichkeit des Schlussverfahrens.

Die in diesem Kapitel vorgestellten modernen Modelle und Strukturen lassen folgende Gemeinsamkeiten und Unterschiede hinsichtlich folgender Aspekte erkennen:

1. **Kommunikationssituation:** Die Modelle der Argumentationstheoretiker berücksichtigen monologische und dialogische Kommunikationssituationen, d.h. es werden in einer monologischen Kommunikationssituation ein Sprecher und in einer dialogischen zwei Sprecher vorausgesetzt. Dabei wird aus konzeptioneller Sicht i.d.R. ein argumentatives Wechselspiel zwischen einem Proponenten und einem fiktiven Opponenten in einer monologischen und in einer dialogischen Kommunikationssituation mit einem realen Opponenten angenommen.
2. **Kommunikationsrollen:** Die Kommunikationsrollen als Sprecher und Hörer der beteiligten Kommunikationsteilnehmer werden durchgängig nicht in der Darstellung der Modelle berücksichtigt. Es wird jedoch i.d.R. angenommen, dass dem die Argumentation Äußernden jeweils die Rolle des Sprechers zuzuweisen ist und der die geäußerte Argumentation Empfangende die Rolle eines Hörers einnimmt. Der Hörer kann seine Rolle ändern und in die Sprecherrolle wechseln, wenn er eine sprachliche Reaktion äußert, sodass eine dialogische Situation entsteht. Der Sprecher nimmt dann die Rolle eines Hörers ein usw.
3. **Argumentationsrollen:** Was die Argumentationsrollen in den vorgestellten Modellen betrifft, kann festgehalten werden, dass in einer monologischen Kommunikationssituation angenommen wird, dass ein Sprecher die Rolle des Proponenten übernimmt. In der Regel wird zudem ein fiktiver Opponent unterstellt.

In einer dialogischen Kommunikationssituation übernehmen die Kommunikationsteilnehmer aus argumentativer Sicht die Rolle eines Proponenten und eines realen Opponenten. Die Terminologie der Ansätze variiert zwischen Proponent und Opponent, Protagonist und Antagonist oder die Kommunikationsteilnehmer werden auch als Kontrahenten, Gegner oder Streitende bezeichnet. Auch wenn die meisten Modelle von einem Proponenten und einem Opponenten ausgehen, werden diese nicht immer „explizit" im Schema dargestellt.

4. **Modellstrukturen:** Die wichtigsten Strukturen in den vorgestellten Modellen stellen die argumentativ unterschiedlichen Status besitzenden Argumente und Konklusionen dar. Die Modelle von Toulmin, Eggs, Lo Cascio, Eggler und Schopenhauer unterscheiden zusätzlich zwischen spezifischer und generischer Prämisse bzw. *datum* und *warrant*. Alle anderen Modelle stellen i.d.R. nur Argument und These/Konklusion als Argumentations- bzw. Gegenargumentationsstrukturen dar. Allein das toulminsche Modell stellt nicht explizit Strukturen, die auf das Vorhandensein eines Opponenten schließen lassen, zur Verfügung. Die anderen Modelle berücksichtigen gegenargumentative Strukturen in der Regel durch (inverse) Pfeile.

5. **Hierarchisierung:** Mittels der hierarchischen Anordnung und der Markierung des Beziehungsverhältnisses durch Pfeile werden in einigen Modellen die direkte/unmittelbare oder indirekte/mittelbare Stützleistung der Argumente für den Beweis oder die Widerlegung einer These dargelegt.

6. **Bezugsobjekte der Gegenargumentation:** Gegenargumentative Strukturen richten sich in den vorgestellten Modellen gegen sprachliche Äußerungen, die auf argumentativer Ebene den Status eines Arguments, einer Konklusion/These oder einer Schlussregel haben können. Welchen Status eine Äußerung innerhalb einer Argumentation innehat, wird in den Modellen nicht immer spezifiziert. Besonders die Modelle von Kienpointner, Klein und Kopperschmidt verzichten auf die „mögliche Rollendifferenz" von Argument und Konklusion und verwenden den „allgemeine[n] Begriff ‚Argument'" (Kopperschmidt 1989: 219). Zudem stellen sie die den Argumentationen zugrundeliegenden Schlussregeln nicht dar, aus dem Grund, da „sie stets aus A und K entsprechend rekonstruier[t]" werden können. (Kienpointner 1983: 217, FN 96)

Als Ergebnis der Diskussion der präsentierten Argumentations- und Gegenargumentationsmodelle kann festgehalten werden, dass sich die Modelle dahingehend unterscheiden lassen:

a) ob es sich beim Gegenargumentieren um eine *argumentation positive*[393] in **Minimalmodellform** handelt, d.h. eine Argumentation bestehend aus zwei Äußerungen, zwischen denen eine Stützungsrelation besteht, der Form q, weil p:

$$p \longrightarrow q$$

Im Falle des Gegenargumentierens, wie es z.B. Wunderlich (1980: 110) in seiner „reinen und minimalen Argumentation" annimmt, wird mit c „für" die negative Konklusion q argumentiert. Gegenargumentieren stellt somit die negative Antwort auf eine Entscheidungsfrage (q/-q?) dar. Die eingerahmte Hälfte in folgender Abbildung illustriert das negative Argumentieren für -q mit c:

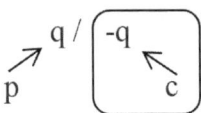

Im Schema wird „für" die Gültigkeit *einer* Konklusion argumentiert, wobei sich die „Parteien"[394] für eine Alternative hinsichtlich der Frage entscheiden. In der linken Bildhälfte wird mit p für q argumentiert und in der rechten Bildhälfte mit c für -q. In der rechten Bildhälfte würde es sich demnach um die gegenargumentierende Partei handeln, welche für die Konklusion -q argumentiert.[395]

b) ob es sich beim Gegenargumentieren um eine ***argumentation positive*** oder ***argumentation négative*** in **Makromodellform** handelt.

  a. *Argumentation positive* in Makromodellform: Darunter wird eine komplexe Argumentation für eine Konklusion, die aus den Argumenten folgt, verstanden. Diese komplexe Argumentation kann entweder in einer monologischen oder dialogischen Kommunikationssituation geäußert werden und besteht aus der Verknüpfung von mindestens zwei minimalen Argumentationen.[396] In der monologischen Kommunikationssituation

---

393 Terminus von Apothéloz, Brandt und Quiroz (1989: 27).

394 Der Terminus „Parteien" stammt aus Wunderlichs (1980: 110) Ansatz.

395 „In einem Kontext aber, in dem es um die Bewertung der Frage geht, ob der Angeklagte schuldig ist oder nicht, impliziert die verneinende Antwort keinesfalls, dass die Argumente für die Verneinung gleichzeitig auch die Gegenargumente für die affirmative Antwort sind." (Pirazzini 2002a: 35).

396 Wobei hier betont werden soll, dass nicht immer alle Strukturen explizit sind.

wird eine Infragestellung durch einen fiktiven Gegner[397] antizipiert[398] und in der dialogischen diese durch den realen Gegner geäußert. Der Argumentierende nimmt eine zusätzliche Abstützung des Arguments für seine Konklusion vor, welches dadurch seinen Status als Argument ändert und damit die Funktion einer Konklusion in einer eigenen, sich dadurch neu ergebenden (untergeordneten) Argumentation übernimmt.[399]

b. *Argumentation négative* in Makromodellform: Darunter werden Argumentationen verstanden, die sich gegen eine Behauptung eines Gegners richten und „gleichzeitig Argumente ‚für' die Geltung einer Konklusion und ‚gegen' die Geltung einer anderen Konklusion" (Pirazzini 2002a: 31) anführen. Die *argumentation négative* verknüpft zwei Minimalargumentationen, deren Konklusionen sich in einer Gegensatzrelation befinden. Die zwei Minimalargumentationen werden dabei in der Regel von einem (realen oder fiktiven) Proponenten und einem Opponenten geäußert. Hierzu können der Antisyllogismus, das Gegenargumentationsmodell von Eggler, die Annahme der *thèse antérieure* bei Adams argumentativer Sequenz, die *contre-argumentation* bei Eggs, die nicht-minimale Argumentation bei Wunderlich, der Argumentationsstrang bei Kopperschmidt und Netz-Diagramm von J. Klein gezählt werden.

Problematisch bei der Beschreibung der vorgestellten Modelle ist die fehlende terminologische Unterscheidung, wenn die Rede von „Argumentation gegen" und „Gegenargumentation" ist. Einzig Pirazzini (2002) unterscheidet in Anlehnung an Apothéloz, Brandt und Quiroz (1989: 26) zwischen *argumentation positive* und *argumentation négative*, um die Argumentation von der Gegenargumentation abzugrenzen, sowie van Eemeren und Grootendorst (1984; 2004; 2010), die zwischen *contra-argumentation* eines Protagonisten und eines Antagonisten differenzieren.

---

397 Der Gegner kann auch real und sogar präsent sein, aber nicht die Rolle des sich explizit äußernden Opponenten in einer kommunikativen Situation übernehmen (z.B. eine Rede vor Publikum bei der eine Reaktion des Publikums unerwünscht oder nicht vorgesehen ist).

398 Vgl. zur *réfutation anticipée* Perelman/Olbrechts-Tyteca (1958/²2008: 662). Eine antizipierte Widerlegung birgt die Gefahr, dass damit dem Gegner Argumente geliefert werden, auf die er selbst nicht gekommen wäre, oder die er sich nicht getraut hätte zu äußern. Die *réfutation anticipée* kann auch in Form einer Konzession erscheinen.

399 Waßner (2004: 383) weist auf diesen Rollenwechsel hin, wenn er bemerkt, dass „Argumente (Prämissen) [...] oft ihrerseits gestützt werden [müssen] und werden so in einer zweiten konklusiven Relation zu Konklusionen."

Vorläufige Arbeitsdefinition: Die Gegenargumentation ist eine komplexe argumentative sprachliche Aktivität eines Sprechers (Opponent), die sich gegen eine vorangehende argumentative Äußerung eines (fiktiven) anderen Sprechers (Proponent) richtet. Der Sprecher, der aus argumentativer Perspektive die Rolle eines Opponenten übernimmt, weist diese Äußerung des Proponenten mit seiner Gegenargumentation zurück. Die Gegenargumentation ist nach dieser Definition als Prozess zu verstehen.[400]

---

400 Gleichsam ist darauf hinzuweisen, dass mit dem Terminus Gegenargumentation auch das Produkt dieses Prozesses gemeint sein kann. Dies ist der „"process-product" ambiguity of the word „argumentation"" geschuldet, worauf zu Recht van Eemeren/ Grootendorst (2004: 1), aber auch Atayan (2006: 21) und Plantin (1990: 129) aufmerksam machen.

5. Gegenargumentation in der Pragma-Dialektik

In diesem Kapitel soll der pragma-dialektische Ansatz von van Eemeren und Grootendorst näher vorgestellt werden, da er aus den präsentierten Ansätzen als differenziertester für die Analyse von Argumentation und Gegenargumentation eines Protagonisten und Antagonisten in einer Diskussion gelten kann. Er berücksichtigt eine Vielzahl der zuvor genannten Aspekte (Kommunikationssituation, -rollen, Argumentationsrollen etc.) und hat sich bereits als anwendbar für die Analyse von politischen Diskussionsbeiträgen in Internetforen erwiesen, wie die Studie von Lewiński (2010) belegt.

Das vorliegende Kapitel soll die theoretische Basis für die Analyse der konstitutiven Sprechakte von Gegenargumentationen im Französischen in politischen Internetforumsdiskussionen liefern, welche als argumentative Diskussionen im Sinne der Pragma-Dialektik gelten können (vgl. van Eemeren/Grootendorst 1984: 2). Das pragma-dialektische Modell spiegelt die Zweiteilung des Kapitels 4, welches antike und zeitgenössische Ansätze miteinander verbindet.

Pragma-Dialektik ist eine von Frans van Eemeren und Rob Grootendorst begründete Argumentationstheorie, welche Mitte der 1980-er Jahre in Amsterdam entwickelt wurde. Die Wurzeln der Pragma-Dialektik liegen in der klassischen Antike. Darauf weist der Begriff *dialectics* hin, der

originally referred to the use of a specific technique of argumentation in a debate: **Start from the opponent's thesis and derive a contradiction from it, so that the thesis can be refuted.** (van Eemeren/Grootendorst 2004: 43, eigene Hervorhebung)

Für Aristoteles beispielsweise sei *dialectics* nach van Eemeren und Grootendorst

about conducting a **critical discussion** that is dialectical because a systematic interaction takes place between **moves for and against a particular thesis.** (van Eemeren/ Grootendorst 2004: 43, eigene Hervorhebung)

Wesentlicher Bestandteil des Ansatzes ist die Entwicklung eines Modells einer kritischen Diskussion, deren Stadien (*stages*) sich bis zu einem gewissen Grad an die in der klassischen Rhetorik propagierten Redeteile (*exordium, narratio, argumentatio, peroratio*) anlehnen bzw. sich mit diesen überlappen. Der Unterschied liege in den Zielen der Stadien: „the rhetorical stages are considered to be an instrumental in securing the agreement of the target audience, the dialectical stages, in resolving a difference of opinion" (van Eemeren/Grootendorst 2004: 59f.).

Neben der aristotelischen Dialektik integrieren die Vertreter der Amsterdamer Schule verschiedene bedeutende zeitgenössische Ansätze, wie Kienpointner prägnant zusammenfasst:

> Die direkten theoretischen Ausgangspunkte der Pragmadialektik sind […] die formale Dialektik bzw. Dialoglogik, die von der Erlangener Schule sowie von E.M. Barth und E.C.W. Krabbe entwickelt wurde, ferner die von J.L. Austin und J.R. Searle begründete Sprechakttheorie, schließlich auf wissenschaftstheoretischer Ebene der kritische Rationalismus von K. Popper. (Kienpointner 2005: 377)

Die dialektischen und pragmatischen Aspekte stellt auch Snoeck-Henkemans heraus:

> The dialectical aspect of this approach consists of considering argumentation as part of a critical discussion aimed at resolving a difference of opinion; the pragmatic aspects consists of specifying the speech acts that can contribute to resolving the difference of opinion at different stages of the discussion. (Snoeck Henkemans 1997: 18)

Als Ausgangspunkt der Argumentationstheorie wird eine kritische Diskussion gesehen, in der sich die Diskutierenden (*discussants*) bzw. *two parties* aufgrund einer Meinungsverschiedenheit gegenüberstehen mit dem Ziel, den bzw. die zur Diskussion stehenden *point(s) of view* bzw. *standpoint(s)*[401] daraufhin zu überprüfen, ob er bzw. sie „defensibile in the light of critical doubt or objections" ist bzw. sind (van Eemeren/Grootendorst 2004: 52). Eine Meinungsverschiedenheit besteht aus mindestens einem Standpunkt, welcher von einem anderen *language user* nicht geteilt wird.[402]

> If only one (positive or negative) standpoint is adopted with regard to a proposition, the difference of opinion is non-mixed; if a positive and a negative standpoint are adopted with regard to the same proposition, the difference of opinion is mixed. (van Eemeren/ Grootendorst 2004: 119f.)

Aufgrund des pragmatischen Ansatzes wird davon ausgegangen „that the **moves that can be made in a discussion** […] **are conceived as verbal activities**" (van Eemeren/Grootendorst 2004: 52, eigene Hervorhebung). Die Züge werden demzufolge als sprachliche Handlungen definiert, die u.a. in „various attacking and defending speech acts" (van Eemeren/Grootendorst 1984: 86) unterteilt werden können.

---

401   Van Eemeren und Grootendorst verwenden die Begriffe *point of view* (POV) und *standpoint* synonym.

402   Es wird darauf hingewiesen, dass ein Individuum auch eine Meinungsverschiedenheit mit sich selbst haben kann (vgl. Van Eemeren/Grootendorst 1984: 1).

Eine der wesentlichen Annahmen des Ansatzes ist es, *argumentation* nicht als Monolog, sondern als Dialog zu betrachten.[403] Van Eemeren und Grootendorst weisen jedoch darauf hin, dass eine kritische Diskussion auch in Form eines Monologs stattfinden kann: „The monologue is then taken to be a specific kind of critical discussion where the protagonist is speaking (or writing) and the role of the antagonist remains implicit." (van Eemeren/Grootendorst 2004: 59)

Zu Beginn einer kritischen Diskussion stehen sich mindestens zwei Kommunikationsteilnehmer gegenüber – van Eemeren und Grootendorst sprechen von *langugae users* sowie unter argumentativen Aspekten von Protagonist und Antagonist[404] –, die in der Regel unterschiedliche Standpunkte beziehen und diese mit *statements* verteidigen (*to defend*) oder angreifen (*to attack*[405]) (van Eemeren/ Grootendorst 1984: 82). Diskussionen, die *statements* enthalten, mit denen „the standpoint under discussion is attacked and defended", werden als argumentative Diskussionen definiert, die zudem dadurch geprägt sind, dass der eine Teilnehmer den anderen von seinem Standpunkt überzeugen möchte:

> In an argumentative discussion the participants try to convince one another of the *acceptability* or *unacceptability* of the expressed opinion under discussion by means of *argumentative statements*. (van Eemeren/Grootendorst 1984: 2, Hervorhebung im Original)

Die Vertreter der Amsterdamer Schule bemängeln allgemein die in der Argumentationsforschung bestehende Außerachtlassung der Gegenargumentation (*contra-argumentation*), die dazu führe, dass eine einseitige und unvollständige Betrachtung dieses Themenkomplexes bestünde, die die Gefahr beinhalte, „that a link can easily arise in people's minds between argumentation theory and justificationism or *letzt Begründung philosophy*" (van Eemeren/Grootendorst 1984: 16, Hervorhebung im Original). Van Eemeren und Grootendorst heben Studien

---

403 In einer monologischen Situation, mit einer Person als Sprecher, wird ein innerer Dialog angenommen, bei dem der Sprecher seinen eigenen Standpunkt infrage stellt. Vgl. zur Darstellung der Kommunikations- und Interaktionsrollen im Rahmen eines argumentativen Dialogs van Eemeren/Grootendorst (1984: 9–12).

404 Es wird zudem die Terminologie *proponent* und *opponent* verwendet, jedoch hauptsächlich ist die Rede von *protagonist* und *antagonist*. Vgl. Van Eemeren/Grootendorst (1984: 13).

405 Apostel (1982: 106) definiert Angriff (*attack*) unter dem Aspekt des Ziels der Handlung: „An attack against a position is an action attempting to eliminate that position […]. The defence of a position is an action attempting to consolidate a position; this can occur either by adducing new material for its defence or to the contrary by attacking an attack."

hervor, die den *bilateral process*[406] von Argumentation berücksichtigen und einen dialogischen Ansatz verfolgen, wie beispielsweise Naess (1966) und Barth und Krabbe (1982).

Van Eemeren und Grootendorst berücksichtigen die Verteilung der Diskussionsrollen (Kapitel 5.1), unterscheiden verschiedene *types of dispute* (Kapitel 5.2), vier Stadien einer kritischen Diskussion (Kapitel 5.3) sowie zwischen den Sprechakten des Antagonisten (Kapitel 5.4) und denjenigen des Protagonisten. Der Fokus bei der Darstellung des pragma-dialektischen Ansatzes wird auf die Ausführungen zur Gegenargumentation (engl. *contra-argumentation*) und somit auf die argumentativen Züge des Antagonisten gelegt.

5.1 *Allocation of discussion roles*

In der Pragma-Dialektik wird zwischen kommunikativen und interaktionellen Rollen (*communicative* and *interactional roles*) unterschieden, die auf *language users* in einer Diskussion verteilt werden (*allocation of discussion roles*). Unter kommunikativen Rollen fassen van Eemeren und Grootendorst die Rollen von Sprecher (*speaker*) und Hörer (*listener*) zusammen. Unter interaktionellen Rollen werden die oppositiven Rollen[407] von Protagonist (*protagonist*) und Antagonist (*antagonist*) innerhalb eines Disputs (*dispute*) verstanden, der in Form eines Dialogs ausgetragen wird:

> A and B are not only language users who take turns in assuming the communicative roles of speaker and listener but also *parties in a dispute* who in principle play opposing *interactional* roles in the dialogue. (van Eemeren/Grootendorst 1984: 10, Hervorhebung im Original)

Die Frage, die bei der Verteilung der Diskussionsrollen gestellt wird, lautet:

> Who will assume the role of protagonist, and who the role of antagonist? The answer to this question seems fairly obvious: The discussant who has put forward a standpoint in the confrontation stage must assume the role of the protagonist, and the discussant who has called this standpoint into question must assume the role of the antagonist. (van Eemeren/Grootendorst 2004: 141)

---

406 van Eemeren/Grootendorst (1984: 13).

407 „A and B are not only language users who take turns in assuming the communicative roles of speaker and listener but also *parties in a dispute* who in principle play opposing *interactional* roles in the dialogue." (van Eemeren/Grootendorst 1984: 10, Hervorhebung im Original).

Die Kommunikationsteilnehmer können innerhalb einer argumentativen Diskussion im Diskussionsverlauf nicht nur ihre kommunikativen Rollen wechseln, sondern auch die Rolle des Protagonisten gegen diejenige des Antagonisten tauschen: zunächst ist der Protagonist – wenn er die Argumentation beginnt – Sprecher und der potenzielle Antagonist demzufolge in diesem Fall Hörer. Nimmt der Hörer anschließend seine Rolle als Antagonist wahr, indem er den vom Protagonisten geäußerten Standpunkt kritisiert, wechselt er von der Hörerrolle in die Sprecherrolle usw. Die Rollen des Protagonisten und Antagonisten werden durch verschiedene Aspekte bestimmt:

- Zeit
- Standpunkteinnahme
- Hauptaufgabe und Ziel
- Argumentation.

Der Zeitaspekt beinhaltet, dass der *language user 1* als Erstes ein *statement* äußert und seine Rolle als Protagonist zugewiesen bekommt, wenn er einen Standpunkt bezüglich einer *expressed opinion* einnimmt. Der *language user 2*, der Zweifel an diesem Standpunkt äußert, übernimmt in der Regel die Rolle des Antagonisten. „In practice this will generally be what happens, but not necessarily. It is quite possible for the roles to be *reversed*." (van Eemeren/Grootendorst 1984: 162, Hervorhebung im Original) Als Beispiel für den zeitlichen Aspekt bei der Konfrontation zwischen *language user 1* und *language user 2* kann folgender Dialog gelten:

a) language user 1: It is hot in here.
   language user 2: Hot?

Die Verbalisierung des Zweifels (*Hot?*) folgt auf die Äußerung des Standpunkts (*It is hot in here*). *Language user 1* wird demzufolge i.d.R. anschließend die Rolle des Protagonisten und *language user 2* die des Antagonisten einnehmen.

Was die Einnahme der *language users* von Standpunkten betrifft, kann festgehalten werden, dass *language user 1* im Gegensatz zu *language user 2* notwendig eine *attitude in respect of an expressed opinion* einnimmt, wenn es zu einem Disput und zu einer Diskussion kommen soll. Der *language user 2* kann sich darauf beschränken, Zweifel bezüglich des Standpunkts zu äußern (a), aber er hat auch das Recht einen eigenen Standpunkt einzunehmen, wie Beispiel (b) zeigt:

b) language user 1: It is hot in here.
language user 2: It is not hot in here.[408]

In a) äußert *language user 2* Zweifel, in b) einen alternativen Standpunkt. Beide Handlungsalternativen gehören zu den Rechten der Diskussionsteilnehmer:

> The unconditional right of discussants to put forward standpoints and to call them into question also means that no special preparatory conditions apply regarding the status or position of the speaker or writer and the listener or reader. (van Eemeren/Grootendorst 2004: 136)

Die „chief task [of the protagonist] is to defend his stated point of view in respect of the expressed opinion" (van Eemeren/Grootendorst 1984: 106). Die Aufgabe des Antagonisten „is to attack P's [protagonist's] point of view and argumentation; he himself has nothing to defend" (van Eemeren/Grootendorst 1984: 106). Angriffsziele[409] des Antagonisten sind *statements* des Protagonisten, die entweder den Status eines Standpunkts (POV[410]) oder einer Argumentation (*argumentation*) haben. Charakterisiert werden kann die Rolle des Protagonisten durch die konstitutive Aufgabe <Verteidigung> und Ziel <Rechtfertigung> und die des Antagonisten durch <Angriff> und <Refutation>:

> If a language user advances argumentation **in defence** of a standpoint he advances a constellation of statements calculated either to **justify** or to **refute** an expressed opinion. In the first case we speak of *pro-argumentation*, and in the second of *contra-argumentation*. (van Eemeren/Grootendorst 1984: 15, Kursivierung im Original)

Das Äußern von Argumentation ist in der einfachsten Form einer Diskussion nur dem Protagonisten vorbehalten und nicht dem Antagonisten:

> In a simple single discussion only the language user acting as protagonist advances a point of view, not the language user acting as antagonist. Only the protagonist advances argumentation. (van Eemeren/Grootendorst 1984: 82)

---

408 Beispiele abgeändert übernommen aus van Eemeren/Houtlosser/Snoeck Henkemans (2007: 23).

409 Kerbrat-Orecchioni (1980: 12) verwendet den Begriff *cible* zur Beschreibung dessen, was vom Gegner (*adversaire*) im Rahmen eines *discours polémique* angegriffen wird: „Le discours polémique est un discours *disqualifiant*, c'est-à-dire qu'il attaque une *cible* [...] et qu'il met au service de cette visée pragmatique dominante – discrediter l'adversaire, et le discours qu'il est censé tenir – tout l'arsenal de ses procédés rhétoriques et argumentatifs."

410 Abkürzung für *point of view*.

Der Protagonist äußert eine Argumentation um seinen Standpunkt bezüglich einer *expressed opinion* zu verteidigen. Die Verteilung der Diskussionsrollen besteht in der Regel bis es zu einer *resolution of the dispute* kommt,[411] d.h. wenn der „antagonist drops his doubts and accepts the protagonist's point of view, or the protagonist explicitely relinquishes his point of view." (van Eemeren/Grootendorst 1984: 81) Die *resolution of the dispute* kann aber ggf. nicht stattfinden, wenn die Diskussion vorzeitig (un)willentlich beendet wurde. (van Eemeren/Grootendorst 2004: 62) Dass der Antagonist nicht zwingend den gegensätzlichen Standpunkt zu dem vom Protagonisten geäußerten einnehmen muss – und damit zum Protagonisten eines gegensätzlichen Standpunkt wird –, nur weil er Kritik oder Zweifel daran übt, betonen van Eemeren und Grootendorst (2004: 142). Denn so lautet ihre Meinung, „entertaining doubt with regard to a standpoint does not automatically imply adopting a standpoint on one's own" (van Eemeren/Grootendorst 2004: 60). Es besteht aber die Möglichkeit

> that he [the antagonist] will himself try to demonstrate the wrongness of an argumentative statement by the protagonist. As soon as this happens he is no longer only the antagonist with regard to the protagonist's point of view, but has also effectively become the protagonist of a view of his own. This standpoint consists of the negation of his collocutor's statement. (van Eemeren/Grootendorst 1984: 87)

Es kommt zu einem Rollenwechsel: Die Verteilung der Rollen ändert sich, indem der „antagonist adopts his own attitude to a statement advanced by the protagonist", bemerken van Eemeren und Grootendorst (1984: 87) mit Recht. In diesem Fall handelt es sich nicht mehr um eine *simple discussion*, in der nur ein Standpunkt vertreten wird, sondern um eine *not consistently simple discussion* (vgl. van Eemeren und Grootendorst (1984: 87). Van Eemeren und Grootendorst weisen darauf hin, dass

> not consistently simple discussions must not be confused with discussions that from the outset are compound, i.e. wholly compound discussions. In wholly compound (simple) discussions both pro-argumentation and contra-argumentation are advanced in respect of the disputed expressed opinion, while in a not consistently simple discussion the argumentation that is advanced is *either exclusively pro-argumentation* (where the protagonist defends a positive point of view in respect of the expressed opinion) or *exclusively contra-argumentation* (where the protagonists a negative point of view). A not consistently simple discussion does contain *contra-argumentation*, but (assuming that the protagonist is defending a positive attitude) it relates to an expressed opinion which is the expression of the propositional content of one or more of the statements making

---

411 „The distribution of roles is maintained until the end of discussion [...]" (van Eemeren/Grootendorst 2004: 142).

up the protagonist's argumentation and it comes from the antagonist. (van Eemeren/ Grootendorst 1984: 89)

Die Verteilung der Diskussionsrollen, wie sie am Anfang einer *simple discussion* festgelegt wurde, ändert sich demzufolge nicht erst, nachdem der argumentative Austausch von Standpunkten vorüber ist, sondern bereits, wenn der Antagonist zum zweiten Protagonisten wird und eine eigene Argumentation äußert. Im idealen Modell einer kritischen Diskussion kann es jedoch erst nach der *resolution of the dispute* zu einem Rollenwechsel kommen:

> When the concluding stage has been brought to an end, the argumentative exchange of views is over, but this does naturally not mean that the same discussion partners cannot initiate a new discussion. The parties may engage in a completely different difference of opinion, or they may start a discussion about a more or less modified version of the old difference, possibly with new premises in the opening stage. **The discussion roles of the participants may then have to change too.** In each of these cases, again, the same discussion stages – from confrontation stage to concluding stage – have to be passed through in order to arrive at a resolution of the (newly framed) difference of opinion. (van Eemeren/Grootendorst 2004: 62, eigene Hervorhebung)

Auch Lo Cascio (1991: 144) bemerkt bei seiner Darstellung der einzelnen Diskussionsstadien der Amsterdamer Schule, dass es bereits im Argumentationsstadium (*argomentazione*) und nicht erst nach dem Schlussstadium[412] (*chiusura*) zum Rollenwechsel von Protagonist und Antagonist kommen kann. Als Alternative (*alternativa*) zur Handlung, neue Argumente anzuzweifeln („avanzare dubbi sui nuovi argomenti"), kann Sprecher P2 sich entschließen entweder (vgl. Abb. 28):

- Gegenargumente vorzuschlagen („proporre controargomenti")

oder

- oppositive Meinungen zu formulieren („formulare opinioni contrarie").

Durch diese beiden Handlungen wird der Rollenwechsel im Argumentationsstadium (3. *argomentazione*) möglich. Dies wird in folgender Abbildung der Argumentationsstadien nach Lo Cascio (1991) deutlich:

---

412   Die concluding stage.

Abb. 28: Stadien einer kritischen Diskussion, dargestellt nach Lo Cascio (1991: 144, eigene Hervorhebung).

1. Confronto [...]
2. Apertura [...]
3. Argomentazione
   P1 porta argomenti a favore di O
   P2 reagisce accetando come validi gli argomenti di P1 o avanzando dubbi sulle argomentazioni giustificatorie o refutando
   P1 porta eventualmente nuovi argomenti
   P2 avanza nuovi dubbi sui nuovi argomenti di P1.

   Alternative

   - A questo punto, o anche prima o dopo, **P2 può decidere di proporre controargomenti o formulare opinioni contrarie assumendo il ruolo di P1 (cioè quello di difesa) ed assegando quindi a P1 il ruolo di antagonista P2 (cioè quello dell'attacco).** Quest'ultimo può accettare di assumere il ruolo di protagonista ma può anche continuare a mantenere il suo ruolo ed a portare argomenti a favore della sua tesi

4. Chiusura [...]

Der Rollenwechsel ist möglich, wenn der Antagonist (in der Abb. 28: P2), oppositive Meinungen äußert und damit die Rolle eines Protagonisten (in der Abb. 28: P1), der diese *opinione* ggf. verteidigen muss, einnimmt (vgl. Lo Cascio 1991: 144). In diesem Fall stehen sich zwei Protagonisten mit oppositiven Meinungen gegenüber, die diese argumentativ verteidigen.[413] Der initiale Protagonist kann zum (2.) Antagonisten werden, wenn er die Äußerung des Antagonisten/2. Protagonisten angreift, „ma può anche continuare a mantenere il suo ruolo ed a portare argomenti a favore della sua tesi" (Lo Cascio 1991: 144).

Ziel von Protagonist und Antagonist – wenn man davon ausgeht, dass es sich um rational denkende Diskussionsteilnehmer handelt – sollte es sein, zu einer *resolution of the dispute* zu gelangen, wobei idealerweise die *resolution of disputes* „is an intermediate state (which is by definition temporary or provisional in nature) in a continous process of intellectual growth" (van Eemeren/Grootendorst 1984: 2).

---

413   „The argumentation advanced by the protagonist in defence of his standpoint may be either pro-argumentation or contra-argumentation in respect of the expressed opinion to which his standpoint relates. In the former case he tries to justify the expressed opinion and in the latter he tries to refute it." (van Eemeren/Grootendorst 1984: 17).

5.2 Typen von Disputen

Fünf Typen von Disputen (*types of dispute*) werden im pragma-dialektischen Ansatz unterschieden, die unter quantitativen und qualitativen Aspekten betrachtet werden. Voraussetzung ist eine Meinungsverschiedenheit (*difference of opinion*) zwischen realen oder imaginären Opponenten.[414] „In principle, every difference of opinion has the potential to develop into a verbally externalized dispute about an expressed opinion." (van Eemeren/Grootendorst 1984: 1) Im simplesten Fall äußert ein *language user* 1 einen Standpunkt bezüglich der *initial expressed opinion*, dessen Akzeptabilität von einem *language user* 2 angezweifelt wird:

> For a dispute about an expressed opinion it is sufficient (*and* necessary) for *one* point of view to be expressed and for this then to have doubts expressed about it (generally by a different language user). [...] So a dispute only exists if a language user has propounded a view and *doubt is subsequently expressed* about the acceptability of that view. (van Eemeren/Grootendorst 1984: 79, Hervorhebung im Original)

Eine weitere Voraussetzung ist, dass es sich bei dem Standpunkt nicht um einen *zero point of view* handeln darf, d.h. es muss ein positiver oder negativer Standpunkt vertreten werden:

> A language user adopting a zero attitude to O [expressed opinion] is *not committed to O either positively or negatively.* Thus we can only speak of an externalized *dispute about an expressed opinion* if at least one language user has committed himself to that expressed opinion either positively or negatively by advancing a positive or negative point of view in respect of it [...]. (van Eemeren/Grootendorst 1984: 79, Hervorhebung im Original)

Unter strukturellen Gesichtspunkten kann ein Disput

> be more or less complicated. In the simplest case, one party advances a standpoint, while the other party expresses doubt about the acceptability of this standpoint. An example of such a simple confrontation is dialogue (1):
>
> Per: This state visit to China is no more than sheer opportunism!
>
> Åse: Well, I'm not sure about that... (van Eemeren/Houtlosser/Snoeck Henkemans 2007: 21).

Die einfachste Struktur eines Disputs (*structure of a dispute*) ist ein *non-mixed dispute*, in dem nur ein Standpunkt geäußert wird. Im Dialog zwischen Per und Åse (1) äußert nur Per einen positiven Standpunkt, und Åse zweifelt diesen an.

---

414 Van Eemeren, Houtlosser und Snoeck Henkemans (2007: 21) gehen davon aus, dass „each argumentative discussion or text is based on a dispute with a real or imaginary opponent".

Werden zwei *opposite points of view* bezüglich einer *expressed opinion* eingenommen, handelt es sich um einen *mixed dispute* (Dialog 2):

> Per: This state visit to China is no more than sheer opportunism!
>
> Åse: That is not true at all. Of course it isn't opportunism (van Eemeren/Houtlosser/Snoeck Henkemans 2007: 22).

Je nachdem, ob nur ein *issue* oder mehr als ein *issue* zum Gegenstand einer Diskussion wird, sprechen van Eemeren und Grootendorst zudem von einem *single* oder *multiple dispute*:

> A dispute may also become more complex if, rather than one issue, several issues become subject of discussion. If for each of these issues a standpoint is taken which is not accepted, each standpoint necessitates an obligation to defend it, this way creating a multiple dispute. Whether this multiple dispute is mixed or non-mixed depends on the responses given to the standpoints. (van Eemeren/Houtlosser/Snoeck Henkemans 2007: 22)

In der folgenden Übersicht werden die fünf Typen von Disputen dargestellt, die zwischen *language user 1* (T1) und *language user 2* (T2) entstehen können:

Abb. 29: A pragma-dialectical typology of disputes *in Anlehnung an van Eemeren/Houtlosser/Snoeck Henkemans (2007: 24).*

	T1	T2
Single non-mixed	+|–/p	?/(+|–/p)
Single mixed	+|–/p	+|–/p
Quantitative multiple non-mixed	+|–/p1, +|–/p2	?(+|–/p1), ?(+|–/p2)
Quantitative multiple mixed	+|–/p1, +|–/p2	–|+/p1, –|+/p2
Qualitative multiple mixed	+|–/p1, –|+p2	–|+/p1, +|–/p2 [D+|–/p2 → D –|+p1]

p = the proposition the standpoint relates to; + positive standpoint; – = negative standpoint; ? = doubt; / = with regard to; | = or; D = defence of; → = implies

In einem *single non-mixed dispute* äußert der Protagonist einen *point of view* (im Schema +\|–/p), und der Antagonist zweifelt diesen an (im Schema ?/(+\|–/p)); in einem *single mixed dispute* äußern Protagonist und Antagonist *opposite points of view* zu einem *issue*; in einem *quantitative multiple mixed dispute* werden mindestens zwei *opposite points of view* von beiden Parteien bezüglich verschiedener

165

issues verbalisiert; in einem *quantitative multiple non-mixed dispute* äußert der Antagonist nur Zweifel an den vom Protagonisten geäußerten *points of view* bezüglich verschiedener *issues;* und in einem *qualitative multiple mixed dispute* „both parties advance standpoints and at least one standpoint has a contrary relationship to a standpoint of the other party." (van Eemeren/Houtlosser/Snoeck Henkemans 2007: 24)

Als Beispiel für einen *qualitative multiple mixed dispute* kann der folgende Dialog gelten:

T1: It is hot in here.
T2: It is not hot in here.
T1: It is.
T2: I would say it was cold in here.[415]

Dieses konträre Verhältnis zwischen den *points of view* von T1 und T2 würde dazu führen, dass „a successful defence of the second standpoint implies that the first standpoint has been defended as well: if it is cold in a place, then – assuming the same standards – it is not hot in that place" (van Eemeren/Houtlosser/ Snoeck Henkemans 2007: 23).

Deutlich wird, dass zusätzlich zur *mixed* vs. *non-mixed* sowie *single* vs. *multiple* Unterscheidung eine Einteilung in *quantitative multiple* vs. *qualitative multiple disputes* vorgenommen wird. Quantitative Aspekte betreffen die Anzahl der geäußerten *points of view* und qualitative Aspekte betreffen das Verhältnis zwischen den geäußerten *points of view* (oppositiv oder konträr).

5.3 Stadien einer kritischen Diskussion

Das folgende Kapitel hat die Vorstellung der verschiedenen Stadien einer kritischen Diskussion zum Inhalt. Die pragma-dialektische Argumentationstheorie geht von der Annahme aus, dass „argumentation [...] part of a critical discussion about an expressed opinion" ist (vgl. van Eemeren/Grootendorst 1984: 17). Eine solche kritische Diskussion durchläuft verschiedene Diskussionsstadien (*discussion stages*) und wird definiert als eine

> discussion between a protagonist and an antagonist of a particular standpoint in respect of an expressed opinion, the purpose of the discussion being to establish whether the protagonist's standpoint is defensible against the critical reactions of the antagonist.
> (Van Eemeren/Grootendorst 1984: 17)

---

415   van Eemeren/Houtlosser/Snoeck Henkemans (2007: 24).

Protagonist und Antagonist stellen Parteien (*parties*) in einer kritischen Diskussion dar, „who try to resolve a difference of opinion (that may be implicit) by testing the acceptability of the standpoints concerned" (van Eemeren/Grootendorst 2004: 21).

Eine kritische Diskussion entspricht ebenfalls ihrer Definition als einer *argumentative discussion*, wenn

> the participants try to convince one another of the *acceptability* or *unacceptability* of the expressed opinion under discussion by means of *argumentative statements*. These are designed to justify or refute an expressed opinion to the listener's satisfaction. (van Eemeren/Grootendorst 1984: 2, Hervorhebung im Original)

In der Theorie von van Eemeren und Grootendorst (1984; 2004) werden einzelne Stadien einer idealen kritischen Diskussion unterschieden, die durch das Wechselspiel von Protagonist und Antagonist auf der Suche nach der *resolution of the dispute* bedingt sind: „By advancing argumentative statements the interlocutors indicate their intention *jointly* to find a resolution of the dispute" (van Eemeren/Grootendorst 1984: 2, Hervorhebung im Original). Diese Stadien stellen die **Makrostrukturen einer** *argumentative discussion* dar. Die vier Stadien, die unterschieden werden, sind nach van Eemeren und Grootendorst (1984: 88):

1. *Confrontation stage*
2. *Opening stage*
3. *Argumentation stage*
4. *Concluding stage.*

Im Konfrontationsstadium (*confrontation stage*) bemerken die *language user*, dass sie eine Meinungsverschiedenheit (*difference of opinion*) hinsichtlich einer *expressed opinion* haben. Im Eröffnungsstadium (*opening stage*) beschliessen sie, die Meinungsverschiedenheit in Form einer Diskussion zu lösen, indem sie die Rollen eines Protagonisten und Antagonisten einnehmen und den zur Diskussion stehenden Standpunkt zu verteidigen bzw. anzugreifen bereit sind. Das dritte Stadium „is crucial to the resolution of a dispute and is sometimes regarded as 'the discussion proper'" (van Eemeren/Grootendorst 1984: 87). Im Argumentationsstadium (*argumentation stage*) äußern die Protagonisten *statements* zur Stützung ihrer Standpunkte, d.h. es wird eine *pro-argumentation* geäußert. Die Reaktionen der Antagonisten auf die vorgebrachte Argumentation der Protagonisten haben Einfluss auf die Struktur: je nachdem wie überzeugend oder nicht überzeugend die Argumentation ist, fordern die Antagonisten weitere Argumentation oder akzeptieren sie.

Dazu ist es notwendig, die Argumentation auf ihre *acceptability* zu überprüfen (*to investigate*):

> The antagonists investigate whether they consider the argumentation that is advanced acceptable. If they consider the argumentation, or parts of it, not completely convincing, they provide further reactions, which are followed by further argumentation by the protagonist, and so on. (van Eemeren/Grootendorst 2004: 61)

Die kritische Evaluation der Argumentation des Protagonisten durch den Antagonisten ist eine der zwei elementaren Handlungen einer kritischen Diskussion:

> It is crucial for the resolution of a difference of opinion that argumentation is not only advanced, but also critically evaluated. Without both these activities taking place, there can be no question of a critical discussion. (van Eemeren/Grootendorst 2004: 61)

Im Schlussstadium (*concluding stage*) wird festgehalten, wie die Diskussion endet, d.h. ob die Meinungsverschiedenheit bestehen bleibt,[416] oder ob sie zugunsten des Protagonisten oder des Antagonisten gelöst wird (vgl. van Eemeren/Grootendorst 1984: 85ff.).

Van Eemeren und Grootendorst (1984: 88) haben ein Modell zur Darstellung einer *argumentative discussion* entwickelt, welches

> can serve very well as a useful guide to identify the parts of oral and written argumentative discourse and texts that are relevant to the resolution of a difference of opinion. (Van Eemeren/Grootendorst 2004: 100)

Die Stadien einer kritischen Diskussion haben – wie bereits erwähnt – ihren Ursprung in den *rhetorical stages* bzw. klassischen Teilen einer Rede (*exordium, narratio, argumentatio, peroratio*).

Zunächst soll das ideale Modell einer kritischen Diskussion (*ideal model of a critical discussion*) bzw. präziser das Modell einer *simple single discussion* dargestellt werden. Im Schaubild werden den pragma-dialektischen Bezeichnungen der vier dialektischen Stadien[417] einer *simple single discussion* die rhetorischen[418] Bezeichnungen von Redeteilen gegenübergestellt:

---

416 Amossy (2011: § 43) stellt die Hypothese auf, dass neben der Persuasion und dem angestrebten „consensus" auch „la coexistence dans le dissensus" in Internetdiskussionsforen ein Ziel von Argumentation sein kann.

417 van Eemeren und Grootendorst sprechen nicht nur von „dialectical stages", sondern ebenfalls von „discussion stages" (vgl. van Eemeren/Gootendorst 2004: 57f.).

418 Vgl. van Eemeren/Grootendorst (1992: 37).

Abb. 30: Diskussionsstadien einer simple single discussion *bzw.* ideal model of a critical discussion *nach van Eemeren/Grootendorst (1984; 2004: 59ff.).*

CONFRONTATION STAGE	The externalization of a dispute (stage 1)	Exordium
1.1	Language user 1 advances a positive or negative point of view in respect of an expressed opinion	
1.2	Language user 2 casts doubt on this view	
OPENING STAGE	The decision to conduct an argumentative discussion (stage2)	Narratio
2.1	Language user 2 challenges language user 1 to defend his point of view in respect of O[419]	
2.2	Language user 1 accepts the challenge from language user 2	
2.3	Language user 1 and language user 2 decide on an attempt to resolve the dispute by means of discussion	
2.4	Language user 1 and language user 2 decide who is to take the role of protagonist and who the role of antagonist in the discussion	
(2.5)	(Language user 1 and language user 2 agree the rules of discussion to be followed)	
(2.6)	(Language user 1 and language user 2 agree when they will regard the discussion as concluded)	
ARGUMENTATION STAGE	The advancing of argumentation and reaction to it (stage 3)	Argumentatio
3.1	The protagonist advances argumentation in defence of his view	
3.2	The antagonist reacts to the protagonist's argumentation by casting doubt on the constellations (or on parts of the constellations) of statements that constitute the argumentation or on the justificatory or refutatory potential of those constellations, or by accepting the argumentation	
(3.3)	(The protagonist advances new argumentation in defence of his standpoint)	
(3.4)	(The antagonist reacts to the protagonist's new argumentation by casting doubt on the constellations (or on parts of the constellations) of statements that constitute the argumentation or on the justificatory or refutatory potential of those constellations, or by accepting the argumentation)	
(3.5)	(etc.)	
CONCLUDING STAGE	Determining how the discussion ends (stage 4)	Peroratio
(a)	The dispute is resolved in the protagonist's favor	
(b)	The dispute is resolved in the antagonist's favor	
(c)	The dispute is unresolved but the discussion is terminated (*perhaps pro tem.*)	

---

419   Die Abkürzung „O" steht für „expressed opinion".

In dem Modell einer idealen kritischen Diskussion werden das Konfrontations-, das Eröffnungs-, das Argumentations- und das Schlussstadium unterschieden. Bei der Gegenüberstellung mit den rhetorischen Bezeichnungen für die klassischen Teile einer Rede wird deutlich, dass das Konfrontationsstadium dem *exordium*, das Eröffnungsstadium der *narratio*, das Argumentationsstadium der *argumentatio* und das Schlussstadium der *peroratio* entsprechen soll, wobei van Eemeren und Grootendorst klarstellen, dass die Diskussionsstadien nur bis zu einem gewissen Ausmaß mit den Redeteilen übereinstimmen (vgl. van Eemeren/ Grootendorst 2004: 59, FN 40). Dies ist jedoch nicht nur durch das unterschiedliche Ziel, das mit den rhetorischen im Gegensatz zu den dialektischen Stadien erreicht werden soll, zu erklären, sondern auch durch die monologische Strukturierungsebene und Konzeption von Redegattungen der Antike. Hervorzuheben ist, dass im Argumentationsstadium, welches der *argumentatio* entspricht, keine Unterteilung „in eine den eigenen Parteistandpunkt positiv beweisende probatio und eine den gegnerischen Parteistandpunkt widerlegende refutatio"[420] angenommen wird (vgl. Kapitel 3). Dies ist dadurch zu begründen, dass in der dargestellten *simple single discussion* nur der Protagonist einen eigenen Standpunkt argumentativ verteidigt. Kritisch zu hinterfragen ist an dieser Stelle, ob diese monologische klassische Strukturierung (exordium, narratio, argumentatio und peroratio) nicht vielmehr auf die einzelnen Beiträge (des Protagonisten) innerhalb des Argumentationsstadiums der idealen kritischen Diskussion zu beziehen wäre.

Die sprachliche Handlung des Protagonisten im Argumentationsstadium besteht aus dem Vorbringen von (*new*) *argumentation in defence of his view*. Die sprachlichen Reaktionen des Antagonisten bestehen in einer *simple single discussion* im Argumentationsstadium entweder aus:

- **casting doubt on the constellations** of statements that constitute the argumentation,
- **casting doubt on the justificatory or refutatory potential** of those constellations,
- **accepting** the argumentation (van Eemeren/Grootendorst 1984: 88, eigene Hervorhebung).

---

420   Lausberg (1963/[10]1990: 29).

In einer *compound single discussion,* im Gegensatz zu einer *simple single discussion,* vertreten Protagonist und Antagonist gegensätzliche Standpunkte bezüglich einer *expressed opinion* und im Falle einer *compound multiple discussion* gegensätzliche Standpunkte bezüglich mehrerer *expressed opinions.*[421] Durch das Äußern eines Standpunkts im Konfrontationsstadium besteht grundsätzlich eine *obligation to defend:*[422]

> As a rule, a discussant who has been challenged is always obliged to defend the standpoint, and this obligation can only be removed by a successful defense of the standpoint or by retraction of the standpoint. (van Eemeren/Grootendorst 2004: 138)

Im Argumentationsstadium eines *mixed dispute* (in einer *compound discussion*) kann es deshalb zum Wechselspiel der Argumentation und Gegenargumentation der beiden Gegner kommen, welches durch die *allocation of the onus of proof* (oder *burden of proof*) geregelt wird:

> The allocation of the onus of proof in a mixed discussion does not raise *problems of choice,* but instead a *problem of order.* The discussants will have to consult among themselves to reach agreement on who defends his standpoint first. If they are unable to do so, the discussion will probably not take place, but the obligation to defend remains in force in relation to both standpoints. In the traditional view of the allocation of the onus of proof, a decision in a dilemma of this kind is forced by proposing that the person who attacks an established opinion or an existing state of affairs must begin the defense (if he is not the only person to bear the onus of proof according to his view. (van Eemeren/Grootendorst 2004: 140f.)

Zu Recht bemerken van Eemeren und Grootendorst, dass es problematisch sei festzustellen, welcher der *established standpoint* ist.

In einer *not consistently single discussion* ist die Komplexität der *structure of the argumentation* im Argumentationsstadium bedingt durch die Reaktion des Antagonisten, der versucht „to demonstrate the wrongness of an argumentative statement by the protagonist" (van Eemeren/Grootendorst 1984: 87). Es wird allgemein davon ausgegangen, dass „the antagonist's reactions play an important part in the formation of a particular structure in the protagonist's argumentation and therefore deserve a little more attention." (van Eemeren/Grootendorst 1984: 87) Wenn der Antagonist im Argumentationsstadium

---

421 Vgl. van Eemeren/Grootendorst (1984: 78–81).
422 Vgl. van Eemeren/Grootendorst (2004: 138f.).

will himself try to demonstrate the wrongness of an argumentative statement by the protagonist [...] he is no longer only the antagonist with regard to the protagonist's point of view, but has also effectively become the protagonist of a view of his own. This standpoint consists of the negation of his collocutor's statement. (van Eemeren/Grootendorst 1984: 87)

Die Darstellung des Argumentationsstadiums einer *not consistently single discussion*, die eine *contra-argumentation* eines Antagonisten (und ggf. Zweifel an den *statements* des Protagonisten) enthält, soll deswegen in Anlehnung an die in Abbildung 30 dargelegte ideale *simple single discussion* um die Reaktionen des Antagonisten ergänzt werden. Im nachfolgenden Modell werden die Handlungsschritte markiert, die vom Antagonisten (und ebenfalls vom Protagonisten) aufgrund der vorangegangenen Erläuterungen vollzogen werden und nicht im idealen Modell einer kritischen Diskussion schematisch erfasst wurden. Die Veränderungen betreffen das Argumentationsstadium, wohingegen die sprachlichen Handlungen der *confrontation, opening* und *concluding stage* gleich bleiben:

Aus der erstellten Abbildung wird ersichtlich, dass in einer *not consistently simple discussion* der Antagonist im Argumentationsstadium eine *contra-argumentation* äußert, die sich auf ein *argumentative statement* des Protagonisten bezieht und einen eigenen Standpunkt zum Ausdruck bringt: „This standpoint consists of the negation of his collocutor's statement." (van Eemeren/Grootendorst 1984: 87) Zuvor kann er Zweifel oder Kritik an der Argumentation des Protagonisten äußern, „by casting doubt on or criticizing the constellations (or on parts of the constellations) of statements that constitute the argumentation or on the justificatory or refutatory potential of those constellations" (vgl. 3.2 in Abb. 31) oder sofort an die Argumentation (vgl. 3.1 in Abb. 31) des Protagonisten seine *contra-argumentation* anschließen (vgl. 3.3 in Abb. 31).

Abb. 31: Diskussionsstadien einer idealen not consistently simple discussion.

CONFRONTATION STAGE	The externalization of a dispute (stage 1)
1.1	Language user 1 advances a positive or negative point of view in respect of an expressed opinion
1.2	Language user 2 casts doubt on this view
OPENING STAGE	The decision to conduct an argumentative discussion (stage2)
2.1	Language user 2 challenges language user 1 to defend his point of view in respect of O
2.2	Language user 1 accepts the challenge from language user 2
2.3	Language user 1 and language user 2 decide on an attempt to resolve the dispute by means of discussion
2.4	Language user 1 and language user 2 decide who is to take the role of protagonist and who the role of antagonist in the discussion
(2.5)	(Language user 1 and language user 2 agree the rules of discussion to be followed)
(2.6)	(Language user 1 and language user 2 agree when they will regard the discussion as concluded)[423]
ARGUMENTATION STAGE	The advancing of argumentation and reaction to it (stage 3)
3.1	The protagonist advances argumentation in defence of his view
(3.2)	**The antagonist reacts to the protagonist's argumentation by casting doubt on or criticizing the constellations (or on parts of the constellations) of statements that constitute the argumentation or on the justificatory or refutatory potential of those constellations**
(3.3)	**(The protagonist advances new argumentation in defence of his standpoint)**
3.4	**The antagonist reacts to the protagonist's argumentation by:**
3.4.1	**advancing „contra-argumentation [...] of an attitude to an expressed opinion that is asserted and doubted in the dispute which is at the centre of the discussion and relates to a statement *advanced by the protagonist in defence of his point of view*"**
3.4.2	accepting the argumentation
(3.5)	(The protagonist advances new argumentation in defence of his standpoint **or accepts the contra-argumentation or reacts to the antagonist's argumentation by casting doubt on the constellations (or on parts of the constellations) of statements that constitute the contra-argumentation or on the justificatory or refutatory potential of those constellations)**
(3.6)	(The antagonist reacts to the protagonist's new argumentation by casting doubt on the constellations (or on parts of the constellations) of statements that constitute the argumentation or on the justificatory or refutatory potential of those constellations, or by accepting the argumentation)
(3.7)	(etc.)
CONCLUDING STAGE	Determining how the discussion ends (stage 4)
(a)	The dispute is resolved in the protagonist's favor
(b)	The dispute is resolved in the antagonist's favor
(c)	The dispute is unresolved but the discussion is terminated (*perhaps pro tem.*)

---

423 Van Eemeren und Grootendorst formulieren neben „preparatory and sincerity conditions" zur korrekten „performance of the illocutionary act complex argumentation" (van Eemeren/Grootendorst 1984: 44f.) insgesamt 15 Regeln, die es ermöglichen sollen zur Lösung eines Disputs zu gelangen. (van Eemeren/Grootendorst 2004: 135–157) „These rules imply a methodological regulation of argumentative discourse and texts. Together, the rules combine to constitute a dialectical discussion procedure." (van Eemeren/Grootendorst 2004: 57).

173

5.4 Sprechakte des Antagonisten

Im Folgenden sollen die Sprechakte des Antagonisten im Rahmen einer kritischen Diskussion fokussiert und erläutert werden. Sprechakte werden in der Theorie der Amsterdamer Schule in Anlehnung an die Sprechakttheorie[424] von Searle (1979) betrachtet (vgl. van Eemeren/Grootendorst 1984: 19ff.). Searle teilt Sprechakte in fünf Klassen ein: Assertiva (bzw. Repräsentativa[425]), Direktiva, Kommissiva, Expressiva und Deklarativa. Diese lassen sich in einen *utterance act* (Äußerungsakt), *propositional act* (propositionaler Akt), *illocutionary act* (illokutionärer Akt) und *perlocutionary act* (perlokutionärer Akt) unterteilen. Von den von Searle angenommenen fünf Sprechaktklassen kommen hauptsächlich nur vier in argumentativen Diskussionen zum Einsatz: Assertiva, Direktiva, Kommissiva und ein Subtyp von Deklarativa: die von van Eemeren und Grootendorst als *usage declaratives* bezeichneten Sprechakte. „[T]hese speech acts [usage declaratives] refer to linguistic usage and are not tied to a specific institutional context" (van Eemeren/Grootendorst 2004: 66). Deklarativa allgemein werden nicht als konstitutiv angesehen, da sie in einem bestimmten institutionellen Kontext geäußert werden müssen, der in kritischen Diskussionen nicht zwingend gegeben ist. Zu den relevanten Sprechakten bei der *resolution of a difference of opinion* zählen deshalb nur *usage declaratives*, wie in folgendem Zitat deutlich wird:

> With the exception of the usage declaratives, declaratives do not play any immediate role in a critical discussion because they depend on the authority of the speaker or writer in a particular institutional context and do not directly contribute to the resolution of a difference of opinion. (van Eemeren/Grootendorst 2004: 66)

Typische *usage declaratives* sind z. B. Definitionen, Spezifizierungen, Amplifikationen und Erklärungen, wie van Eemeren und Grootendorst (2004: 66) erläutern.

Insgesamt stehen den Diskussionsteilnehmern diese vier Klassen von Sprechakten zur Verfügung, jedoch verteilen sie sich in den einzelnen *stages* unterschiedlich auf *language user 1* und *language user 2*. Es werden deshalb *speech acts of language user 1* von *speech acts of language user 2* abgegrenzt, sowie *speech acts of language user 1 and language user 2 collectively* angenommen (vgl. van Eemeren/Grootendorst 1984: 100–104). Die verschiedenen Stadien einer

---

424 Abweichend von Searles Theorie geht der pragma-dialektische Ansatz nicht von einem 1:1-Verhältnis zwischen Satz und illokutivem Akt aus, d. h. der illokutive Akt Argumentation kann aus mehreren Sätzen bestehen. Vgl. van Eemeren/Grootendorst (1984: 33).

425 Im Folgenden wird nur noch der Terminus *Assertivum* verwendet.

kritischen Diskussion werden durch unterschiedliche Sprechaktkonstellationen determiniert.

Die unterschiedliche Verteilung der Sprechakte ist bedingt durch die Aufgaben von Protagonist und Antagonist in einer kritischen Diskussion. Die Diskussion über die Verwendung von *assertives* auf Seiten des Protagonisten und nicht auf Seiten des Antagonisten zeigt dies deutlich: Die Hauptaufgabe (*chief task*) des Protagonisten

> is to defend his stated point of view in respect of the expressed opinion, and this he does by performing assertives. [...] The role fulfilled by A [**Antagonist**] in a consistently simple single discussion also makes clear why he, for his part, **performs no assertives.** His only task is to attack P's point of view and argumentation; he himself has nothing to defend. He can therefore concentrate fully on his attacking task. (van Eemeren/Grootendorst 1984: 106, eigene Hervorhebung)

Es wird klar zwischen *defending task* (die der Rolle des Protagonisten zugewiesen wird) und *attacking task* (die der Rolle des Antagonisten zugewiesen wird) unterschieden, welche die Verwendung bestimmter Sprechakte einerseits vorgeben und andererseits ausschließen.

Van Eemeren und Grootendorst (1984: 86) nehmen an, dass es „various attacking and defending speech acts" gibt:

> To reach a resolution of the dispute it is necessary that the discussants have insight into the structure of the argumentation, for otherwise they will be unable to establish exactly what the consequences will be of the success or failure of **the various attacking and defending speech acts for their assessment of the acceptability or unacceptability of the expressed opinion being discussed** and for any other further discussion. (vgl. van Eemeren/Grootendorst 1984: 86, eigene Hervorhebung)

Sprechakte des Antagonisten, die zu den *attacking speech acts* gezählt werden, dienen im Argumentationsstadium einer *simple single discussion* in der Regel dazu

> [to] *cast doubt on the constellations of statements* constituting the protagonist's argumentation (or on parts of those constellations) or, in the case of pro-argumentation, on the *justificatory potential* of those constellations, or, in the case of contra-argumentation, on their *refutatory potential*. (van Eemeren und Grootendorst 1984: 86, Hervorhebung im Original)

Der Sprechakt des Zweifelns (*to cast doubt*) wird vom Antagonisten eingesetzt, um die (pro/contra)-*argumentation* des Protagonisten infrage zu stellen, d.h. es ist ein Sprechakt, der seiner Angreiferrolle (*attacking role*) zugerechnet werden muss. Entweder wird das *justificatory potential* oder das *refutatory potential* der *constellations of statements constituting the protagonist's argumentation* angezweifelt.

Im Argumentationsstadium einer *simple single discussion* können drei Arten von Sprechakten (*sorts of speech acts*) geäußert werden, die sich folgendermaßen auf Protagonist und Antagonist verteilen.
Hierzu wird die folgende Übersicht vorgeschlagen:

Abb. 32: Verteilung der Sprechakte auf das Argumentationsstadium in einer simple single discussion.

Argumentationsstadium: *simple single discussion*		
	Protagonist	Antagonist
Assertiva	+	–
Kommissiva	–	+
Direktiva	–	+

Zwei von den Sprechakttypen, Kommissiva und Direktiva, können auf Seiten des Antagonisten verortet werden und dienen dazu, die *argumentation* des Protagonisten anzugreifen. Assertiva werden nur dem Protagonist zugeordnet, da sie dazu dienen, einen Standpunkt (positiv oder negativ) zu verteidigen, und somit die „elementary illocutionary acts" zur Konstitution einer Argumentation darstellen.

> The argumentation advanced in discussions about expressed opinions in order to re-
> solve disputes about those expressed opinions consists of elementary illocutionary acts
> which together constitute one or more argumentative act complexes. […] we stated that
> these elementary illocutionary acts belong in principle to the category of the assertives.
> (van Eemeren/Grootendorst 1984: 95)

Dass der Antagonist keine Assertiva in einer *simple single discussion* verwendet, kann darauf zurückgeführt werden, dass „his only task is to attack P's [Protagonist] point of view and argumentation; he himself has nothing to defend" (van Eemeren/ Grootendorst 1984: 106; van Eemeren/Houtlosser/Snoeck Henkemans 2007: 106). Assertiva werden demzufolge nur vom Protagonisten zum Verteidigen des eigenen Standpunkts in Form eines „complex speech act of argumentation" verwendet (van Eemeren/Grootendorst 2004: 143). Zu bedenken gilt es bei der Annahme allerdings, dass nicht nur der Protagonist Assertiva verwenden kann, sondern dass auch der Antagonist den Standpunkt des Protagonisten ebenfalls mit Assertiva angreifen könnte (z.B. mittels *Ce n'est pas vrai*) und mit dieser Handlung indirekt ebenfalls seiner Angriffsaufgabe gerecht werden kann.[426]

---

426 Das Anzweifeln der *constellations of statements constituting the protagonist's argumen-*
     tation wird in der Regel mit Direktiva verbalisiert. Die Äußerung *Ce n'est pas vrai*

Welche Funktion Assertiva auf Seiten des Protagonisten übernehmen und unter welchen Bedingungen, soll im Folgenden genauer betrachtet werden. Das Äußern von Assertiva im Argumentationsstadium kann der Definition einer *contra-argumentation originating from a protagonist* entsprechen, d.h. der Argumentation eines Protagonisten gegen eine *expressed opinion*, wenn bestimmte Bedingungen erfüllt werden. Zwei dieser Konditionen[427] „in Searle's basic theory of illocutionary acts are called the *propositional content condition* and the *essential condition*" (van Eemeren/Grootendorst 1984: 43, Hervorhebung im Original). Für die *contra-argumentation* eines Protagonisten wird folgende *propositional content condition* festgelegt:

The constellation of statements S_1, S_2 (,…, S_n) consists of assertives in which propositions are expressed. (van Eemeren/Grootendorst 1984: 43)

Die *essential condition* für die *contra-argumentation* wird defniert als:

Advancing the constellation of statements S1, S2 (,…, Sn) counts as an **attempt by S** [speaker] **to refute O** [expressed opinion] to L's [listener] satisfaction, i.e. **to convince L of the unacceptability of O**. (van Eemeren/Grootendorst 1984: 43, eigene Hervorhebung)

Die Konstellation von *statements* besteht dabei aus Assertiva, die vom Sprecher eingesetzt werden, um den Hörer von der Inakzeptabilität der *expressed opinion* zu überzeugen. Das „erfolgreiche" Ergebnis des Versuchs wäre die *refutation of O*. Die Definition entspricht der *contra-argumentation originating from a protagonist*, da sie sich auf die *expressed opinion* bezieht und nicht auf ein „statement advanced by the protagonist in defence of his point of view", wie es bei der *contra-argumentation coming from an antagonist* der Fall ist.

Dem Antagonisten stehen – anders als dem Protagonisten – innerhalb des Argumentationsstadiums zwei Sprechakttypen zur Verfügung: Kommissiva und Direktiva. Das Äußern von Kommissiva und Direktiva entspricht in der Regel der Handlung des Angreifens von Standpunkten durch den Antagonisten. „Attacking […] standpoints in an critical discussion" kann auf folgende Art erfolgen, und zwar nur auf diese Art, wie van Eemeren und Grootendorst betonen:

könnte mittels Rekonstruktionstransformationen des Typs Addition und Substitution in einen direktiven Sprechakt verwandelt werden, um unklare Formulierungen durch klare zu ersetzen und den Zweifel explizit zu machen.

427 Weitere Bedingungen, die erfüllt sein müssen, damit eine *contra-argumentation* korrekt vollzogen werden kann, sind die *preparatory* und *sincerity conditions* (vgl. van Eemeren/Grootendorst 1984: 44f).

Three types of speech acts are performed in the argumentation stage: By means of assertives, the protagonist performs exclusively the complex speech act of *argumentation*, while **the antagonist** accepts this argumentation by performing the commissive *acceptance* or **declines this argumentation by performing the negation of this commissive; the antagonist can then perform the directive** *request* **to elicit a new** *argumentation*. **These are the only accepted ways of attacking or defending standpoints in a critical discussion.** (van Eemeren/Grootendorst 2004: 143; Kursivierung im Original; Fettmarkierung eigene Hervorhebung)

Zum einen kann der Antagonist nur die Negation des Kommissivums äußern, zum anderen kann er erst einen negierten kommissiven Sprechakt (*negation of this commissive*) äußern und daran anschließend einen direktiven Sprechakt, um den Protagonisten dazu zu bringen, seine Argumentation weiter auszuführen. Der Antagonist äußert folglich notwendig einen negierten kommissiven Sprechakt, wohingegen der direktive Sprechakt fakultativ ist. Deutlich wird ebenfalls, dass der Antagonist erst den kommissiven und dann den direktiven Sprechakt äußert und nicht umgekehrt (…can *then* perform the directive request…), d.h. es wird eine Reihenfolge innerhalb des Vorgangs des Angreifens eines Standpunkts (*attacking of a standpoint*) angenommen. „A question is a directive that is actually a special form of request: It is a request to perform a verbal act – namely, to reply." (van Eemeren/Grootendorst 2004: 64) Dieser *verbal act*, der mittels des *directive request* gefordert wird, ist eine weitere Argumentation von Seiten des Protagonisten.

Äußert der Antagonist gegenargumentative sprachliche Handlungen in einer *compound discussion*, wird für das Argumentationsstadium angenommen, dass der Antagonist ebenfalls Assertiva äußert, um das Angreifen der Argumentation des Protagonisten zu begründen. Die Verteilung der Sprechakte auf die vier Stadien einer kritischen Diskussion ändert sich für eine *compound discussion* im Vergleich zur *simple single discussion* trotzdem nicht, da Assertiva für die Handlung *advancing argumentation* im Argumentationsstadium (III) auf Seiten des Protagonisten und des Antagonisten angenommen werden können. Im Schema wurde im Argumentationsstadium bei der Kategorie *ASSERTIVE* für die Handlung des Gegenargumentierens eines Antagonisten *advancing contra-argumentation* ergänzt (durch Fettmarkierung):

Abb. 33: Ergänzte Darstellung der Verteilung der Sprechakte auf die vier Stadien einer kritischen Diskussion nach van Eemeren, Houtlosser und Snoeck Henkemans (2007: 16).

I	CONFRONTATION
ASSERTIVE	expressing a standpoint
COMMISSIVE	acceptance [of] a standpoint or not
[DIRECTIVE	requesting a usage declarative]
[USAGE DECLARATIVE	definition, specification, amplification, et cetera]
II	OPENING
DIRECTIVE	challenge to defend the standpoint
COMMISSIVE	acceptance of the challenge to defend the standpoint
	agreement on premises, and the discussion rules
[DIRECTIVE	requesting a usage declarative]
[USAGE DECLARATIVE	definition, specification, amplification, et cetera]
III	ARGUMENTATION
DIRECTIVE	requesting argumentation
ASSERTIVE	advancing argumentation[428]/**advancing contra-argumentation**[429]
COMMISSIVE	accepting argumentation or not
[DIRECTIVE	requesting a usage declarative]
[USAGE DECLARATIVE	definition, specification, amplification, et cetera]
IV	CONCLUDING
COMMISSIVE	acceptance of the standpoint or not
	repeating that the standpoint is not accepted
ASSERTIVE	maintaining or retracting a standpoint
	establishing the result of the discussion
[DIRECTIVE	requesting a usage declarative]
[USAGE DECLARATIVE	definition, specification, amplification, et cetera]

---

428 Die Art der Argumentation ist die *argumentation* und *contra-argumentation* eines Protagonisten.

429 Unter *advancing contra-argumentation* soll hier explizit nur die *contra-argumentation coming from an antagonist* verstanden werden.

Auf die Äußerung des Sprechakts „gegenargumentieren" (*counter-arguing*) im Rahmen des Argumentationsstadiums macht auch Lewiński (2010: 50) aufmerksam, wobei nicht spezifiziert wird, ob es sich um *contra-argumentation* eines Protagonisten oder Antagonisten handelt:

> The procedure for a critical discussion is thus composed of various types of speech acts used by arguers in daily verbal communication: advancing a standpoint, accepting or not accepting a standpoint (confrontation stage), challenging the protagonist to defend a standpoint, agreeing on some starting points (opening stage), arguing, casting doubt on arguments, ***counter-arguing (argumentation stage)*** [...]. (Lewiński 2010: 50, eigene Hervorhebung)

Die Annahme von gegenargumentativen Handlungen führt dazu, dass auch Assertiva dem Antagonisten zugestanden werden können und dem Protagonisten ebenfalls Kommissiva und Direktiva, da dieser ebenfalls die Argumentation des Antagonisten angreifen kann:

Abb. 34: Verteilung der Sprechakte auf das Argumentationsstadium in not consistently simple discussions *oder* compound discussions.

Argumentationsstadium: *not consistently simple discussions* oder *compound discussions*		
	Protagonist	Antagonist
Assertiva	+	+
Kommissiva	+	+
Direktiva	+	+

Die Rolle des Antagonisten beschränkt sich im Argumentationsstadium einer *compound discussion* nicht mehr darauf, kritische Reaktionen wie Zweifel zu äußern, sondern ebenfalls einen eigenen Standpunkt zu vertreten und komplexere kritische Reaktionen, wie die des Gegenargumentierens gegen die *argumentation* eines Protagonisten, zu verbalisieren.

5.5 Eignung des idealen Modells einer kritischen Diskussion zur Analyse von Gegenargumentationen in politischen Internetforumsdiskussionen

In diesem Kapitel soll anhand von theoretischen, empirischen und methodologischen Kriterien beurteilt werden, ob im Folgenden davon ausgegangen werden kann, dass sich das Modell einer kritischen Diskussion zur Analyse von

Gegenargumentationen in politischen Internetforumsdiskussionen eignet.[430] Diese Kriterien sollen nacheinander diskutiert werden.

Unter theoretischen Gesichtspunkten eignet sich der Ansatz der Amsterdamer Schule, weil er ein theoretisches Rahmenwerk („theoretical framework") zur Argumentationsrekonstruktion und ein theoretisches Modell („theoretical model") einer Diskussion liefert.[431] Die Kombination von deskriptiven und normativen Aspekten erfolgt mit dem Ziel, eine „analytic reconstruction of argumentative language use in oral and written discourse" zu erreichen und dabei die „characteristic properties of argumentative reality" angemessen zu reflektieren und wiederzugeben (van Eemeren/Grootendorst 2004: 23). Die medial schriftlich verbalisierten Diskussionsforenbeiträge im Forum *Debate Europe* können dem „written discourse" zugeordnet werden und zeichnen sich durch einen hohen Grad an argumentativer sprachlicher Aktivität aus. Es kann deshalb angenommen werden, dass die deskriptiven Analyseaspekte und das ideale Modell einer kritischen Diskussion ein fruchtbares theoretisches Instrumentarium zur Beschreibung von reellen gegenargumentierenden Handlungen liefern. Die normativen Aspekte erlauben darüber hinaus festzustellen, ob die argumentative Realität dem Ideal einer kritischen Diskussion entspricht, oder ob sich Unterschiede feststellen lassen (vgl. van Eemeren 2010: 13).

Unter empirischen Gesichtspunkten bietet der pragma-dialektische Ansatz einerseits den Vorteil, dass er unter Berücksichtigung von „qualitative and quantitative research of argumentative reality" entwickelt wurde (van Eemeren/ Grootendorst 2004: 110), und andererseits dadurch, dass er bereits empirische Ergebnisse geliefert hat, wie aus der Untersuchung von Lewiński (2010) hervorgeht. Lewiński konstatiert, dass der pragma-dialektische Ansatz aufgrund seiner „heuristic function" und „normative functions" die Analyse der „patterns of reacting critically in the activity type of online political forum discussions" erlaube (Lewiński 2010: 59f.).

Hervorgehoben werden soll Lewińskis Feststellung, dass mit diesem Modell „specific types of moves, such as critical reactions, can be elucidated in terms of

---

430 Lewiński (2010) kommt zu dem Schluss, dass „the pragma-dialectical approach is theoretically efficacious to the task of a methodical investigation of specifities of argumentative activity types, such as online discussion forums."

431 „In using this theoretical model in order to reconstruct argumentation, we do not submit the model to an empirical test, but try to use it in a sensible way to reshape argumentative reality – in our case, an argumentative discourse or text – in a way that reveals the extent to which this specimen of argumentative reality, on closer inspection, correspnds with the ideal model." (van Eemeren/Grootendorst 2004: 23).

their dialectical and rhetorical functions" (Lewiński 2010: 60f.). Denn die *contra-argumentation coming from an antagonist* kann und wird in der vorliegenden Studie zu den kritischen Reaktionen im Rahmen des Argumentationsstadiums gezählt werden, weshalb diese spezifischen Züge des Antagonisten mit dem Modell beschrieben werden können. Das pragma-dialektische Modell dient deshalb im Hauptteil als Basis für die empirische Analyse von konstitutiven gegenargumentativen Handlungen im Rahmen von Diskussionen im politischen Internetforum *Debate Europe*.

5.6 Zusammenfassung

Neben der Definition der *contra-argumentation coming from an antagonist* (vgl. Kapitel 4.10) liefert der pragma-dialektische Ansatz ein theoretisches und methodologisches Rahmenwerk zur Beschreibung von Diskussionen, wie sie im vorliegenden Korpus untersucht werden sollen. Der Ansatz berücksichtigt und unterscheidet kommunikative und interaktionelle Rollen, verschiedene Typen von Disputen, vier Diskussionsstadien und erlaubt es, die sprachlichen Handlungen des Antagonisten mithilfe der Sprechakttheorie in den einzelnen Stadien zu charakterisieren.

6. Kommunikative, digitaltechnologische und institutionelle Bedingungen für das Äußern von Gegenargumentationen im politischen Internetforum *Debate Europe*

Mit diesem Kapitel beginnt der analytische Teil der vorliegenden Untersuchung. Ziel ist es, die Kommunikationsbedingungen des zu untersuchenden politischen Internetdiskussionsforums der Europäischen Kommission (*Debate Europe*) zu charakterisieren, d. h. den Aufbau und Ablauf durch verschiedene dialogisch-kommunikative, zeitliche, räumliche, mediale und funktionale Gegebenheiten zu bestimmen. Die Kommunikationsbedingungen im Internetforum *Debate Europe* werden zunächst nach zehn Parametern unter Berücksichtigung der wichtigsten kommunikativen Instanzen und Faktoren in Anlehnung an die Theorie von Koch und Oesterreicher („Nähe- und Distanzkontinuum") analysiert (Kapitel 6.1). Anschließend sollen die technischen und institutionellen Bedingungen diskutiert werden (Kapitel 6.2). Der Betrachtung der digitaltechnologischen Gegebenheiten ist neben den kommunikativen besondere Aufmerksamkeit zu schenken in der Annahme, dass die „technological properties of the computer-mediated forums have a bearing on the way argumentation is regimented in this type of argumentative activity", wie bereits Lewiński (2010: 63) hervorhebt.

Internetforen sind thematisch geordnete Internetseiten, auf denen Diskussionen zwischen Internetnutzern geführt oder Informationen jeglicher Art ausgetauscht werden.[432] Diskutiert wird über Themen, die zu einem bestimmten Zeitpunkt für eine Gruppe von Personen fraglich sind, die mittels Computer und Internet interagieren.[433] Internetforen ermöglichen somit computervermittelte Kommunikation (CVK[434]), die asynchron verläuft.

Die Fragmente aus den Internetforumsdiskussionen, die zur Illustration dienen, werden im Original, d. h. mit Rechtschreibfehlern abgedruckt. Des Weiteren werden die Pseudonyme der Diskussionsbeitragsverfasser, Datum und Uhrzeit sowie der Diskussionsbeitragstext abgebildet. Die ursprünglichen Markierungen

---

432 Zu Definition und Aufbau von „Newsgroups" vgl. Runkehl/Schoblinski/Siever (1998: 53).
433 Vgl. Pirazzini (2006: 65).
434 Vgl. zu Definition und Merkmalen von CVK z. B. Beck (2006). Einen Überblick über die verschiedenen Formen der CVK bieten Herring, Stein und Virtanen (2013).

durch die Beitragsverfasser werden (in diesem Kapitel) im Beitragstext beibehalten, d.h. Fettmarkierung und Kursivierungen sind original.

6.1 Kommunikationsbedingungen

In diesem Kapitel sollen die Kommunikationsbedingungen des Internetforums *Debate Europe* beschrieben werden in der Annahme, dass sie den Ablauf der Internetforumskommunikation sowie den Aufbau der Diskussionsbeitragsstruktur beeinflussen. Es wird versucht, die Frage zu beantworten, welche kommunikativen Bedingungen für das Äußern von Argumentationen und Gegenargumentationen im Internetforum *Debate Europe* vorliegen, indem die wichtigsten Faktoren und Parameter der sprachlichen Kommunikation diskutiert werden.

Dass die modernen Massenmedien eine „Redesituation" kreieren, die Einfluss auf den Typ und die Form von Argumentationen nimmt, darauf macht Eggs aufmerksam:

> Die alte rhetorische Einsicht, daß Typ und Form von Argumentationen durch die jeweilige Redegattung und Redesituation vorstrukturiert werden, ist auch für die Analyse von Argumentationen in modernen Massenmedien gültig. Je nach Texttyp und Präsentationsform variieren nämlich Art, Typ und Gewicht des Argumentativen. (Eggs 1996: 183)

Analog kann dies auch für Art, Typ und Form des Gegenargumentativen in Internetforen angenommen werden.

Dass sich die Gewichtung des Argumentativen – und hier soll hinzugefügt werden: auch die Kritik des Argumentativen – geändert hat, wird von Lewiński (2010) bemerkt, der die These aufstellt, dass in politischen Internetforumsdiskussionen bestimmte definitorische Qualitäten (mit anderen Worten die Kommunikationsbedingungen) zu einer zahlenmäßig unbegrenzten Möglichkeit des kritischen Testens von Standpunkten (*critical testing of standpoints*) führen und somit das Gewicht des Argumentativen und besonders des Gegenargumentativen (das zu den Mitteln des kritischen Testens von Standpunkten zählt) verändert haben:

> These discussions' defining qualities – lack of censorship, or even moderation, lack of time and space limits, freedom of access, open-endedness, anonymity – often denounced as obstacles to orderly, civil and responsible argumentation, can also be perceived as catalysts of uninhibited critical testing of standpoints and arguments advanced in the course of debates. (Lewiński 2010: 4)

Daraus lässt sich die Hypothese formulieren, dass die Kommunikationsbedingungen einen wesentlichen Einfluss auf das Vorkommen und die Verbalisierung von Gegenargumentationen haben, da sie wesentlicher Bestandteil von

„uninhibited critical testing of standpoints and arguments advanced in the course of debates" (Lewiński 2010: 4) sein könnten.

Die Kommunikationsbedingungen der Kommunikationsform „Internetforum" sollen im Folgenden mithilfe der ab Mitte der 1980er Jahre von Koch und Oesterreicher ermittelten Parameter zur Analyse von „Mündlichkeit" und „Schriftlichkeit" beschrieben werden. Das Modell zur Darstellung des so genannten „Nähe- und Distanzkontinuums" ist zwar nicht auf die, wie Dürscheid (2003: 1) hervorhebt, in den vergangenen Jahren populär gewordenen Kommunikationsformen ausgelegt gewesen, kann aber als theoretische Ausgangsbasis dienen. Zunächst sollen die „wichtigsten Instanzen und Faktoren der sprachlichen Kommunikation" wiedergegeben werden in Anlehnung an Koch und Oesterreicher (1990/²2011: 6).

Sie gehen davon aus, dass

> mindestens zwei Interaktionspartner [...] miteinander in **Kontakt** [treten], wobei sie – gegebenenfalls im Wechsel – die **Gesprächsrollen** des **Produzenten** und des **Rezipienten** einnehmen. Dabei entsteht eine Nachricht, ein **Diskurs/Text**, der sich auf **Gegenstände** und **Sachverhalte** der außersprachlichen Wirklichkeit bezieht. Die Produktion des Diskurses/Textes stellt eine schwierige **Formulierungsaufgabe** dar, da sie im Spannungsfeld steht zwischen der **Linearität** sprachlicher Zeichen, den Vorgaben der **Einzelsprache** und der komplexen, **vieldimensionalen** außersprachlichen Wirklichkeit. Produzent und Rezipient sind eingebunden in personale, räumliche und zeitliche Zeigefelder (Deixis), in bestimmte **Kontexte** und in bestimmte **emotionale** und **soziale** Bezüge. (Koch/Oesterreicher 1990/²2011: 6, Hervorhebung im Original)

Koch und Oesterreicher nehmen eine dialogische Kommunikationssituation bei der Produktion eines Diskurses/Textes zwischen einem Produzenten und Rezipienten als Beispiel. Direkt zu Beginn betont werden soll allerdings, dass es in einem Internetforum nicht nur zwei Interaktionspartner gibt, da der Produzent es mit einer nicht identifizierbaren Anzahl von Rezipienten zu tun hat. Man kann deshalb von einem intendierten Rezipienten ausgehen und einem zweiten anonymen Rezipienten, der die Diskussionsbeiträge liest. Hinzu kommt ein weiterer Rezipient im Diskussionsforum: der so genannte Moderator, dessen Rolle bei der „Formulierungsaufgabe" vom Produzenten mitberücksichtigt werden sollte.[435] Das Fehlen von Zensur (*lack of censorship*), von dem (Lewiński 2010: 4) in seiner

---

435 „In Kent Landfield's NetNews Moderator's Handbook (1996 [...]) three purposes of newsgroup moderation are mentioned. The first purpose is to prevent or remove inappropriate postings to the newsgroup, such as chain letters or postings on topics that are specifically excluded from the charter of the group. The second purpose of moderation is to facilitate the discussion, for example to end up certain repetitive or endless uninformative discussions. Interestingly, we see that also the facilitating

Untersuchung spricht, ist im vorliegenden Forum *Debate Europe* aufgrund des Moderators folglich nicht gegeben.

Insgesamt zehn (in der Regel graduelle) Parameter werden unter Berücksichtigung verschiedener „Instanzen und Faktoren der sprachlichen Kommunikation" (Koch/Oesterreicher 1990/²2011: 7) ermittelt, die zur Abbildung der Kommunikationsbedingungen von Äußerungsformen dienen sollen. Es handelt sich u.a. um physische, emotionale, situationale, referentielle, dialogische sowie thematische Parameter.

Koch und Oesterreicher (1990/²2011: 8) stellen die These auf, dass

> jede denkbare Kommunikationsform [...] notwendigerweise charakterisiert ist durch ein Bündel konkreter Kommunikationsbedingungen, die mit den genannten Parametern beschrieben werden können.

Vor der Analyse der zehn Parameter soll der Aufbau eines Diskussionsbeitrags im Internetforum ausführlich dargestellt werden, um die strukturellen Charakteristika zu verdeutlichen.

Allgemein kann festgestellt werden, dass Diskussionsbeiträge neben dem Text verschiedene Angaben zum Profil des Nutzers sowie technische Angaben enthalten. Der folgende Diskussionsbeitrag des Nutzers mit dem Pseudonym „babar" im Oberbereich „Avenir de l'Europe" und mit der Threadüberschrift „l'Iran, l'immigration" zeigt die graphische Aufteilung:

Abb. 35: Diskussionsbeitrag aus dem Forum Debate Europe.

(1)

Re: l'Iran, l'immigration
babar   12 Fév 2010, 00:52
"europeendabord a écrit: un énorme problème qui nous vient de Bruxelles...

come d' hab... c'est la faute a Bruxelles.
Les attentats contre le WTC, la monte de l' Islamisme, la question de la nationalite europeenne, c'est la faute a Bruxelles. Cela a l'avantage de simplifier les problemes.

babar
Messages: 436
Inscrit le: 06 Sep 2008, 09:11
Localisation: London

(Korpus R)[436]

---

role is illustrated by Landfield in 'negative' terms. The third role of the moderator is to answer questions or to give help." (Edwards 2002: 5).

436   Der Buchstabe am Ende eines Diskussionsbeitrags verweist auf die Korpuszugehörigkeit (Korpus A-Z vgl. Anhang dieser Arbeit). Die Korpustexte (26 Threads des Internetforums Debate Europe) sind auf der Internetseite des Forums Debate Europe aufrufbar. Die Threads können einzeln aufgerufen und manuell nach den Beispielen durchsucht werden.

Der Diskussionsbeitrag ist in zwei Bereiche eingeteilt. Im linken Hauptbereich wird der Name des Verfassers bzw. sein Pseudonym angezeigt, das Datum, die Uhrzeit sowie der Text. In der rechten Hälfte des Diskussionsbeitrags stellt das Forum allgemeine Informationen zum Nutzer zur Verfügung: In jedem Fall wird das Pseudonym angezeigt, außerdem, wie viele Diskussionsbeiträge der Nutzer bereits im Diskussionsforum verfasst, und wann er sich im Forum angemeldet hat. Fakultativ sind ein Profilfoto (Avatar) sowie Wohnort, Tätigkeit, Interessen, Alter, Website, ICQ-Nummer und AOL-Name.[437] Angegeben wurden im Beispieldiskussionsbeitrag ein Profilfoto und neben den obligatorischen Angaben die freiwillige Angabe des Wohnorts „London". Jeder Nutzer kann zudem eine Signatur anlegen, d. h. einen Text, der an jeden Diskussionsbeitrag angefügt wird, den der Nutzer veröffentlicht. Allgemein wird den Nutzern, die sich auf der Seite registrieren, Datenschutz[438] zugesichert, es obliegt ihnen selbst, sich unter ihrem „richtigen" Namen oder einem Pseudonym zu registrieren.

Im Folgenden wird sich den zehn Parametern zur Bestimmung der Kommunikationsbedingungen des Internetforums *Debate Europe* zugewandt. Sie werden kurz in Anlehnung an Koch und Oesterreicher definiert und anschließend diskutiert. Die Parameter betreffen:

1. die Öffentlichkeit
2. die Vertrautheit der Partner
3. die emotionale Beteiligung
4. die Situations- und Handlungseinbindung
5. den Referenzbezug
6. die physische Nähe der Kommunikationspartner
7. die Kooperation
8. die Dialogizität
9. die Spontaneität
10. die Themenfixierung.

Die Parameter werden nach der Anordnung bei Koch und Oesterreicher (1990/²2011: 7) behandelt. Als Erstes soll sich dem Grad der Öffentlichkeit zugewandt werden.

---

437 Die Angaben in der rechten Spalte des Diskussionsbeitrags sind für die vorliegende Studie nicht von Relevanz und werden bei der Repräsentation im Hauptteil nicht berücksichtigt.

438 http://europa.eu/geninfo/legal_notices_en.htm, Stand: 01.03.2014.

1. „[D]er Grad der **Öffentlichkeit**, für den die **Zahl der Rezipienten** (vom Zwei-
   ergespräch bis hin zur Massenkommunikation) sowie die Existenz und Größe
   eines Publikums relevant ist." (Koch/Oesterreicher (1990/²2011: 7, Hervorhebung im Original)

Der Grad der Öffentlichkeit ist ein entscheidender Faktor hinsichtlich des Auf-
baus und Ablaufs der Internetforumskommunikation sowie hinsichtlich der
Beeinflussung der Diskussionsbeitragsstruktur. Kattenbusch vergleicht Internetforen mit öffentlich zugänglichen schwarzen Brettern bzw. einer Art Zettelkasten
zum Informations- und Meinungsaustausch:

> Eine Newsgroup[439] ist eine Art Zettelkasten, aus dem man sich die Zettel mit der ge-
> wünschten Information herausziehen [...] und zur Benutzung für andere *User* eigene
> ‚Zettel' (Diskussionsbeiträge, Kommentare) hinzufügen kann. (Kattenbusch 2002: 189,
> Hervorhebung im Original)

Auf einer öffentlich zugänglichen Internetplattform sollte sich der Produzent eines Diskussionsbeitrags der hohen Zahl der *User* bzw. Rezipienten bewusst sein
und die Existenz eines Moderators (insbesondere innerhalb eines politischen
Forums mit z. T. polarisierenden Themen) annehmen.[440] Der Grad der Öffentlichkeit ist deshalb als äußerst hoch einzuschätzen. Es handelt sich um eine Form
der **Massenkommunikation** (*one-to-many communication*[441]) und kein Zweier-
gespräch (*one-to-one communication*), d. h. um eine **asynchrone „Eins-zu-Viele-
Kommunikation"**[442] bzw. **„pluridirektionale Kommunikation"**[443].

Marcoccia (2004b) beschreibt Internetforen als **hybride Dispositiva** der interpersonalen Massenkommunikation, die einen **polylogalen** Charakter haben:

> Les forums de discussion peuvent être définis comme des dispositifs hybrides de com-
> munication interpersonnelle de masse [...] dans la mesure où ils permettent à la fois
> l'échange interpersonnel (A répond à B) et la communication de masse (A poste un
> message lisible par un nombre potentiellement illimité d'internautes). Le nombre de
> participants est un critère apparemment suffisant pour considérer les forums de discus-
> sion comme des polylogues médiatisés par ordinateur [...]. (Marcoccia 2004b: § 11)

---

439 Kattenbusch (2002: 189) verwendet den Begriff „Newsgroup" für Internetforum.
440 Vgl. Parameter 2) „Vertrautheit der Partner".
441 *One-to-many*-Kommunikation beschreibt die Kommunikation von einem Teilneh-
     mer mit vielen anderen.
442 Terminus von Haase, Huber, Krumeich und Rehm (vgl. Haase et al.1997).
443 Terminus von Kattenbusch (2002: 189).

Diskussionen zwischen nur zwei aber auch mit bis zu tausenden Diskutierenden[444] sind im Internetforum *Debate Europe* möglich, was die Anzahl der Diskussionsteilnehmer und die Reichweite der Diskussionsbeiträge verdeutlicht. Das Ziel und die Zielgruppe des Diskussionsforums werden wie folgt auf der französischen Startseite beschrieben:

„Ce forum, qui est ouvert à tous, doit permettre à la Commission de connaître l'avis du grand public."[445] Auf der deutschen Startseite heißt es konkreter in Hinsicht auf die soziale Schichtung der Nutzer, dass das Diskussionsforum *Debate Europe* „Menschen aus allen Gesellschaftsschichten ansprechen" soll und von der Europäischen Kommission genutzt wird, „um die öffentliche Meinung zu sondieren".[446] Es ist ein Forum für alle Bürger Europas und Europainteressierten sowie -kritiker, die einen Internetzugang besitzen, und denen so eine digitale „Beteiligung" am politischen Diskurs ermöglicht werden soll. Es wird jedoch ohne institutionelles Interesse diskutiert, d.h. ohne dass Aussicht darauf besteht, dass die Ergebnisse der Diskussion umgesetzt werden und Entscheidungen getroffen werden, wie es z.B. in einer Parlamentsdebatte oder Kommissionsdebatte der Fall wäre. Lewiński (2010: 79) bemerkt, dass „online fora function as vehicles for informal political discussion that can (exclusively) realise the goal of critical opinion-formation". Die Möglichkeit, seine Äußerungen bezüglich europapolitischer Themen Mitgliedern der Kommission und einem großen Rezipientenkreis (Publikum) zu unterbreiten, lässt vermuten, dass das Forum genutzt werden könnte, um ausführlich den eigenen Standpunkt darzulegen und dadurch „opinion-formation" zu betreiben, d.h. die Reichweite könnte Einfluss auf Länge der Beiträge und die Struktur des Forums haben. Auf die Struktur in der Hinsicht, dass der hohe Grad der Öffentlichkeit dazu führen kann, dass einige Forumsteilnehmer sehr häufig Diskussionsbeiträge erstellen in der Hoffnung, einen noch größeren Rezipientenkreis zu erreichen. Je öfter ein Diskussionsteilnehmer Beiträge veröffentlicht, desto mehr Rezipienten erreicht er – zumindest statistisch aufgrund der Aufrufe der Diskussionsbeiträge. Ob jedoch tatsächlich eine „opinion-formation" stattfindet, darüber kann keine Aussage getroffen werden.

Die folgende Abbildung zeigt beispielhaft die Diskussionsbeitragszahlen einer Reihe von Forumsteilnehmern von *Debate Europe*:

---

444 Im Forum *Debate Europe* gibt es „6620 membres au total" (Quelle: http://europa.eu/ debateeurope/index_de.htm; Stand: 28.02.2010). Die Anzahl entspricht der Anzahl von Mitgliedern am Tag der Schließung des Forums.

445 Quelle: http://ec.europa.eu/archives/debateeurope/about/index_fr.htm; Stand: 01.03.2014.

446 Quelle: http://europa.eu/debateeurope/about/index_de.htm; Stand: 08.05.2012.

Abb. 36: Beitragszahlen und Herkunftsangabe von Diskussionsteilnehmern aus dem „Mitgliederbereich"[447] des Internetforums Debate Europe.

USERNAME	RANK	POSTS	WEBSITE, LOCATION	JOINED
enevons		0		25 Jan 2008, 13:35
eurodebate		0		28 Jan 2008, 07:59
Elettrai		1	venezia	28 Jan 2008, 10:43
Europeo Español		270	Madrid 28023	29 Jan 2008, 11:10
Eurobert		0		29 Jan 2008, 11:59
ecs		1	München	28 Jan 2008, 13:17
European Spanish		1	Madrid	29 Jan 2008, 13:54
Eipl Anikó		1	Budapest	29 Jan 2008, 13:54

Der Auszug aus dem „Mitgliederbereich" enthält verschiedene Angaben über die Nutzer: Neben dem Benutzernamen kann der Rang[448] („rank") innerhalb des Forums angegeben werden (z.B. site-admin[449]), die Anzahl der Beiträge („posts"), die Website sowie der Wohnort (location), und in der letzten Spalte wird das Registrierungsdatum angezeigt (z.B. joined 25 Jan 2008, 13:35). Deutlich wird, dass registrierte Nutzer z.T. keinen einzigen Beitrag verfasst haben (z.B. „enevons") und der Nutzer „Europep Español" im Gegensatz dazu 270 Beiträge veröffentlicht hat. Es herrscht also eine große Beteiligungsbandbreite innerhalb der rund 6000 registrierten Forumsteilnehmer.

---

447 Quelle: http://forums.ec.europa.eu/debateeurope/memberlist.php.
448 Es besteht ein Hierarchieverhältnis zwischen den verschiedenen Nutzergruppen. Denn innerhalb des Forums wird zwischen „niveaux-d'utilisateurs et groupes d'utilisateurs" unterschieden. Die Administratoren stellen beispielsweise eine Nutzergruppe dar und besitzen das höchste Kontrollniveau, welches sie vom Forumsgründer zugewiesen bekommen haben. Der Forumsgründer ist die Europäische Kommission. Des Weiteren gibt es die Gruppe der Moderatoren und die Gruppe der individuellen Nutzer. Vgl. http://forums.ec.europa.eu/debateeurope/faq.php (Stand 28.02.2010).
449 In der vorliegenden Abbildung besitzt keiner der Benutzernamen bzw. Mitglieder einen solchen „Rang".

Durch die hohe Anzahl der Produzenten wird der Aufbau des Forums dahingehend beeinflusst, dass Diskussionen mit z. T. über 2000 in der Regel thematisch zusammenhängenden Diskussionsbeiträgen zustandekommen (Threads).[450] Im Folgenden soll sich dem zweiten Parameter von Koch und Oesterreicher zugewandt werden. Dieser wird von ihnen mittels der folgenden Aspekte definiert:

2. „[D]er Grad der **Vertrautheit der Partner**, der von der vorgängigen gemeinsamen Kommunikationserfahrung, dem gemeinsamen Wissen, dem Ausmaß an Institutionalisierung der Kommunikation etc. abhängt." (Koch/Oesterreicher (1990/²2011: 7, Hervorhebung im Original)

Der Grad der Vertrautheit der Partner im vorliegenden Internetforum ist als gering zu erachten, da sie sich in der Regel fremd und räumlich getrennt sind.

In den meisten Internetforen wird eine Registrierung vorausgesetzt, sodass sich die Diskussionsteilnehmer nur unter ihren bei der Registrierung gewählten Pseudonymen „kennen". Amossy (2011: § 39) weist auf die Fremdheit der Partner hin, die eine Freiheit erlaubt fern jeglicher sozialer Hierarchie und Normen unter der Maske der Pseudonyme:

> Dépouillés de leur statut social et de toute autorité préalable par l'usage des pseudonymes, les internautes sont comme des masques qui font entendre des opinions libres et discordantes dans un forum carnevalesque, au sens de Bakhtine : dans un espace vidé de toute vérité consacrée et libéré des normes de politesse ordinaires, les idées ne cessent de se tester et de se contester sous une forme irrévérencieuse [...].

Auf der Informationsseite des Forums *Debate Europe* wird darauf hingewiesen, dass eine Registrierung „nicht unbedingt zwingend" sei, jedoch für manche Diskussionsteilnehmer vorgeschrieben werde; aus Zensurgründen, wie zu vermuten ist:

> Die Board-Administration dieses Forums entscheidet, ob du registriert sein musst, um Beiträge zu schreiben. Auf jeden Fall erhältst du als registriertes Mitglied zusätzliche Funktionen, die Gäste nicht haben: zum Beispiel Avatarbilder, Private [sic!] Nachrichten, E-Mail-Versand an andere Mitglieder, Beitritt zu Benutzergruppen und so weiter.[451]

Bei der Registrierung werden ein Benutzername (Pseudonym) und ein Passwort gewählt. Nach der erfolgreichen Registrierung können sich die Nutzer auf der

---

450 Vgl. http://forums.ec.europa.eu/debateeurope/viewtopic.php?f=4&t=995 (Stand 28.02.2010).
451 http://forums.ec.europa.eu/debateeurope/faq.php#f0r0 (Stand. 08.05.2012).

Startseite des Forums mit ihrem Benutzernamen und dem von ihnen gewählten Passwort an- und abmelden.

Es ist nicht auszuschließen, dass sich einzelne Internetforumsteilnehmer persönlich bekannt sind, jedoch wird sich der überwiegende Teil niemals begegnet sein. Die Vertrautheit ist lediglich virtuell gegeben und kommt aufgrund der Kommunikationserfahrung im Forum *Debate Europe* zustande. Denn hin und wieder kann es vorkommen, dass sich Forumsteilnehmer in denselben Forumthreads treffen und/oder bereits in anderen Threads miteinander diskutiert haben. Die gemeinsame Kommunikationserfahrung kann deshalb sehr gering bzw. nicht vorhanden bzw. sehr hoch sein. Als gering kann sie gelten, wenn die Diskussionsteilnehmer einmalig das Internetforum besuchen und nur einen Beitrag hinterlassen, und als sehr hoch, wenn sich Diskussionen zwischen zwei oder mehr Teilnehmern über Tage, Wochen oder Monate ziehen und sich viele Diskussionsbeiträge aufeinander beziehen. Hinsichtlich des gemeinsamen Wissens kann angemerkt werden, dass allen Diskussionsteilnehmern die Handhabung der digitalen Medien bzw. der *Netiquette*[452] in einem Forum bekannt ist bzw. sein sollte.[453] Ein gewisses sprachliches und außersprachliches Wissen wird außerdem vorausgesetzt, um eine Diskussion auf Französisch über europapolitische Themen zu gewährleisten.[454]

Gemeinsames Sachwissen in Bezug auf europapolitische Themen kann aufgrund eines anderen soziokulturellen und/oder sprachlichen Hintergrunds[455] nicht bei allen Diskussionsteilnehmern angenommen werden. Allerdings kann ein gemeinsames Interesse an europapolitischen Themen unterstellt werden, welches die Diskussionsteilnehmer auf die Internetseite des Forums geführt hat. In dem Forum *Debate Europe* diskutieren überwiegend Bürger untereinander,

---

452 Innerhalb des Forums wird auf die Einhaltung bestimmter Regeln geachtet, die die zwischenmenschliche Kommunikation betreffen. Diese Regeln werden in der Internetsprache als *Netiquette* (von engl. *net* ‚Netz' und *etiquette* ‚Etikette') bezeichnet.

453 Sollte die Netiquette nicht bekannt sein, werden die „Newbies" (engl. Kunstwort aus „new" und „boy") vom Moderator oder anderen Forumsteilnehmern darauf hingewiesen.

454 In der Terminologie von Coseriu (1988/²2007: 89f.) verfügen Sprecher über eine allgemein-sprachliche Kompetenz (elokutionelles Wissen), eine einzelsprachliche Kompetenz (idiomatisches Wissen) und eine Textkompetenz (expressives Wissen). Außersprachliches Wissen kann mit dem Begriff der Sachkompetenz (allgemeines, kulturell-determiniertes und fachliches Weltwissen) beschrieben werden.

455 Anhand der Abbildung 36 kann man erkennen, dass die Forumsteilnehmer aus verschiedenen Ländern stammen und somit über einen unterschiedlichen soziokulturellen und/oder sprachlichen Hintergrund verfügen.

allerdings ist dies auch mit (angemeldeten) Mitarbeitern europäischer Institutionen möglich: „Les participants pourront communiquer entre eux et avec des membres du personnel des institutions européennes."[456]

Die Vertrautheit zwischen untereinander diskutierenden Bürgern ist von derjenigen in Diskussionen zwischen Bürgern und Mitarbeitern europäischer Institutionen abzugrenzen. Hier liegt ein besonderes Beziehungsverhältnis vor, das sich durch Distanz charakterisieren lässt, aufgrund des öffentlichen Amts und der damit verbundenen gesellschaftlichen Stellung des einen Partners. Die gesellschaftliche Stellung, die ein solches Amt mit sich bringt, und der damit verbundene Respekt zeigen sich im Forum beispielsweise bei der Anrede eines Kommissionsmitglieds. Der folgende Beitrag aus der Diskussion mit dem Titel *Traités européens et référendums*[457] zeigt die offizielle Ansprache eines „normalen" Diskussionsteilnehmers (LUCAS) an die EU-Kommissarin Margot Wallström unter Verwendung des Titels „Madame la Commissaire Wallström" in der Diskussionsbeitragsüberschrift und nur „Madame" im Fließtext:

(2)

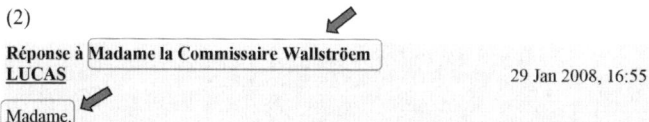

Réponse à Madame la Commissaire Wallström

LUCAS   29 Jan 2008, 16:55

Madame,

Le fait que les séances du Conseil soient publiques ne me semble pas un gage de démocratie. Je suis plus attaché, par exemple, au contenu de l'article 9D qui stipule « qu'un acte législatif ne peut être adopté que sur proposition de la Commission » (alinea 2) et par l'alinea 3 qui dit que « La Commission exerce ses responsabilités en toute indépendance ».. je suis aussi beaucoup plus concerné par la formulation de l'article 13 bis, qui indique à la fin de l'alinea 3 « .. le Conseil statue sur proposition du haut représentant, après consultation du Parlement européen et approbation de la Commission » et oui dans la nouvelle conception européenne de la démocratie, on CONSULTE le Parlement mais il faut que la Commission APPROUVE... Nous avions lors du débat sur le traité Constitutionnel contesté la concurrence « libre et non faussée » dans la mesure où il n'y avait ni harmonisation sociale et fiscale, le nouveau texte est encore pire puisqu'il ne fait référence qu'à la concurrence « libre » (art. 97 ter) que la concurrence « non faussée » n'est mentionnée que dans le protocole 6 et que son application est liée à l'article 308 qui indique que les décisions sont prises à l'unanimité, autrement dit un Etat qui ferait des distorsions de concurrence ne pourrait être sanctionné que s'il est d'accord.... et il ne faut certainement pas compter sur la Cour de Justice pour traiter le problème en faveur des salariés spoliés, l'affaire Vaxholm étant le modèle du genre qui va se mettre en place et se généraliser. On pourrait continuer longtemps les exemples sur l'ineptie de ces traités, y compris les relations avec les églises (art.15) avec l' Union qui « maintient un dialogue ouvert, transparent et régulier avec ces églises... » nous sommes en france dans un pays laïc, c'est à dire que chacun peut pratiquer sa religion de son choix mais c'est d'abord un affaire privée.. Quant au contenu économique avec la position de la BCE, qui agit aussi en toute indépendance, chacun peut se rendre compte maintenant de la nocivité de ces positions...

(Korpus T)

---

456   Quelle: http://ec.europa.eu/archives/debateeurope/about/index_fr.htm (Stand: 01.03.2014).

457   Der Thread stammt aus dem Oberbereich *Avenir de l'Europe*.

Es haben sich in Anbetracht von rund 6000 Diskussionsteilnehmern beispielsweise nur fünf von insgesamt 26 „Commissioners"[458] offiziell mit ihrem Amtstitel als Diskussionsteilnehmer registriert, von denen sich wiederum nur zwei an Diskussionen im Forum *Debate Europe* beteiligt haben. Dies lässt sich aus folgender Mitgliederübersicht ablesen:

Abb. 37. Ausschnitt aus der Übersicht der Forenmitglieder, sortiert nach Anfangsbuchstaben.[459]

Members

All A B C D E F G H I J K L M N O P Q R S T U V W X Y Z #

360 users · Page 1 of 8 · 1 2 3 4 5 ... 8

USERNAME	RANK	POSTS	WEBSITE, LOCATION	JOINED
Commissioner Piebalgs		0		22 Jan 2008, 13:46
Commissioner Dimas		2		22 Jan 2008, 14:36
Commissioner Wallström		16		24 Jan 2008, 11:31
Commissioner K		0		25 Jan 2008, 11:37
Commissioner N		0		25 Jan 2008, 11:51
citizen		0		25 Jan 2008, 15:50
				25 Jan 2008

Wie viele *Commissioners* sich unter Pseudonymen und wie viele Mitarbeiter von anderen europäischen Institutionen sich angemeldet haben, ist nicht aus der Mitgliederliste ersichtlich.

Die allgemeine Fremdheit der Partner zeigt sich in den allgemeinen Grußformeln *bonjour, bonsoir* etc., die sich an eine unbestimmte Anzahl von Rezipienten richtet. Persönliche Grußformeln finden sich zwar auch, aber sind nicht die Regel, wie z.B: fr. *cher Lucas, bonjour europeendabord* etc., wobei sich die namentliche Anrede auf die Nutzernamen beschränkt, da der richtige Name in der Regel

---

458 Vgl. zu den 26 Commissioners in der Amtszeit von José Manuel Barroso zwischen 2004 und 2009: http://ec.europa.eu/archives/commission_2004-2009/index_en.htm (Stand: 01.03.2014).

459 Quelle: http://ec.europa.eu/archives/debateeurope/forums.ec.europa.eu/memberlis td7ac.html?first_char=c (Stand: 01.03.2014).

nicht bekannt ist. Tendenziell enthalten die Diskussionsbeiträge keine Grußformeln, wie folgende drei Diskussionsbeiträge zeigen:

(3)

Re: Retraites et emploi des "séniors"

<u>Janpol PORTALIS</u>   20 Feb 2010, 18:59

Ne prenez pas tout pour vous !

Re: Retraites et emploi des "séniors"

<u>Ewropano</u>   21 Feb 2010, 00:00

<u>Vous</u> aimez jouer avec le feu...

Ne prenez pas tout pour <u>vous</u> !

Il y a vous et vous...

Il va falloir qu'on se tutoie si on veut s'y retrouver!

Re: Retraites et emploi des "séniors"

<u>Janpol PORTALIS</u>   21 Feb 2010, 10:33

Bon ! le malentendu persiste ..... parce que les mots n'ont pas le même contenu pour les uns ou les autres. : c'est juste un problème de communication. Mais ce problème est à la base de beaucoup d'incompréhension, puis de conflit, puis de ....

En plus s'il s'agit d'homophones 😊

Imaginez ce que peut être une <u>racine carrée</u> si vous ne précisez pas dans quel domaine cela s'applique !

(Q)

Bref, vous parlez de la définition d'un principe supérieur ... et là, nous sommes d'accord. Sauf que le supérieur que vous envisagez doit englober tout l'inférieur : les nations, les groupes de nations, les religions, les non religions, ...

..... c'est justement l'objectif de notre communauté (de pensée) !

Au-delà des pensées partisanes ou corporatives (dont les seniors) existe un univers global et cohérent ...

(Korpus Q)

Eine Besonderheit – und eine Art ungeschriebenes Gesetz – ist die Art der formellen Anrede der Mitglieder untereinander im Forum *Debate Europe*. Anders als in vielen anderen Foren siezen sich die Mitglieder in der Regel, sodass auch eine Höflichkeitsregelung Berücksichtigung findet (vgl. Ehrhardt 2009). Beispielhaft sei der folgende Diskussionsbeitrag mit formeller Anrede dargestellt, in dem die Anrede in der zweiten Person Plural deutlich wird:

(4)

Re: à titre exemplaire: virer les grecs et recevoir les turcs?
Maria Vittoria Jacquot   19 Feb 2010, 18:14
   "AMOURABI a écrit:

   Ce débat sur les Turcs a déj eu lieu sur ce forum, il est donc sans intérêt. En ce qui concerne les Grecs,
   ils étaient connus dans toute l'antiquité comme des voleurs, leur patron est Hermès dieu des voleurs et
   des commerçants. Il n'est donc pas illogique qu'ils aient continués à se comporter comme d'habitude. Le
   seul problème c'est que ce sont les Européens qui en ont été la victime, donc qu'ils assument leur choix
   et qu'ils payent.

⇩   ⇩
Vous croyez sincèrement ce que vous dîtes ?
J'espère que non, le contraire serait absolument désastreux (pour vous, j'entends)
(Korpus U)

Die formelle Anrede unterstützt die Annahme, dass im Forum ein geringer Grad
an Vertrautheit vorherrscht. Der folgende Beitrag mit informeller Anrede aus
dem Thread mit der zugrundeliegenden Quaestio und dem gleichnamigen Titel
et si tout le monde travaillait?,[460] in dem ein Nutzer einen anderen duzt, stellt eine
Ausnahme dar:

(5)

Brutus   02 Feb 2009, 18:18

   "Ruut a écrit:
⇩ (...)Car le système actuel fonctionne très bien. (...)
☺⇩ Tu trouves?

(Korpus S)

Der Grad der Vertrautheit wirkt höher aufgrund des verwendeten „tu" statt
„vous".

Wenden wir uns nun dem dritten Parameter bei der Beschreibung der Kommunikationsbedingungen zu:

3. „[D]er Grad der **emotionalen Beteiligung**, die sich auf den/die Partner
   (Affektivität) und/oder auf den Kommunikationsgegenstand (Expressivität)
   richten kann." (Koch/Oesterreicher (1990/²2011: 7, Hervorhebung im Original)

Die Diskussionsbeiträge im Internetforum *Debate Europe* weisen eine große
Bandbreite zwischen hoher und niedriger emotionaler Beteiligung auf.

---

460   Der Thread stammt aus dem Oberbereich *Avenir de l'Europe*.

Amossy (2011: § 40) schreibt den von ihr untersuchten Forengemeinschaften[461] eine „brutalité de confrontation verbales" zu und bemerkt in ihrer Studie ebenfalls ein Schwanken zwischen Rationalität und starker Emotionalität:

> Dans cet espace public où le forum virtuel redouble et modifie les forums réels, des arguments et des contre-arguments s'entrechoquent, **des conflits d'opinions s'expriment par des voies à la fois rationelles et fortement émotionelles,** des divisions s'exacerbent et s'explicitent. Les forums de discussion permettent ainsi la constitution de communautés virtuelles dominées par les tensions et les conflits qui déchirent la société contemporaine, et qui trouvent sur la toile un lieu privilégié de rencontre et de confrontation. (Amossy 2011: § 39; eigene Hervorhebung)

Von in öffentlichen Institutionen gehaltenen politischen Debatten ist bekannt, dass „in erheblichem Maße Emotionsvokabular benutzt und um die politische Angemessenheit von Emotionen gestritten" wird (Nullmeier 2006: 89). Dies kann auch für Debatten in politischen Internetforen angenommen werden (vgl. ebd.). Betont wird an dieser Stelle, dass die emotionale Beteiligung im Forum *Debate Europe* beschränkt authentisch ist, da das Forum durch Moderatoren und Administratoren überwacht wird. So heißt es in den *Frequently Asked Questions* (FAQ):

> les modérateurs sont présents afin d'empêcher que des utilisateurs fassent du hors-sujet ou publient du contenu abusif ou offensant. (http://forums.ec.europa.eu/debateeurope/faq.php?sid=bcb1993883a16a2a06f47b006ea8c1a7#f2r11, Stand: 28.06.2012)

Missbräuchlicher oder beleidigender Inhalt („contenu abusif ou offensant"), der Auskunft über den hohen Grad der emotionalen Beteiligung geben würde, wird demzufolge durch einen weiteren im Hintergrund agierenden Kommunikationsteilnehmer oder auch Beobachter möglicherweise entfernt. Der Moderator ist ein weiterer Rezipient, der vom Verfasser eines Diskussionsbeitrags bei seiner „Formulierungsaufgabe" berücksichtigt werden sollte.

Denn bevor ein Diskussionsbeitrag auf dem Zielrechner dargestellt wird, kann ein Moderator[462] überprüfen und entscheiden, ob er ihn freigibt, verändert freigibt oder zurückhält.

Edwards (2002: 5) vertritt die Meinung, dass „the moderator can be characterized as a democratic intermediary and that this role is an important clue for our

---

461 Ihr Korpus besteht aus Diskussionen der Internetforen von *Libération* und *Le Figaro* aus dem Jahr 2010. Die Diskussionen haben die Reform des Renteneintrittsalters in Frankreich zum Thema.

462 Bei einer so genannten „strikten Moderation" würde jeder Beitrag, bevor er veröffentlicht wird, überprüft. Ob dies im Forum *Debate Europe* von den Moderatoren geleistet werden kann, ist nicht nachvollziehbar.

assessment of the internet discussions as (incipient) forms of deliberative democracy", sodass dem Moderator nicht grundsätzlich eine vorherrschend zensierende Funktion unterstellt werden kann.[463] Zur Problematik der Ausnutzung der Moderatorentätigkeit und der damit verbundenen *fear of moderation* in von Regierungen geführten Internetdiskussionsforen bemerkt Wright (2006: 553) zu Recht:

> There is, of course, a fine line between moderation and censorship, and creating rules for what is, and is not, acceptable—and the interpretation of how these are enforced. **The fear persists that governments will abuse the power to moderate the content of online fora, and unduly restrict freedom of discussion.** This could be done by setting overly restrictive rules or by ignoring 'fair' rules and **deleting messages that are critical of the authority involved.** A great deal of trust has to be placed in the judgement of the moderator not to censor messages unduly: censorship is highly subjective. This raises the question of who should moderate the discussions: independent, trained moderators, relevant policy experts concerned with the topic under discussion, or 'unbiased' software? This is all the more complicated because it is very difficult to know when and why messages are actually being censored—and this leads to conspiracy theories that may, or may not, be justified. (Eigene Hervorhebung)

Wenn ein Nutzer Beleidigendes gegenüber einer involvierten Autorität wie z. B. Kommissionsmitgliedern äußert, ist damit zu rechnen, dass sein Diskussionsbeitrag in veränderter, d. h. rezensierter Form veröffentlicht oder ganz gelöscht wird.

Die Moderatoren des Forums *Debate Europe* wachen – wie durch die FAQ deutlich wird – darüber, dass gewisse Verhaltensrichtlinien[464] (*Netiquette*) eingehalten werden, und haben die Befugnis, Beleidigungen (Argumente ad hominem/ad personam[465]) oder Missbrauch (z. B. Werbung) zu unterbinden. Die nicht öffentliche Zwischenschaltung eines Administrators, nachdem der Produzent den Beitrag abgeschickt hat und bevor er im Forum veröffentlicht wird, ist im Bereich der *Frequently Asked Questions* (FAQ) unter der Frage „Pourquoi mon message a-t-il besoin d'être approuvé?" aufgeführt:

> L'administrateur du forum peut décider que **les messages** que vous publiez sur le forum **doivent être vérifiés avant d'être publiés.** Il est également possible que l'administrateur vous ait placé dans un groupe d'utilisateurs pour lequel il juge nécessaire que **les messages**

---

463 Vgl. Wright (2009).

464 Lewiński zieht einen Vergleich zwischen den Netiquette-Regelungen in computervermittelter Kommunikation und den Konversationsmaximen von Grice, indem er bemerkt, dass „netiquette guidelines embody some well-known maxims of cooperative communication, such as those formulated by Grice (1975): brevity, clarity and relevance" (Lewiński 2010: 96).

465 Terminus, der von Schopenhauer vorgeschlagen wurde.

doivent être vérifiés avant d'être publiés.(http://forums.ec.europa.eu/debateeurope/faq.php?sid=bcb1993883a16a2a06f47b006ea8c1a7#f2r11, eigene Hervorhebung)

In den FAQ werden nicht nur die Rolle und Funktion der Moderatoren charakterisiert, sondern auch diejenige der Administratoren. Sie besitzen die größtmögliche Kontrollbefugnis, die sie vom Forumsgründer übertragen bekommen haben, und können auch die Rechte von Moderatoren ausüben:

> **Les administrateurs sont des membres possédant le plus haut niveau de contrôle sur leforum [sic !].** Ces utilisateurs peuvent contrôler chaque facette des opérations du forum, incluant le réglage des permissions, le bannissement d'utilisateurs, la création de groupes d'utilisateurs ou de modérateurs, etc. Cela dépend des attributions du fondateur du forum et les permissions qu'il a attribué aux autres administrateurs. **Ils peuvent également détenir les mêmes capacités que les modérateurs** et cela dans tous les forums. Tout cela dépend des réglages effectués par le fondateur du forum. (http://forums.ec.europa.eu/debateeurope/faq.php?sid=bcb1993883a16a2a06f47b006ea8c1a7#f2r11, Stand : 28.06.2012; eigene Hervorhebung)

Das Vorhandensein einer Kontrollinstanz – wie diejenige der Administratoren und Moderatoren – führt in institutionalisierten Diskussionen[466] zu einem „'moderation versus freedom of speech' dilemma", wie Lewiński (2010: 69) unter Rückbezug auf Edwards (2002) bemerkt. Edwards (2004) kommt zu dem Schluss, dass

> [m]oderation is important to stimulate and regulate online discussions as purposeful social action. Some characteristics of online interaction, such as its virtuality and anonymity may diminish the psychological thresholds to participate in a discussion, but they may also inhibit the social cooperation that is needed to accomplish complex communicative tasks. (Edwards 2004: 151)

Administratoren und Moderatoren können Beleidigungen und Angriffe auf Diskussionsteilnehmer sowie andere Personen – als Verstöße gegen die *social cooperation* – aus dem Diskussionsverlauf löschen. Stichprobenartig über die Suchfunktion des Forums konnte festgestellt werden, dass Beleidigungen in Form von Kraftwörtern des Französischen wie z. B. *con(n)ard, espèce de con, beauf* kein einziges Mal im Forum vorkommen. Der Grad der emotionalen Beteiligung hinsichtlich von Personen ist dennoch nicht als gering zu erachten, da personenbezogene Kraftwörter nicht als einziger Indikator gelten können und zudem das Eingreifen[467] der Moderatoren letztere verhindert haben können. Einen hohen

---

466 Lewiński (2010: 69) verwendet den Begriff *institutionalised discussions*.
467 Das Eingreifen kann nicht verifiziert werden, da kein Hinweis in den untersuchten Diskussionsbeiträgen zu finden ist.

Grad zeigt folgender Beitrag,[468] der einen Angriff auf Präsident Barroso enthält und somit eine äußerst kritische Reaktion auf eine involvierte Autorität – in seiner Funktion als Präsident der Europäischen Kommission – darstellt:

(6)

CHICHE !
Sophie Renault   02 Avr 2009, 15:33
Citoyen Barroso vous représentez tout ce que je refuse en politique au premier sens du terme. Vous êtes le symbole à mes yeux du personnage antidémocratique jusque dans la caricature au regard de ce qu'il m'a été enseigné à l'école de la république française. 😠 **Ma question est la suivante : Pourquoi avez-vous suivi vos études dites supérieures en Suisse ? Et pensez-vous que ce cursus vous a parfaitement préparé à exercer des fonctions de Président d'une commission européenne alors même que ce pays ne participe pas du tout ou si peu à notre projet continental commun ?** 😠
(Korpus V)

Der hohe Grad der emotionalen Beteiligung wird durch verschiedene Merkmale deutlich: 1. durch das wütende Emoticon jeweils am Ende eines Absatzes, 2. durch die verbal ausgedrückte Ablehnung (*ce que je refuse*) und 3. durch die rote Schriftfarbe,[469] die das Gefühl von Wut oder den Zustand von Erregung oder Empörung signalisiert. Die eigentliche Schriftfarbe im Forum *Debate Europe* ist schwarz. Die *fear of moderation* nach Wright (2006: 553), so kann die Hypothese aufgestellt werden, ist aufgrund dieses kritischen – dennoch veröffentlichten – Beitrags im Forum *Debate Europe* als nicht allzu berechtigt einzustufen, wobei dies einer eingehenderen Untersuchung bedürfte, die aufgrund der Nichtoffenlegung der rezensierten Elemente sowie der getilgten Nachrichten nicht möglich ist.

Der Grad der emotionalen Beteiligung kann – wie anhand des wütenden Emoticons deutlich wurde – in Foren durch Emoticons dargestellt und gemessen werden. Kattenbusch (2002: 190) stellt die These auf, dass in Internetdiskussionsforen (*Newsgroups*), im Gegensatz zu Chatrooms, „Emoticons [...] eher selten auf[treten]". Diese These kann tendenziell bestätigt werden, bedürfte jedoch einer eingehenden statistischen Untersuchung. Aus den FAQ geht hervor, dass die Nutzer aufgefordert werden, nicht zu viele Emoticons zu benutzen:

> Essayez cependant de ne pas abuser des émoticônes, elles peuvent rapidement rendre un message illisible et un modérateur pourrait décider de l'éditer ou de le supprimer complètement.l'administrateur du forum peut également définir une limite du nombre

---

468 Der Beitrag stammt aus dem Oberbereich *Avenir de l'Europe*.
469 Die rote Schriftfarbe kann von Nutzern eingesetzt werden, um Gefühle wie Wut oder Verliebtheit anzuzeigen, oder aber um sich von anderen abzuheben. Im vorliegenden Fall kann von Signalisierung von Wut ausgegangen werden sowie von der Absicht, sich von anderen abzuheben.

d'émoticônes qui peuvent être utilisées dans un message. (http://forums.ec.europa.eu/
debateeurope/faq.php?sid=8565da634a57783be0b7fc69bc598379; Stand: 09.01.2012)

Welche Anzahl von Emoticons als zu hoch angesehen wird, ist nicht angegeben
und obliegt der individuellen Entscheidung der Administratoren.

Der Grad der emotionalen Beteiligung in Bezug auf den Kommunikationsgegenstand kann, so ist zu vermuten, hoch sein, wenn beispielsweise über europapolitische Themen diskutiert wird, die für den Diskussionsteilnehmer (negative)
Auswirkungen beruflicher, sozialer u.a. Art haben. Die behandelten Themen in
Foren „emotionalisieren, polarisieren" laut Kattenbusch (2002: 190) „und [verlei-
ten] in Anbetracht der relativen Anonymität dazu [...], verbal aus sich herauszu-
gehen." Wenn ein Diskussionsteilnehmer „Falsches" behauptet, ist in der Regel
damit zu rechnen, dass ein Rezipient die Produzentenrolle übernimmt und seine
Nicht-Zustimmung zum Ausdruck bringt. Soziales Fehlverhalten, wie beispielsweise Beleidigungen durch Kraftwörter,[470] wird von Moderatoren in der Regel
durch Löschung der Beiträge oder Absätze verhindert und so die emotionale
Beteiligung zensiert.

Ein weiteres Element zur Darstellung der emotionalen Beteiligung hinsichtlich des Kommunikationsgegenstandes, das typisch für die Sprache in den Neu-
en Medien ist, sind Graphemiterationen,[471] wie in folgendem Beitrag aus dem
Oberbereich: Changement climatique et énergie:

(7)

Janpol PORTALIS   25 Fév 2010, 12:13
Ah ? Vous croyez ça vous ? Ce serait trop facile .... on pourrait tout faire alors ?
suuuuuuuuupeeeeeeeeeeeer youpiiiiiiiiiiiiiiiiiiiiiiiii
(Korpus W)

Der hohe Grad der emotionalen Beteiligung in diesem Beitrag wird durch die
aggregative Gestaltung, welche sich in den Beispielen durch Interjektionen und
Exklamationen („ah?" „suuuuuuuuupeeeeeeeeeeeer youpiiiiiiiiiiiiiiiiiiiiiiiii"),
Abweichungen von der Satzgliedstellung zur mise-en-relief („Vous croyez ça
vous ?") sowie eine verstärkte Interpunktion („....") angezeigt.

Als einer der Wenigen, die sich mit „Emotionen und ihre[r] Rolle bei der verbalen Konfliktaustragung" beschäftigen ist Fiehler (1992), worauf Gruber (1996)

---

470 „Eine reiche Versprachlichung findet sich in der Sprache der Nähe allerdings im
     lexikalisch-semantischen Bereich bei hoher Affektivität (Kraftwörter, affektive Syn-
     onymenhäufung u.ä.)." (Koch/Oesterreicher 1985: 22).

471 Vgl. Kattenbusch (2002: 187).

zu Recht hinweist. Fiehler (1992) untersucht „emotionale Positionskonfrontationen" in Gesprächen und listet dafür verschiedene Verbalisierungsmöglichkeiten des Emotionsausdrucks auf: „das inhaltliche Bestreiten einer Position, Gegenbehauptungen, bestreitende Formeln, Verneinungen, den Gebrauch von adversativen Partikeln und Interjektionen, den Vorwurf des Lügens" (Gruber 1996: 78).

Allgemein kann festgehalten werden, dass der Grad der emotionalen Beteiligung im Internetforum u. a. durch verschiedene sprachliche und graphische Elemente (Schriftfarbe, Emoticons) dargestellt werden kann, und dies in der Regel unabhängig vom Vertrautheitsgrad der Partner (vgl. Diskussionsbeitrag von EU-Bürger(in) an den Präsidenten der Europäischen Kommission José Manuel Barroso in Beispiel (6)).

Der vierte Parameter bei der Beschreibung der Kommunikationsbedingungen ist nach Koch und Oesterreicher:

4. „der Grad der **Situations-** und **Handlungseinbindung** von Kommunikationsakten." (Koch/Oesterreicher (1990/²2011: 7, Hervorhebung im Original)

Der Grad der Situationseinbindung kann eine große Bandbreite im Forum *Debate Europe* aufweisen. Bedingt durch die räumliche Distanz und Asynchronität[472] erfolgt die Situations- und Handlungseinbindung in einem Internetforum in anderer Form als in einem face-to-face-Gespräch. Es handelt sich bei einem Internetforum um einen virtuellen Raum, in dem die Situationseinbindung durch besondere sprachliche Elemente erfolgt, weil sich die Diskussionsteilnehmer nicht sehen können.

Dürscheid (³2006: 47) behauptet, dass eine räumliche Situationseinbindung beim Chat nicht vorläge, denn „die Schreiber teilen sich zwar einen virtuellen Raum, sie befinden sich aber nicht am selben Äußerungsort und können nicht deiktisch auf einen gemeinsamen Wahrnehmungsraum verweisen".

Für den Chat und das Internetforum kann zwar kein reeller gemeinsamer Wahrnehmungsraum angenommen werden, zumindest aber ein „virtueller" auf den auch deiktisch verwiesen werden kann. Es wird beispielsweise auf Diskussionsbeiträge verwiesen, die zuvor veröffentlicht wurden und sich aus Sicht des Produzenten weiter oben im Diskussionsverlauf befinden. „Haut" als Mittel der Textdeixis[473] teilt dem Rezipienten mit, dass der vorliegende Diskussionsbeitrag mit einem zuvor geäußerten Diskussionsbeitrag in Verbindung gebracht werden soll:

---

472 Die Kommunikation verläuft asynchron, denn „man kann jederzeit auf die archivierten Beiträge zurückgreifen, um der Diskussion zu folgen." (Kattenbusch 2002: 189).
473 Vgl. Heydrich/Petöfi (1986: 7).

i) [...] Eclairez moi car je me demande vraiment sur quels principes concrets vous envisagez l'Europe, puisque ceux que je défends et que j'ai cités **plus haut** sont si vagues. personnellement je n'en vois pas d'autres. (Korpus I)

ii) [...] Non, désolé on discute autre chose dans le fil «quelles langues pour l'UE». Je vous ai demandé quelle solution vous favorisez à votre problème: «C'est injuste qu'un monolingue Suédois a moins d'information à sa disposition qu'un monolingue Russe (car le nombre beaucoup plus élevé des parleurs Russe créent beaucoup plus d'information) s'il est défendu de forcer le Suédois d'apprendre une langue étrangère.» Les scénarios du fil cité **en-haut** dépendent de l'apprentissage des langues étrangères. (Korpus C)

Die Situationseinbindung kann demnach in begrenztem Umfang erfolgen, da der Verweis auf den virtuell geteilten Raum der Kommunikationsteilnehmer gegeben ist. Dürscheid behauptet weiterhin für den Chat, dass die Handlungseinbindung als Kommunikationsbedingung nicht angewendet werden könne: Die „gemeinsame Handlungseinbindung ist nicht gegeben, da die Kommunikationsteilnehmer, anders als in der gesprochenen Sprache, nur mit dem Resultat der Äußerungsproduktion konfrontiert werden" (Dürscheid ³2006: 47).

Für die Charakterisierung der Kommunikationsbedingungen spielt ebenfalls der folgende Parameter eine Rolle:

5. „[D]er **Referenzbezug**, bei dem entscheidend ist, wie nahe die bezeichneten Gegenstände und Personen der Sprecher-*origo* (*ego-hic-nunc*) sind (cf. Bühler 1965, 102ss.)." (Koch/Oesterreicher (1990/²2011: 7, Hervorhebung im Original)

Die vom Diskussionsteilnehmer „bezeichneten Gegenstände und Personen" sind im Internetforum in der Regel nicht anwesend (d.h. Abwesenheit des Referenzgegenstands und Kommunikationspartners). Es wird von der Sprecher-*origo* hauptsächlich auf Personen aus der EU-Politik oder abstrakte „Gegenstände" referiert.

Ein weiterer zu betrachtender Parameter ist laut Koch und Oesterreicher:

6. „die **physische Nähe der Kommunikationspartner** (*face-to-face*-Kommunikation) vs. physische Distanz in räumlicher und zeitlicher Hinsicht." (Koch/Oesterreicher (1990/²2011: 7, Hervorhebung im Original)

In der Forumskommunikation liegt eine physische Distanz zwischen den Partnern vor. Sie können sich an verschiedenen Orten überall auf der Welt befinden. Dass sich zwei Diskussionsteilnehmer via Internet über das Forum *Debate Europe* austauschen, während sie im gleichen Raum sitzen, ist eher unwahrscheinlich, wenn auch nicht auszuschließen. Aufgrund der physischen Distanz verbalisieren die Diskussionsteilnehmer ihre Standpunkte nicht *face-to-face*, sodass für die Diskussionsteilnehmer keine sozialen, persönlichen oder beruflichen Auswirkungen zu befürchten sind. Nicht zuletzt aufgrund der Anonymität und räumlichen Trennung kann durch das Äußern eines oppositiven Standpunkts oder von Zweifel durch einen Antagonisten das Risiko, eines Protagonisten einen reellen Gesichtsverlust (*loss of face*) zu erleiden, gering gehalten werden (vgl. van Eemeren/Grootendorst 2004: 98). Zeitlich gesehen liegt auch eine Distanz vor, da sich die Kommunikationsteilnehmer nicht gleichzeitig (synchron) im virtuellen Raum befinden, sondern in der Regel zu unterschiedlichen Zeiten (asynchron). Der Produzent verfasst seinen Diskussionsbeitrag und kann diesen sofort oder zeitversetzt verschicken. Der Rezipient kann erst nach der Veröffentlichung im Forum (nach Überprüfung durch den Moderator) den Diskussionsbeitrag lesen.

Der siebte Parameter zur Beschreibung der Kommunikationsbedingungen eines Internetforumsdiskussionsbeitrags ist der Grad der Kooperation, der von Koch und Oesterreicher durch folgende Aspekte charakterisiert wird:

7. „der Grad der **Kooperation**, der sich den direkten Mitwirkungsmöglichkeiten des/der Rezipienten bei der Produktion des Diskurses bemisst." (Koch/ Oesterreicher (1990/²2011: 7, Hervorhebung im Original)

Der Grad der Kooperation ist gering einzustufen, wie sich anhand des Ablaufs des Kommunikationsprozesses in einem Internetforum zeigen lässt. Aufgrund der physischen Distanz und der Asynchronität kann es keine Rückkopplung zwischen den Kommunikationspartnern während des Verfassens eines Beitrags geben. Für die Asynchronität ist maßgeblich die Forensoftware verantwortlich, die den Kommunikationsprozess regelt bzw. vorgibt (vgl. Kapitel 6.2).

Es soll sich nun dem achten Parameter von Koch und Oesterreicher zugewandt werden.

8. „[D]er Grad der **Dialogizität**, für den in erster Linie die Möglichkeit und Häufigkeit einer spontanen Übernahme der Produzentenrolle bestimmend ist; der Dialogizität in einem weiteren Sinne können Phänomene wie 'Partnerzuwendung' etc. subsumiert werden (s. auch c) und e))." (Koch/Oesterreicher (1990/²2011: 7, Hervorhebung im Original)

Die Übernahme der Produzentenrolle kann prinzipiell jederzeit erfolgen, nachdem der erste Diskussionsbeitrag veröffentlicht wurde. Allerdings besteht aufgrund der Asynchronität nicht so häufig die Möglichkeit, die Produzentenrolle spontan zu übernehmen, wie in einem Gespräch (vgl. Grad der Kooperation). Auf einen initialen Diskussionsbeitrag können hunderte, tausende Beiträge (*Postings*) folgen, die nach dem „Mühlen-Prinzip"[474] veröffentlicht werden. „Öffentliche Antworten heißen *Follow-Ups*, persönliche Antworten per E-Mail an den Autor eines Postings werden als *Reply* bezeichnet." (Haase et al. 1997: 54, Hervorhebung im Original) Wie bereits erwähnt, wachen Moderatoren und Administratoren darüber, dass bestimmte Verhaltensrichtlinien eingehalten werden, und regeln aufgrund ihrer Befugnisse indirekt die Dialogizität zwischen den Diskussionsteilnehmern, indem sie Beiträge z.B. überprüfen und ggf. löschen können.

Welche Möglichkeiten des Eingriffs bestehen, lässt sich aus der folgenden Rollen- und Funktionsbeschreibung ableiten:

> Les modérateurs sont des utilisateurs individuels (ou groupes d'utilisateurs individuels) qui surveillent jour après jour les forums. **Ils ont la possibilité d'éditer ou de supprimer les sujets, les verrouiller, les déverrouiller, les déplacer, les fusionner et les diviser dans le forum qu'ils modèrent.** (http://forums.ec.europa.eu/debateeurope/faq.php?si d=bcb1993883a16a2a06f47b006ea8c1a7#f2r11, Stand : 28.06.2012)

Moderatoren und Administratoren können u.a. Diskussionsbeiträge nicht nur bearbeiten oder löschen, sondern sie auch nur für einen eingeschränkten Diskussionsteilnehmerkreis sichtbar machen, sodass es sich in manchen Threads um eine eingeschränkte Dialogizität (*discussions verrouillées*) handelt, da nur eine bestimmte Gruppe von Teilnehmern dieser geschlossenen Diskussion folgen kann. Es lässt sich außerdem festhalten, dass die eigentliche Abfolge der Beiträge durch den Moderator verändert werden kann, auch wenn nach dem Mühlenprinzip ein anderer Beitrag beispielsweise vorgeschaltet war. Die Dialogizität wird demzufolge in hohem Maße durch die Administratoren und Moderatoren geregelt. Dies wird außerdem besonders dadurch deutlich, dass die Diskussionsteilnehmer keine technische Möglichkeit bzw. keine *button*-Funktion zur Verfügung haben, die es ihnen erlaubt, eine Diskussion zu schließen bzw. einen Dialog zu beenden. Nur den Moderatoren obliegt die Möglichkeit, einen Thread zu schließen, was jedoch im Forum *Debate Europe* nur selten geschieht. Ein Dialog kann folglich bis ins Unendliche fortgesetzt werden. Es sei denn, die Diskutierenden sehen ihre Punkte bereits durch vorangehende Beiträge wiedergegeben, sodass keine weiteren Beiträge folgen und die Diskussion „ausläuft". Oder ein Diskutierender beendet die Diskussion, weil er nicht mehr bereit ist, weiter zu diskutieren. Das folgende Fragment zeigt das Ende eines Threads. Zuvor findet ein Schlagabtausch über vier Diskussionsbeiträge zwischen den beiden Diskutierenden (europeendabord; Maria Vittoria Jacquot) statt:

---

474 Der Begriff „Mühlen-Prinzip" geht zurück auf Wichter (1991: 78f.). „Wer zuerst kommt, mahlt zuerst".

(8)

Auf den Diskussionsbeitrag H8 folgt kein weiterer, obwohl dies möglich wäre.
Z.B. hätte der Diskussionsteilnehmer *europeendabord* zustimmen können, dass
unter diesen Umständen eine Fortsetzung der Diskussion „inutile" wäre.

Die Moderatoren halten sich (öffentlich) inhaltlich in der Regel aus den Diskussionen heraus, deshalb sind Äußerungen im Diskussionsverlauf sehr selten.
Vereinzelt kommt es jedoch vor, dass Hinweise auf weiterführende Informationen an die Diskussionsteilnehmer gegeben werden, wie in folgendem Beitrag des
Moderators des französischen Teils (moderator-fr) von *Debate Europe*:

(9)

Ermahnungen aufgrund der Nichteinhaltung von Regeln werden vom Moderator ebenfalls z.T. öffentlich geäußert. Beispielsweise weist der Moderator des
französischen Forumsbereichs darauf hin, dass ein Thread, der im französischen
Teil des Forums veröffentlicht wird, keine Beiträge in englischer Sprache enthalten sollte:

(10)

Die Threaderöffnung in englischer Sprache wird vom französischen Moderator (moderator-fr) mit dem Verweis auf die Existenz des englischen Teils des Forums im zweiten Diskussionsbeitrag abgemahnt.

Der Grad der Dialogizität – der in Internetforen bereits als besonders hoch einzuschätzen ist – kann zwischen den Diskussionsteilnehmern durch eine besondere technische Funktion im Rahmen der Forensoftware noch erhöht werden: die so genannte Quoting-Funktion bzw. das so genannte *quoting feature* innerhalb der phpBB-Forensoftware.

Diese Funktion ermöglicht es den Nutzern, einzelne Elemente oder den ganzen Diskussionsbeitrag eines anderen Nutzers zu zitieren und in den eigenen Beitrag einzufügen. Dadurch entsteht ein so genanntes Quoting. Der Begriff stammt aus dem Englischen und bezeichnet ein Zitat. Das Quoting dient dazu in der Mühlen-Prinzip-Struktur des Threads den Bezug zwischen der Replik und dem Beitrag herzustellen, auf den Bezug genommen werden soll. Eine Hauptfunktion des Quotings ist deshalb die Fokussierung auf ein Element oder einen Abschnitt aus einem vorangehenden Beitrag, welches bzw. welcher wortwörtlich wiedergegeben wird. Dadurch wird die Dialogizität zwischen Diskussionsteilnehmern gesichert, die interagieren. Lewiński (2010: 5) weist darauf hin, dass „online discussions are written recorded interactions in which arguers may swiftly respond to each other". Quotings sind deshalb vergleichbar mit dem schriftlichen Abspielen eines aufgezeichneten Gesprächsbeitrags bzw. eines Ausschnittes aus diesem Beitrag, auf den geantwortet wird. Quotings werden eingerückt, farblich abgehoben und in der Regel durch den Satz eingeleitet: „X a ecrit:". Das folgende Quoting stammt aus dem Themenbereich „Avenir de l'Europe" und gehört zum Thread mit dem Titel

„plaidoyer pour une europe vraiment unie". Vor dem folgenden Diskussionsbeitrag wurde auf die Errungenschaften und Misserfolge verschiedener Persönlichkeiten, u. a. von Mitterrand, bei der Ausbildung der EU hingewiesen:

(11)

Re: plaidoyer pour une europe vraiment unie

Maria Vittoria Jacquot   28 Feb 2010, 00:10

Xeuropéendabord

Vous n'avez sûrement pas lu le lien donnant la totalité du discours dans lequel Mittérand énomère les réalisations accomplies par l'organisation qui s'appelle aujourd'hui UE en 30 ans d'histoire commune .

De plus vous noterez qu'encore aujourd'hui le Président de la Commission Européenne qui est considéré comme ayant eu le plus de rélisations concrètes à son actif et s'étant énormément dépensé pour faire avancer l'Union est Jacques Delors qui eut la chance -contrairement à ses successeurs qui se sont vus retirer par les Rtats tout ou partie de leurs pouvoirs gardant uniquement la possibilité d'émettre des directives -f- d'avoir derrière lui pour le soutenir dans sa démarche ce Présidént français et ce Chancelier H. Kohl ; **c'est avec leurs successeurs (Chirac, Sarkozy et Schröder /Merkel) que l'idée européenne a perdu et est encore plus en train de perdre tout son sens ; et c'est par l' inaction de ces successeurs (ou plutôt leur action pour favoriser uniquement des soit-disant intérêts de gloire personnelle et/ou nationale) que le projet européen a perdu tout son sens et s'est enlisé avec l'aide 'il est vrai) de la crise économque t du projet européen, enlisement qui a engendré -auprès de nous, citoyens- l'affaiblissement et (même) le rejet des institutions européennes, à l'abaissement constant du budget européen , l'actuelle résurrection des égoïsmes nationaux (voir les insultes réciproques entre Grèce et Allemagne alors que des propos pareils entre Etats membres auraient alors simplement étés impensables) contrairement aux ambitions des fondateurs dont l'idee originale semblent aujourd'hui ignorée de tout le monde.**
[…]

Re: plaidoyer pour une europe vraiment unie

europeendabord   28 Feb 2010, 00:54

bonsoir Madame

oui, vous avez totalement raison en écrivant cela

   "Maria Vittoria Jacquot a écrit:c'est avec leurs successeurs (Chirac, Sarkozy et Schröder /Merkel) que l'idée européenne a perdu et est encore plus en train de perdre tout son sens ; et c'est par l' inaction de ces successeurs (ou plutôt leur action pour favoriser uniquement des soit-disant intérêts de gloire personnelle et/ou nationale) que le projet européen a perdu tout son sens et s'est enlisé avec l'aide 'il est vrai) de la crise économque t du projet européen, enlisement qui a engendré -auprès de nous, citoyens- l'affaiblissement et (même) le rejet des institutions européennes, à l'abaissement constant du budget européen , l'actuelle résurrection des égoïsmes nationaux (voir les insultes réciproques entre Grèce et Allemagne alors que des propos pareils entre Etats membres auraient alors simplement étés impensables) contrairement aux ambitions des fondateurs dont l'idee originale semblent aujourd'hui ignorée de tout le monde.

mais non, non, non, ce ne fut pas le point de départ de la débandade de l'Europe:

c'est l'absence totale d'un legs suffisamment précis de Mitterand, et la disparition politique quasi subite dans la mauvaise humeur de Schmidt, Kohl, Schröder, qui ont lâché l'Europe comme De Gaulle avait lâché la Guinée (ils ont osé voter contre!!!), qui créée un vide en ce qui concerne ces décevants personnages comme l'absence d'un legs, bien que ces décevants personnages soient encore en vie, qui préconditionné l'incapacité des autres à continuer sur une bonne trajectoire: si la trajectoire avait été négociée et bien ficelée, ils l'auraient tenue... mais ils ont vilement organisé une foire d'empoigne, et, ça, c'est resté!
cordialement
(Korpus H)

In diesem Beispiel enthält der zweite Diskussionsbeitrag ein Quoting aus dem ersten Beitrag. Die Beiträge folgen innerhalb des Threadverlaufs direkt hintereinander. Wenn dies nicht der Fall ist, d.h. zwischen den Beiträgen weitere liegen, ist die Sicherung der Bezugnahme von noch größerer Relevanz.

Dass ein Beitrag Elemente aus Beiträgen von zwei unterschiedlichen Diskussionsteilnehmern mithilfe der Quoting-Funktion zitiert, ist ebenfalls möglich. Er stammt aus dem Oberbereich *Avenir de l'Europe* und dem Thread *democratie collegiale*:

(12)

Re: Candidature électorale collégiale
Janpol PORTALIS   25 Jan 2010, 13:21

 "Lucie a écrit:
Je ne pense pas que ce systeme n'est "pas viable" au contraire, je trouve la democratie collegiale tres interessante.
peux-tu donner plus de details a ce sujet Janpol ?

 "Jacques Roman a écrit:
Quand j'ai lu l'intitulé de ce fil, je me suis dit : enfin, une vraie question. Mais je vois qu'il ne s'agit pas du tout de ce que j'avais en tête.."
Bien. L'idée est donc d'actualité. C'est, en effet, la seule issue possible face à la cacophonie gouvernementale mondiale qui nous mène droit dans le mur.
Le constat de bon sens fait que chacun a un domaine de prédilection dans lequel sa pertinence n'est pas discutable ... et des domaines de non-intérêt autre que curiosité dans lesquels sa pertinence ne peut s'exprimer !
C'est, bien sûr, la première constatation à faire.
[…]
(Korpus Z)

Die Quoting-Funktion ermöglicht ein Turn-Taking (Sprecherwechsel) wie in einem face-to-face Gespräch mit mehreren Teilnehmern.

Der folgende Diskussionsbeitrag stammt aus einem Thread mit dem Titel *Pour le rejet définitif de la candidature turque à l'UE* und belegt das abwechselnde ‚virtuelle' Turn-Taking von einem aktuellem Diskussionsbeitragsverfasser und einem zitierten Diskussionsbeitragsverfasser. Es handelt sich um einen Diskussionsbeitrag mit fünf Quotings, der aus dem Oberbereich „Avenir de l'Europe" stammt:

(13)

stophe   11 Mar 2009, 15:22

D'abord la Turquie n'est pas un pays europeen. Si nous l'acceptions dans l'UE ca se serait un precedent pour des autres candidatures des pays hors de l'Europe et ca va nous emmener sur le chemin de devenir un second empire romain (c'est a' dire americain).

Qu'elle soit un pays européen n'est pas la question puisque l'Europe ne se définit pas seulement par ses frontières géographiques. Si l'on ne s'en tient qu'à elles, tout le Caucase est européen, dont l'Azerbaidjan. La Turquie est candidate officielle depuis 40 ans.

De plus la Turquie moderne et sa costitution sont issues de l'oeuvre du colonel Mustafa' Kemal dit Ataturk, le premier responsable des massacres des Armeniens.

Et alors? Parce que son fondateur en 1915 (d'ailleurs il est venu après) n'était pas un démocrate il faudrait la refuser? Il faudrait refuser nombre de pays européens alors.

De plus la Turquie poursuit une politique de repression contre les minorites Kurdes, Greques, Chretiens, Cypriots...

Contre les kurdes oui, la répression contre es autres il faudra vous justifier. ET le processus d'adhésion les force à accepter les minorités. La perspective d'adhésion est donc le meilleur moyen qu'ils cessent ces persécutions.

De plus la pluspart des Turcs eux memes ne desirent pas d'aderir a' l'UE parceque ca va les obliger a' accepter des loix et des comportments qui leurs ne plaient pas.

Faux. Les Turcs ont toujours été pour, les sondages ont commencé à faiblir quand les européens ont lancé ces acampagnes contre la candidature turque. Et les turcs ont élu des gvts qui étaient ouvertement pour la candidature. Votre assertion ne repose sur rien.

De plus l'adesion de la Turquie va nous embrouiller dangereusemnet dans les la region du Caucasus qui est notamment instable et zone de friction entre E-U et Russie.

Pourquoi? Nous serons de toute façon dans cette zone par l'OTAN, dont la Turquie fait partie. Et le rôle de l'Europe n'est pas de fuir les problèmes, désolé.
(Korpus I)

Dadurch, dass der Diskussionsbeitragsverfasser bestimmt, was und wieviel er aus dem vorangehenden Diskussionsbeitrag zitiert, wird von ihm der „Sprecherwechsel" an der Stelle herbeigeführt, wo er mit seiner bezugnehmenden Äußerung ansetzen will. Er bestimmt, an welcher Stelle er „interveniert", was auf rhetorischer Ebene strategische Vorteile beinhaltet, da in einem direkten *face-to-face*-Gespräch nicht immer möglich ist, das Rederecht für sich zu beanspruchen. In der Regel wird in Quotings die syntaktische Wohlgeformtheit respektiert und bis zu einem Satzzeichen zitiert (vgl. die Inline-Quotings im vorliegenden Beispiel 13). Diese technische Funktion des Quotens erlaubt es, exakt zu wiederholen, was der andere geäußert hat, sodass durch Reformulierung keine Interpretation oder Bewertung miteinfließen kann.[475] Außerdem kann der Diskussionspartner nicht behaupten, er hätte etwas anderes geäußert als das, was der Partner reformuliert hat, wenn das wortwörtliche Zitat vorliegt. Das Hinzufügen oder die Tilgung eines Elements kann weitreichende Folgen haben, wie beispielsweise das Auslassen eines Modalisators (z.B. *véritablement, assurément* etc.). Die spontane Übernahme der Produzentenrolle ist nicht Hauptmerkmal der Kommunikationsform Internetforum, jedoch kann ein strategisch gewählter Sprecherwechsel im Nachhinein herbeigeführt werden, ganz zum Vorteil des Rezipienten, der die Rolle des Produzenten einnimmt. Der folgende Diskussionsbeitrag zeigt, dass das Kürzen und das gezielte Herbeiführen von Sprecherwechseln von den Diskussionsteilnehmern wahrgenommen und als negatives Verfahren beurteilt wird. Der Diskussionsteilnehmer mit dem Namen Ruut formuliert dies in einem Vorwurf an den Antagonisten (brutus), der sich daraufhin rechtfertigt:

(14)

Brutus (Antagonist)   12 Feb 2009, 11:14
   Ruut (Protagonist) a écrit:**Vous avez tronqué mes propos pour valider vos affirmations.** Sans les
   aides le système pousse au travail pour survivre. Avec les aides votre constat est valable.(...)
Beh non. Je prends une affirmation et je la confronte avec une réalité qui la dément. C'est simple. Quand on
affirme qu'un sistème qui présente un taux de chomage de 10% persistant depuis plus de 30 ans pousse les gens à
travailler il devient facile d'être démentit. Si vous ne voulez pas voir vos arguments écrasés par la réalité prenez
des arguments plus solides. Ceux-ci ne sont même-pas débatables...
(Korpus S)

Der Vorwurf (*vous avez tronqué mes propos*) des Protagonisten wird vom Antagonisten durch das Negationsmorphem *non* explizit zurückgewiesen.

Der Parameter der Dialogizität kann aufgrund der Einsatzmöglichkeit von Quotings in Internetforumsbeiträgen mit dem Grad der Spontaneität in Relation gesetzt werden, dem sich im Folgenden gewidmet werden soll. Es handelt sich dabei um den neunten Parameter zur Charakterisierung der Kommunikationsbedingungen.

9. „[D]er Grad der **Spontaneität** der Kommunikation." (Koch/Oesterreicher (1990/²2011: 7, Hervorhebung im Original)

---

475 Im Kontext der Definition des Begriffs *polémique* als *modalité argumentative* bemerkt Amossy, dass die indirekte Rede und somit die Reformulierung vom Antagonisten genutzt werden kann, um diesen besser angreifen zu können : „Dans ces conditions, on a nécéssairement affaire à un dialogisme marqué par un usage massif et diversifié du discours rapporte et de la polyphonie, à travers lesquels le discours polémique tente de s'emparer de la parole de l'autre pour mieux l'attaquer." (Amossy 2011: § 8).

Der Grad der Spontaneität im Rahmen der Forumskommunikation kann zwischen sehr hoch und sehr niedrig schwanken, da es Diskussionsbeiträge gibt, die in kürzester Zeit auf den vorherigen folgen und andere erst Stunden, Tage oder Wochen später. Die Diskussionsteilnehmer können sich aufgrund der Asynchronität und der Quoting-Funktion Zeit mit ihrer Produktion lassen und stark geplante Diskussionsbeiträge veröffentlichen oder aber sofort reagieren.

Die Forumsbeiträge von *Debate Europe* sind in der Regel distanzsprachlich und nicht nähesprachlich[476] ausgerichtet, d.h. es besteht eine „Präferenz für sprachliche Kontexte", der „Planungsaufwand" ist in der Regel hoch, die Äußerungen zeugen eher von „Endgültigkeit" als von „Vorläufigkeit" sowie von „integrativer" als von „aggregativer Gestaltung" („unvollständige' Äußerungen, Parataxe etc.) (vgl. Koch/Oesterreicher 1990/²2011: 12). Um die Bandbreite des Grads der Spontaneität der Forumskommunikation zu zeigen, wird im Folgenden jeweils ein Beispiel für einen sehr niedrigen und einen sehr hohen Grad der Spontaneität betrachtet.

Als Beispiel für einen distanzsprachlichen (initialen) Diskussionsbeitrag mit sehr geringer Spontaneität, bzw. sehr hoher Reflektiertheit, kann der Folgende aus dem Oberbereich *Avenir de l'Europe* gelten:

(15)

Thread : La voix de l'Europe Le traité de Lisbonne

Giovanni Battista Sonzogn   02 Nov 2009, 22:47
= instituant le Haut Représentant et Service de l'action extérieure de l'UE pour améliorer l'impact, la visibilité et la cohérence de la politique étrangère européenne. Le nouveau Corps diplomatique (SEAE[477]) **devrait être** au service du Haut Représentant, qui détient également le rôle de Vice President de la délégation de la Commission européenne des Affaires étrangères: une fusion entre les structures qui sont dirigés par des gouvernements et des actions chassés de l'exécutif à discuter avec l'UE une seule voix, la voix de l'Europe. Les opérations soutenues par des gouvernements au sein du Conseil de l'UE et délégations de la Commission européenne dans le monde sont en fait une répétition qui n'a pas plus raison d'être. Mais le Parlement a son mot à dire dans la constitution du nouvel organe est de donner son consentement avant que les Membres istituirlo.I voté à la dernière session plénière le rapport de l'allemand Elmar Brok populaire, qui parle du cadre institutionnel possible du nouveau service. SEAE sous le contrôle parlementaire? Le service **devrait être** financé par des fonds communautaires et **devraient être** au sein de la Commission et alors seulement, selon le Parlement, nous pouvons assurer un contrôle démocratique sur le fonctionnement et les opérations d'assemblage. Les délégations de la Commission européenne dans le monde - plus de 130 bureaux répartis dans 5 continents - devraient également fusionner avec les divers bureaux du Conseil, qui emploient ensemble plus de 5000 personnes, pour créer les «ambassades» géré par le personnel du nouveau service l'action extérieure, sous le commandement du Haut Représentant. La formation des «diplomates européens" **devrait être** confiée à une nouvelle école de la diplomatie européenne.
[…][478]

---

476   Vgl. Koch/Oesterreicher (1985).

477   Service européen pour l'action extérieure.

478   Auf den Forumsbeitrag folgen keine Antworten, weshalb er nicht Teil des Untersuchungskorpus ist.

Der hohe Planungsaufwand in diesem Forumsbeitrag zeigt sich neben der hohen Informationsdichte, Komplexität und Elaboriertheit besonders in der viermaligen Wiederholung des Modalverbs *devoir* + *être*. Die Wiederholung dieser Elemente strukturiert den Beitrag und ist unter rhetorischem Aspekt als Stilmittel zu sehen, welches weniger auf die spontane Formulierung eines solchen Beitrags schließen lässt.

Dass der Planungsaufwand in Foren relativ hoch ist, hat bereits Kattenbusch (2002: 189) beobachtet, der zu dem Schluss kommt, dass Internetforen (engl. *newsgroups*) „in geringerem Maße sprechsprachliche Merkmale auf[weisen] als Chats […].“ Dass sprechsprachliche Merkmale auftreten, zeigt der folgende Diskussionsbeitrag aus dem Oberbereich *Avenir de l'Europe*:

(16)

Thread : Je ne comprends plus rien

<u>AMOURABI</u>   04 Fév 2010, 18:33

Olé !!
(Korpus Y)

Die Spontaneität ist in diesem Beispiel als sehr hoch zu bemessen. Die Interjektion *Olé* als einzigem Inhalt des Diskussionsbeitrags drückt die emotionale Beteiligung des Verfassers kurz und knapp aus. Diese wird durch die doppelte Verwendung des Ausrufezeichens verstärkt. Der Planungsaufwand ist als gering einzuschätzen, und es überwiegt der Eindruck der Vorläufigkeit der Äußerung. Weitere Hinweise auf eine bisweilen vorkommende Spontaneität beim Verfassen der Beiträge sind Tipp-, Rechtschreib- und Zeichensetzungsfehler. Diese Merkmale weisen auf eine fehlende Kontrolle des Geschriebenen hin und somit auf geringe Planung. Allgemein gilt jedoch für das Forum *Debate Europe*, dass die Rechtschreibung und Zeichensetzung beachtet werden, wie in folgenden Diskussionsbeiträgen – allerdings wird, wie oft in den digitalen Medien, die Großschreibung im zweiten Beitrag missachtet. Der Kongruenzfehler „C'est ce qu'on[t] compris[es] les entreprises" im initialen Forumsbetrag ist als Tippfehler zu rechnen:

(17)

ewropano   16 Fév 2010, 00:53

La durée de vie augmente, la santé aussi, mais les performances professionnelles ne suivent pas nécessairement. C'est ce qu'on [sic !] compris les entreprises qui flanquent leurs employés à la porte après 50 ans, et c'est très difficile pour ces derniers de se faire réembaucher. Bien sûr, toutes les fonctions ne se dégradent pas à la même vitesse et certaines s'améliorent même. Mais c'est quand même l'exception. Augmenter l'age de la retraite dans ces conditions revient à réduire drastiquement les pensions pour tous ceux - de plus en plus nombreux, et on sait déjà lesquels - qui n'arriveront pas à faire une carrière complète. On comprend donc les réticences syndicales. Il faudrait donc réserver à cette tranche d'âge les emplois qu'ils sont encore capables d'occuper, ou du moins leur donner la préférence. Une mesure similaire serait souhaitable pour les moins de 25 ans, mais pour d'autres raisons.

Re: Retraites et emploi des "séniors"
Europeendabord   16 Fév 2010, 01:26

bonjour ewropano
c'est typiquement l'Europe! on voit un problème, on (ré-)invente la roue. d'autres pays ont apporté des solutions à ce problème ⓠ le saviez vous? (je croyais que les frontières étaient tombées, mais de toute évidence non: au lieu de frontières, on a des oeillères!) je crois d'ailleurs savoir que la France est rigoureusement le seul pays de l'union européenne ayant un âge de retraite aussi bas ☺. ça aussi, ça se voit sans oeillères...il faut donc les retirer ⓦ et puis on pourra en discuter sur un forum européen
(Korpus Q)

Kattenbusch (2002) stellt fest, dass der Sprachgebrauch in Internetdiskussionsforen

> erheblich von der Kommunikationssituation und dem Themenbereich abhängt, was dazu führt, daß in themenbezogenen Newsgroups [Internetdiskussionsforen] zwar ein lockerer Briefstil vorherrscht, aber durchaus komplexe Syntax vorkommen kann und in technischen und wissenschaftlichen Newsgroups das entsprechende Fachvokabular verwendet wird [...]. (Kattenbusch 2002: 189)

Auch im Forum *Debate Europe* lässt sich überwiegend ein „lockerer Briefstil" feststellen, aber auch „komplexe Syntax". Je nach Themenbereich finden sich viele europapolitische Fachtermini (z. B.: „Haut Représentant", „Corps diplomatique (SEAE)", „Vice President de la délégation de la Commission européenne des Affaires étrangères"), aber auch Ausdrücke des alltäglichen Bereichs.

Zusammenfassend kann bezüglich des Grads der Spontaneität festgehalten werden, dass dieser stark schwanken kann. Allgemein kann ein geringerer Grad aufgrund der Asynchronität des politischen Internetforums *Debate Europe* als in Chats angenommen werden, in denen die Kommunikation quasi-synchron ist. Einen gewissen Einfluss hat dabei sicherlich auch die Weite und Komplexität der Themenbereiche.

Die Weite der Themenbereiche kann durch den Parameter des Grads der Themenfixierung beschrieben werden. Es ist der zehnte Parameter bei der Bestimmung der Kommunikationsbedingungen nach Koch und Oesterreicher:

10. „[D]er Grad der **Themenfixierung.**“ (Koch/Oesterreicher (1990/^{2}2011: 7, Hervorhebung im Original)

Der Grad der Themenfixierung ist relativ hoch im Internetforum *Debate Europe*. Wie bereits der Name des Forums verrät, ist das Ziel, über Europa zu debattieren, d.h. die Themen sollten einen europapolitischen Bezug aufweisen.

Worüber genau debattiert bzw. diskutiert werden soll, wird auf der Startseite des Forums vorgeschlagen:

> Aidez-nous à façonner l'avenir de l'Europe! Participez aux débats et donnez-nous votre avis sur les enjeux auxquels l'Europe est aujourd'hui confrontée. Pensez-vous que l'Europe va dans la bonne direction? Pensez-vous que les institutions sont utiles dans les domaines importants? Pensez-vous qu'elles interviennent trop dans des domaines secondaires et pas assez dans d'autres, comme l'emploi et la protection des consommateurs? Que pensez-vous du débat sur le changement climatique? Où doivent s'arrêter les frontières de l'Europe? Ne laissez pas passer l'occasion de donner votre avis sur la voie à suivre! [479]

Die Diskussionen (bzw. *débats*[480]) behandeln politische, juristische aber auch alltägliche Themen Europas, über die nicht nur diskutiert wird, sondern auch in Form von Umfragen abgestimmt werden kann. Der französische[481] Teil des Forums ist untergliedert in die acht Themenbereiche:

Abb. 38: Oberthemenbereiche des französischen Teils der Internetplattform Debate Europe.

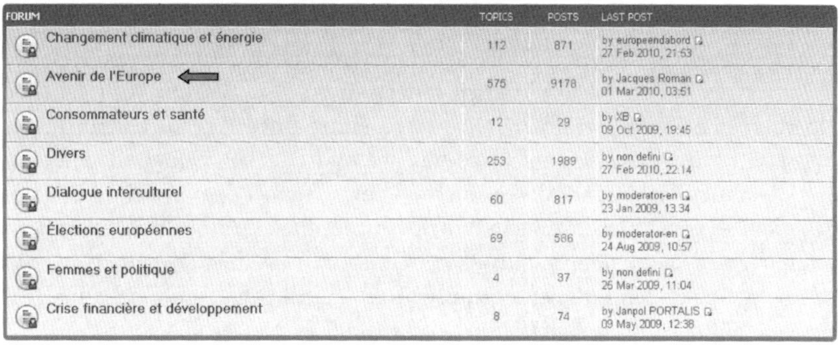

FORUM	TOPICS	POSTS	LAST POST
Changement climatique et énergie	112	871	by europeendabord 27 Feb 2010, 21:53
Avenir de l'Europe	575	9178	by Jacques Roman 01 Mar 2010, 03:51
Consommateurs et santé	12	29	by XB 09 Oct 2009, 19:45
Divers	253	1989	by non defini 27 Feb 2010, 22:14
Dialogue interculturel	60	817	by moderator-en 23 Jan 2009, 13:34
Élections européennes	69	586	by moderator-en 24 Aug 2009, 10:57
Femmes et politique	4	37	by non defini 25 Mar 2009, 11:04
Crise financière et développement	8	74	by Janpol PORTALIS 09 May 2009, 12:38

479 http://europa.eu/debateeurope/index_fr.htm.

480 Amossy (2011: § 16) bemerkt, dass „le débat est nécéssaire pour permettre l'échange des points de vue et l'exercice de la réflexion critique.“

481 Insgesamt wird das Forum *Debate Europe* in 24 Sprachen unterhalten.

Innerhalb des Oberbereichs *Avenir de l'Europe* (siehe Pfeil in der Abbildung 38) z. B. finden sich Threads zu verschiedenen Diskussionsthemen. Eine Reihe dieser Diskussionsthemen zeigt die folgende Übersicht:

Abb. 39: Übersicht einer Reihe von Diskussionsthemen innerhalb des Oberbereichs Avenir de L'Europe.

TOPICS	REPLIES	VIEWS	LAST POST
Vos débats by President Barroso » 01 Apr 2009, 11:44	149	9284	by europeendabord ⌐ 27 Feb 2010, 21:57
Retraites et emploi des "séniors" by ewropano » 16 Feb 2010, 00:53	18	234	by ewropano ⌐ 01 Mar 2010, 00:52
traitement de discussions multilingues by europeendabord » 27 Jan 2010, 23:04	28	393	by ewropano ⌐ 01 Mar 2010, 00:47
plaidoyer pour une europe vraiment unie by Maria Vittoria Jacquot » 27 Feb 2010, 16:24	7	125	by Maria Vittoria Jacquot ⌐ 28 Feb 2010, 16:38
privatiser la gestion de l'Europe by europeendabord » 22 Feb 2010, 19:45	4	94	by europeendabord ⌐ 28 Feb 2010, 16:30
l'homosexualité en primaire by europeendabord » 04 Feb 2010, 20:59	20	283	by gaulliste ⌐ 28 Feb 2010, 15:53
Ashton2,la diplomatie invisible et transparente by rachidelaidi » 28 Feb 2010, 13:56	0	127	by rachidelaidi ⌐ 28 Feb 2010, 13:56
Sondage: quelles langues pour l'UE? by ewropano » 17 Feb 2008, 22:17	2133	96581	by europeendabord ⌐ 28 Feb 2010, 02:11
Je ne comprends plus rien by alakauf » 18 Jan 2010, 21:48	26	469	by non defini ⌐ 27 Feb 2010, 15:58
Un nouveau forum devant cette volonté de mourir			by Rodus ⌐

Die Threadüberschriften lauten beispielsweise : *Retraites et emploi des «seniors», plaidoyer pour une europe vraiment unie, privatiser la gestion de l'Europe, etc.*

Ein Thread ist „die Summe aller Artikel, die in einer laufenden Diskussion bereits zu einem Thema veröffentlicht wurden." (Franke 1996: 209) Threads bestehen folglich aus mehreren Beiträgen, in denen über ein bestimmtes Thema diskutiert wird. Die Nutzer können innerhalb der vom Forum vorgegebenen Oberbereiche *Threads* eröffnen. Der erste Beitrag eines Threads enthält in der Regel eine zur Diskussion stehende Aussage und/oder eine Quaestio. Die darauf folgenden Beiträge werden rein chronologisch nach dem Erstellungsdatum bzw. dem so genannten „Mühlen-Prinzip" angeordnet. Der folgende Threadausschnitt (*Quelle place pour la Suisse dans l'Europe ?*) aus dem Oberthema *Avenir de l'Europe* zeigt den initialen Forumsbeitrag (der die Quaestio bereits im Titel anzeigt), auf den chronologisch die Beiträge anderer Nutzer folgen:

(18)

Quelle place pour la Suisse dans l'Europe ?

Oline   21 Nov 2009, 19:42

Quelle place pour la Suisse dans l'Europe ? ⬅

(J 1)

LA SUISSE

AMOURABI   21 Nov 2009, 22:39

La Suisse est géographiquement en Europe, culturellement aussi. Donc sa place ne dépend que d'elle dans les institutions européennes. Il s'agit d'un choix politique qui appartient aux Suisses. Veulent-ils s'intégrer au mouvement en cours et en faire partie ? Les votations sont là pour ça.

Veulent-t-ils en rester le Liechtenstein? Avec la fin annoncée des paradis fiscaux, ce n'est peut-être pas une bonne idée à moyen-terme.

(J 2)

babar   22 Nov 2009, 23:50

Une GRANDE place. La Suisse este deja dans Schengen et on peut payer en Euro presque partout. A nos potes Helvetes de decider.

(J 3)

Innerhalb des Threads können die Nutzer andere Überschriften als die Thread-überschrift für ihre Diskussionsbeiträge wählen. In dem abgebildeten Thread ist dies im zweiten Diskussionsbeitrag der Fall („La Suisse"), da der initiale Forumsbeitrag die Überschrift *Quelle place pour la Suisse dans l'Europe ?* trägt. Die Themenentfaltung ist relativ frei, da sich im Verlauf einer Diskussion der Themenschwerpunkt verschieben kann. Dies bestätigt auch Marcoccia (2004b), der hinsichtlich der Themenfixierung innerhalb von Threads eine thematisch fortschreitende Abweichung bis hin zur thematischen Auflösung feststellt, d.h. der Grad der Themenfixierung kann seiner Meinung nach deutlich absinken:

> La digression thématique à l'intérieur d'un forum se fait progressivement, en parcourant une chaîne de messages introduisant chacun un développement thématique par rapport au message précédent. En d'autres termes, tout développement d'un thème peut être à l'origine d'une digression [...]. Le résultat peut être une véritable « décomposition thématique », comme dans le cas des forums de discussion politiques, par exemple, fortement marqués par l'éparpillement thématique [...]. (Marcoccia 2004b: § 12)

Zur thematischen Auflösung ist anzumerken, dass in moderierten Internetdiskussionsforen die Themenentfaltung prinzipiell nicht absolut frei ist, da die Moderatoren eine Themenentfaltung, die ihnen zu abschweifend erscheint, durch Löschen von Diskussionsbeiträgen oder Abmahnen von Diskussionsteilnehmern lenken können.

Eine Besonderheit im Bereich der Themenfixierung stellen Threads dar, die Umfragen enthalten. Bei der Eröffnung eines neuen Threads haben die Nutzer im Forum *Debate Europe* die Möglichkeit, bei der Bearbeitung des initialen Diskussionsbeitrags eine Umfrage zu erstellen. Dazu befindet sich ein Register „Umfrage erstellen" unterhalb des Formulars zur Beitragserstellung. Eine Umfrage besteht aus einem Titel und mindestens zwei Antwortmöglichkeiten, die vom Nutzer bzw. Umfrageersteller vorgegeben werden. Dieser legt zudem fest, welches Zeitlimit für die Umfrage gilt, und ob die Benutzer ihre Stimme ändern können.[482] Die folgende Abbildung zeigt den Anfang eines Threadverlaufs des Oberbereichs *Avenir de l'Europe*, der eine Umfrage enthält, mit der Überschrift: „Sondage: quelles langues pour l'UE?":

Abb. 40: Umfrage mit Antwortergebnissen im Forum Debate Europe *sowie initialer Diskussionsbeitrag (Korpus A 1).*

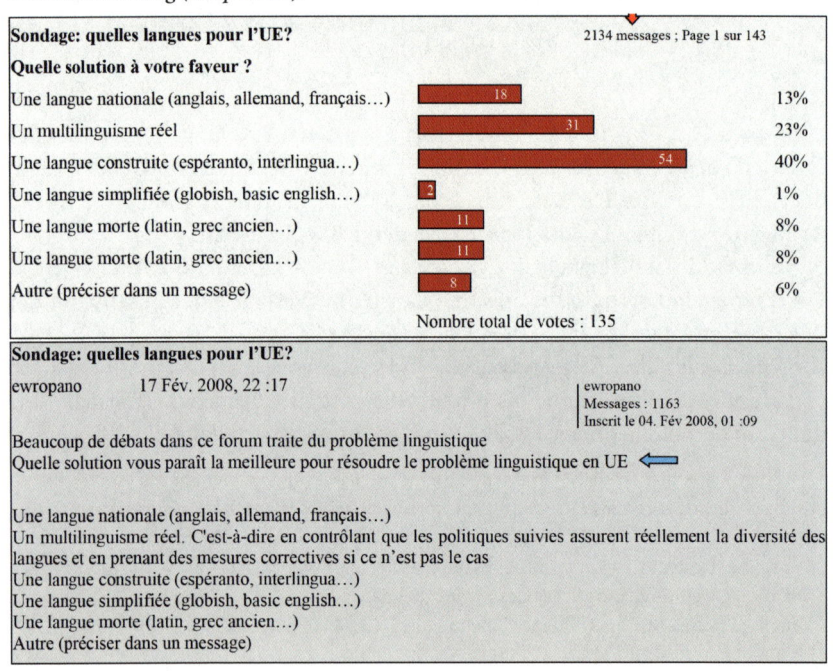

Die Antwortergebnisse der Umfrage werden in der rechten Spalte in Prozent angegeben und in der mittleren Spalte in Form eines Balkendiagramms sowie in absoluten Zahlen. Links stehen die vom Umfrageersteller vorgegebenen Antwortmöglichkeiten.

Die Umfrage lautet: „Quelle solution à votre faveur", und der Ersteller gibt sieben Antwortmöglichkeiten vor. Die Übersicht der Umfrageergebnisse erscheint auf jeder nachfolgenden Seite des Threadverlaufs an oberster Stelle. In der Abbildung sieht man die erste Seite von insgesamt 143 Seiten mit den Ergebnissen der Umfrage sowie den initialen Diskussionsbeitrag des Diskussionsteilnehmers „ewropano". Auf den 143 Seiten des Threadverlaufs sind 2134 Diskussionsbeiträge (*messages*) veröffentlicht worden (roter Pfeil in der Abbildung).

Der initiale Diskussionsbeitrag kann die Frage der Umfrage noch einmal explizit formuliert enthalten (in der Abbildung 40 markiert durch einen blauen Pfeil) und im vorliegenden Fall zudem Zusatzinformationen, die erklären, wie der Umfrageersteller zu seiner Umfrageidee gekommen ist. Das Thema eines Threads, der eine Umfrage enthält, beschränkt sich in der Regel auf die Diskussion der Quaestio und der Umfrageergebnisse.

Der Grad der Themenfixierung ließe sich auch anhand des Sprachgebrauchs bzw. des verwendeten „Fachvokabulars" (Kattenbusch 2002: 189) im Forum *Debate Europe* nachweisen. Eine solche Analyse kann jedoch im Rahmen dieser Studie nicht geleistet werden.

6.2 Digitaltechnologische und institutionelle Bedingungen

Ausgehend von der initialen Situation einer *argumentative discussion* sollen im vorliegenden Kapitel als Erstes die digitaltechnologischen und als Zweites die institutionellen Bedingungen diskutiert werden, unter denen Gegenargumentationen in politischen Internetforumsdiskussionen geäußert werden (können). Handlungen zur Verbalisierung von *disagreement* sind in politischen Diskussionen erwartbar – wenn nicht sogar konstitutiv:[483]

---

483 Kleinke (2007: 330) weist auf die allgemeine Präferenz für ablehnende „Gesprächsschritte" innerhalb der „Gesprächssorte" >Diskussion< hin: „Eine Besonderheit der Gesprächssorte >Diskussion< liegt in ihrer spezifischen Art der Präferenzorganisation. Im Unterschied zum >informellen Gespräch<, in dem zustimmende Gesprächsschritte aufgrund ihrer Strukturmerkmale durch Levinson als >bevorzugte Gesprächsschritte< identifiziert wurden, gilt nach Pomerantz, Jacobs und Kotthoff in der Diskussion die verbale Ablehnung als bevorzugte Strategie in Realdiskussionen." Vgl. ebenfalls Kotthoff (1993).

All the same, disagreements do occur in everyday conversations, notably in political discussions. Moreover, disagreement is often not an unusual, unexpected and thus marked form of conduct, but rather **an expected, preferred and even 'default' behaviour.**
(Lewiński 2010: 87, eigene Hervorhebung)

Disagreement beinhaltet auch ein gewisses „Gewaltpotenzial" (Kleinke 2007), das durch die Kommunikationsbedingungen in einem Internetforum begünstigt wird und sich in Form von kritischen Reaktionen manifestiert, denn „Ziel des Gesprächs ist nicht die gemeinsame Lösung, sondern die Durchsetzung des eigenen Standpunkts." (Kleinke 2007: 330) Begünstigt durch verschiedene mediale Faktoren, wie „Asynchronität des Diskurses", „Fluktuation der Teilnehmer/innen", „Schriftlichkeit des Mediums", „trialogische Kommunikationssituation", „Öffentlichkeit der Kommunikation", kann in Internetdiskussionen „das Gewaltpotenzial [... über das normal erwartbare Maß in einer nicht öffentlich geführten Diskussion von Angesicht zu Angesicht hinausgeh[en]." (Kleinke 2007: 331) Zu den technisch begünstigenden Bedingungen für das Äußern von kritischen Reaktionen in Form von Gegenargumentationen gehört der grundsätzlich zeitlich und personell uneingeschränkte Zugriff auf die Diskussionsstränge, der es vielen Diskussionsteilnehmern erlaubt, auch nach langer Zeit kritisch auf eine geäußerte Argumentation zu reagieren. Es soll an dieser Stelle jedoch darauf hingewiesen werden, dass die Möglichkeit auf Beiträge zu reagieren durch den Moderator unterbunden werden kann, indem er Threads schließt (gekennzeichnet im Forum durch ein Schloss oder die Markierung *vérrouillé*) oder durch den Unterhalter des Forums, indem er die Internetseite vom Netz nimmt.

Auch kann ein Forum geschlossen werden, wie es im Fall von *Debate Europe* am 28.02.2010 der Fall war. Seitdem können Diskussionsteilnehmer nicht mehr auf Beiträge reagieren, aber der Zugriff ist weiterhin möglich, da die Seite online sichtbar ist. Die Schließung eines Forums wird von Marcoccia (2004b) als außergewöhnlicher Fall betrachtet und im Kontext der Eignung von Foren als Korpus diskutiert:

Analyser un forum de discussion Usenet pose un autre problème du point de vue de l'établissement du corpus: il s'agit **d'un corpus sans début ni fin (sauf situation exceptionnelle).** La question de sa clôture devient problématique. Concrètement, lorsque l'analyste prévoit d'enregistrer des messages échangés sur un forum, il n'a pas toujours accès aux premiers messages, sauf si tous les messages sont archivés ou s'il travaille sur un forum qui vient d'ouvrir. Concrètement, cela veut dire qu'on va analyser des messages qui sont des réactions à des messages qui ne sont éventuellement plus conservés. Dans l'autre sens, **la clôture du corpus ne pourra se faire que de manière arbitraire (en choisissant un nombre de messages ou une date),** car on ne peut pas avoir accès à la

fin des échanges, sauf si, par hasard, on tombe sur un forum qui ferme. (Marcoccia 2004b: § 7; eigene Hervorhebung)

Die Möglichkeit der Schließung eines Forums ist bei der Betrachtung der technischen Bedingungen nicht außer Acht zu lassen. Wie der technische Ablauf vom Produzieren bis hin zum Rezipieren geregelt ist, soll im Folgenden betrachtet werden.

Auf der Basis des Modells zur Darstellung der Chatkommunikation von Beißwenger (2003) soll in angepasster Form für Internetforen der Ablauf des Kommunikationsprozesses auf folgende Weise vorgeschlagen werden:

Abb. 41: Produktion, Verschickung, Übermittlung, Überprüfung, Darstellung und Rezeption von Forenbeiträgen als zeitlich einander strikt nachgeordnete Akte bzw. Prozesse. Modell entnommen und verändert in Anlehnung an Beißwenger (2003).

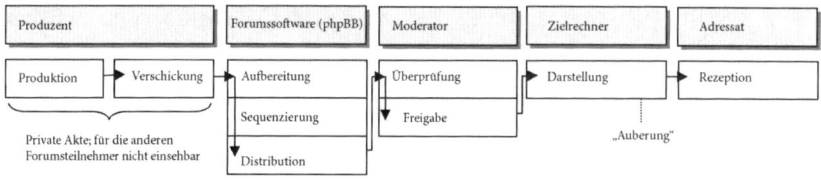

Die Kommunikation im Internetforum durchläuft einen Prozess, der vom Verfassen des Beitrags auf einem Rechner über das Verschicken, Aufbereiten, Prüfen, Darstellen bis hin zum Rezipieren auf dem Zielrechner verläuft. Das Internetforum *Debate Europe* verwendet die Software phpBB. Die Software erlaubt den Besuchern der Internetseite des Forums nicht nur Inhalte abzurufen, sondern auch selbst Inhalte einzutragen. phpBB ist eine lizenzkostenfreie Forensoftware, die für die Aufbereitung, Sequenzierung und Distribution von Diskussionsbeiträgen des Forums *Debate Europe* zuständig ist. Sie basiert auf der serverseitigen Skriptsprache php, ermöglicht die Diskussion einer „Internet-Community" und stellt dazu verschiedene Designs (Templates) und Features (MODs[484]) zur Verfügung.[485] Nach der Freigabe durch den Moderator kann die vom Produzenten erstellte Äußerung auf jedem Zielrechner dargestellt werden und somit eine unbegrenzte Anzahl von Adressaten erreichen. Zielrechner sind dann all diejenigen Rechner, von denen aus die Internetseite *Debate Europe* aufgerufen wird.

Die initiale Situation unterliegt in Hinsicht auf die technischen Bedingungen allein der Freigabe durch den Moderator, da er entscheidet, ob ein Beitrag – in

---

484 Z.B. Kalender und Downloadseiten.

485 https://www.phpbb.de/infos/tour.php?page=5 (Stand 31.07.2012).

diesem Fall der initiale Diskussionsbeitrag – veröffentlicht wird. Die initiale Situation im Konfrontationsstadium einer kritischen Diskussion im politischen Internetforum *Debate Europe* unterliegt darüber hinaus institutionell keinen besonderen formalen Bedingungen oder Restriktionen. Ein Nutzer kann eine Diskussion beginnen, ohne dass er auf Vorgaben (z.B. Redezeit, Abfolge der Redner), wie beispielsweise in einer Parlamentsdebatte oder in einem Prozess, zu achten hat. Die Diskussionen haben bis auf die Netiquette keine formalen Regeln (wie z.B. eine Geschäftsordnung), und es kommt im Anschluss nicht zu einer Abstimmung oder Entscheidung, z.B. zu einem Gesetzentwurf oder einer Wahl.

Disagreement bezüglich eines Standpunkts eines Protagonisten, welches von einem Leser eines Diskussionsbeitrags geäußert werden kann, ist aufgrund der Vielzahl der Nutzer des Forums nicht auf eine Äußerung beschränkt. Der polylogale[486] Charakter ermöglicht es, dass sich der Verfasser eines Diskussionsbeitrags nicht mit nur einem, sondern mit einer unbestimmten Anzahl von potenziellen Antagonisten und deren *disagreement* konfrontiert sieht. Lewiński (2010: 92) spricht deshalb von der „opportunity for multiple confrontation". Daraus resultiert die Annahme, dass nicht nur eine Vielzahl von kritischen Reaktionen mittels *doubt*, sondern auch eine Vielzahl von kritischen Reaktionen mittels Gegenargumentationen bezüglich eines Standpunkts oder der *arguments* geäußert werden können, die von unterschiedlichen Diskussionsteilnehmern verbalisiert werden. Die Rekonstruktion und Darstellung einer solchen Diskussion, die sich nicht wie in der Gesprächsanalyse idealerweise auf zwei Teilnehmer beschränkt, stellt den Analysierenden vor Herausforderungen, worauf insbesondere Marcoccia (2004a) aufmerksam macht:

> Finally, the conversation structure and the participation framework of an on-line polylogue appear so fuzzy and complex that the schematic organization provided by the computer system cannot completely accommodate them. In fact, it is indubitable that polylogal conversations in general can neither be suitably schematized nor totally serve as a basis for a general model. Perhaps a methodological lesson can be drawn from the analysis of newsgroups: the dynamics of any conversation are a challenge to all methods of formal analysis. (Marcoccia 2004a: 144)

Auf die Bedeutung von kritischen Reaktionen für die Komplexität der Konversationsstruktur in Internetforumsdiskussionen weist Lewiński (2010) hin, indem er den uneingeschränkten Einsatz dieser Handlungen beschreibt:

> What is special to online discussions is that, contrary to many other activity types, **chances to thoroughly and persistently react critically by targeting various distinct**

---

486   Marcoccia (2004a: 144) verwendet den Terminus „on-line polylogue".

elements of the opponent's argumentation are not limited in any direct way. Online antagonists can simply make the most of the opportunities to uninhibitedly criticise the opinions they find weakly justified, thus fully exploring the topical potential for reacting critically. (Lewiński 2010: 165; eigene Hervorhebung)

Dies betont Lewiński auch an folgender Stelle, indem er die absolute Freiheit des Kritisierens auf das Fehlen des Eröffnungsstadiums zurückführt, in der die *starting points* ausgehandelt werden:

> Because of the general lack of fixed starting points regarding premises and argument schemes, the antagonist in online discussions may extensively exploit the topical potential by coming up with as many critical reactions as possible. (Lewiński 2010: 136)

Es gibt demzufolge keine zahlenmäßige Beschränkung für kritische Reaktionen, d.h. der Antagonist kann prinzipiell so oft kritisch testen, bis ein Ergebnis erreicht wird (*resolution of the dispute*). Das Äußern von Gegenargumentation – so kann vermutet werden – unterliegt demzufolge ebenfalls keiner zahlenmäßigen Beschränkung, obgleich eine Einschränkung bezüglich der thematischen Relevanz angenommen werden kann.

6.3 Zusammenfassung

Die Untersuchung der kommunikativen, digitalen und technischen Bedingungen machte deutlich, dass es sich im Internetforum *Debate Europe* um eine asynchrone „Eins-zu-Viele-Kommunikation"[487] bzw. „pluridirektionale Kommunikation"[488] handelt, die sich durch einen „polylogalen" (Marcoccia 2004a) Charakter auszeichnet.

Die Kommunikationsbedingungen wurden nach zehn Parametern unter Berücksichtigung der wichtigsten kommunikativen Instanzen und Faktoren in Anlehnung an die Theorie von Koch und Oesterreicher analysiert. Hervorzuheben ist der Parameter, der sich mit dem „Grad der emotionalen Beteiligung" auseinandersetzt, da durch ihn die Rolle und der Einfluss des Moderators deutlich wurden. Des Weiteren ist der Parameter der „Dialogizität" von großer Bedeutung, da die phpBB-Forensoftware die Möglichkeit des automatischen Zitierens anbietet (*quoting feature*), welche den Grad der Dialogizität zwischen den Diskussionsteilnehmern erhöht. Unter institutionellen Gesichtspunkten unterliegt die Kommunikation keinen besonderen formalen Bedingungen oder Vorgaben.

---

487 Terminus von Haase, Huber, Krumeich und Rehm (vgl. Haase et al.1997).
488 Terminus von Kattenbusch (2002: 189).

7. Gegenargumentieren als ein Typ von kritischen Reaktionen im Internetforum *Debate Europe*

Das folgende Kapitel hat zum Ziel, Gegenargumentationen als einen Typ von kritischen Reaktionen (*critical reactions*) – im Rahmen der pragma-dialektischen Argumentationstheorie der Amsterdamer Schule[489] – zu charakterisieren und zu beschreiben. Es dient als theoretische Vorbereitung auf den analytischen Teil der Studie, der sich mit den potentiell zur Verfügung stehenden gegenargumentativen Handlungen des Antagonisten in politischen Internetforumsdiskussionen beschäftigt.

Als Erstes wird in Kapitel 7.1 der Begriff „critical reaction" definiert. Daraufhin wird die kritische Reaktion bzw. werden die kritischen Reaktionen des *language user 2* im Konfrontationsstadium als Voraussetzung(en) für den Beginn einer argumentativen Diskussion vorgestellt (Kapitel 7.2), um anschließend die Reaktion des Gegenargumentierens als Handlung des Antagonisten im Argumentationsstadium einzuordnen (Kapitel 7.3). In Kapitel 7.4 soll das Ziel (*target*[490] oder *focus*[491]) von Gegenargumentationen bestimmt werden, denn „each critical reaction has a focus, which functions as a precondition for a critical reaction of a particular type" (Krabbe/van Laar 2011: 203).

7.1 Definition *critical reactions*

Kritische Reaktionen (*critical reactions*) sind im Rahmen der pragma-dialektischen Argumentationstheorie Reaktionen auf einen vorangehenden Zug (*move*) gerichtet, der negativ bewertet und an dem mittels dieser Reaktion Kritik (*criticism*) geäußert wird.

Unter kritischen Reaktionen verstehen van Eemeren und Grootendorst Handlungen des Antagonisten, die seiner Angreiferaufgabe (*attacking task*) im Rahmen einer dialektischen Prozedur zugerechnet werden:

> In a critical discussion, the parties involved in a difference of opinion attempt to resolve this difference of opinion by achieving agreement on the acceptability or unacceptability

---

489   Vgl. Kapitel 5 dieser Arbeit.
490   van Eemeren et al. (1993: 109) bezeichnen das Ziel von geäußerter Kritik als *target* T.
491   Vgl. Krabbe/van Laar (2011: 203–205).

of the standpoint(s) involved through the conduct of a regulated exchange of views. **By following a dialectical procedure, the protagonist of a standpoint and the antagonist attempt to achieve clarity whether the protagonist's standpoint can be defended in the light of the antagonist's critical reactions.** (van Eemeren/Grootendorst 2004: 58; eigene Hervorhebung)

Das kritische Reagieren des Antagonisten erfolgt mit dem Ziel eines kritischen Testens des gegnerischen Standpunkts. Die Bedeutung der kritischen Reaktionen für das Ergebnis einer kritischen Diskussion, d.h. die *resolution of the dispute* zugunsten des Protagonisten oder Antagonisten, wird von van Eemeren und Grootendorst an folgender Stelle betont:

> **Critical reactions** and argumentation **play a crucial role in the resolution of a dispute.** To really resolve a dispute, the points that are being disputed have to be made the issue of a *critical discussion* that is aimed at reaching agreement about the acceptability or unacceptability of the standpoints at issue by finding out whether or not they can be adequately defended by means of argumentation against **doubt or criticism.** (van Eemeren/ Grootendorst, 1992: 34; Kursivierung im Original, Fettdruck eigene Hervorhebung)

Als grundlegende Arten von kritischen Reaktionen sind nach van Eemeren und Grootendorst anzweifeln und kritisieren zu identifizieren. Auf die Bedeutung von kritischen Reaktionen und Argumentation machen außerdem Herbig und Sandig (1994: 61) aufmerksam, die feststellen, dass „zu den Voraussetzungen für Handlungen des Typs Argumentieren das Wissen um die Strittigkeit bzw. das Einschätzen und Antizipieren eines erhobenen Geltungsanspruches als strittig gehört". Das Angreifen von argumentativen Handlungen kann demzufolge mittels *doubt or criticism* erfolgen mit dem Ziel, den Geltungsanspruch der argumentativen Äußerung zu bestreiten. Zur Beurteilung des Geltungsanspruches eines Arguments (fr. raison) zieht Apothéloz (1989: 82) die folgenden vier Dimensionen (fr. dimensions) heran: Wahrheit (fr. vérité/vraisemblance), Vollständigkeit (fr. complétude), Pertinenz (fr. pertinence) und Orientierung (fr. orientation). Diese Dimensionen würden beurteilt, wenn Argumente zum Gegenstand einer Zurückweisung würden.

Zunächst sollen kurz der Begriff und die Handlung des Anzweifelns[492] definiert werden, bevor sich dem Begriff und der Handlung des Kritisierens zugewandt wird. Unter Zweifel wird allgemein „Bedenken, schwankende Ungewissheit, ob jemandem jemandes Äußerung zu glauben ist, ob ein Vorgehen, eine

---

492 Der Begriff „Zweifel" geht auf mittelhochdeutsch *zwîvel* sowie althochdeutsch *zwîval* zurück und stammt von germanisch *twîfla* ab, das „gespalten" oder „zwiefältig" bedeutete (vgl. Kluge 1883/²⁴2002: 1020).

Handlung richtig und gut ist, ob etwas gelingen kann" (www.duden.de; Stand: 30.03.2014) verstanden. Deutlich wird in dieser Definition, dass es sich um eine gedanklichen Prozess handelt, der Unsicherheit signalisiert, wie ein Sachverhalt, eine Handlung etc. zu beurteilen ist. Durch das Äußern von Zweifel können verschiedene Aspekte angegriffen werden. Angezweifelt werden kann der *propositional content* eines Arguments zur Verteidigung eines Standpunkts oder die *justificatory* oder *refutatory force*, d.h. entweder wird sein Inhalt oder seine Funktion infrage gestellt:

> In the first case, he doubts whether the argument is true or acceptable; in the second case, he doubts whether it provides sufficient support for the standpoint. Often the antagonist merely indicates that he considers the argument unacceptable or insufficient, without providing any arguments for his position. **In that case, his criticizing the standpoint comes down to expressing doubt.** (van Eemeren/ Houtlosser /Snoeck Henkemans 2007: 193; eigene Hervorhebung)

Die sprachliche Handlung des Anzweifelns kann demzufolge nach van Eemeren, Houtlosser und Snoeck Henkemans (2007) dem Oberbegriff „kritisieren" zugeordnet werden. Der erste Fall des Anzweifelns, wenn es um die Bewertung der Wahrheit und Akzeptabilität der Proposition des Arguments geht, entspricht der ersten Dimension von Apthéloz (1989): *vérité/vraisemblance*. Der zweite Fall des Anzweifelns, wenn es um die Bewertung der Stützungs- oder Refutationsstärke von Argumenten geht, entspricht den drei anderen Dimensionen von Apthéloz: *complétude, pertinence* und *orientation*.

Neben van Eemeren, Houtlosser und Snoeck Henkemans (2007) bezeichnen auch Krabbe und van Laar (2011: 200) das Äußern von „critical doubt" als eine Art von Kritik („kind of criticism"). Die Autoren stellen zudem fest, dass „doubt seems to imply a critical stance" (ebd.). Eine klare Trennung von Zweifel und Kritik wird folglich von Krabbe und van Laar nicht vorgenommen. Van Eemeren und Grootendorst (1992: 34) hingegen trennen Zweifel von Kritik, wenn sie von „*doubt* **or** *criticism*" sprechen.

Sie definieren „anzweifeln" wie folgt: „Casting doubt on an assertion can be defined as *refusal to accept it*, i.e. as the *illocutionary negation* of *acceptance*." (van Eemeren/Grootendorst 1984: 102, Hervorhebung im Original)

Im Folgenden soll nun kurz die Handlung des Kritisierens definiert werden. Obwohl *krínein* im Griechischen zunächst „scheiden, trennen, entscheiden" und der Begriff „Kritik" „im Altertum einfach ‚Beurteilung'"[493] bedeutete, wird mit dem Verb „kritisieren" in der Regel eine negative Beurteilung in einer

---

493   Kluge (1883/[24]2002: 540).

(sprachlichen) Handlung verbunden, welche sich sowohl auf Gegenstände (Handlungen, Standpunkte, etc.) als auch auf die sie äußernde Person (*ad rem* bzw. *ad hominem* bei Schopenhauer vgl. Kapitel 4.4) beziehen kann.[494]

Dies zeigt sich auch in der Definition des *speech act of criticism* von van Eemeren et al. (1993: 109, Hervorhebung im Original). Unter folgenden Bedingungen sprechen sie von Kritik äußern:

> The speaker, S, says or does something that counts as a negative evaluation of the actions or attributes of the target, T […].

Das Ziel von Kritik (*criticism*) kann eine Bandbreite von (argumentativen und kommunikativen) Aspekten sein, worauf Krabbe und van Laar aufmerksam machen:

> expressions of (propositions), arguments, parts of arguments, and (the applications of) argument schemes, […] arguers and institutional circumstances, […] understandability, admissibility, validity, appropriateness, reasonableness, consistency, timeliness, and civility. (Krabbe/van Laar 2011: 200)

Unter „kritisieren" sollen in der vorliegenden Studie verschiedene Handlungen zusammengefasst werden, die alle gemeinsam haben, dass es sich um Reaktionen auf einen vorangehenden Sprechakt oder eine Person handelt (allgemeiner formuliert ein Ziel T), welcher bzw. welche negativ beurteilt wird. Handlungen wie z. B. anzweifeln, einen Einwand vorbringen, refutieren, etc. können beispielhaft genannt werden.

Im Folgenden sollen jeweils ein Beispiel aus dem Korpus zunächst für das Anzweifeln eines Standpunkts sowie anschließend für das Kritisieren eines Standpunkts gegeben werden, da sie zu den verschiedenen Arten von kritischen Reaktionen gezählt werden können.[495]

Ein Beispiel für die Handlung des Anzweifelns eines Standpunkts kann in folgendem Ausschnitt aus einem Diskussionsbeitrag eines Antagonisten aus dem Forum *Debate Europe* gezeigt werden. Die Diskussion behandelt die Frage, ob die Kandidatur der Türkei für die Integration in die EU zurückgewiesen werden sollte:

---

494   Kritik kann auch positive Beurteilungen zum Ausdruck bringen. Darauf verweist der Begriff „konstruktive Kritik".

495   Krabbe und van Laar (2011: 200) sind der Meinung, dass „[t]here is not just one kind of criticism. Merely expressing critical doubt is certainly different from expressing an opposite point of view, and expressing such a point of view is again different from arguing for that point of view."

(19)

Politiques UE/OTAN
Jacques Roman   05 Mar 2009, 09:27
[…] L'OTAN n'est pas une menace contre la paix, pensez-vous. **Je n'en suis pas si sûr**[496], considérant que son
principal membre (les ÉUA), n'a pashésité à engager une guerre en Iraq sans justification de légitime défense
contre une attaque armée ni l'autorisation du Conseil de sécurité des Nations Unies. Comme je l'ai dit, on peut se
poser la question. […]
(Korpus I)

Nachdem der Antagonist den Standpunkt seines Gegners reformuliert hat, zweifelt er die *proposition* mittels „Je n'en suis pas sûr" an.[497] Daran anschließend
erläutert er den Grund, warum er Zweifel am *propositional content* hat (*considérant que [...]*). Krabbe (2007) spricht bei dieser Art von kritischer Reaktion
von *bound challenge*,[498] im Gegensatz zur *pure challenge*,[499] in der kein Grund für
das Anzweifeln genannt wird. Van Eemeren, Houtlosser und Snoeck Henkemans
(2007: 45) weisen darauf hin, dass „[i]n terms of discourse analyses, the expression of doubt regarding the acceptability of a preceding assertion is a 'dispreferred
response'". Die Akzeptabilität der Assertion wird folglich vom Anzweifelnden
anders beurteilt als von dem sie Äußernden.

Betrachtet werden soll nun die zweite Art von kritischer Reaktion auf einen
Standpunkt: das Kritisieren. Diese Handlung wird in folgendem Diskussionsausschnitt deutlich, in dem es um die Wahl einer offiziellen Sprache für die EU geht:

---

496   Fragmente der Diskussion, die für die Analyse relevant sind, werden durch Fettmar-
      kierung hervorgehoben.

497   Weitere *expressions de doute* aus dem Korpus lauten: Je doute (fort) que … (A), Je
      n'en suis pas persuade ….

498   „Bound challenges are challenges (in the sense of requests for arguments) that do
      raise a more specific doubtful point (a hitch) or proffer some reason for entertaining
      doubt. They can be aimed at any propositional part of an argument […]." (Krabbe
      2007: 56).

499   „Challenges are pure when they express no more than doubt about one specific
      propositional element in the argument: such challenges do not specify the doubt-
      ful point any further, nor do they proffer any reason why doubt arises." (Krabbe
      2007: 56).

(20)

Der Vorschlag[500] des Protagonisten Deutsch als offizielle Sprache der EU festzu-
setzen, wird vom Antagonisten kritisiert, indem er ihn als vollkommen illuso-
risch beurteilt („A mon avis, la proposition de jaggy est totalement illusoire").
Der Antagonist äußert anschließend einen Standpunkt („Aucune des „grandes"
langues de l'UE ne peut s'imposer comme la langue commune"), der sich auf
eine andere Proposition bezieht als die des Standpunkts des Protagonisten, aus
dem sich ableiten lässt, dass die deutsche Sprache nicht als *langue commune* in
Frage kommt, denn sie zählt zu den „grandes langues de l'UE". Der oppositive Standpunkt bleibt demzufolge implizit (z.B. rekonstruiert mittels *addition*[501]
könnte er lauten: „l'allemand ne peut pas être la langue officielle de l'Union Européenne"). Der explizit geäußerte Standpunkt des Antagonisten „Aucune des
«grandes» langues de l'UE [...]" wird von Argumenten begleitet: „pour des raisons
politiques et culturelles insurmontables [...]".

---

500   Die Assertion „Y a qu'une langue qui peut être la langue officielle de l'Union Euro-
       péenne: l'allemand." wird vom Antagonisten als Vorschlag interpretiert.

501   Die Analyse von kritischen Diskussionen mit dem Ziel der (pragma-dialektischen)
       „maximally reasonable reconstruction" eines Diskurses oder Textes erfordert ver-
       schiedene Rekonstruktionstransformationen (vgl. van Eemeren/Grootendorst 2004:
       103–104):
       1. Relevante Sprechakte werden betrachtet, unwichtige weggelassen (*deletion*)
       2. Implizite Elemente werden explizit gemacht (*addition*)
       3. Unklare Formulierungen werden durch klare ersetzt (*substitution*)
       4. Teile des Diskurses oder Textes werden neu angeordnet, um ihre Relevanz bei
          Bedarf besser herauszustellen (*permutation*).

In einer *simple single discussion* können kritische Reaktionen in mindestens zwei basalen Typen ("basic kinds") innerhalb des Argumentationsstadiums vorkommen, wie Lewiński (2010: 119) bemerkt. Diese zwei Arten betreffen die sechste von insgesamt 15 Regeln[502] (*rule 6*) der pragma-dialektische Diskussionsprozedur.[503] Die *rule 6* behandelt die verschiedenen Sprechakte, die von Protagonist und Antagonist im Argumentationsstadium vollzogen werden können:

Rule 6

a. The protagonist may always defend the standpoint that he adopts in the initial difference of opinion or in a sub-difference of opinion by performing a complex speech act of argumentation, which then counts as a provisional defense of this standpoint.

*b. **The antagonist may always attack a standpoint by calling into question the propositional content or the justificatory or refutatory force of the argumentation.***

c. The protagonist and the antagonist may not defend or attack standpoints in any other way. (van Eemeren/Grootendorst 2004: 144)

Aus der Regel 6b wird deutlich, dass der Antagonist den gegnerischen Standpunkt entweder aufgrund des propositionalen Inhalts oder der Stützungs- oder Refutationsstärke des Arguments infrage stellen kann (*to call into question*). Lewiński unterscheidet deshalb unter Bezug auf Regel 6b zwei Arten der Zurückweisung (*refutation* bzw. "to refuse") eines Standpunkts des Protagonisten:

The antagonist can, thus, refuse to accept the protagonist's standpoint: (1) on the basis of the argumentation backing the standpoint containing intersubjectively unacceptable (wrong, inaccurate, unverified, or otherwise flawed) information or value judgments; or (2) on the basis of the argumentation inadequately supporting the standpoint by a wrong application of one of the informal argument schemes or formal patterns of a logical system used in a given dispute. (Lewiński 2010: 119)

Die kritischen Reaktionen richten sich folglich entweder gegen die *acceptability of premises*[504] (1) oder gegen das *justificatory potential of argumentation* (2). Diese zwei Arten der Zurückweisung weisen aufgrund der Angriffsaspekte Gemeinsamkeiten mit den vier gegenargumentativen Verfahren (*procédures contre-argumentatives*) von Apothéloz, Brandt und Quiroz (1989) auf. Diese richten sich gegen:

---

502 Die 15 *rules for a critical discussion* finden sich bei van Eemeren und Grootendorst (2004: 123–157). Sie lassen sich aus den *preparatory conditions* des *speech act of argumentation* ableiten (vgl. van Eemeren/Grootendorst 1984: 42–46).

503 Die Diskussionsprozedur, auf die sich die Regeln beziehen, besteht aus einer "consistently non-mixed, single discussion" (van Eemeren/Grootendorst 2004: 135).

504 *Premises* konstituieren die *argumentation* im pragma-dialektischen Ansatz.

1. „la vraisemblance du fait présenté dans la raison"
2. „la complétude des raisons"
3. „la pertinence du lien entre raisons et conclusion"
4. „l'interprétation de l'orientation argumentative d'une raison" (Apothéloz/ Brandt/Quiroz 1989: 38ff.)

Das erste gegenargumentative Verfahren von Apothéloz, Brandt und Quiroz (1989) entspricht der ersten Art der Zurückweisung von Lewiński (2010), das zweite bis vierte gegenargumentative Verfahren der zweiten Art der Zurückweisung, da sie das *justificatory potential of argumentation* (2) infrage stellen. Das Infragestellen von Argumenten und die gegenargumentativen Verfahren lassen sich dabei in Übereinstimmung mit der von Eggs (1984: 568) vorgeschlagenen Definition eines Einwands und Gegenschlusses[505] bringen (vgl. Kapitel 4.2).

Bezüglich der Einsatzmöglichkeiten von kritischen Reaktionen in den verschiedenen Stadien einer kritischen Diskussion kann festgehalten werden, dass sie in allen Stadien geäußert werden können: im Konfrontationsstadium durch das Äußern von Zweifel oder eines *opposite standpoint*, im Eröffnungsstadium durch die Aufforderung den Standpunkt zu verteidigen, im Argumentationsstadium durch das Angreifen der Argumente und der Forderung nach weiterer Argumentation, im Schlussstadium durch das Nicht-Akzeptieren des Ergebnisses der Diskussion, wie es vom Protagonisten vorgeschlagen wird. Stadienunabhängig werden kritische Reaktionen beispielsweise durch die Aufforderung, Definitionen und Klarstellungen zu liefern, geäußert:

> In the first place […] the model stipulates that the protagonist can meaningfully argue for a certain standpoint only after the antagonist refuses to accept the standpoint in the confrontation stage, either by casting doubt on it or by advancing an opposite standpoint. Further, in the opening stage – apart from negotiating common starting points and discussion roles – the arguer that becomes the antagonist challenges the protagonist to defend his standpoint. In the argumentation stage, the antagonist may refuse to accept arguments advanced by the protagonist in support of the disputed standpoint, and request further argumentation. In the concluding stage, the antagonist can express a non-acceptance of the result of a discussion proposed by the protagonist. Moreover, in all the stages, the antagonist can request a language usage declarative such as a definition, clarification, etc. (Lewiński 2010: 117)

---

505 Wenn auf eine kontradiktorische Konklusion geschlossen wird.

Die genannten kritischen Reaktionen beziehen sich auf die Stadien einer *simple single discussion*, wobei an dieser Stelle darauf hingewiesen werden soll, dass andere Arten in anderen *types of discussions* vorkommen können. Die kritischen Reaktionen des Antagonisten beschränken sich im idealen Modell einer kritischen Diskussion auf „consistently non-mixed, single discussions", in der der Antagonist keine *contra-argumentation* äußert. *Contra-argumentations* des Antagonisten tauchen jedoch in *mixed, single* oder *multiple discussions* als kritische Reaktionen auf. Sie sind sprachliche Handlungen des Argumentationsstadiums, mit denen der Antagonist deutlich macht, dass „[he] refuses to accept arguments advanced by the protagonist in support of the disputed standpoint" (Lewiński 2010: 117).

7.2 *Critical reaction(s)* im Konfrontationsstadium als Voraussetzung für eine argumentative Diskussion

Kritische Reaktionen sind elementare Handlungen der vier Stadien einer kritischen Diskussion: im Konfrontationsstadium, dem Eröffnungsstadium, dem Argumentationsstadium und dem Schlussstadium.[506] In diesem Kapitel soll sich mit der kritischen Reaktion als Element des Konfrontationsstadiums auseinandergesetzt werden. Das Konfrontationsstadium geht dem Eröffnungs- und Argumentationsstadium im idealen Modell einer kritischen Diskussion voraus und ist fundamental für den Beginn einer argumentativen Diskussion.

Eine argumentative Diskussion beginnt mit der Konfrontation in Form einer Meinungsverschiedenheit zwischen zwei Sprechern (der zweite Sprecher kann erdacht sein und sein *disagreement* antizipiert werden):

> In the *confrontation stage* of a critical discussion, it becomes clear that there is a standpoint that is not accepted because it runs up against doubt or contradiction, thereby establishing a ("non-mixed" or "mixed") difference of opinion. (van Eemeren/Grootendorst 2004: 60, Hervorhebung im Original)

---

506 Lewiński (2010: 116) verweist darauf, dass „[i]n each of the stages a of a critical discussion the protagonist's speech acts are met with doubts or criticisms of the antagonist (van Eemeren & Grootendorst, 1984: 85–93)".

Eine solche Konfrontation zeichnet sich durch zwei basale Züge aus (vgl. van Eemeren/Grootendorst1984: 85): 1. Der Sprecher (bzw. der Schreiber) äußert einen Standpunkt. 2. Der Hörer (bzw. Leser) zweifelt den Standpunkt an oder widerspricht ihm. Der zweite Zug lässt den Hörer in die Sprecherrolle wechseln. Er signalisiert *disagreement,* und das führt zu einer Meinungsverschiedenheit. Das Äußern von *disagreement* bezüglich eines geäußerten Standpunkts, welches zu einer Meinungsverschiedenheit führt, ist eine notwendige Bedingung für den Beginn einer argumentativen Diskussion (van Eemeren/Grootendorst 2004: 135): „If there is no difference of opinion, there is nothing to resolve, and the argumentative discussion is superfluos." Krabbe und van Laar (2011: 83) kommen deshalb zu dem Schluss, dass „in dialectical models of argumentation the presence of disagreement is a necessary condition for a dialectical discussion (or game) to begin". *Disagreement* wird mittels einer kritischen Reaktion verbalisiert, weshalb sie im Konfrontationsstadium zu den notwendigen Zügen des *language user 2* (ehemals Hörer, nun Sprecher) für den Beginn einer argumentativen Diskussion zählt. Zu den Sprechakten des Konfrontationsstadiums zählen nach van Eemeren, Houtlosser und Snoeck Henkemans:

Abb. 42: *Sprechakte des Konfrontationsstadiums nach van Eemeren, Houtlosser und Snoeck Henkemans (2007: 16).*

I	CONFRONTATION
ASSERTIVE	expressing a standpoint
COMMISSIVE	acceptance [of] a standpoint or not
[DIRECTIVE	requesting a usage declarative]
[USAGE DECLARATIVE	definition, specification, amplification, et cetera]

Ein kommissiver Sprechakt, der anzeigt, dass ein Standpunkt (i.d.R ein *assertive*) nicht akzeptiert wird (*non-acceptance of a standpoint*), ist ein notwendiger Zug im Konfrontationsstadium zur Verbalisierung von *doubt* oder *criticism.*

Die „non-acceptance of POV [Point of view] (=casting doubt on POV)" (van Eemeren/Grootendorst 1984: 105) kann mittels einer illokutionären Negation eines Kommissivums geäußert werden. Damit wird die Nicht-Akzeptanz des Standpunkts des *language user 1* verbalisiert.

Zu den möglichen kritischen Reaktionen in der initialen Situation zählt des Weiteren das Äußern von Direktiva, wie beispielsweise die Forderung nach einem *usage declarative*: „Moreover, in all the stages, the antagonist can request a language usage declarative such as a definition, clarification, etc.", wie Lewiński (2010: 117) ausführt.

Zu Beginn einer kritischen Diskussion wird idealerweise jedoch nicht nur eine kritische Reaktion in Form von *doubt* oder *criticism* geäußert, sondern zwei kritische Reaktionen, weshalb präziser nicht von einer kritischen Reaktion, sondern von kritischen Reaktion*en* (Zug 2 und 4) als basalen Zügen des Konfrontationsstadiums gesprochen werden sollte:

> In a fully externalised ideal discussion one can distinguish two more basic moves necessary to complete the confrontation stage: 3) the protagonist upholds his standpoint in face of the expressed doubts or criticisms, and **4) the antagonist upholds his doubt or criticism (or moves from criticism to doubt, or vice versa).** (Lewiński 2010: 84, eigene Hervorhebung)

Das *upholding* von *doubt or criticism* entspricht laut van Eemeren und Grootendorst (1984) der Wiederholung (*repetition*) einer *illocutionary negation of acceptance* und wird mittels der Klasse von kommissiven Sprechakten (*commissives*) verbalisiert. „Upholding doubt about an assertion is then the repetition of the illocutionary negation of acceptance." (van Eemeren/Grootendorst 1984: 102) Die Züge 3 und 4 sind jedoch nicht notwendig für den Beginn einer *argumentative discussion*, nur Zug 1 und 2 müssen idealerweise explizit vollzogen werden. Ebenfalls nicht notwendig, deshalb in der Auflistung der Sprechakte des Konfrontationsstadiums in eckigen Klammern [ ] dargestellt, sind *directives* (*requesting a usage declarative*) und *usage declaratives* (*definition, specification, amplification*, etc.).

Die Verteilung der Sprechakte auf *language user* 1 (Protagonist, P) und *language user* 2 (Antagonist, A) im Konfrontationsstadium einer *simple single discussion* wird von van Eemeren und Grootendorst (1984: 105) auf folgende Weise dargestellt:

		Language user 1 (P)	Language user 2 (A)	Language users 1 + 2[507]
I	1.	*assertive*: POV[508]		
	2.		ILL NEG[509] of *commissive*: non-acceptance of POV (= casting doubt on POV)	
	3.	REP[510] of *assertive*: upholding of POV		
	4.		REP of ILL NEG of *commissive*: non-acceptance of POV (=upholding of doubt about POV)	

Das Konfrontationsstadium (I) besteht folglich idealerweise aus vier Schritten, wovon in der Regel die Schritte 3 und 4 implizit bleiben. Die Konfrontation zwischen den involvierten Parteien (Protagonist, Antagonist) wird mittels verschiedener sprachlicher Indikatoren – „words and expressions" – angezeigt: „indicators of confrontation" (van Eemeren/Houtlosser/Snoeck Henkemans 2007: 21). Diese Indikatoren weisen auf verschiedene „ways of expressing disagreement" hin (Lewiński 2010: 90). Van Eemeren, Houtlosser und Snoeck Henkemans (2007: Kapitel 3) unterscheiden neben Indikatoren von Standpunkten auch Indikatoren von Disputen (*non-mixed* und *mixed disputes*). Die Indikatoren von Disputen lassen sich dahingehend unterscheiden, ob sie zum Ausdruck von Zweifel (*doubt*) oder zum Ausdruck von Kritik (*criticsm*) verwendet werden.

Als Beispiele von Indikatoren im Englischen nennt Lewiński (2010: 90):

---

507 Im Konfrontationsstadium gibt es keine sich entsprechenden Sprechakte, die von beiden *language users* geäußert werden.

508 *Point of view.*

509 *Illocutionary negation.*

510 *Repetition.*

The most explicit indicators of confrontation, such as ‚I believe' (standpoint), 'I am not sure about it' (doubt leading to a non-mixed dispute), or 'I disagree' (criticism leading to a mixed dispute) certainly do appear in online discussions.

Für das Französische kann als Indikator für einen Standpunkt beispielsweise ‚Je pense que' gelten, für die Äußerung von *doubt* ‚Je n'en suis pas sûr" oder für die Verbalisierung von *criticism* ‚Je ne suis pas d'accord'.[511]

Festzuhalten ist, dass die kritische Reaktion eines *language user 2* im Rahmen des Konfrontationsstadiums neben dem Äußern eines Standpunkts eine notwendige Bedingung für das Äußern einer Gegenargumentation ist, da Letztere erst im Argumentationsstadium verbalisiert werden kann, nachdem diese basalen Züge geäußert (oder antizipiert[512]) wurden. Das Eröffnungsstadium – als Zwischenstadium – wird hier nicht diskutiert, da es in der Regel implizit bleibt.

7.3 Gegenargumentieren als *type of critical reaction* des Argumentationsstadiums

Ziel des vorliegenden Kapitels ist es, die Handlung des Gegenargumentierens als *type of critical reaction* des Antagonisten innerhalb einer kritischen Diskussion zu charakterisieren. Hierzu soll der komplexer Sprechakt des Gegenargumentierens in einer der vier Stadien einer kritischen Diskussion verortet werden.

Die pragma-dialektische Argumentationstheorie nimmt an, dass es erst im Argumentationsstadium möglich ist, Argumentation bzw. Gegenargumentation zu äußern (vgl. van Eemeren/Grootendorst 1984: 87). Zuvor müssen im idealen Modell eine Konfrontation stattgefunden haben (Konfrontationsstadium) und idealerweise die *starting points* sowie die Rollenverteilung festgelegt werden (Eröffnungsstadium). Die basalen Züge des Konfrontations- und Eröffnungsstadiums können jedoch auch antizipiert werden.[513] Dies bedeutet, dass eine reale Diskussion prinzipiell direkt mit dem Äußern von Argumentation oder Gegenargumentation begonnen werden kann und somit das Argumentationsstadium

---

511 Beispiele aus dem Korpus der vorliegenden Studie des Internetforums *Debate Europe*.

512 Van Eemeren und Grootendorst (1984: 9) sprechen von einem *interior dialogue*, wenn „possible reactions of others" antizipiert werden.

513 „The difference of opinion can be expressed explicitly, but in practice it may quite possibly remain implicit as well. If the latter is the case, either the existence of a difference of opinion is presupposed or a possible difference of opinion is anticipated in the argumentative exchange of views. Without such a – real or supposed – confrontation of argumentative positions, there would not be a reason to have a critical discussion." (van Eemeren/Houtlosser/Snoeck Henkemans 2007: 11).

als Erstes explizit geäußert wird – Konfrontations- und Eröffnungsstadium bleiben implizit.

Das Argumentationsstadium im Modell einer kritischen Diskussion wird präsentiert als das Stadium, in dem die kritischen Reaktionen bzw. der geäußerte Zweifel des Antagonisten sich gegen die Argumente des Protagonisten richten:

> **In the argumentation stage,** protagonists advance their arguments for their standpoints that are intended to systematically overcome the antagonist's doubts or to refute the **critical reactions given by the antagonist.** (van Eemeren/Grootendorst 2004: 61, eigene Hervorhebung)

Im idealen Modell einer kritischen Diskussion, sprich einer *simple single discussion*, enthält das Argumentationsstadium nur die Argumentation des Protagonisten, der seinen Standpunkt gegenüber den kritischen Reaktionen des Antagonisten zu verteidigen versucht. Der Antagonist äußert keine eigene Argumentation und hat demzufolge nichts zu verteidigen. Aber wenn

> he will himself try **to demonstrate the wrongness of an argumentative statement** by the protagonist [...] he is no longer only the antagonist with regard to the protagonist's point of view, but has also effectively become the protagonist of a view of his own. This standpoint consists of the negation of his collocutor's statement. (van Eemeren/Grootendorst 1984: 87, eigene Hervorhebung)

Der Antagonist/neuer Protagonist äußert in diesem Fall einen eigenen Standpunkt, wenn er ein *argumentative statement* des Protagonisten angreift und dessen *wrongness* zu beweisen versucht. Es handelt sich dann um *not consistently simple single discussions*. Vertreten beide Parteien von Anfang an einen eigenen *standpoint*, dann handelt es sich um eine *compound discussion*.

Inwieweit eine Gegenargumentation eines Antagonisten einer kritischen Reaktion entspricht, kann anhand der Definition einer *contra-argumentation coming from an antagonist* von van Eemeren und Grootendorst (1984) beschrieben werden. Sie definieren sie wie folgt:

> contra-argumentation coming from an antagonist of an attitude to an expressed opinion that is asserted and doubted in the dispute which is at the centre of the discussion and relates to a statement *advanced by the protagonist in defence of his point of view.* (van Eemeren/Grootendorst 1984: 89, Hervorhebung im Original)

Diese Definition liefert den entscheidenden Hinweis auf die Charakterisierung des Gegenargumentierens als Sprechakt des Argumentationsstadiums, da ihr eine Argumentation eines Protagonisten vorausgegangen sein muss, die ebenfalls nur im Argumentationsstadium verbalisiert werden kann. „[T]he exchange of arguments and critical reactions has to take place (in the argumentation stage)", wie Lewiński (2010: 54) zudem feststellt.

Aus den vorangehenden Erläuterungen wurde deutlich, dass die Gegenargumentation eines Antagonisten einen Typ kritischer Reaktionen innerhalb des Argumentationsstadiums einer Diskussion darstellt. Sie dient dem Antagonisten dazu, ein *argumentative statement* (eines Protagonisten) zur Verteidigung eines geäußerten Standpunkts zu attackieren und die *wrongness* dieses *statement* zu beweisen.

7.4 Ziele des Gegenargumentierens als *type of critical reaction* des Argumentationsstadiums

Dieses Kapitel soll die möglichen sprachlichen Ziele (engl. *target*[514], engl. *focus*[515] oder it. *bersaglio*[516]) des Gegenargumentierens (als *type of critical reaction*) im Rahmen des Argumentationsstadiums vorstellen. Krabbe und van Laar (2011: 203) gehen davon aus, dass „each critical reaction has a focus, which functions as a precondition for a critical reaction of a particular type (cf. Wells and Reed 2005)". Das Ziel ist im Folgenden nicht als Skopus im Sinne von Handlungsziel, sondern als das sprachliche Element, das fokussiert wird bzw. die Aufmerksamkeit des Antagonisten auf sich zieht (Fokus), zu verstehen.

Aus der bereits mehrfach zitierten Definition der *contra-argumentation coming from an antagonist* des pragma-dialektischen Ansatzes lässt sich erkennen, was zum Ziel einer Gegenargumentation eines Antagonisten werden kann: das „statement *advanced by the protagonist in defence of his point of view*", d.h. das *statement*, das den argumentativen Status einer Prämisse besitzt, und welches vom Antagonisten angegriffen wird. In der Definition heißt es, dass die „contra-argumentation coming from an antagonist […] **relates to** a statement advanced by the protagonist in defence of his point of view". Dieses *statement* ist dem Wortlaut nach das einzige (mögliche) sprachliche Ziel der Gegenargumentation und somit Ziel der geäußerten kritischen Reaktionen des Antagonisten. Präzisiert werden soll, dass in dieser Studie davon ausgegangen wird, dass das Ziel einer *contra-argumentation* eines Antagonisten nicht nur die Prämisse(n), sondern ebenfalls der vom Protagonisten geäußerte Standpunkt sein kann.

Lewiński (2010: 137) geht ebenfalls davon aus, dass „every critical reaction is by definition directed against some previous argumentation", und weist deshalb

---

514   van Eemeren et al. (1993: 109).
515   Krabbe/van Laar (2011: 203–205).
516   Stati (2002).

zu Recht darauf hin, dass alle Elemente[517] einer Argumentation angegriffen werden können: *standpoint* und *argument*.[518] So bemerkt er, dass „the antagonist reacts critically to this standpoint (or argument)", wenn er die zwei Schritte beschreibt, die eine „episode of reacting critically" konstituieren:

> Every episode of reacting critically, whether reasonable or fallacious, consists of at least two obvious steps: (a) the protagonist puts forth a standpoint (and/or argument); and (b) the antagonist reacts critically to this **standpoint (or argument)** [...]. (Lewiński 2010: 189, eigene Hervorhebung)

Die „contra-argumentation coming from an antagonist [...] relates to a statement advanced by the protagonist in defence of his point of view" und stellt somit eine kritische Reaktion des Antagonisten auf ein Argument dar („the antagonist reacts critically to this [...] argument"). Die *contra-argumentation coming from an antagonist* ist demzufolge dem zweiten Schritt einer *episode of reacting critically* zuzuordnen.

Auch Krabbe und van Laar (2011: 203) vertreten den Standpunkt, dass nicht nur die Prämissen (*premises*) – oder in ihrer Terminologie *reasons* – angegriffen werden können, sondern alle „parts of an elementary argument".[519] D.h. die möglichen Ziele von kritischen Reaktionen sind:

1. standpoint (conclusion)
2. premises (reasons)
3. connection premise.

Die vorliegende Studie folgt dieser Typologie von Zielen. Verwendet wird im Folgenden die Terminologie *conclusion* bzw. *standpoint*, *premise* und *connection premise*, um die Teile eines elementaren Arguments zu bezeichnen, bzw. die deutsche Terminologie Konklusion (bzw. Standpunkt), Prämisse und Schlussregel. Die Unterscheidung zwischen Standpunkt und Konklusion ist diejenige,

---

517 Ziele von kritischen Reaktionen können die „elements of the protagonist's argumentation" sein (Lewiński (2010: 138).

518 „Every critical reaction is by definition directed against some previous argumentation; therefore, an opportune presentation of what the attacked argument or standpoint actually is is the most obvious and crucial way of the antagonist's strategic manoeuvring with presentational devices." Lewiński (2010: 137).

519 „An elementary argument is an illative core of a (possibly more complex) argument, having just one justificatory step. It contains a standpoint (or conclusion) and a set of premises (reasons) containing exactly one connection premise [...]." (Krabbe/van Laar 2011: 203).

dass jeder Standpunkt genau dann zu einer Konklusion wird, wenn Prämissen für oder gegen ihn vorgebracht werden.

Des Weiteren gehen Krabbe und van Laar (2011: 204f.) davon aus, dass jeder argumentative Zug (*move*) vier Aspekte beinhaltet, die mittels einer kritischen Reaktion angegriffen werden können: die Proposition, die Lokution, die Person und die Situation, weshalb sie

1. propositional critical reactions
2. locutional critical reactions
3. personal critical reactions
4. situational critical reactions

unterscheiden. Aus den vorangehenden Ausführungen kann geschlossen werden, dass Gegenargumentationen ebenfalls – als kritische Reaktionen des Antagonisten im Argumentationsstadium einer kritischen Diskussion – diese Aspekte zum Ziel haben können, d.h. Gegenargumentationen können gegen die Proposition, die Lokution, die Person und die Situation eines argumentativen Sprechakts des Protagonisten gerichtet sein.

Was der Antagonist als Ziel einer kritischen Reaktion wählt, fällt in das Konzept des *strategic manoeuvring*[520]:

> *Strategic manoeuvres* werden im pragma-dialektischen Ansatz definiert als
>
> methodical designs of moves, or 'blue-prints', for influencing the result of a particular dialectical stage to one's own advantage, which manifest themselves in a systematic, co-ordinated and simultaneous exploitation of the opportunities afforded by the stage. (van Eemeren/Houtlosser 1999: 485f.)

Das Kritisieren der *argumentative moves* des Protagonisten innerhalb des Argumentationsstadiums – als strategisches Manöver[521] des Antagonisten – erfolgt vor dem Hintergrund der Balancehaltung zwischen den dialektischen und rhetorischen Zielen (*goals*): der Antagonist wählt aus, was seiner Meinung nach die Schwachstelle der gegnerischen Argumentation ist, gleichzeitig sollte er berücksichtigen, was der *adaption to the demand of audience* gerecht wird, und sollte seine Kritik ansprechend stilistisch verbalisieren (vgl. Lewiński 2010: 55).

---

520 Vgl. van Eemeren/Houtlosser (1999, 2002a,b) sowie van Eemeren (2010).

521 *Strategic manoeuvring* ist durch drei Aspekte gekennzeichnet: *adaptation to the demand of audience*, die *selection from the topical potential of argumentation* und die Wahl der *stylistic devices in the presentation of argumentation* (vgl. van Eemeren 2010: Kapitel 4).

Festzuhalten ist, dass Gegenargumentationen eines Antagonisten konstitutive Sprechakte des Argumentationsstadiums einer kritischen Diskussion sind: entweder in einer *not consistently simple single discussion* oder einer *compound discussion*. Das Gegenargumentieren eines Protagonisten zählt zu den einen Standpunkt verteidigenden[522] Handlungen (keine kritische Reaktion), wohingegen das Gegenargumentieren eines Antagonisten (*counter-arguing*[523]) zu den angreifenden[524] (kritischen Reaktionen), aber gleichzeitig auch verteidigenden Handlungen, im Rahmen einer kritischen Diskussion gezählt werden sollte. „Argumentation can be either critical (opposing someone else's point of view) or constructive (defending one's point of view) **or both**", wie Krabbe und van Laar (2011: 200; eigene Hervorhebung) bemerken. Diese doppelte Funktion soll in folgender Übersicht veranschaulicht werden[525]:

Abb. 44: Funktionen des Gegenargumentierens in einer kritischen Diskussion.

	Kritische Handlung	Konstruktive Handlung
Gegenargumentation eines Protagonisten	−	+
Gegenargumentation eines Antagonisten	+	+

Ziele von Gegenargumentationen können alle *parts of an elementary argument* sein sowie die verschiedenen Aspekte eines argumentativen Zugs. Diese Teile sowie Aspekte sind die „preconditions", die eine Gegenargumentation auslösen können.

Zu den kritische Reaktionen auslösenden Aspekten bemerken Krabbe und van Laar (2011):

> We aspire to discuss negative critical reactions in a wide sense, encompassing such criticisms as pertain to (expressions of) propositions, arguments, parts of arguments, and (the applications of) argument schemes, as well as those pertaining to arguers and

---

522 Vgl. van Eemeren/Grootendorst (1984: 87).

523 Lewiński (2010: 50).

524 Vgl. van Eemeren/Grootendorst (1984: 86).

525 Van Laar und Krabbe (2011: 208) weisen darauf hin, dass *contra-argumentation* – definiert von van Eemeren und Grootendorst (1984: 81; 1992: 17) – eine kritische Reaktion sein kann, aber nicht sein muss („does not need to be"), sondern außerdem „can be simply understood as a argumentation for a negative standpoint", womit sie auf die Unterscheidung der *contra-argumentation* des Antagonisten von der des Protagonisten anspielen.

institutional circumstances – criticisms which relate to issues as **understandibility, admissibility, validity, appropriateness, reasonabless, consistency, timeliness, and civility.** (Krabbe/van Laar 2011: 200; eigene Hervorhebung)

Diese Definition fokussiert *negative critical reactions* und berücksichtigt zusätzlich zu den genannten argumentativen Zielen (von van Eemeren und Grootendorst (1984) sowie von Krabbe und van Laar (2011)) institutionelle sowie den Argumentierenden betreffende Gegebenheiten (*circumstances*).[526]

7.5 Zusammenfassung

In Anbetracht der bisherigen Feststellungen kann das Gegenargumentieren als kritische Reaktion des Antagonisten charakterisiert werden, die seiner Angreiferrolle zuzuschreiben ist. Sie ist im Argumentationsstadium einer Diskussion zwischen einem Protagonisten und einem Antagonisten zu verorten und kann idealerweise erst, nachdem das Konfrontations- und Eröffnungsstadium durchlaufen wurde, verbalisiert werden.

Das Gegenargumentieren des Antagonisten ist demgemäß kein initiativer, sondern ein reaktiver Akt und bedarf eines Auslösers: ein Teil oder ein Aspekt eines Teils einer Argumentation eines Protagonisten muss ihr vorausgegangen sein, der angegriffen werden soll. Als Angriffsziele von gegenargumentativen Handlungen des Antagonisten wurden die Konklusion, die Prämisse(n) und die Schlussregel ermittelt, in Anlehnung an die von Krabbe und van Laar (2011) genannten *parts of an elementary argument*.

---

526 Die institutionellen Bedingungen im Forum *Debate Europe* wurden in Kapitel 6 vorgestellt.

8. Makroskopie der gegenargumentativen Sprechakte des Antagonisten

Unter Makroskopie soll die sprachliche Analyse der Gegenargumentation auf konstitutive argumentative Züge, d.h. „mit bloßem Auge erkennbare"[527] Züge, die zusammen die Makrostruktur der Gegenargumentation bilden, verstanden werden, unter Berücksichtigung des Modells einer kritischen Diskussion des pragma-dialektischen Ansatzes.

„Using this theory, the verbal moves made in the various stages of a critical discussion to resolve a difference of opinion can be described as speech acts." (van Eemeren/Houtlosser/Snoeck Henkemans 2007: 12). In einer *argumentative discussion* sprechen van Eemeren, Houtlosser und Snoeck Henkemans (2007: 1) infolgedessen von argumentativen Zügen, die sie wie folgt definieren: „The moves that can be made in a discussion [...] are conceived as verbal activities" (van Eemeren/Grootendorst 2004: 52), wie etwa das Äußern eines Standpunkts[528] oder einer kritischen Reaktion[529].

Idealerweise sollten in den analysierten Threads die vier Stadien von kritischen Diskussionen durchlaufen werden,[530] und zwar indem der *standpoint* des Protagonisten (bzw. die sog. *attitude to an expressed opinion that is asserted in the dispute*), *doubt* durch den Antagonisten (beide *moves* idealerweise explizit verbalisiert im Konfrontationsstadium), das anzugreifende *statement advanced by the protagonist in defence of his point of view* sowie die *statements*, welche die *contra-argumentation*[531] bilden (Argumentationsstadium), geäußert werden.[532]

---

527 http://www.duden.de/suchen/dudenonline/makroskopisch; Stand: 24.02.2014.

528 In der Terminologie von van Eemeren und Grootendorst ist die Rede von *standpoint* oder *point of view*. In der vorliegenden Studie wird sich für den Begriff *standpoint* entschieden, um deutlich zu machen, dass sich der Sprecher auf eine Position festlegt. Darauf weisen auch van Eemeren und Grootendorst (1984: 96; eigene Hervorhebung) hin: „By advancing a positive or negative point of view he [the language user] has *committed* himself positively or negatively to that expressed opinion. In principle this implies that he must be prepared to defend his point of view in respect of the expressed opinion."

529 Vgl. Kapitel 7.1.

530 Vgl. Kapitel 5.3.

531 Laut van Eemeren/Grootendorst (1984: 88) besteht *argumentation* aus „constellations of statements", weshalb analog auch für die *contra-argumentation* angenommen wird, dass sie aus „constellations of statements" besteht.

532 Vgl. Abbildung 31.

Das vierte Stadium, das Schlussstadium, wird in Internetforumsdiskussionen in der Regel jedoch nicht erreicht, da die zeitliche Dimension der Foren und der Parameter der Öffentlichkeit einen offiziellen Schlussstatus verhindern. Dies bestätigt jedoch nur, was im pragma-dialektischen Ansatz in Bezug auf den Vergleich von Realität und Ideal festgestellt wurde: „argumentative reality seldom resembles the ideal of a critical discussion" (van Eemeren 2010: 13).

Die makroskopische Perspektive – d.h. die Betrachtung mit dem bloßen Auge – erlaubt, den komplexen Sprechakt des Gegenargumentierens diskussionsstadienübergreifend (vom Konfrontations- über das Erföffnungs- bis zum Argumentationsstadium) auf die konstitutiven Elemente zu untersuchen und eine Anordnung zu erkennen. Aus der Analyse der Forumdiskussionsbeiträge ergab sich, dass der komplexe Sprechakt des Gegenargumentierens in der Regel aus drei konstitutiven Teilhandlungen besteht: *referierende* (Konfrontationsstadium: Kapitel 8.1), *negativ bewertende* und *argumentierende* Sprechakte (Argumentationsstadium: Kapitel 8.3). Realisiert werden somit von den Stadien einer kritischen Diskussion nur das Konfrontations- und Argumentationsstadium für das Äußern einer Gegenargumentation seitens des Antagonisten. Sprechakte des Eröffnungsstadiums bleiben in der Regel implizit, was sich in der geringen Anzahl von Beispielen in Kapitel 8.2 zeigt, weshalb sie als nicht konstitutiv bewertet werden. Sie sollen der Vollständigkeit halber trotzdem aufgeführt werden.

Sollten für die Argumentationsanalyse relevante argumentative Sprechakte in den untersuchten Diskussionsbeiträgen von den Diskussionsteilnehmern ausgelassen werden, sollen sie unter Anwendung der so genannten Rekonstruktionstransformationen zu kompensieren versucht werden (vgl. van Eemeren 2010: 14ff.). Die Rekonstruktionstransformationen des pragma-dialektischen Ansatzes haben zum Ziel, eine „maximally reasonable reconstruction" eines Diskurses oder Textes zu ermöglichen. Es werden vier Arten unterschieden, die van Eemeren und Grootendorst (2004: 103–104) wie folgt charakterisieren:

1. Relevante Sprechakte werden betrachtet, unwichtige weggelassen (*deletion*)
2. Implizite Elemente werden explizit gemacht (*addition*)
3. Unklare Formulierungen werden durch klare ersetzt (*substitution*)
4. Teile des Diskurses oder Textes werden neu angeordnet, um ihre Relevanz, wo notwendig, besser herauszustellen (*permutation*).

Die Abfolge von *referierenden*, *negativ bewertenden* und *argumentierenden* Handlungen sollen in den nächsten Kapiteln nacheinander analysiert und die sie indizierenden sprachlichen Mittel diskutiert werden.

Was die typographische Darstellung der Beispiele betrifft, soll darauf hingewiesen werden, dass die ursprünglichen Markierungen durch die Beitragsverfasser bei der Abbildung der Diskussionsbeiträge im Folgenden nicht beibehalten werden, d.h. Fettmarkierung und Kursivierungen werden eliminiert. Die Beiträge in ihrer Originalform mit Originalmarkierung sind auf der Internetseite *http://europa.eu/debateeurope/index_fr.htm* zu finden. Die Markierungen dienen im Folgenden der Illustration der Beispielelemente und wurden von der Verfasserin der vorliegenden Studie vorgenommen.

Zur Anordnung und Darstellungsweise ist festzuhalten, dass in den Beispielen der tatsachenwertenden Sprechakte[533] zwei Diskussionsbeiträge abgebildet werden:

a) der Diskussionsbeitrag des Protagonisten, der Teile (*parts*) oder die gesamte Argumentation des Protagonisten (für oder gegen eine *expressed opinion* (O) enthält

b) der Diskussionsbeitrag des Antagonisten, welcher die Gegenargumentation(en) beinhaltet.

Durch diese dyadische Darstellungsweise soll die Bezugnahme deutlich und die mögliche „fallacious representation[...] of the attacked position" (Lewiński 2010: 9) überprüfbar gemacht werden. Die vereinfachte ideale Abfolge der Diskussionsbeiträge von Protagonist und Antagonist, die Rollenzuschreibung sowie der Inhalt der extrahierten Forumsdiskussionsbeiträge zeigt folgende Abbildung:

Abb. 45: Abfolge der Diskussionsbeiträge von Protagonist und Antagonist bei der Äußerung einer Contra-argumentation gegen (Part einer) Pro- oder Contra-Argumentation für O des Protagonisten.

Diskussionsbeitrag	Rollenzuschreibung	Diskussionsbeitragsinhalt
z.B. A 3	Protagonist	(Part einer) Pro- *oder* Contra-Argumentation für O_1[534]
(z.B. A 4 wird nicht abgebildet)	Weiterer Diskussionsteilnehmer	+/- O_2
z.B. A 5	Antagonist	Contra-Argumentation **gegen** (Part einer) Pro- *oder* Contra-Argumentation für O_1 des Protagonisten

---

533 Da sich die personenwertenden Sprechakte auf die Person beziehen und nicht auf die unter a) genannten Aspekte, wird auf die Darstellung des Diskussionsbeitrag des Protagonisten verzichtet und nur derjenige des Antagonisten abgebildet.

534 O steht für *expressed opinion*.

Zur Selektion ist zu bemerken, dass die Forumsdiskussionsbeiträge aus 26 Threads des Internetforums *Debate Europe* ausgewählt wurden. Zu den Gründen der Eignung vgl. Kapitel 1.3 dieser Arbeit. Die Threads mit unterschiedlichen europapolitischen Themen wurden mit den Buchstaben A–Z gekennzeichnet. Bedingung für die Selektion war, dass in den Threads eine (explizite oder implizite) Quaestio den Diskussionsbeiträgen zugrundelag, die von den Diskussionsteilnehmern diskutiert werden kann. Des Weiteren sollten mindestens ein Protagonist und ein Antagonist einen Diskussionsbeitrag in den selektierten Threads veröffentlicht haben – was das Durchlaufen von Konfrontations- und Eröffnungsstadium impliziert, so dass die Verbalisierung einer Argumentation und Gegenargumentation angenommen werden kann. Ausgeschlossen werden demzufolge Threads, die nur aus einem Diskussionsbeitrag bestehen, d. h. Threads, die keine Antwort auf den ersten Beitrag enthalten, und in denen somit keine Diskussion initiiert wird. Genauso werden Threads, die aus zwei Beiträgen bestehen, aber keine kritische (sprachliche) Diskussion enthalten (wenn zum Beispiel der Antwortbeitrag auf den initialen Diskussionsbeitrag allein einen Smiley zum Inhalt hat), ausgeschlossen. Die Threads stammen aus dem Zeitraum zwischen dem 29.01.2008 und dem 28.02.2010 (Tag der Schließung des Forums[535]).

Zuletzt soll sich der Problematik der *allocation of discussion roles* (vgl. Kapitel 4.1) vor dem Hintergund gewidmet werden, dass es sich bei Internetforumsdiskussionen um *multi-party argumentative discussions* und somit um Polyloge, wie Lewiński und Aakhus (2014: 161) zu Recht feststellen, handelt. Im idealen Modell des pragma-dialektischen Modells wird jedoch ein Dyolog – im Sinne einer zwei Parteien Kommunikationsinteraktion, die sich durch dyadisches *turn-taking* (A-B-A-B) manifestiert – zwischen Protagonist und Antagonist angenommen und propagiert. Zum Einen können Polyloge deshalb als eine Interaktion zwischen einem kollektiven Protagonisten und einem kollektiven Antagonisten betrachtet werden (d. h. zwei kollektive Lager bzw. *tag-teams* stehen sich gegenüber), oder zum Anderen kann bei Polylogen von einer Vielzahl von dyadischen Interaktionen (jeweils eines Protagonisten und eines Antagonisten) ausgegangen werden. Lewiński und Aakhus (2014: 167ff.) schlagen für die erste Betrachtungsweise die Bezeichnung „polylogue as argumentation between two basic camps" vor und für die zweite Betrachtungsweise die Bezeichnung „polylogue as a multitude of dual encounters". Ihre Entscheidung fällt prinzipiell zugunsten der zweiten Betrachtungsweise aus, aufgrund der Reduktionsproblematik in zwei kollektive Lager. Denn die Gefahr einer „reduction of the clash of positions to two camps, as in any other reduction, is

---

535   Vgl. Kapitel 6.2.

a loss of some important nuance that makes the difference for how something is to be understood and assessed" (Lewiński/Aakhus 2014: 171). Für den Fortgang der vorliegenden Arbeit wird die Verwendung der Termini monologische, dyologische (in Anlehnung an Dyolog[536]) sowie polylogische Argumentation vorgeschlagen und sich methodisch ebenfalls für die Analyse der Internetforumsdiskussionen als „polylogues as a multitude of dual encounters" entschieden. Der Grund dafür ist, dass in den untersuchten Beispielen jeweils die Konfrontation zwischen zwei Diskussionsteilnehmern untersucht wird (dyadische Analyse) und der Fokus prinzipiell auf den gegenargumentativen Handlungen eines Antagonisten liegt. Lewiński und Aakhus (2014: 175) bezeichnen dies als mikroskopische Perspektive auf „local episodes of argumentative exhchanges".

8.1 Konfrontationsstadium

Im Konfrontationsstadium (*confrontation stage*) wird allgemein ein *dispute* deutlich, der sich aus einer Meinungsverschiedenheit zwischen *language users* ergibt (vgl. van Eemeren/Grootendorst 1984: 104). In diesem Stadium kommen prinzipiell nur Assertiva und Kommissiva vor (vgl. Abb. 43). Assertiva dienen *language user 1* in der *confrontation stage* dazu, eine Assertion zu verbalisieren, in der ein *standpoint*[537] deutlich wird, für den der Äußernde verantwortlich gemacht werden kann („a view to which he can be held" (van Eemeren/Grootendorst 1984: 107)). *Language user 2* kann mit Assertiva ebenfalls einen *standpoint* äußern und damit dem *standpoint* von *language user 1* einen zweiten entgegensetzen, sodass es zur Konfrontation von *views* kommt.

Kommissiva können im Konfrontationsstadium als Sprechakte des *language user 2* auftauchen. Sie zeigen an, dass der gegnerische *standpoint/substandpoint* nicht akzeptiert wird und somit die Assertion des *language user 1* angezweifelt wird („non acceptance of POV (= casting doubt on POV)" (van Eemeren/Grootendorst 1984: 105)). Anzweifeln definieren die Vertreter des pragma-dialektischen Ansatzes wie folgt: „Casting doubt on an assertion can be defined as a *refusal to accept* it, i.e. as the *illocutionary negation* of *acceptance*" (van Eemeren/Grootendorst 1984: 102). Es handelt sich folglich in der Regel um die illokutionäre Negation eines Kommissivums, wenn der *language user 2* den gegnerischen *standpoint* anzweifelt.

Die assertiven Sprechakte des *language user 1* und *language user 2* können hinsichtlich des Gewissheitsgrads (*degree of certainty*) variieren, worauf van

---

536 Vgl. Henne/Rehbock (2001: 3).

537 „([A] cautious or firm) *view* in respect of an expressed opinion" (van Eemeren/ Grootendorst 1984: 107).

Eemeren und Grootendorst zu Recht aufmerksam machen (1984: 107, Hervorhebung im Original):

> „The *assertives* occurring in a rational discussion can thus vary from *state* (hypothetically or otherwise), *suppose* and (cautiously) *propose,* through *assert, posit, postulate* and claim, to *assert confidently, state with certainty* and *guarantee.*"

Die Verben und Adverbien, die zur Verbalisierung einer Assertion genutzt werden können, spiegeln folglich den Gewissheitsgrad, der von extrem hoch bis extrem niedrig reichen kann, bzw. die illokutionäre Stärke („illocutionary force") eines assertiven Sprechakts wider (vgl. van Eemeren/Grootendorst 1984: 108). Van Eemeren und Grootendorst warnen davor, die illokutionäre Stärke eines Assertivums mit dem propositionalen Geltungsbereich („propositional scope") zu verwechseln, der ebenfalls variieren kann. Die folgenden Assertiva veranschaulichen die Variationsmöglichkeiten der illokutionärer Stärke (Beispiel i) und des *propositional scope* (Beispiel ii):

(i) a It is absolutely certain that women have a logic of their own (*definite assertion*)
   b It is probable that women hava a logic of their own (*cautious assertion*)
(ii) a I think it is true that all women have a logic of their own (*universal statement*)
   b I thinkt it is true that certain women have a logic of their own (*particular statement*)

Allgemein gilt, dass unabhängig davon, wie sehr oder wie wenig ein Standpunktäußernder von seinem Standpunkt überzeugt ist, er Verantwortung für diesen zu übernehmen hat. Hervorzuheben ist, dass in diesem Stadium die Diskussion noch nicht eröffnet ist: es kommt lediglich zu einer sprachlichen Konfrontation zwischen zwei *language users*. Es wird ein *standpoint/substandpoint* geäußert, der mit Zweifel oder einem weiteren *standpoint/substandpoint* in Bezug auf eine *expressed opinion* konfrontiert wird. Die konstitutiven Sprechakte des Antagonisten im Konfrontationsstadium sind demzufolge entweder anzweifeln oder das Äußern eines eigenen Standpunkts, wie auch in der Definition des Konfrontationsstadiums des pragma-dialektischen Ansatzes deutlich wird:

> In the *confrontation stage* of a critical discussion, it becomes clear that there is a standpoint that is not accepted because it runs up against doubt or contradiction, thereby establishing a ("non-mixed" or "mixed") difference of opinion. (van Eemeren/Grootendorst 2004: 60, Hervorhebung im Original)

Dieser Definition zufolge lassen sich zwei Szenarien für das Konfrontationsstadium entwerfen:

1. Das erste Szenarium entspricht dem klassischen Konfrontationsstadium des pragma-dialektischen Ansatzes einer *non-mixed difference of opinion,* wie sie die folgende Abbildung zeigt:

CONFRONTATION STAGE	The externalization of a dispute (stage 1)
1.1	Language user 1 advances a positive or negative point of view in respect of an expressed opinion
1.2	Language user 2 casts doubt on this view

2. Das zweite Szenarium ist das Konfrontationsstadium einer *mixed difference of opinion*, wie sie mit der folgenden Darstellung illustriert werden soll:

CONFRONTATION STAGE	The externalization of a dispute (stage 1)
1.1	Language user 1 advances a positive or negative point of view in respect of an expressed opinion
1.2	Language user 2 contradicts this view

Der *language user* 1 verbalisiert als Erstes einen Standpunkt, der von einem *language user* 2 angezweifelt wird, oder dem ein weiterer entgegengesetzt wird, sodass sie eine Meinungsverschiedenheit haben, die durch einen Meinungsaustausch in Form einer argumentativen Diskussion gelöst werden kann. In Internetdiskussionsforen sind die Diskussionsteilnehmer räumlich und zeitlich getrennt, weshalb *language user* 2 in der Regel nicht den gegenerischen Standpunkt anzweifeln oder ihm widersprechen kann, wie es in der *face-to-face*-Interaktion möglich ist. *Language user* 2 kann, um auf den Standpunkt zu reagieren, diesen mit der Quoting-Funktion oder durch eine Reformulierung[538] wiedergeben, um anschließend seine Nicht-Zustimmung zu äußern. Insbesondere dann, wenn *language user* 1 nach dem *move* 1.1 weitere Sprechhandlungen folgen lässt, ist *language user* 2 gezwungen, den Standpunkt, mit dem er nicht einverstanden ist, wiederzugeben, um die Bezugnahme zu sichern. Allgemein kann zur Rekonstruktion des Konfrontationsstadiums festgehalten werden, dass es in polylogalen Diskussionen, wie es in Internetforumsdiskussionen der Fall ist, zu einer Vielzahl von *sub-disputes* kommen kann, wobei ein *language user* mit einer Reihe von weiteren *language users* in einen Dialog treten kann und somit verschiedene *sub-discussions* eröffnet werden können. Die Rekonstruktion erfolgt nach dyadischem Interaktionsprinzip, d. h. dem Austausch zwischen einem *language user 1* (zukünftiger Protagonist) und einem *language user 2* (zukünftiger Antagonist).

---

538 Gülich (2008) betrachtet Reformulierungen unter strukturellen und gesprächsorganisatorischen Aspekten, arbeitet Reformulierungs-Indikatoren heraus und erstellt eine Reformulierungstypologie. Vgl. auch Steyer (1997).

Innerhalb der makroskopischen Struktur steht auf Seiten des Antagonisten das Referieren der gegnerischen Bezugsäußerung, die den Standpunkt des Protagonisten enthält, in Internetdiskussionsforenbeiträgen in der Regel vor dem Angreifen und dem Gegenargumentieren. Die referierende Struktur fungiert somit als Einleitung und präsentiert das oder die Ziele der kritischen Reaktion. Referiert werden kann eine gesamte Äußerung bis hin zu nur einem ihrer Elemente. Die referierende Struktur soll grundsätzlich die Bezugnahme für die angreifende Struktur garantieren. Sie ist somit als kohäsionsstiftendes Mittel anzusehen (vgl. Gruber 1996: 147).

Für das Referieren „fremder Wörter"[539] und Äußerungen werden innerhalb der traditionellen Grammatik – neben dem bereits erwähnten Terminus der „Reformulierung" – auch die Termini „Redeerwähnung"[540] und „Redewiedergabe" verwendet. Unter Reformulierung wird allgemein ein sprachlich-kommunikatives Verfahren verstanden, bei dem ein Bezugsausdruck *p* mit einem Reformulierungsausdrucks *q* wiedergegeben wird (vgl. Gülich/Kotschi 1987: 220). *P* und *q* stellen Einheiten dar, die in einer bestimmten Beziehung zueinander stehen,[541] woraus sich verschiedene Typen von Reformulierungen ergeben. Für den Begriff *Referieren* wird sich für die vorliegende Studie entschieden, da er wortwörtliches (direktes) und indirektes Wiedergeben einer sprachlichen Äußerung bzw. der Elemente einer sprachlichen Äußerung beinhalten kann. Weshalb die drei anderen Begriffe ausgeschlossen werden, soll kurz diskutiert werden. Der Begriff des Reformulierens kann nicht als Oberbegriff für die wortwörtliche Wiedergabe einer sprachlichen Äußerung angesehen werden, da bei der wortwörtlichen Wiedergabe nicht reformuliert wird, weshalb sich gegen ihn entschieden wird. Gegen den Begriff der Redeerwähnung und Redewiedergabe spricht, dass es sich bei den untersuchten Diskussionsbeiträgen nicht um „Rede" handelt, d.h. medial mündliche Sprache (Rede), sondern um medial schriftliche Sprache. Der Begriff des „Wiedergebens (von Elementen) einer sprachlichen Äußerung" soll im Folgenden als Oberbegriff für die sprachliche Handlung des *Referierens* gesehen werden. Es schließt direktes und indirektes Wiedergeben ein.[542] Damit wird der Tatsache Rechnung getragen,

---

539   Vgl. Katelhöhn (2005).

540   Schank (1989); Christ (1981).

541   Vgl. zur Analyse verschiedener Arten der Reformulierung die kontrastive übersetzungswissenschaftliche Studie von Atayan und Sergo (2013). Sie untersuchen die verschiedenen französischen (Teil-)Äquivalente zur Übersetzung des italienischen Diskursmarkers *ovvero* in politischen Zeitungskommentaren und Parlamentsreden.

542   Im Französischen ist der Begriff „discours rapporté" üblich; mit der Unterteilung in „discours (ou style) direct" und „discours (ou style) indirect" (vgl. Grevisse/Goosse (2008: § 414–423). Das Begriffspaar „discours direct – discours indirect" hat seinen

dass es sich um eine „dialogische (partnerkohäsive) Sprechhandlung" (Gruber 1996: 124) handelt, die auf etwas referiert, das der Gegner geäußert hat. Die Indikatoren, die die referierende Struktur einleiten, werden mit dem Begriff „Referenzsignal" bezeichnet in Anlehnung an Weinrich (³2005: 898).

Die von Weinrich unterschiedenen „Formen der Redewiedergabe" sind im Allgemeinen „von bestimmten Referenzsignalen abhängig" (Weinrich ³2005: 898), wie etwa Kommunikationsverben oder einer Reihe von Nomina. Weinrich definiert den Begriff des Kommunikationsverbs wie folgt:

> Unter diesem Begriff [Kommunikationsverb] wollen wir die **Verben des Sagens (verba dicendi), des Fühlens (verba sentiendi) und des Meinens (verba putandi)** zusammenfassen. Die Einbeziehung auch der beiden letztgenannten Untergruppen unter den Begriff der Kommunikationsverben ist deshalb gerechtfertigt, weil es sich ja hier um Redewiedergabe ebenfalls im weiten Sinne des Wortes ‚Rede' handelt. Im allgemeinen [sic!] geht das Referenzsignal der wiedergegebenen Rede vorauf; doch kann es ihr auch nachfolgen oder in sie eingeschoben sein. (Weinrich ³2005: 898; eigene Hervorhebung)

Pirazzini stellt zu den *verba dicendi* spezifizierend fest:

> Sie bringen eine assertive Modalität zum Ausdruck, indem sie über die Einstellung des zitierten Autors zum Wahrheitsgehalt bzw. Richtigkeitsgehalt der eigenen Behauptung informieren, und zwar von der absoluten Sicherheit (‚x ist überzeugt, dass') über verschiedene Grade des Wissens (‚x bemerkt, dass q'), bis zu einer bloßen Vermutung (‚x vermutet, dass q'), dass der behauptete Sachverhalt wahr bzw. richtig ist. (Pirazzini 2002: 165)

Von den von Weinrich (³2005) genannten drei Gruppen von Kommunikationsverben werden prinzipiell die *verba dicendi* und *verba putandi* in den Diskussionsbeiträgen zu finden sein, da diese zur Wiedergabe der Standpunkte der Gegner im Forum eingesetzt werden können.

Neben der direkten und indirekten Rede unterscheidet Weinrich (³2005) noch den inneren Monolog und die erlebte Rede als Formen der Redewiedergabe. Für die funktionale Struktur des Referierens innerhalb der Makrostruktur der Gegenargumentation kommen von den von ihm genannten Formen der Redewiedergabe nur zwei in Frage: die direkte Rede und die indirekte Rede. Sie tragen beide das semantische Merkmal <Referenz> und laut Pirazzini auch das des <Behauptens> (vgl. Pirazzini 2002: 155). Die anderen beiden Formen – der innere Monolog und die erlebte Rede – spielen bei der Gegenargumentation prinzipiell deshalb keine Rolle,

---

Ursprung im Lateinischen (Rosier (2008: 11). „Oratio recta" wird von Glinz wörtlich mit „gerade Rede/Darstellung" und „oratio obliqua" mit „schräge, abgelenkte Ausdrucksweise" wiedergegeben (vgl. Glinz 1994: 434). Die Schrägheit bzw. Abgelenktheit verweist auf die Möglichkeit des ungenauen Referierens.

da Gefühlen und inneren Gedanken einer Person in der Regel mit begründenden Prämissen nicht widersprochen werden kann. Sie sind subjektiv und werden von Personen individuell *erlebt*. Gegen sie Einspruch zu erheben, ist nur möglich, wenn man widerlegen kann, dass eine Person keine körperlichen Reaktionen oder Veränderungen gezeigt hat, die normalerweise für ein erlebtes Gefühl sprechen.[543]

Da dies in der Argumentationspraxis nicht möglich ist,[544] kann man mit Pirazzini (2002: 156) zu dem Ergebnis kommen, „dass man sich nicht gegen die Gedanken oder Gefühle äußern kann, die von einer anderen Person „erlebt werden", wie es beim inneren Monolog oder der erlebten Rede der Fall ist."

Die direkte und indirekte Rede sowie Mischformen aus den beiden sind deshalb die rekurrenten Formen der Redewiedergabe, die in der sprachlichen Handlung des Referierens auftauchen.

Die Handlung des Referierens beschreibt Weinrich metaphorisch als „Einblendung eines Sprachspiels in ein anderes Sprachspiel". Denn nach Weinrich spricht man

> von Redewiedergabe [...], wenn in ein Sprachspiel ein anderes Sprachspiel als **Referenz** eingeblendet ist. ‚Rede' wird dabei im weitesten Sinn des Wortes verstanden und umfaßt nicht nur lautsprachliche Äußerungen, sondern auch Bewusstseinsinhalte aller Art. (Weinrich ³2005: 895, eigene Hervorhebung)

Weinrich (³2005) verwendet hier den wichtigen Begriff der Referenz, der bei ihm jedoch nicht nur das Wiedergeben einer gegnerischen Äußerung bezeichnet, sondern die Wiedergabe jeglicher Äußerung.

Die Referenz einer gesamten gegnerischen Äußerung oder nur eines ihrer Elemente – nach Weinrich (³2005: 895) die „Einblendung des Sprachspiels des Protagonisten in das Sprachspiel des Antagonisten" – ist in einem Internetforum

---

543 Das bedeutet, dass „wahrnehmbare und messbare Reaktionen von Lebewesen wie Pupillenerweiterung, Hautfärbung, Pulsanstieg, Sekretion usw." (Fries 2003: 106) Rückschlüsse zulassen, ob jemand ein Gefühl erlebt hat oder nicht. So betont Fries (2003: 107), dass das deutsche Wort Angst „(a) einen introspektiv wahrnehmbaren Zustand der Ungewissheit gegenüber einer realen oder eingebildeten Bedrohung, der (b) für andere Lebewesen in bestimmten physischen Reaktionen wahrnehmbar wird, und der (c) für bestimmte Situationen prototypisch ist (eben für angstauslösende Situationen)" kennzeichnet. Will ein Antagonist beispielsweise beweisen, dass der Protagonist lügt, wenn dieser behaupten würde, Angst zu haben, müsste er diesen vorher körperlich untersuchen, um abweichende Körperreaktionen messen zu können.

544 Es wird sicherlich auch Personen geben, die keine körperlichen Reaktionen zeigen, wenn sie Angst erleben, sodass man nicht beweisen kann, ob sie tatsächlich Angst empfinden oder lügen.

in der Regel dann sinnvoll, wenn eine zu große ‚räumliche' und/oder ‚zeitliche'
Trennung zwischen den sich aufeinanderbeziehenden Diskussionsbeiträgen
liegt (ggf. nur aus Sicht des referierenden Diskussionsteilnehmers).

Unter sprechakttheoretischer Perspektive handelt es sich bei referierenden, sich
aufeinanderbeziehenden sprachlichen Handlungen (wie etwa *Vous avez dit que
X*[545]) in der Regel um Sprechakte aus der Kategorie der Assertiva. Aus pragma-
dialektischer Sichtweise ermöglichen die referierenden Handlungen, die Meinungsverschiedenheit zwischen Protagonist und Antagonist zu realisieren und zu
verbalisieren. Sie sind deshalb dem Konfrontationsstadium zuzuordnen, da es zur
Konfrontation in Form einer Meinungsverschiedenheit kommt. Indem der Antagonist (einen Teil oder) die gesamte gegnerische Argumentation wiedergibt und
seine gegnerische Position (und somit *disagreement*) diesbezüglich verbalisiert,
wird das Konfrontationsstadium eingeführt. Denn „without a confrontation of
views, there is no occasion for having a critical discussion" (van Eemeren 2010: 10).

Eine Konfrontation von *views* kommt indirekt auch zustande, wenn der Antagonist kritisch auf die Prämisse des Protagonisten reagiert, die zur Stützung
eines Standpunkts geäußert wurde. Denn in dieser initialen Situation findet eine
Transformation bezüglich des argumentativen Status des fokussierten Sprechakts zur Verbalisierung der Prämisse statt. Hatte dieser in der Argumentation
des Protagonisten den Status einer Prämisse, so wandelt er sich nach der Kritik
in einen *substandpoint*, wie Krabbe und van Laar (2011: 203) behaupten: „such a
critical reaction focuses on a standpoint or on a reason advanced in support of a
standpoint (turning that reason itself into a substandpoint)". Es kann folglich zu
einer Konfrontation von Standpunkt (*language user* 1/Protagonist) und Zweifel
(*language user* 2/Antagonist) sowie einer Konfrontation von *substandpoint* bzw.
vormals *reason*[546] (Protagonist) und Zweifel (Antagonist) kommen.

Gibt der Antagonist die gesamte Argumentation des Protagonisten oder nur dessen Standpunkt oder *substandpoint* mit eigenen Worten wieder, um diesen mit einer
kritischen Reaktion zu konfrontieren, besteht bisweilen die (prinzipielle) ‚Gefahr',
dass er diese nicht ‚richtig' verstanden bzw. zum Teil nicht verstanden hat und durch
einen anderen Wortlaut eine andere Interpretation zulässt. Zu vermuten ist, dass in
bestimmten Forumsbeiträgen das nicht wortwörtliche oder ungenaue Zitieren dem
Antagonisten einen strategischen Vorteil verschaffen soll, oder aber dass der Antagonist die Äußerung des Protagonisten falsch verstanden oder falsch interpretiert hat.

---

545 Das *X* steht für eine Äußerung.
546 In der vorliegenden Studie wird *reason* mit Prämisse gleichgesetzt.

Aus pragmatischer Sicht kann folglich das ungenaue Referieren einer Originaläußerung bewusst oder unbewusst geschehen. Mit Meibauer (2007: 181) kann man deshalb zu dem Schluss kommen, dass „falsches Zitieren [...] häufig mit dem Vorwurf der Täuschung oder Lüge verbunden [ist]".

Bei der indirekten Wiedergabe wird terminologisch der erste Textbestandteil, der referiert wird, als „Bezugsausdruck" (BA) und der Zweite, mittels dem referiert wird, als „Referenzausdruck" (RA) nach Gülich (^{2}2008) bezeichnet.

Es lässt sich allgemein für die vorliegende Studie festhalten, dass unter Referieren das Wiedergeben (eines Elements) der gegnerischen Äußerung (in der Regel der *standpoint* des Protagonisten) verstanden werden soll. Referiert werden kann (i) wortwörtlich durch ein Zitat, (ii) nicht wortwörtlich durch Reformulierung oder (iii) durch eine Mischung von Zitat und Reformulierung. Die Analyse zeigt deshalb in einem ersten Schritt Beispiele in Bezug auf das wortwörtliche Referieren (Kapitel 8.1.1) und in einem zweiten Schritt Beispiele in Bezug auf das nicht wortwörtliche Referieren (Kapitel 8.1.2). Zuletzt werden Mischformen präsentiert (Kapitel 8.1.3). Der Textbestandteil, der das Referenzsignal enthält, wird in den untersuchten Korpusbeispielen mit (1) gekennzeichnet, die Wiedergabe der Originaläußerung mit (2). Die Nummer (3) kennzeichnet den Textbestandteil, der die angreifende Handlung des Antagonisten enthält.

8.1.1 Wortwörtliches Referieren

Das wortwörtliche Referieren ist dadurch charakterisiert, dass der Antagonist die Originaläußerung wortwörtlich zitiert. Er kann zum einen, um die wortwörtliche Wiedergabe zu markieren, im schriftlichen Text besondere graphische Mittel einsetzen, wie beispielsweise Doppelpunkt oder Anführungszeichen,[547] zum anderen aber auch layouttechnische Mittel. Die Möglichkeiten der graphischen Konstruktion sind in der geschriebenen Sprache vielfältig.[548] So enthalten die Beiträge mit Zitaten im Forum *Debate Europe* in der Regel nur Anführungszeichen zu Beginn der wiedergegebenen Äußerung und einen Doppelpunkt in Kombination mit einem Kommunikationsverb. Das Anführungszeichen am

---

547 „Les guillemets vont, normalement [...] par doubles paires. La première paire, ce sont les guillemets ouvrants (parfois *le guillemet ouvrant*, § 511, a); la deuxième paire, à la fin du passage isolé par ses signes, ce sont les guillemets *fermants*" (Grevisse/Goosse ^{14}2008 : § 134).

548 Eine Eigenheit der modernen Erzählliteratur ist der gänzliche Verzicht auf graphische Mittel zur Markierung der direkten Redewiedergabe (vgl. Grevisse/Goosse (^{14}2008: § 416); Weinrich (1993: 901)).

Ende wird weggelassen. Zur besseren visuellen Erkennbarkeit der referierten Bezugsäußerung spielt die layouttechnische Gestaltung eine Rolle: die typographische Einrückung und farbliche Gestaltung erlauben es, das Zitat auf einen Blick zu erkennen.

Diese spezielle und häufig anzutreffende Möglichkeit der wortwörtlichen Wiedergabe besteht in Internetforen aufgrund der Softwareprogrammierung und wird als „quoten" (vgl. Kapitel 6) bezeichnet.[549] Das Quoten ist, wie bereits dargestellt, eine automatisierende Funktion, die den Nutzern zur Verfügung steht, um einzelne (Elemente von) Äußerungen eines Diskussionsbeitrags oder gesamte Diskussionsbeiträge von vorangehenden Diskussionsteilnehmern zu zitieren und in den eigenen Diskussionsbeitrag zu integrieren.[550]

Insgesamt kann man zwei verschiedene Formen des Quotens unterscheiden: das sog. Inline-Quoting und das Fullquote. Beim Inline-Quoting wird nur das aus der Bezugsäußerung zitiert, was (aus Sicht des Antagonisten) für den Anschluss der Gegenargumentation relevant ist, d. h. das, woran die Replik des Diskussionsbeitragsverfassers anschließen soll. Das Inline-Quoting bietet folglich die Möglichkeit, dass gezielt Äußerungselemente des Gegners selektiert werden können, was gleichzeitig ermöglicht, dass gezielt Elemente weggelassen werden können. Es handelt sich beim Inline-Quoting folglich um ein partielles Zitat einer Originaläußerung, das in der Regel durch ein automatisch erzeugtes Kommunikationsverb, das auf das schriftliche Medium verweist (fr. *écrire*[551]), eingeleitet und strategisch in den eigenen Diskussionsbeitrag integriert wird. Das Quoten kann somit mit dem Merkmal <Fokussierung> versehen werden. Kurz, Müller, Pötschke, Pöttker und Gehr (²2010) weisen zu Recht auf die argumentative Einsatzmöglichkeit des „Teilzitierens" hin:

Das Teilzitieren ist ein in der Polemik besonders beliebtes Verfahren, weil es ermöglicht, fremde, auch gegnerische Äußerungen losgelöst vom Kontext und doch – selbst bei Widerlegung – stilistisch nahtlos in die eigene Argumentation einzufügen. (Kurz et al. ²2010: 118)

---

549 Diese automatisierte Form der wortwörtlichen Wiedergabe besteht besonders in Online-Kommunikationsformen. Schmitz (2004: 99) kommt für Emails zu dem Schluss, dass in diesen von der Quoting-Funktion „ausgiebig Gebrauch gemacht wird".

550 Marcoccia (2004c: 3) sieht das Quoting als „forme particulière de discours rapporté".

551 Semantisch gehört das äquivalente verbale Referenzsignal dt. *sagen* zu denjenigen, mit denen eine Feststellung getroffen wird (vgl. Weinrich ³2005: 899).

Das Teilzitieren wird in der Regel mit typographischen[552] (z. B. Anführungszeichen, Doppelpunkt) und layouttechnischen Mitteln (Hintergrundfarbe)
innerhalb des neuen Diskussionsbeitrags abgesetzt. Folgendes Beispiel (21) dient
zur Illustration eines Inline-Quotings im Diskussionsbeitrag des *language user* 2
mit automatisch generiertem *verbum dicendi* (*écrire*):

(21)

l'anglais langue internationale
language user 1 (julien)   16 Mai 2008, 20:24

**Je pense qu'il est encore beaucoup trop tot pour se poser la question d'une langue officielle pour l'UE
alors meme que ses frontières ne sont pas encore définitivement déterminé.**[553]

De plus, avant de nous diviser sur quelle langue pour l'UE, occupons nous d'abord de rendre nos institutions plus
démocratique (donner plus de pouvoir au parlement, séparer les pouvoirs exécutif, législatif, et judiciaire : la
démocratie en somme).

A mon avis, les interpretes sont le meilleur compromis pour une Europe Unis et une Europe Proche des gens.
[...]
En conclusion, la question d'une langue unique, n'est pas à ce poser dans la mesure ou l'Europe est un continent
multilinguiste, et étant donné que chaque citoyen européen n'aura pas forcément les capacités de comprendre la
langue unique, il se retrouvera alors exclus, ce qui n'est absolument pas le but de l'UE, bien au contraire !

Re: l'anglais langue internationale
language user 2 (ewropano)   01 Jun 2008, 00:51

"**julien a écrit: (1)**
Je pense qu'il est encore beaucoup trop tot pour se poser la question d'une langue
officielle pour l'UE alors meme que ses frontières ne sont pas encore définitivement determine (2)

C'est typiquement le genre de questions qu'il est encore trop tôt pour se poser en même temps qu'il est déjà trop
tard! 😊
En français, ça s'appelle la politique du fait accompli... 😵 (3)
(Korpus A)

Die im Beispiel (21) mit den Ziffern (1) und (3) markierten Teiltexte differieren
von Teiltext (2) zeitlich und lokal, aber auch durch den, der sie äußert. Zeitlich,

---

552   In gesprochenen Texten fehlt die typographische Markierung der direkt wieder-
      gegebenen Meinung, sodass der Perspektivwechsel durch andere sprachliche und
      nicht-sprachliche Mittel zum Ausdruck gebracht wird (beispielsweise durch Prosodie
      oder durch Gestik). Weinrich (³2005: 900) weist darauf hin, dass „der Anfang einer
      direkten Wiedergabe [...] meistens mit intonatorischen Ausdrucksmitteln (kleine
      Sprechpause, Abbruch und Neuansatz der Tonkontur) markiert [wird]." Glinz (1994:
      445) hingegen ist anderer Meinung, indem er betont, dass „anführende und ange-
      führte Proposition (jedenfalls eine erste angeführte Proposition) [...] meistens unter
      dem gleichen Satzmelodie-Bogen, ohne Pause [stehen]".
553   Zur besseren Identifikation der zitierten Äußerungen im Rahmen der Diskussions-
      beiträge wird eine Fettmarkierung dieser Teiltexte in diesem Kapitel vorgenommen.

weil die zitierte Äußerung des Protagonisten (*move* 1.1 des Konfrontationsstadiums) immer der des Antagonisten vorausgeht (*move* 1.2). Lokal, weil sich die
Kommunikationsteilnehmer im obigen Beispiel nicht im gleichen Raum bzw.
am gleichen Ort befinden (zumindest ist das anzunehmen), und durch den Äußernden, weil „le locuteur dont le discours citant rapporte les propos devient
celui dont on parle (le délocuté) et non plus celui qui parle (le locuté)" (Rosier
1999: 142).

Der Diskussionsbeitrag von *language user* 2 (ewropano) besteht aus zwei Abschnitten bzw. einer Sequenz,[554] die dem Konfrontationsstadium einer kritischen
Diskussion entspricht: der erste Abschnitt ist der zitierte Inhalt des Bezugsbei-
trags (Quoting), im zweiten Abschnitt folgt die kritische Reaktion von *language
user* 2, die besonders durch das teuflisch grinsende Emoticon 😈 untersetützt
wird. Mittels des Adverbs *typiquement* wird im gegenargumentativen Kontext
eine negative Wertung vorgenommen, die durch das Abstraktum *genre* verstärkt
wird. Beide tragen das semantische Merkmal <GENERALISIERUNG>, welches
Stereotypen markiert. Die semantische Negation, die zwischen den Zeitadver-
bien *trop tôt* vs. *trop tard* besteht, ist ebenfalls ein Indikator im angreifenden
Sprechakt des *language user* 2. *Tôt* und *tard* zählen zu den graduierbaren Zeitad-
verbien, die in einer konträren Beziehung zueinander stehen (vgl. zu den Begriffen kontradiktorisch und konträr z. B. Ducrot (1972).; Moeschler (1982: 10–19)).

Um die zwei Abschnitte visuell voneinander abzugrenzen, wird eine layouttechnische Kennzeichnung mittels einer dunkelgrauen Hintergrundfarbe
vorgenommen. Darüber hinaus wird das Quoting (2) in der Regel von der Forensoftware durch ein Anführungszeichen oben sowie den automatisch generierten Satz *Y a écrit*, gefolgt von einem automatisch generierten Doppelpunkt,
eingeleitet. Es handelt sich bei dem referierenden Sprechakt (*Y a écrit*) um ein
Assertivum, das den vom *language user* 1 (bzw. Protagonist) geäußerten „positive […] point of view in respect of an expressed opinion" wortwörtlich wiedergibt bzw. wiederholt („Je pense qu'il est…"). Dieser automatisch generierte Satz
ist jedoch nicht bei allen Inline-Quotings zwingend vorhanden. Bemerkenswert
ist noch die Quantität des Zitats beim Inline-Quoting: es wird vom Antagonisten
nur selektiv der Inhalt referiert, der für die anschließende kritische Reaktion relevant erscheint.

---

554 Dürscheid (2005) beschreibt eine „Sequenz" als eine Abfolge von Abschnitten: „Sequenzen […] sind charakteristisch für die Struktur von Newsgroup-Artikeln: Im
ersten Abschnitt findet sich ein Auszug aus dem Bezugstext, im zweiten Abschnitt
folgt die eigene Antwort darauf." (Dürscheid 2005).

Anders als beim Inline-Quoting wird beim so genannten Fullquote der gesamte Diskussionsbeitrag und nicht nur ein Teil zitiert. Es können zwei Formen von Fullquotes unterschieden werden: vorangestellte und nachgestellte Fullquotes. Beispiel (22), aus einer Diskussion über die Sprachenwahl in der EU, enthält ein vorangestelltes Fullquote mit automatisch generiertem *verbum dicendi* (*écrire*):

(22)

| Antagonist/language user 2 (ewropano) | 09 Jul 2008, 06:09 |

> "Protagonist/language user 1 (European62) a écrit (1):S'il y a une seule langue pour toute l'Europe, ce serait à mon avis plutôt l'anglais et pas l'allemand
> Poruquoi? Commençons avec les chiffres. Bien que l'allemand soit la langue maternelle de 18% des européens de l'union, seulement 12% le parlent comme langue secondaire. Ce qui fait un total de 30%. Pour l'anglais, les chiffres sont 12% pour la langue maternelle, mais 34% pour la langue secondaire. Or on a maintenant déjà presque une chance sur deux, qu'un citoyen de l'UE parle l'anglais.
> Deuxième raison: Eh bien, naturellement, la guerre. Et il y a encore des ressentiments envers l'Allemagne et les allemands. Je suis très heureux que ses ressentiments ont baissé beaucoup, surtout dans les derniers 20 ans. Mais toute tentative d'installer l'allemand comme langue suprême (oui, même si officiellement on n'utilise pas ce mot, il va surgir) serait la meilleure façon de revitaliser ces ressentiments ou haines.
> Troisième raison: L'allemand est difficile à apprendre. Avec la notable exception de l'orthographie, l'allemand est dans tous les domaines linguistiques plus compliqué que l'anglais.
> Comme l'anglais est un mélange des langues germaniques et romanes (et donc une langue européenne par excellence), les locuteurs de 7 sur 22 langues trouvent des mots et des structures familiers dans l'anglais.
> Quatrième raison: La sauvegarde de la diversité linguistique de l'Europe. Pour les gens de l'Europe d'avoir toutes les chances possibles sur les marchés du travail (mondial), il faut apprendre au moins une langue mondiale. L'allemand certainement n'est pas une telle langue. Donc en choisissant l'allemand comme notre langue, beaucoup des jeunes vont apprendre l'anglais en suite. Si on opte pour l'anglais comme première langue, il y a de l'espace pour apprendre une autre langue. Et cette langue peut être la langue du voisin, de l'ami ou de la région touristique que l'on fréquente depuis des années. Donc la choix de l'anglais comme première langue soutient les autres langues comme langues secondaires. (2)

Votre argumentation[555] est une belle illustration de ce que je dénonce chez les partisans du tout-anglais: la confusion des niveaux de langue dans l'argumentation.

⮕ En fait, vos arguments, au lieu de se renforcer, s'annulent mutuellement: "on a une chance sur deux de tomber sur un anglophone", "la grammaire de l'anglais est facile", etc., ça, c'est vrai pour un niveau très basique. [...] (3)
(Korpus A)

Im vorliegenden Beispiel (22) befindet sich das Fullquote (2) formal vor der angreifenden Replik des Antagonisten (3), d.h. die Originaläußerung von *language user 1* wird von der Software reproduziert und an den Anfang des

---

555 Bei der Äußerung „votre argumentation" handelt es sich um eine metaargumentative Kategorisierung. Die gesamte Voräußerung wird als „argumentation" kategorisiert und mit einem Nomen wiederaufgenommen.

Diskussionsbeitrags von *language user 2* platziert. In der computervermittelten Kommunikation (CVK) kann in diesem Fall formal von TUFO (Text unten, Fullquote oben)[556] gesprochen werden. Genau wie das Inline-Quoting wird das Fullquote graphisch und layouttechnisch vom Rest des Diskussionsbeitragstext abgehoben (Anführungszeichen und Doppelpunkt) und durch den automatisch generierten assertiven Satz *"X a écrit:* eingeleitet. Die Konfrontation bzw. die Meinungsverschiedenheit wird durch das Verb *dénoncer* deutlich, das *disagreement* signalisiert.

Eine weitere Möglichkeit besteht in der Platzierung eines Fullquote hinter der Replik des Antagonisten, d.h. es handelt sich um ein nachgestelltes Fullquote. Das hierfür gewählte Beispiel (23) stammt aus einer Diskussion über die Aufnahme der Türkei in die EU:

(23)

L'union européenne est aussi une communauté de valeurs
Antagonist/ language user 2 (Marco Polo)   23 Feb 2009, 15:25

Même si ces valeurs chrétiennes sont bafouées par certains Européens, elles restent au coeur de la culture européenne. Pourtant, il serait injuste d'accuser l'UE d'être un "Club chrétien". Actuellement, on compte déjà plus de 15 millions de Musulmans dans l'UE, vivant en paix, parmi une large majorité de chrétiens, d'agnostiques et d'athées. Mais pour préserver cette harmonie, il est nécessaire de conserver cet équilibre séculaire. La tolérance religieuse d'une large majorité d'Européens à l'égard des musulmans s'illustre déjà parfaitement dans le respect de la diversité. L'Europe n'a rien à prouver au monde islamique, à qui elle pourrait au contraire servir d'exemple.
L'UE ne s'est pas construite sur la religion, mais sur une vision commune de son avenir. Cette vision de l'Europe se fonde sur des valeurs européennes communes, profondément marquées par le christianisme et la culture gréco-latine. [...] (3)

> "Protagonist/ language user 1 (GTH) a écrit (1):
> **La charité chrétienne**
> **Les valeurs de dévouement, de générosité et de désintéressement, toutes issues de la charité chrétienne, sont dans la tradition des ordres religieux, des ordres de chevalerie et de la Croix rouge.**
> **Toutes ces valeurs chrétiennes sont dures à assimiler par les Turcs peu enclins à secourir leur prochain. (2)**

(Korpus I)

Das Fullquote des gegnerischen Diskussionsbeitrags steht hinter der Äußerung des Diskussionsbeitragsverfassers. Es handelt sich folglich um ein TOFU (Text oben, Fullquote unten). Zur besseren Abgrenzung vom eigentlichen Text wird in Beispiel (23) das Fullquote ebenfalls eingerückt, farblich dunkelgrau

---

556 In der CVK wird klassischerschweise von Text oben, Fullquote unten (TOFU) gesprochen, wenn es sich um ein Fullquote unterhalb des Textes handelt. TOFU ist charakteristisch für die Email-Kommunikation, wie Garcea und Bazzanella in ihren Erläuterungen zur Redewiedergabe in französischen und italienischen E-Mails zeigen (vgl. Garcea/Bazzanella 2002: 236).

markiert und mit einem automatisch generierten Kommunikationsverb (*écrire*) eingeleitet.

Oftmals wird im untersuchten Korpus jedoch nicht nur ein Textteil(-element) oder die gesamte Bezugsäußerung vor oder hinter den eigenen Diskussionsbeitragstext gesetzt, sondern es erfolgt eine „Zerlegung" der Originaläußerung und anschließend eine Aneinanderreihung von Inline-Quotings im Diskussionsbeitrag des Antagonisten. Es entsteht eine Mischform zwischen Fullquote und Inline-Quoting. Die Anordnung der zitierten Elemente mit den Äußerungen des Antagonisten ähnelt einer Verzahnung, wie das Ineinandergreifen der Zähne einer Reißverschlusshelix. Zur Veranschaulichung des Gemeinten soll folgendes Schema vorgeschlagen werden:

Abb. 46: Verzahnung von Inline-Quotings mit darauf bezugnehmenden Äußerungen.

Das folgende Beispiel (24), aus einer Diskussion zur Sprachenwahl in der EU, zeigt die Verzahnung der Elemente der Originaläußerung des Protagonisten mit den angreifenden Äußerungen des Antagonisten. Um die Anordnung der Inline-Quotings im Beitrag des Antagonisten nachvollziehen zu können, werden die Originaläußerung des Protagonisten vorangestellt abgebildet und die zitierten Elemente fettmarkiert:

(24)

Protagonist (European62)   12 Juil 2008, 09:06
À Antagonist (ewropano),
pour clarifier mon départ dans la discussion: c'était en répondant à jaggy que dans mon opinion l'allemand est
beaucoup plus difficile à enseigner que l'anglais. Et je crois que j'ai fait mon point. En ce qui concerne l'anglais et l'espéranto, du point de vue d'un linguiste, je maintiens que les couts d'enseignement seraient
moins élevé pour l'anglais. Et ceci pour ces raisons:
1) On a déjà commencé. Et comme avec un train il faudra seulement un peu plus d'energie pour marcher
beaucoup plus vite.
2) Les élèves pourront appliquer ses connaissances très vite. Surtout le monde des jeunes est tellement an-
glifié, que du jour au jour ils vont constater qu'ils font des progrès.
3) Le rôle de l'anglais dans le monde. Si où non l'UE adopte l'anglais ou l'esperanto comme sa langue va
pas changer le rôle de l'anglais comme première langue mondiale de l'economie, du commerce et de la
science. C'est à dire, pour un grand nombre de nos élèves l'anglais restera indispensable. (Le seul choix
linguistique de l'UE, qui tout-de-suite influencera le rôle mondial de l'anglais, serait le choix de l'espagnol
comme langue de la union)
4) Ce choix officiel de l'anglais donnerait un signe au peuple eurosceptique du Royaume-Uni, que nous les
prenons au serieux et qu'il sont bien acceuilli au sein de l'Union. (Ce serait un peu comme un mariage
politique d'antan, on n'aime pas la fiancée, mais on gagne de l'influence)

Cela dit, je me suis mis à réfléchir sur l'espéranto et j'ai trouvé des argument en sa faveur.
1) (Je ne suis pas espérantiste, si je dis maintenant des bêtises, dites-moi) Je crois avoir entendu que l'accent ne joue pas un tel rôle chez les espérantistes. C'est-à-dire si on parle assez bien pour être compris
sans difficulté, peu importe, si on a un accent allemand, français etc. Donc l'espéranto sera la langue de
choix pour les adultes: Bien qu'il était montré que le mythe "l'adult va jamais perdre son accent dans une
langue etrangère" est d'abord un mythe, tout le monde connait cette "verité". Et avec des élèves adultes,
je mets beaucoup plus de temps en combattant ce mythe qu'en enseignant la prononciation correcte. Pour
des adultes, il est beaucoup plus difficil d'admettre que l'on fait des fautes. Donc ils ont honte de leur accent (chaqu'un va avoir un accent au début), ce qui les empêche d'utiliser la langue. Or ces problèmes me
semblent inexistant avec l'espéranto.
2) L'attitude envers l'anglais n'est pas neutrale. On est soit pour l'anglais soit contre. Et ceci violamment!
Donc une désicion en faveur de l'anglais , même si mes arguments seront prouvés par la récherche scientifique indépendante, serait une décision controverse. Et il faudrait beaucoup d'energie pour l'implementer.
Energie qui serait peut-être mieux investi dans l'enseignement de l'espéranto.

Donc en ce moment je crois personellement qu'il serait mieux de continuer le chemin de l'anglais comme
langue d'union. Mais mon deuxième choix serait certainement l'espéranto et surtout pas l'allemand.

A European62

Antagonist (ewropano)   22 Jul 2008, 09:02
A Protagonist (European62)

> En ce qui concerne l'anglais et l'espéranto, du point de vue d'un linguiste, je maintiens que les couts
> d'enseignement seraient moins élevé pour l'anglais. Et ceci pour ces raisons: ... (2)

Je pense que les coûts se discutent surtout avec des arguments quantitatifs, et qu'il faudrait les chiffrer: d'où mon
insistance à réclamer des faits et des chiffres! (3)

> 2) Les élèves pourront appliquer ses connaissances très vite. Surtout le monde des jeunes est tellement
> anglifié, que du jour au jour ils vont constater qu'ils font des progrès. (2)

Une partie importante des jeunes est incapable de maîtriser sa langue maternelle, alors à fortiori une langue étrangère et compliquée comme l'anglais...(3)

> 3) Le rôle de l'anglais dans le monde. Si où non l'UE adopte l'anglais ou l'esperanto comme sa langue va pas changer le rôle de l'anglais comme première langue mondiale de l'economie, du commerce et de la science. C'est à dire, pour un grand nombre de nos élèves l'anglais restera indispensable. (Le seul choix linguistique de l'UE, qui tout-de-suite influencera le rôle mondial de l'anglais, serait le choix de l'espagnol comme langue de la union) (2)

Inversement, un succès d'une langue planifiée en Europe serait un exemple pour d'autres régions du monde en voie d'unification (Afrique...). (3)

> 4) Ce choix officiel de l'anglais donnerait un signe au peuple eurosceptique du Royaume-Uni, que nous les prenons au serieux et qu'ils sont bien acceuilli au sein de l'Union. (Ce serait un peu comme un mariage politique d'antan, on n'aime pas la fiancée, mais on gagne de l'influence) (2)

Et la fiancée n'était pas dupe... mais on ne lui demandait pas son avis. Alors votre argument ne tient que si l'on s'abstient de faire des référendums ou des sondages d'opinions, sinon la réponse serait comme en Irlande! (3)

> Cela dit, je me suis mis à réfléchir sur l'espéranto et j'ai trouvé des argument en sa faveur. 1) (Je ne suis pas espéranziste, si je dis maintenant des bêtises, dites-moi) Je crois avoir entendu que l'accent ne joue pas un tel rôle chez les espérantistes. C'est-à-dire si on parle assez bien pour être compris sans difficulté, peu importe, si on a un accent allemand, français etc. Donc l'espéranto sera la langue de choix pour les adultes: Bien qu'il était montré que le mythe "l'adult va jamais perdre son accent dans une langue etrangère" est d'abord un mythe, tout le monde connait cette "verité". Et avec des élèves adultes, je mets beaucoup plus de temps en combattant ce mythe qu'en enseignant la prononciation correcte. Pour des adultes, il est beaucoup plus difficil d'admettre que l'on fait des fautes. Donc ils ont honte de leur accent (chaqu'un va avoir un accent au début), ce qui les empêche d'utiliser la langue. Or ces problèmes me semblent inexistant avec l'espéranto. (2)

Pourquoi est-il si important d'avoir un bon accent? L'essentiel est de se faire comprendre. Sinon, on tombe dans la discrimination - contraire aux valeurs de l'Europe - ou certains peuples sont considérés comme supérieurs à d'autres parce qu'ils parlent avec un accent plus conforme à un standard arbitraire (en France, ce rôle était tenu naguère par l'accent parisien, qui n'était pourtant pas le plus joli...). (3)

> 2) L'attitude envers l'anglais n'est pas neutrale. On est soit pour l'anglais soit contre. Et ceci violamment! Donc une désicion en faveur de l'anglais , même si mes arguments seront prouvés par la récherche scientifique indépendante, serait une décision controverse. Et il faudrait beaucoup d'energie pour l'implementer. Energie qui serait peut-être mieux investi dans l'enseignement de l'espéranto.
> Donc en ce moment je crois personellement qu'il serait mieux de continuer le chemin de l'anglais comme langue d'union. Mais mon deuxième choix serait certainement l'espéranto et surtout pas l'allemand. (2)

Bravo, vous dites tout haut ce que tout le monde a constaté depuis longtemps sans trop oser protester: [...] (3)
(Korpus A)

Der Vergleich der Diskussionsbeiträge von Protagonist (European62) und Antagonist (ewropano) macht deutlich, dass nicht der gesamte Beitragstext des Protagonisten wortwörtlich referiert wird, sondern auch Elemente weggelassen werden. Die Verzahnung der Inline-Quotings mit den Äußerungen des Antagonisten bietet für diesen die Möglichkeit, den Beitrag des Protagonisten zu unterteilen, zu kürzen und an bestimmten Stellen mit seiner kritischen Reaktion anzusetzen sowie diesen Beitrag in Bezug zu Beiträgen anderer Diskussionsteilnehmer zu setzen (vgl. Kapitel 6: Grad der Dialogizität). Die Anordnung der zitierten Elemente der Originaläußerung kann im neuen Diskussionsbeitrag beibehalten werden oder abgeändert werden. Im vorliegenden Beispiel (24) hat der Antagonist die chronologische Anordnung beibehalten.

Insgesamt betrachtet hat das originale Referieren den Vorteil, dass „der Sprecher an der Form der Originaläußerung, sofern er sie im Gedächtnis hat, nichts zu ändern braucht und etwa auf komplizierte Angleichungen des Situationsbezugs verzichten kann", wie Weinrich (^{3}2005: 901) konstatiert.

Unter gegenargumentativen Aspekten ist die Verwendung der direkten Rede auch noch aus einem anderen Grund für den Antagonisten von Vorteil: Dadurch dass er die Worte des Protagonisten in ihrer Originalität belässt, hat er sich nicht für die angemessene Wiedergabe zu verantworten, und es kann ihm nicht der Vorwurf gemacht werden, er hätte die Äußerung des Protagonisten (absichtlich oder unabsichtlich) ungenau wiedergegeben. Der Verdacht der Lüge im Sinne von Meibauer (2007) darf ihm folglich nicht unterstellt werden, und das schützt ihn damit vor der Infragestellung der „Authentizität" der Wiedergabe. Gleichsam ermöglicht ihm die Verwendung des Inline-Quotings, an der Stelle der Originaläußerung anzuknüpfen, die für seine Gegenargumentation strategisch vorteilhaft ist. Denn anders als in einem Face-to-face-Gespräch kann der Antagonist das „Rederecht" beanspruchen, wann bzw. an welcher Stelle er möchte, was eine Ergänzung zu den bereits von Lewiński herausgestellten Besonderheiten von kritischen Reaktionen in Internetforumsdiskussionen darstellen könnte:

Online antagonists can simply make the most of the opportunities to uninhibitedly criticise the opinions they find weakly justified, thus fully exploring the topical potential for reacting critically. (Lewiński 2010: 165; eigene Hervorhebung)

Das unmittelbare Kritisieren der *opinions* bzw. Standpunkte, die der Antagonist als am schwächsten gestützt erachtet, wird durch das Inline-Quoting ermöglicht und erleichtert. In der Annahme, dass der Antagonist zwischen *reasonableness* und *effectiveness* seine Handlungen plant, ist das Angreifen im Anschluss an ein Inline-Quoting, welches nur Elemente der Originaläußerung enthält, als *strategic maneuvering* zu sehen, das der *effectiveness* geschuldet ist. Van Eemeren (2010: 44) weist darauf hin, dass der Antagonist besonders im Argumentationsstadium

will make a concentrated effort to launch the most effective attacks by critical doubt wherever this seems appropriate from their perspective.

Diese Annahme kann folglich ebenfalls für das Konfrontationsstadium angenommen weden. Als Ergebnis der gesamten Korpusauswertung kann festgehalten werden, dass das automatische Zitieren tendenziell die häufigste Versprachlichungsform des wortwörtlichen Referierens des gegnerischen (*sub*)*standpoint* im untersuchten Internetforum ist. Weniger häufig wird vom Antagonisten ‚manuell' zitiert, d.h. er fügt ein (Teil-)Zitat in seinen Beitrag ein, ohne dass er die Quoting-Funktion nutzt. Dies soll im Folgenden anhand von zwei repräsentativen Beispielen erläutert werden.

Das manuelle Zitieren zum Referieren des gegnerischen (*sub*)*standpoint* zeigen die Beispiele (25) und (26). Sie werden durch unterschiedliche *verba dicendi* eingeleitet:

(25)

OTAN/UE
Antagonist/language user 2 (Jacques Roman)   04 Mar 2009, 05:39

Protagonist (Stophe) (votre 4 mars).

Vous écrivez (1):

"Je ne vois pas en plus en quoi souligner le rôle de l'OTAN est si grave. Il n'y a pas actuellement de politique sérieuse de la défense à l'echelle de l'Europe. Elle n'en est qu'à ses débuts, donc pour l'instant l'OTAN reste d'actualité, malheureusement d'ailleurs. Peut être avec une diplomatie commune pourrons nous enfin vraiment avancer sur la défense..." (2)

Je crains que vous n'ayez pas suffisamment fait attention à la disposition du traité de Lisbonne concernant l'OTAN.
Il ne s'agit pas de "souligner le rôle de l'OTAN", mais bien d'imposer à l'UE la politique de l'OTAN. [...] (3)
(Korpus I)

(26)

La "grande" Union européenne
Antagonist/language user 2 (Jacques Roman)   22 Apr 2008, 02:44

Protagonist/language user 1 (Marco Polo),
Vous dites (1):

Le problème est que la Turquie n'est ni culturellement, ni géographiquement, ni même historiquement européenne... (2)

Si problème il y a, il n'est pas avec le système que je propose, puisque justement il exclut les aspects géographique et historique en permettant à tout État, même non européen, de devenir membre de la "grande" Union européenne à la seule condition de satisfaire aux critères objectifsfixés par celle-ci dans sa constitution ou ses traités. [...] (3)
(Korpus K)

Die Inline-Quotings werden häufig durch das Kommunikationsverb *écrire*, wie etwa in Beispiel (25), oder durch das Kommunikationsverb *dire*, wie etwa in Beispiel (26), eingeleitet und durch Kursivschrift vom restlichen Beitragstext abgehoben, der die Gegenargumentation enthält. Die *verba dicendi* stehen jeweils im Präsens. Oft wird eine persönliche Ansprache des Protagonisten in der zweiten Person Plural gewählt („vous écrivez"; „vous dîtes") und erfolgt somit anders als mittels der unpersönlichen Einleitung *X a écrit*, die durch die Forensoftware automatisch erzeugt wird. Es handelt sich bei den manuell eingefügten genau wie bei den automatisch erzeugten Inline-Quotings und Fullquotes um assertive Sprechakte.

Festhalten lässt sich, dass beim wortwörtlichen Referieren zwischen automatischem und manuellem Zitieren unterschieden werden kann, wobei das Erstere häufiger vorkommt. Beim automatischen Zitieren sind Fullquotes von Inlinequotings sowie Mischformen voneinander abzugrenzen. Als Kommunikationsverben werden in der Regel *écrire, dire, affirmer* als Referenzsignale vor das Zitat gesetzt. Die häufigsten graphischen Mittel zur Markierung des wortwörtlichen Wiedergebens sind Anführungszeichen und Doppelpunkte.

8.1.2 Nicht-wortwörtliches Referieren

Ein Charakteristikum des nicht wortwörtlichen Referierens ist die Veränderung des ursprünglichen Wortlautes (der sog. „Reformulierungsausdruck"), die eine Differenz zum „Bezugsausdruck" erkennen lässt (vgl. Gülich ²2008: 361). Mit nicht-wortwörtlichem Referieren soll deshalb eine Handlung bezeichnet werden, mit der der Antagonist die Originaläußerung des Protagonisten in seinen eigenen Worten und in einer „an den Kontext angepaßten Form" (Weinrich ³2005: 903) wiedergibt.

An den Kontext angepasst bedeutet, dass der Antagonist, die Pronomina (grammatikalisches Fachwort: Pronominalverschiebung), die Deixis[557] (Zeit- und Ortsangaben) und die Zeitenfolge angleicht. In Grammatiken des Französischen und bei der Analyse von wiedergegebener indirekter Rede liegt in der Regel auch der Schwerpunkt auf diesen drei strukturellen Eigenschaften (vgl. Grevisse ¹⁴2008, § 417; Weinrich 1982/²1997: 790ff.). Anders als bei der direkten Rede erfolgt aufgrund dieser drei Eigenschaften prinzipiell keine graphische, sondern eine verbale Markierung der wiedergegebenen Rede in den Internetforumsbeiträgen.

Wie bereits in Kapitel 8.1.1 zum wortwörtlichen Referieren angedeutet wurde, kann es durch die Wiederaufnahme mittels Reformulierung zur Meinungsverschiedenheit zwischen Protagonist und Antagonist kommen, indem der Antagonist ein Element oder die gesamte gegnerische Argumentation im Forum – dieses Mal jedoch mit seinen eigenen Worten – wiedergibt und seine gegnerische Einstellung verbalisiert (vgl. van Eemeren 2010: 10).

---

557 Vgl. zur Deixis in wiedergegebener Rede im Französischen die ausführliche Analyse von Morel/Danon-Boileau (1990).

Grundsätzlich kann in Anlehnung an Gülich (2008) zwischen Selbst- und Fremd-Reformulierung unterschieden werden. Wenn der Sprecher bzw. Schreiber seine eigene Äußerung reformuliert, spricht Gülich von Selbst-Reformulierung. Unter Fremd-Reformulierung versteht sie die Zusammenfassung einer fremden Äußerung, d.h. einer Äußerung, die nicht vom aktuellen Sprecher bzw. Schreiber, verbalisiert wurde. Sie geht bei ihrer Beschreibung der Reformulierung noch einen Schritt weiter, indem sie die beiden Formen in Selbst- und Fremdinitiierung einteilt. Geht die Initiative zu einer Reformulierungsaktivität vom aktuellen Sprecher aus, handelt es sich um eine selbstinitiierte Reformulierung. Erfolgt die Reformulierung eines Ausdrucks auf Initiative des Gesprächspartners, spricht Gülich von Fremdinitiierung (vgl. Gülich 2008: 362).

Bei den untersuchten nicht-wortwörtlichen Wiedergaben der Originaläußerung im Internetforum handelt es sich in der Regel um selbstinitiierte Fremd-Reformulierungen, da die Reformulierungen nicht vom Gesprächspartner eingefordert werden, sondern auf eigene Initiative erfolgen (vgl. Gülich 2008: 362). Der Antagonist reformuliert den Standpunkt oder die Prämisse des Protagonisten von sich aus, d.h. selbstinitiiert, nimmt ihn bzw. sie wieder auf und greift ihn bzw. sie an.

In den untersuchten Diskussionsbeiträgen finden sich Reformulierungen (eines sprachlichen Elements) einer gegnerischen Äußerung, die als Ausgangspunkt der nachfolgenden Gegenargumentation angetroffen werden. Es handelt sich in der Regel um selbstinitiierte Fremd-Reformulierungen des Typs:

- **Rephrasierung:** Unter Rephrasierung wird ein Wiedergabeverfahren verstanden, bei dem der Bezugsausdruck (BA) „ganz oder teilweise durch den RA [Referenzausdruck] wörtlich bzw. fast wörtlich wieder aufgenommen" wird (Gülich 2008: 364). Der Bezugsausdruck ist die sprachliche Einheit, welche durch den Reformulierungsausdruck in verändertem Wortlaut wiedergegeben wird, d.h. die eine Differenz zum ursprünglichen Wortlaut erkennen lässt.

Die Rephrasierung kann hinsichtlich verschiedener **Faktoren** beschrieben werden:

- (inhaltliche) **Äquivalenz** vs. **Abstraktion:** Die äquivalente Wiederaufnahme des BA erfolgt „ganz oder teilweise durch den RA wörtlich bzw. fast wörtlich" (Gülich 2008: 364). Die Äquivalenz kann semantisch und pragmatisch bewertet werden. Unter abstrakter Wiederaufnahme des Bezugsausdrucks soll eine Reformulierung verstanden werden, die den BA verallgemeinernd zusammenfassend wiedergibt.[558]

- **Komplexität:** Es kann zu einer **Expansion** und **Reduktion** zwischen BA und RA kommen. Bei der Expansion wird bereits Gesagtes weiter ausgeführt und bei der Reduktion zusammengefasst (vgl. Gülich 2008: 360). Bei der Reduktion wird auch von **Raffung**[559] gesprochen.

- **Intensität:** Es kann bei der Rephrasierung zu einer „Abmilderung" oder „Verschärfung" des RA in Hinsicht auf den BA kommen. Unter Abmilderung soll eine Reduktion der Bewertungsintensität verstanden werden, unter Verschärfung eine Zunahme der Bewertungsintensität.

- **Einschränkung des Authentizitätsgrades und der Geltung:** Anders als die wortwörtliche Wiedergabe, welche als Verstärkung des Authentizitätsgrades der wiedergegebenen Originaläußerung dienen kann, kann die indirekte Redewiedergabe eine einschränkende Funktion des Authentizitätsgrades zur Folge haben. Sie kann auch die Geltung des referierten *standpoint* oder der referierten *premise* einschränken.

Die Faktoren Komplexität und Intensität lassen sich u. a. aus folgender Definition von Gülich ableiten, die davon ausgeht, dass

> Reformulierungen [...] bereits Gesagtes weiter ausführen oder zusammenfassen, eine Äußerung verschärfen oder abmildern [können] [...] (Gülich 2008: 360).

Auf den Faktor Komplexität verweisen auch die Ausführungen von Dethloff und Wagner, die von einer variablen Ausführlichkeit des Bezugsausdrucks hinsichtlich des Referenzausdrucks in der indirekten Rede ausgehen:

> In der indirekten Rede referiert ein Erzähler die Personenrede oder die Gedanken/Gefühle einer Person mehr oder weniger ausführlich. Die **Variationsmuster reichen von indirekter Wiedergabe des Wortlauts bis zur raffenden Zusammenfassung des Rede- und Gedankeninhalts.** (Dethloff/Wagner 2002: 672, eigene Hervorhebung)

Diese Variationsmuster werden folglich nach dem Faktor Komplexität, d.h. der Länge der Originaläußerung, gemessen und hinsichtlich „Äquivalenz" und „Raffung"[560] beschrieben. Die Ausführlichkeit bzw. genaue (indirekte)

---

558 Der Begriff *abstrakt* „geht auf den spätrömischen Philosophen Boethius zurück" (Kluge 1883/²⁴2002: 10, abstrakt).

559 Raffung, Präzisierung und Zuspitzung nennt auch Christ (1981: 18) als Ziele der indirekten Rede. Vgl. zur Raffung des Weiteren Kurz et al. (²2010: 126) sowie Dethloff und Wagner (2002: 672).

560 Gülich (2008: 364) geht hingegen von „Expansion" und „Reduktion" aus.

Wiedergabe des Wortlauts befreit den referierenden „Erzähler" jedoch nicht von der Verantwortung für das Gesagte, wie es im Falle der direkten Rede der Fall ist. Zur Funktion der indirekten Rede weist Weinrich zu Recht darauf hin, dass der Referierende durch die nicht-wortwörtliche Wiedergabe der Originaläußerung Verantwortung[561] für das Geäußerte übernehmen muss (vgl. Weinrich ³2005: 901). Denn durch die Veränderung der Originaläußerung kann sich der Referierende nicht mehr hinter dem *standpoint* des Referierten verstecken und kann – wenn ihm ein Irrtum oder eine bewusste Entstellung nachgewiesen wird – für seine „irrtümliche" Wiedergabe zur Rechenschaft gezogen werden (vgl. Weinrich ³2005: 901).

Irrtum oder (bewusste) Entstellung durch Reformulierung[562] können entstehen, indem der Antagonist die Äußerung des Protagonisten mit seinen eigenen Worten wiedergibt bzw. umformuliert. Er kann dabei Bewertungen oder Ironie einfließen lassen oder darstellen, wie er den *standpoint* des Protagonisten verstanden hat, ohne dass dies inhaltlich angemessen geschieht.[563]

Der Verdacht der Fehlinterpretation liegt aus diesem Grund bei der indirekten Wiedergabe eines Standpunkts immer nahe, weshalb man im Kontext auf Ausdrücke wie etwa „Si je l'ai bien compris"[564] trifft, die auf die Einschränkung des Authentizitätsgrads hinweisen, wie auch Pirazzini (2002: 163) zu Recht bemerkt. Gleichzeitig kann man feststellen, dass der „DR [discours rapporté] est toujours en tension, entre un surmarquage et un effacement du discours cité" (Rosier 2008: 55). Aus argumentativer Sicht ist die mögliche Manipulation der Originaläußerung sicherlich ein strategischer Vorteil der indirekten Rede, die in Gegenargumentationen eine nicht unwichtige Rolle spielen kann. Auf diese Tatsache weisen die Bemerkungen von Gülich hin. Sie macht auf die argumentative Funktion der Reformulierung aufmerksam, wenn sie feststellt, dass Reformulierungen als „Verfahren der Relevanzsetzung" (Gülich ²2008: 365) fungieren, mit deren Hilfe bestimmte Eigenschaften herausgearbeitet werden können. Ihrer

---

561   Auch Pirazzini weist auf die Verantwortungsfunktion der indirekten Rede hin, indem sie bemerkt, dass die paraphrasierte Originaläußerung in ihrem Wahrheitswert eingeschränkt wird (vgl. Pirazzini 2002a: 163).

562   Gülich und Kotschi (1987) verwenden den Terminus „Fremd-Reformulierung", der die Distanz zum Wiederaufgenommenen betont.

563   Der Rezipient beurteilt jede Äußerung unbewusst, denn so argumentiert Glinz: „Ein sprachlich-gedanklicher Prozeß, eine kognitive Verarbeitung (oft auch: Beurteilung) ist bei jedem Schaffen und jedem Verstehen eines Textes […] im Gange" (Glinz 1994: 429).

564   Beispiel aus Korpus I.

Meinung nach erwiesen sich Reformulierungen damit auch als „rhetorische Verfahren".

Eingeleitet wird eine Reformulierung i.d.R. mit einem **Referenzsignal**. Als Referenzsignale im Französischen können fungieren:

- **Kommunikationsverben** (*verba dicendi/putandi)* (vgl. Weinrich [3]2005), wie z. B. *dire que, affirmer que, prétendre que* oder *critiquer que*. Sie dienen nicht nur zur Einleitung, sondern geben auch Anweisung zur Interpretation der gegnerischen Illokution. Verben wie beispielsweise *prétendre* werden von Rosier (2008: 56) zu den mehr oder weniger modalisierten *verba dicendi* gezählt. Das bedeutet, dass eine Stellungnahme des Sprechers „zur Geltung des Sachverhalts" (Bußmann [4]2008: 442) durch das Verb deutlich wird. Zeigt sich eine Einschränkung der Geltung, kann es auch als Angriffssignal fungieren. Begleitet werden die Kommunikationsverben in der Regel von einer Bewertung, wie beispielsweise: *Prétendre que [...] est à mon humble avis une erreur, et c'est ridicule et puérile.*

- **Rhetorische Echo-Fragen**, die eine Geltungseinschränkung des echohaft wiedergegebenen (*sub*)*standpoint* mittels neutralem Kommunikationsverb und Modalpartikel oder modalisierten Kommunikationsverben signalisieren, wie beispielsweise: *Pensez vous sincèrement (que) ... ?, Pourquoi croyez vous (que) ... ?* Rhetorische Fragen können zu den indirekten Sprechakten innerhalb der Sprechakttheorie gezählt werden (vgl. Wunderlich 1976: 190ff.). Trotz des Satzmodus, der die Frageäußerung als Frage auszeichnen würde (illokutionärer Indikator), ist eine andere Illokution intendiert, die nicht aus dem wortwörtlich Geäußerten geschlossen werden kann. Rhetorische Fragen sollen als „indirekte assertive Sprechakte" in Anlehnung an die Analyse von Meibauer (1986) geführt werden. Das Motiv für indirekte Sprechakte – wie eine rhetorische Frage – kann laut Meibauer Höflichkeit sein (Meibauer [2]2001: 115).

- **Bezugnahmen** des Typs @+Pseudonym, *selon vous, quant à vous...*

- **Metaargumentative Nomina**, wie etwa *votre argumentation*, die in der Regel durch Possessivpronomen (*votre* oder *ta/ton/tes*) eingeleitet und von einer Bewertung des Standpunkts begleitet werden.

Die gewählten Nomina für den „Wiedergabeinhalt" dienen zur Spezifikation des referierten Inhalts aus pragmatischer und semantischer Perspektive, d. h. sie weisen ihm einen Geltungsanspruch als These, Meinung, Argument etc. zu.

- **Metasprachliche Nomina**, wie beispielsweise *votre vision*, an die fast immer eine Bewertung des Standpunkts angeschlossen wird und die mit einem Possessivpronomen (*votre* oder *ta*/*ton*/*tes*) verbunden sind.

Die Art des Referenzsignals kann beeinflussen, wie die wiedergegebene Äußerung zu bewerten ist. Denn je stärker eine negative Einstellung zum Wahrheits- bzw. Richtigkeitsgehalt des reformulierten Standpunkts innerhalb des Referenzsignals beinhaltet ist, desto mehr wird eine Zurückweisung antizipiert und ein Angriff ersichtlich. Bestimmte Referenzsignale können dann eine Mischform zwischen Referenz- und Angriffssignalen[565] darstellen (vgl. Pirazzini 2002: 174).

Im Folgenden sollen Rephrasierungen hinsichtlich der genannten Faktoren und Referenzsignale untersucht werden. Beispiel (27) zeigt eine Rephrasierung mit überwiegender Äquivalenz:

(27)

Protagonist (Jeff):   02 Mar 2009, 21:11
[...] vous critiquez le fait que la commission ne soit pas élu et je suis totalement d'accord. **Mais alors pourquoi êtes vous contre le Traité de Lisbonne qui répare justement cette injustice??** Dans le Traité, il est dit très clairement que la Commission aura la couleur politique de la majorité au Parlement comme le gouvernement espagnol qui est du même bord que sa majorité au Parlement espagnol. [...]
[...]
Pourquoi refuser le traité de Lisbonne
Antagonist (Jacques Roman):   03 Mar 2009, 02:32
Jeff, **Vous demandez pourquoi (1) refuser le traité de Lisbonne (2), alors que selon vous (1), il apporterait un progrès démocratique** notamment en ce qui concerne la désignation de la future commission. (2) Je suis sûr que vous serez d'accord que ce n'est pas à cause d'un seul progrès ponctuel que le traité de Lisbonne (200 pages de textes) devrait être accepté en bloc. Les raisons de rejeter ce traité sont essentiellement celles qu'on aura de rejeter le TCE, avec la circonstance aggravante que le traité de Lisbonne, résultat d'un compromis boiteux, est encore plus mal rédigé et difficile à lire que le TCE. (3) [...] (Korpus I)

---

565 Sie werden in den untersuchten Beispielen durch „(1/3)" markiert, da sie eine Kombination aus dem Textbestandteil, der das Referenzsignal enthält, und dem Textbestandteil, der die angreifende Handlung des Antagonisten enthält, darstellen.

Der zweite Diskussionsbeitrag – derjenige des Antagonisten – enthält eine teilweise wortwörtliche Reformulierung (mit vier Originalelementen der Originaläußerung *le Traité de Lisbonne*) in einem indirekten Fragesatz (*vous demandez pourqoui …*). Das Kommunikationsverb *demander* zeigt, dass der Antagonist auch die Illokution des gegnerischen *standpoint* als Frage fokussiert und wahrgenommen hat. Die Rephrasierung lässt sich durch überwiegende <Äquivalenz> charakterisieren. Der Antagonist reformuliert fast äquivalent die Originaläußerung des Protagonisten und beweist nur eine gewisse Tendenz zur <Abstraktion>[566]: *être contre* wird mit *refuser* und *réparer une injustice* mit *apporter un progrès démocratique* sowie *le fait que la commission soit élu* wird mit *la désignation de la future commission* bzw. mit *la Commission aura la couleur politique de la majorité* wiedergegeben. Die zurückweisende Einstellung zum gegnerischen *standpoint* und die Absicht der Einschränkung des Geltungsgrads wird zum einen durch die Kennzeichnung des Verfassers[567] (*selon vous*) deutlich und zum anderen durch die Verwendung des *conditionnel présent* (*apporterait*). Mittels des *conditionnel présent* signalisiert er, dass er den behaupteten Sachverhalt anzweifelt, und mittels *selon vous*, dass er nicht die Verantwortung für die referierte Äußerung übernehme.

Als Beispiel für eine Rephrasierung mit überwiegender Abstraktion und Raffung kann das folgende gelten:

(28)

Protagonist (ewropano):   09 Juil 2008, 06:09

[…] Obtenir un tel niveau exige du temps, de l'argent et des efforts. Comme on peut supposer que le marché du travail au niveau européen ne fera que s'élargir, on est alors en bon droit de s'interroger sur le retour sur investissement des solutions linguistiques et d'attendre que l'UE, soucieuse des deniers du contribuable europunien, l'évalue de façon rigoureuse et objective: en mesurant et en chiffrant, pour les différentes solutions proposées, le temps et le coût d'apprentissage pour atteindre les différents niveaux définis par le Conseil de l'Europe.
[…]

[…]

---

566   Vgl. zum Begriff der Abstraktion der indirekten Rede im Französischen Christ (1981: 18).
567   Vgl. Authier/Meunier (1977: 65).

Im Beispiel wird lediglich ein Element der Originaläußerung wortwörtlich wieder aufgenommen (*effort*), die anderen (*obtenir un tel niveau exige du temps, de l'argent et des* […]) werden rephrasiert. Es handelt sich dabei um eine indirekte Wiedergabe, die aufgrund der Raffung einen deutlichen Unterschied zur Originaläußerung erkennen lässt. Was die Komplexität betrifft, kann folglich von einer Reduktion von Elementen gesprochen werden, die aus Sicht des Antagonisten weggelassen werden können.

Der direktive Sprechakt *Obtenir un tel niveau exige […] des efforts* wird vom Antagonisten hinsichtlich der Lexik der Originaläußerung mit *tout le monde doit faire un effort* reformuliert. Lexikalisch äquivalent wird lediglich das Substantiv *effort* übernommen, welches der Auslöser für die kritische Reaktion des Antagonisten zu sein scheint. Es wird eine verallgemeinernde, abstrahierende Wiedergabe des Bezugsausdrucks ersichtlich. *Exiger* wird mit dem passe-partout-Wort *faire* wiedergegeben, und die Aufforderung an unbestimmte Personen mit dem Infinitiv *obtenir* wird mit dem allgemeinen Ausdruck *tout le monde doit* reformuliert.

Was die Interpretation der Illokution der Originaläußerung durch den Antagonisten anbelangt, ist kein Unterschied zur tatsächlichen feststellbar. Der Antagonist hat die Äußerung des Protagonisten als Aufforderung oder Verpflichtung, d.h. als direktiven Sprechakt korrekt interpretiert.

Sehr abstrahierend gibt der Antagonist die Teiläußerung des Protagonisten *on est alors en bon droit de s'interroger sur le retour sur investissement des solutions linguistiques et d'attendre que l'UE* […] mit (*prétendre qu')il vaut mieux trouver une langue parlée par personne en Europe pour le bien de tous* wieder. Der Reformulierungsausdruck erfährt eine inhaltliche Abmilderung, da das Recht auf etwas nur noch zu etwas Wünschenswertem erklärt wird (*il vaut mieux trouver* statt *on est alors en bon droit* […] *d'attendre que l'UE,* […], *l'évalue de façon rigoureuse et objective: [...]).* Als Funktion einer Rephrasierung mit überwiegender Abstraktion kann folglich <Abmilderung> ermittelt werden.

Um die Bezugnahme auf den referierten Diskussionsbeitragsverfasser zu sichern, verwendet der Antagonist die einleitende Formel: „@ewropano",[568] d. h. „@ + Pseudonym".

Die Reformulierung durch den Antagonisten wird außerdem durch ein Kommunikationsverb eingeleitet, das eine zurückweisende Einstellung zum referierten Sachverhalt beinhaltet: das *verbum dicendi* fr. *prétendre.*

Prétendre que + X signalisiert die Meinungsverschiedenheit zwischen Protagonist und Antagonist, die dem Konfrontationsstadium einer kritischen Diskussion zuzuordnen ist. Der Antagonist distanziert sich mit dem Verb *prétendre* vom wiedergegebenen Inhalt des gegnerischen Standpunkts und schränkt die Geltung der Wahrheit ein. In Beispiel (28) kann es als Angriffssignal gewertet werden, da es eine kritische Stellungnahme erkennen lässt. Gleichzeitig fungiert es aber auch als Referenzsignal, weshalb es im Beispiel durch die Ziffern (1/3) gekennzeichnet wurde.

Hinsichtlich des Kommunikationsverbs ist des Weiteren zu bemerken, dass der Antagonist eine Infinitivkonstruktion (*prétendre que*) wählt, anstatt die Reformulierung der Originaläußerung mit *vous prétendez que* einzuleiten. Zu vermuten ist, dass er durch die unpersönliche Konstruktion alle potenziellen Diskussionsteilnehmer einschließen möchte, die ebenfalls den Standpunkt des Protagonisten vertreten.

Die Verwendung von Infinitivkonstruktionen bei Kommunikationsverben zur Einleitung der indirekten Wiedergabe lässt sich vermehrt in den untersuchten Diskussionsbeträgen finden, durch die eine Konfrontation von Standpunkten ersichtlich wird. Rephrasierungen mit einleitenden Kommunikationsverben im Infinitiv zeigen die Beispiele (29) und (30) zum einen in der Diskussion über die Frage, wie die Zukunft der Diskussionen im Forum aussieht, sowie zum anderen in einer Diskussion über die Frage, ob die Türkei in die EU integriert werden soll:

---

568 Mittels *@ewropano* wendet sich der Diskussionsbeitragsverfasser an den Adressaten seines Beitrags (das @-Symbol bedeutet in der Internetsprache ‚für' bzw. ‚an' für engl. *at*). Diese sprachliche Besonderheit der Internetkommunikation „@ + Diskussionsbeitragsverfassername" sichert die Bezugnahme auf die Originaläußerung.

(29)

La responsabilité
Antagonist (AMOURABI)   08 Sep 2009, 09:33

Affirmer qu' (1) un être humain est responsable de ses actes (2), **c'est affirmer qu'**(1) un individu inconscient de lui-même et des autres et de son environnement sait ce qu'il fait et prend ses décisions en connaissance de cause ! C'est totalement irréaliste. (3) [...]
(Korpus V)

(30)

Pour une Europe politique unie et pacifique!
Antagonist (Marco Polo)   20 Mar 2009, 21:21

[...] **Dire que** (1) la Turquie **serait** un test pour notre tolérance religieuse (2), comme **pourrait** l'être un simple vaccin, est une ânerie sans nom (3). L'Europe est déjà vaccinée contre les guerres de religion ! Et surtout, la Turquie n'aurait pas les vertus d'un vaccin pour l'Europe, mais les propriétés d'un virus actif, un virus létal pour l'Union européenne et ses valeurs de paix et de modération. [...]
(Korpus I)

Die zurückweisende Einstellung zum gegnerischen Standpunkt (mittels der negativen Bewertung: X *est ânerie sans nom*) wird durch die Verwendung des *verbum dicendi* fr. *affirmer* sowie durch die Verwendung des *conditionnel présent* (*serait, pourrait*) verstärkt, da durch sie der Geltungsgrad des referierten Sachverhalts eingeschränkt wird. Der Antagonist signalisiert folglich seine Nicht-Zustimmung, und es zeigt sich eine Meinungsverschiedenheit zwischen *language user* 1/Protagonist und *language user* 2/Antagonist. Bei den folgenden Beispielen wird sich Rephrasierungen zugewandt, die Referenzsignale, bestehend aus metasprachlichen und metaargumentativen Nomina, enthalten. Sie werden ebenfalls auf die anfangs genannten Faktoren untersucht. Zunächst zu den metaargumentativen Nomina.

Wie bereits erwähnt, dienen metaargumentative Nomina dazu, den „Wiedergabeinhalt" aus pragmatischer und semantischer Perspektive zu spezifizieren, d. h. sie weisen ihm einen Geltungsanspruch als These, Meinung, Argument etc. zu.

Indem der Antagonist den referierten Inhalt als These, Meinung, Argument etc. benennt,

> kann der Textautor den zitierten Inhalt zusammenfassen und gleichzeitig den darin enthaltenen Geltungsanspruch explizit signalisieren. Denn es ist eindeutig nicht gleich, ob eine behauptete Feststellung als Meinung oder als These klassifiziert wird. Es handelt sich also um Nomina, die im Text als Substitutionsformen gelten, da sie mit dem zitierten Inhalt koreferent sind. Damit wird demzufolge eine zusätzliche Information gegeben, die für die Interpretation der nachfolgenden Gegenargumentation wichtig sein kann. (Pirazzini 2002: 169)

Metaargumentative Nomina im Französischen, die im Korpus ermittelt werden konnten, sind: *point de vue, affirmation, thèse, hypothèse, raison, raisonnement, argument, argumentation, argumentaire* etc.

Metasprachliche Nomina hingegen spezifizieren den Wiedergabeinhalt aus pragmatischer und semantischer Perspektive, um beispielsweise Konzepte des Denkens und Handelns wiederzugeben. Im Korpus ließen sich die Nomina *conception, idée, vision, propos, proposition, postulat, assertion, analyse* etc. in den untersuchten Diskussionsbeiträgen des Antagonisten finden.

In folgendem Beispiel (31) äußert sich ein Diskussionsteilnehmer zur Regelung der Sprachenfrage innerhalb der EU. Es illustriert eine Rephrasierung mit dem metasprachlichen Nomen *analyse* als Referenzsignal:

(31)

l'anglais langue internationale
Protagonist (julien)   16 Mai 2008, 20:24

Je pense qu'il est encore beaucoup trop tot pour se poser la question d'une langue officielle pour l'UE alors meme que ses frontières ne sont pas encore définitivement déterminé.
De plus, avant de nous diviser sur quelle langue pour l'UE, occupons nous d'abord de rendre nos institutions plus démocratiques (donner plus de pouvoir au parlement, séparer les pouvoirs exécutif, législatif, et judiciaire : la démocratie en somme). [...] En conclusion, la question d'une langue unique, n'est pas à ce poser dans la mesure ou l'Europe est un continent multilinguiste, et étant donné que chaque citoyen européen n'aura pas forcément les capacités de comprendre la langue unique, il se retrouvera alors exclus, ce qui n'est absolument pas le but de l'UE, bien au contraire !

Antagonist (Wàng)   17 Mai 2008, 07:47

Cher Julien,
permettez moi de vous dire que votre **analyse** (1/2) est de type # café du commerce # : celle de la folie des hommes (3) (tout comme de dire qu'il est possible de laisser l'Iran se doter de l'arme nucléaire).
[...]
(Korpus A)

Der Antagonist referiert auf den gesamten Inhalt des gegnerischen Diskussionsbeitrags mittels des Nomens *analyse* und fasst damit den Bezugsausdruck zusammen. Er synthetisiert den Inhalt, und mit dem Referenzsignal (*votre analyse*), welches ein Possessivpronomen enthält, verweist der Antagonist auf den Verfasser. Es handelt sich um eine starke Reduktion des wiederaufgenommenen Inhalts, der in seiner Gänze disqualifiziert wird mittels der Äußerung: *votre analyse est de type # café du commerce #: celle de la folie des hommes.* Die Kürze der wiedergegebenen Äußerung (aufgrund des Aufgreifens durch ein Nomen) steht im Kontrast zur Länge der angreifenden Struktur. Die Gestaltung der Gegenargumentation wird folglich durch die referierende Struktur dahingehend beeinflusst, dass es beim nicht-wortwörtlichen Wiedergeben dem Antagonisten ermöglicht wird, eine Sichtweise durchzusetzen, die einen strategischen Ausgangspunkt für die anschließenden gegenargumentativen Elemente schafft. Des Weiteren erlaubt die Substitution durch ein solches Nomen den wiederaufgenommenen Inhalt stark zu reduzieren, um anschließend ausführlich die eigene Sichtweise darzustellen.

Das Beispiel (32) entstammt einer Diskussion über die Frage, wie *un projet européen fédérateur* aussehen könnte. Es zeigt einen Diskussionsbeitrag mit nachgestelltem Fullquote. In ihm werden Elemente metasprachlich und metaargumentativ mittels der Nomina *vision* und *argumentation* rephrasierend aufgenommen, die als Referenzsignale fungieren:

(32)

Pour une Europe des Lumières !
<u>Antagonist (Marco Polo)</u>   05 Jul 2008, 12:47
L'Europe n'a pas vocation à sauver le monde, et encore moins la Turquie. Avant de vouloir exporter nos valeurs dans le monde, comme le voulaient d'ailleurs nos aïeux – que l'on accuse aujourd'hui de colonialisme – assurons–nous de les défendre en Europe. Veillons à ce qu'elles ne soient pas peu à peu remises en question en Europe, sous prétexte culturelleou de multiculturalisme. Votre **vision turco-centrique** (1/2), apparemment naïve et compassionnelle, ne cadre pas avec le projet réaliste d'une Europe unie. (3) Plutôt que de faire appel à nos sentiments pour nous culpabiliser, faites plutôt appel à notre raison, à notre intelligence pour nous convaincre. Votre **argumentation** (1/2) contestable est sans fondements, elle est à la fois réductrice et tendancieuse. (3) Vouloir assimiler le débat sur la Turquie à un débat ethnique ou religieux est une manipulation rhétorique grossière, dont je vous laisse la paternité.
[…]

    <u>Protagonist (stophe) a écrit</u> (1):(...)
    Que la Turquie ait vocation à entrer dans l'Europe est pour moi un fait, puisque d'abord nous partageons une longue histoire, puisqu'ensuite elle est demandeuse, puisqu'enfin je ne vois aucune autre alternative sérieuse pour ce pays. Cette adhésion et surtout la capacité de l'Union à intégrer un pays musulman nous permettrait en outre de protéger nos frontières et surtout de montrer au monde musulman que laïcité et démocratie ne sont pas incompatibles avec islam. Et ça c'est le plus urgent pour moi. Sauf si bien sûr on part du principe que l'islam est incompatible avec nos valeurs. Là par contre je nous souhaite bien du courage dans l'avenir. C'est par l'exemple que viendra la solution, et si l'exemple est le rejet par racisme ou islamophobie, je ne vois pas ce qui rend notre union si spéciale.
    (...) (2)

(Korpus K)

Beide Nomen werden im vorliegenden Beispiel von einem Possessivpronomen begleitet (*votre vision, votre argumentation*) sowie von einer negativen Bewertung (*apparemment naïve et compassionnelle; contestable est sans fondements, […] à la fois réductrice et tendancieuse*). Die Anrede *vous* und die Zuordnung durch das Possessivpronomen *votre* zeigen deutlich die höflichen Umgangsformen im Forum und die Distanzierung zum rephrasierten Inhalt.

Die Äquivalenz zwischen dem metaargumentativen Nomen *argumentation* und dem wiedergegebenen Inhalt des Diskussionsbeitrags (der zusätzlich durch das Fullquote referiert wird) ist semantisch als gering zu erachten, da der Inhalt

,abstrakt' als *argumentation* bezeichnet wird. Das gleiche gilt für das metasprachliche Nomen *vision* (welches durch das Adjektiv *turco-centrique* näher charakterisiert wird). Es lässt sich somit nur von einer pragmatischen Äquivalenz sprechen, die jedoch für die anschließende angreifende Handlung von Relevanz ist. Indem der Antagonist dem wiedergegebenen Inhalt den Geltungsanspruch einer *argumentation* zuweist, ergibt sich semantisch, dass der Geltungsanspruch mit *contestable et sans fondements* disqualifiziert werden kann.

Die Komplexität der Rephrasierung ist inhaltlich als hoch anzusehen, aufgrund der „raffenden Zusammenfassung" (Dethloff/Wagner 2002: 672) des Rede- und Gedankeninhalts. Es lässt sich demzufolge eine starke Reduktion zwischen BA und RA konstatieren.

Als Letztes soll sich Rephrasierungen zugewandt werden, die fiktiv, d.h. vom Antagonisten erfunden sind. Sie sollen prinzipiell eine Originaläußerung des Protagonisten darstellen, dabei überschreiten sie die Grenze zur Manipulation, indem sie eigene *standpoints* fremdzuweisen. Das folgende Beispiel (33) zeigt eine fiktive Rephrasierung mittels einer rhetorischen Frage und einem Kommunikationsverb, das einen Angriff in einer Diskussion über die Frage der Errichtung einer europäischen Mondbasis signalisiert:

(33)

Re: Une base Lunaire européenne ?
Protagonist (Kathy)   02 Fév 2010, 21:30

Non, la conquête spatiale n'est pas l'avenir de l'homme. Et de toute façon le temps qu'on mette au point qch, la terre aura le temps d'exploser. J'exagère peut-être un peu, mais à peine. Et si on regardait plus attentivement notre planète, on verrait que c'est suffisant pour tout homme. Si c'est vous rendre fou de rester sur Terre, qu'est-ce que vous attendez pour payer 4 milliards d'euros pour aller faire 10h dans l'espace?

Par contre, je veux bien que l'Homme ait une part de rêve, car c'est vrai que sans, on aurait bien du mal à vivre. Mais je continue à croire que ce n'est pas en allant dans l'espace que l'homme trouvera son bonheur.
[...]

Re: Une base Lunaire européenne ?
Antagonist (AMOURABI)   03 Fév 2010, 19:57

4 milliards d'Euros pour aller dans l'espace ! Le seul budget militaire de la France est de 30 milliards d'Euros !
Il y a des choix à faire, certes, mais ce n'est pas un problème d'argent.
Quand [sic!] à affirmer que la Terre est à la mesure de l'humain (2), c'est témoigner d'une ignorance crasse.
(3) L'humain n'est pas seulement un singe !!! (3) Si vous croyez cela, ce n'était pas nécessaire de naitre pour passer une vie entière à travailler, il suffisait de rester dans son arbre.
Pourquoi croyez vous que (1/3) depuis plus de 10 000 ans, tous les humains de la planète évoluent, et que l'on soit passé de la tribu au village, du village à la ville, de la ville au pays, et qu'actuellement on parle de mondialisation ? (2) Il n'était pas nécessaire de faire de tels efforts, de gaspiller autant de vies, si c'était pour tourner en rond sur son caillou (3).
[...]
(Korpus B)

Der Antagonist reformuliert zunächst teilweise wortwörtlich die Prämisse bzw. den positiven *substandpoint* des Protagonisten (Fettmarkierung) mittels *Quand [sic!] à affirmer que ...*.[569] *Notre planète* wird mit *la Terre* wiedergegeben und *c'est suffisant pour tout homme* mit *la Terre est à la mésure de l'humain*. Inhaltlich ist die Rephrasierung fast als äquivalent anzusehen, jedoch erfährt die Äußerung eine Verschärfung,[570] da sie den *substandpoint* überspitzt wiedergibt: *être à la mésure* beinhaltet eine verstärkte Bewertungsintensität, wenn man sich eine Werteskala von *ne pas être suffisant, être suffisant* und *être à la mésure de* vorstellt.[571] Die Wiedergabe erfolgt in Form eines assertiven Sprechakts (*Quand [sic!] à affirmer que [...]*) und entspricht der Illokution der Originaläußerung.

Das Kommunikationsverb *affirmer* ist als *verbum dicendi* neutral. Gefolgt wird es von einer negativen Bewertung.

Die Manipulation in diesem Diskussionsbeitrag wird gänzlich im Anschluss an die Gegenargumentation ersichtlich. Der Antagonist legt dem Protagonisten „Worte in den Mund" mittels einer rhetorischen Frage, die rephrasierend wiedergibt, was der Protagonist angeblich im vorangegangen Diskussionsbeitrag geäußert hat: *Pourquoi croyez vous que (1/3) depuis plus de 10 000 ans....(2)*. Das Referenzsignal *croire* ist stark modalisiert und zeigt dem Rezipienten, dass es sich um ein kritisches Referieren handelt, welches die Geltung einschränken möchte. Das Kommunikationsverb *croire* zählt deshalb ebenfalls zu den so genannten Angriffssignalen und stellt nicht nur ein Referenzsignal dar. *Croire* kann zwei Funktionen erfüllen: Disqualifikation sowohl des Gegners als auch seiner Äußerung. Im Beispiel wurde es mit (1/3) markiert: *Pourquoi croyez vous que (1/3) depuis plus de 10 000 ans*.

Eine fiktive Rephrasierung mittels einer rhetorischen Echo-Frage zeigt auch das folgende Beispiel (34) zur Frage, ob alle Europäer Englisch sprechen lernen sollten. Das Referenzsignal ist im Gegensatz zum vorangehenden Beispiel ein neutrales Kommunikationsverb innerhalb der rhetorischen Frage:

---

569 In der Argumentation des Protagonisten stellt die Äußerung (Et si on regardait plus attentivement notre planète, on verrait que c'est suffisant pour tout homme) eine Prämisse zugunsten des negativen Standpunkts (Non, la conquête spatiale n'est pas l'avenir de l'homme) dar.

570 Vgl. Gülich (2008: 360).

571 Vgl. Kapitel 4.6 dieser Arbeit zur Skalarität von Gegenthesen nach Eggs (2000a: 399).

(34)

Antagonist (Sebjaveri)   31 Oct 2009, 16:17

> **Protagonist** (Germain Pirlot) a écrit (1):Utiliser une langue nationale comme langue européenne (an-
> glais, français, espagnol ou autre) relève de la discrimination culturo-linguistique, car ses locuteurs na-
> tifs seraient ipso facto outrageusement favorisés dans tous les domaines.
> Pour cette raison, la solution qui me parait la moins discriminatoire, la plus démocratique serait un bi-
> (tri-)linguisme de base : langue nationale (langue régionale), espéranto, pour encourager un plurilin-
> guisme tous azimuts. Libre alors à chacun d'étudier le plus possible de langues selon ses capacités intel-
> lectuelles, ses intérêts personnels ou ses besoins professionnels.
>
> Entretemps l'on pourrait encourager l'étude de l'anglais (fort répandu dans plusieurs milieux) ET celle
> de l'espéranto qui, pour le vivre au quotidien, permet le dialogue interethnique, interculturel, dans le
> respect mutuel de la langue, de la culture, de la dignité de chacun, sans aucune forme de "racisme cultu-
> ro-linguistique" (2).

Je pense que votre idée de bi-tri-linguisme est bonne, néanmoins elle est je pense un peu idyllique...
Pensez vous (1) sincèrement que tout le monde ait le temps d'apprendre autant de langues (2), dans un système
éducatif aussi chargé? Allez dire à un étudiant de droit, ou en 1ère année de Medecine, ou même encore en Ter-
minale, qu'il doive apprendre trois langues... Je pens qu'il en sera dégouté avant même d'avoir commencé!! (3)
(Korpus C)

Das Kommunikationsverb *penser* zählt allgemein zu den neutralen *verba putan-di*. Innerhalb der rhetorischen Frage fungiert es als Referenzsignal. Die rheto-rische Frage und die Verwendung des Konjunktivs (*ait*) signalisieren, dass die Geltung des angeblich geäußerten Inhalts eingeschränkt werden soll. Aufgrund des Modalpartikels *sincèrement* wird die Rhetorizität der rhetorischen Frage verstärkt.[572]

Zusammenfassend lässt sich festhalten, dass die indirekte Wiedergabe im Ge-gensatz zur wortwörtlichen Wiedergabe eine größere Eigenleistung (Pronomi-naangleichung, Hypotaxe, Abstraktion etc.) und Verantwortung beanspruchen kann, und dass deshalb die direkte Rede in den untersuchten Diskussionsbei-trägen von den Kommunikationsteilnehmern bevorzugt wird. Es handelt sich bei den Rephrasierungen um „Fremdinitiierte Fremdreformulierungen" (Gülich 2008: 362), die durch verschiedene Typen von Referenzsignalen angezeigt wer-den können. In der Regel stehen die Referenzsignale in engem Kontakt mit nega-tiven Bewertungen. Sie können bisweilen auch als Angriffssignale fungieren. Die Rephrasierungen lassen sich auf Faktoren wie beispielsweise Äquivalenz, Abs-traktion, Komplexität, Intensität etc. untersuchen. Aus sprechakttheoretischer Sicht handelt es sich beim wortwörtlichen und nicht-wortwörtlichen Referieren eines *standpoint* oder *substandpoint* eines Gegners in der Regel um Assertiva.

---

572   Viele Modalpartikel können „als *rhetorizitätsverstärkende* Elemente betrachtet wer-
      den, denn sie bewirken nicht Rhetorizität, sondern intensivieren eine schon vorhan-
      dene rhetorische Lesart" Meibauer (1986: 155).

Auch bei den rhetorischen Fragen, welche nach Meibauer (1986) als indirekte assertive Sprechakte identifiziert werden können. Darüber hinaus konnte festgestellt werden, dass die indirekte Wiedergabe zusätzliche Information über die Interpretation der Originaläußerung durch den Antagonisten liefern kann (mittels metasprachlicher und metaargumentativer Nomina und bestimmter Kommunikationsverben), und dass dies (strategisch) für die nachfolgende Gegenargumentation von Relevanz sein kann.

8.1.3 Mischformen des wortwörtlichen und nicht-wortwörtlichen Referierens

Unter Mischformen des Referierens werden Wiedergaben von Äußerungen verstanden, die wortwörtliche und nicht-wortwörtliche Elemente kombinieren. Das wortwörtliche Referieren wird vom Antagonisten in der Regel mittels automatischen Zitierens im Forum ‚hergestellt‘, d.h. mittels der Quotingfunktion (vgl. Kapitel 8.1.1). Reformulierungen finden sich in Form von Rephrasierungen, die nach den in Kapitel 8.1.2 vorgestellten Faktoren beschrieben und auf die genannten Referenzsignale untersucht werden sollen. Die Mischformen des Referierens bestehen aus einer unterschiedlichen Anordnung von wortwörtlicher und indirekter Wiedergabe, d.h. der Kombination von wortwörtlicher Wiedergabe in Form von Inline-Quotings und Fullquotes sowie der indirekten Wiedergabe durch Reformulierung.

Der Diskussionsbeitrag in Beispiel (35) zeigt eine Kombination von Inline-Quotings und Reformulierungen:

(35)

Re: Turquie versus Europe
<u>**Antagonist (Marco Polo)**</u>   01 May 2008, 11:34

A PGR (**Protagonist**) et Europolis[573] :

Toutes ces raisons devraient vous aider à comprendre que la Turquie n'a véritablement pas sa place au
sein de l'Union européenne.

Mais examinons plutôt **vos arguments** :

> **PGR a écrit (1)**:On ne pourait pas exclure la Turquie de l'Europe pour une simple question
> géographique. Et si on le faisait, ce serait aussi renoncer aux républiques du Caucase, qui sont,
> elles, considérées comme européennes, et qui resteraient alors isolées de l'Union Européenne.
> .(2)

Marco Polo: Contrairement à **cette affirmation**, l'exclusion de la Turquie (2), située en Asie mineure,
pourrait évidemment se faire sur ce seul critère géographique.
Cet aspect géographique est d'autant plus important que la Capitale de la Turquie, Ankara, se trouve en
plein centre de l'Anatolie et non en Europe!.
[...] (3)

> **PGR a écrit (1)**:Enfin, d'un point de vue politique, l'entrée de la Turquie au sein de l'UE règle-
> rait plus facilement le problème de Chypre Nord, et permettrait que la laïcité de la Turquie soit
> garantie contre d'éventuelles menaces islamistes. (2)

Marco Polo: **Cet argument** et tout simplement irrecevable pour des Etats de Droit. L'occupation de l'Ile
de Chypre par les forces turques aurait dû être réglée par la communauté internationale depuis plus de
trente ans. **C'est une raison** supplémentaire de refuser un pays comme la Turquie, bafouant les Traité
internationaux au sein même de l'Europe. [...] (3)

> **PGR a écrit (1)**:ce n'était pas la peine de condamner la Serbie dans ce cas... il faut être cohé-
> rent. Soit l'Europe doit être "ethniquement propre", si nous acceptons la diversité, y compris
> celle des religions. (2)

Marco Polo: **Cet argument** est aussi tendancieux que fallacieux. L'Europe n'a jamais accepté l'attitude
de la Serbie! Pourquoi devrait-elle accepter celle de la Turquie? Vous ne semblez pas vouloir comprendre que les Droits de l'homme signifient en Europe. (3)

> **PGR a écrit (1)**:Et nous ne pouvons pas réduire la culture Européenne, à ses seules origines
> Chrétiennes, qui bien que très importantes, ne remontent somme toute qu'à un peu plus de mille
> ans, et laissent de côté tout ce qui a précédé. (2)

Marco Polo: Ici encore, **votre vision manichéenne** est réductrice et partiale: Il n'a jamais été question
de ne reconnaître exclusivement que les valeurs judéo-chrétiennes, mais celles-ci, parmi d'autres. Votre
vision ne tient pas compte des valeurs européennes de l'Europe médiévale, creuset de l'Europe moderne,
de l'Europe de Lumières, ni de l'Europe des sciences exactes. Vous semblez vouloir ignorer tout ce qui
fait l'identité européenne pour mieux la nier et la rejeter. (3)

> **PGR a écrit (1)**:Enfin, d'un strict point de vue géopolitique, exclure la Turquie serait une erreur
> de stratégie impardonnable. La sublime porte, ne portait pas son nom en vain.. (2)

: Marco Polo: **Cet argument** n'est plus fondé, bien au contraire. L'instabilité politique et militaire de la
Turquie nous montre bien les dangers que présenterait son adhésion. (3)
[...]
Toutes ces raisons devraient donc vous faire comprendre que la Turquie n'a véritablement pas sa place au
sein de l'Union européenne.
(Korpus K)

---

573   Ein Name eines weiteren Diskussionsteilnehmers.

Der Standpunkt des Protagonisten ist im vorliegenden Beispiel implizit und mittels Addition aus den Argumenten rekonstruierbar. Er könnte lauten : *La Turquie doit être intégrée dans l'Union européenne*. Die Konfrontation der gegnerischen *standpoints* wird durch den assertiven Sprechakt des Antagonisten (dessen Proposition negiert ist) deutlich : „la Turquie n'a véritablement p̲a̲s̲ sa place au sein de l'Union européenne". Darauf folgt eine Reihe von reduzierenden Rephrasierungen mittels metaargumentativer und -sprachlicher Nomina, die allen wiederaufgenommenen Äußerungen des Protagonisten – im Anschluss an Inline-Quotings – zunächst den Status von Argumenten zuweisen (*Mais examinons plutôt v̲o̲s̲ ̲a̲r̲g̲u̲m̲e̲n̲t̲s̲*). Die Inline-Quotings gehen den Rephrasierungen des Antagonisten voraus. Neben der initialen metaargumentativen Charakterisierung als *arguments* verwendet der Antagonist ebenfalls metasprachliche Referenzausdrücke wie *affirmation, raison* und *vision* zur Reformulierung der Bezugsausdrücke. Die Referenzausdrücke werden fast alle von negativen Bewertungen begleitet (z. B. *Cet argument est aussi t̲e̲n̲d̲a̲n̲c̲i̲e̲u̲x̲ que f̲a̲l̲l̲a̲c̲i̲e̲u̲x̲*) und weisen eine starke Reduktion des Bezugsausdrucks auf, aufgrund der raffenden Zusammenfassung des Äußerungsinhalts. Zu der inhaltlichen Komplexität der metaargumentativen und sprachlichen Nomina kommt im fünften Absatz eine inhaltliche Extension und Verschärfung des Bezugsausdrucks, die bei der Nominalparaphrase *votre vision manichéenne* aufgrund des Adjektivs deutlich wird. Die Reformulierung der gegnerischen Äußerung durch das metasprachliche Nomen *vision* erfährt durch das Adjektiv *manichéenne* eine Charakterisierung – die als solche in der Ursprungsäußerung nicht enthalten ist – als eine religiöse Weltanschauung: dem Manichäismus. Die Äußerung des Protagonisten als manichäistische Vision zu bezeichnen, verrät, welcher Aspekt des referierten *standpoint* für den Antagonisten am Wichtigsten ist, und welchen er zurückweisen möchte. Die Möglichkeit der Relevanzsetzung erlaubt, den Fokus auf den Aspekt zu lenken, den er angreifen möchte.

Die Inline-Quotings dienen im vorliegenden Beispiel dazu, die Bezugnahme zu sichern und die Authentizität zu garantieren, wohingegen die Reformulierungen eine Komprimierung und Fokussierung erlauben. Allgemein kann vermutet werden, dass die Wiederholung der gegnerischen Äußerung (oder eines Teils) im eigenen Diskussionsbeitrag „einen maximalen Kontrast" herstellen soll und gleichzeitig als „Kohäsionsmittel" fungieren kann (Gruber 1996: 147).

Beim folgenden Beispiel (36) wird eine andere Anordnung der direkten und indirekten Wiedergabe innerhalb eines Diskussionsbeitrags vorgenommen: Kombination von indirekter Wiedergabe + Fullquote am Ende des Diskussionsbeitrags (TOFU):

(36)

Re: La place de la Turquie en Europe
Antagonist (Assen)   15 Feb 2009, 16:45

Je trouve que **vos propos (1) concernant** la Turquie comme d'ailleurs les pays mediterraneens (2) sont deplaces (3).
En quoi une Pologne ou une Roumanie seraient bien meilleurs qu'une Turquie ou Liban ou Tunisie? (1/3)
[...]

> **Protagonist (AMOURABI) a écrit (1):**
> La place de la Turquie n'est pas en Europe ou alors ce n'est pas l'Europe que nous connaissons mais l'Empire Romain II.
> Si on intègre ce pays on peut intégrer tous les autres pays du bassin méditérranéen Israël compris.
> Il faudrait quand même se demander ce qu'est l'Europe avant de vouloir l'étendre à tort et à travers.
> Les Turcs sont des êtres humains, les Chinois aussi, faut-il intégrer tous les humains présents sur la planète, en Europe ?
> [...] (2)
> (Korpus I)

Als Referenzsignal (1) fungiert ein metasprachliches Nomen (*propos*), dass die indirekte Wiedergabe einleitet. Das Nomen zeigt, dass der Antagonist die Äußerung (*Si on intègre ce pays on peut intégrer tous les autres pays du bassin méditérranéen Israël compris*) als Vorschlag interpretiert hat – allerdings (willentlich) fälschlicherweise als alternativen Vorschlag zur Integration der Türkei in die EU. Auf die negative Bewertung der gegnerischen Äußerung (*Je trouve que vos propos ...sont déplacés)* (Textbestandteil 3) folgt eine rhetorische Frage (*En quoi une Pologne ou une Roumanie seraient bien meilleurs qu'une Turquie ou Liban ou Tunisie?*), die angeblich reformuliert, was der Protagonist geäußert hat, und eine komparativische Konstituente enthält (*En quoi x bien meilleur que y?*). *En quoi* zu Beginn der rhetorischen Frage leitet die indirekte Wiedergabe ein und signalisiert einen Angriff, weshalb es sich um ein Angriffssignal handelt. Trotz der eigenen Reformulierung fügt der Antagonist ein Fullquote des Diskussionsbeitrags des Protagonisten an.

Das Fullquote platziert er hinter seine eigenen Äußerungen. Es wird mit dem automatisch generierten Kommunikationsverb *écrire* eingeleitet. Das Anfügen des Fullquote kann vom Antagonisten genutzt werden, um die Bezugnahme zu sichern, z. B. wenn Bezugsausdruck und Referenzausdruck im Thread weit voneinander entfernt liegen, oder der Übersichtlichkeit halber, wenn er beim Produzieren seines Beitrags die Originaläußerung vor Augen haben möchte.

Das Beispiel (37) zeigt die umgekehrte Anordnung der direkten und indirekten Wiedergabe: Kombination von Fullquote am Anfang des Diskussionsbeitrags (TUFO) + indirekte Wiedergabe. Der Thread behandelt die Frage, ob es ein föderales europäisches Projekt geben sollte. In dem folgenden Diskussionsausschnitt werden verschiedene Arten der Diskriminierung in Frankreich thematisiert:

(37)

Minorités actives... et majorité passive!

Antagonist (Galahad)   17 Aoû 2008, 20:53

> *Antagonist (stophe) a écrit:*Concernant l'immigration, si l'on peut se réjouir de la réussite de quelques uns, il serait tout aussi illusoire de crier victoire en vantant notre système d'intégration. Celui-ci repose sur une double confiance, pas de communautarisme mais en revanche pas de discrimination, puisque toutes les "communautés" sont égales. la discrimination positive, là où elle s'est faite, n'avait pour but que de forcer les sociétés à l'intégration, des sociétés qui sans cela auraient été rétives et auraient temporisé, puisque comme je l'ai déjà dit les mentalités avancent moins vite que l'histoire. Les discriminations ne sont jamais bonnes, et dans une société idéale nous n'aurions pas besoin de discrimination positive. Je remarque que celle-ci s'applique sans trop de protestations aux femmes et aux handicappés, or il s'agit exactement du même principe avec les immigrés. je constate simplement que malgré quelques réussites nous restons une société discriminante, toujours aussi difficile pour des immigrés ou des français d'origine extra européenne, pas de communautarisme mais en revanche pas de louer en vacances, de trouver des stages, des postes à responsabilité, etc. Si les français ne souhaitent pas de discrimination positive, qu'ils commencent donc par ne plus faire de discrimination. Je pense que vous n'êtes pas noir, moi non plus, et je n'ai jamais été contrôlé à Paris, même pendant les années de menace terroriste forte. J'ai un contre un ami guadeloupéen et un ami juif séfarade qui tous les deux sont contrôlés chaque fois qu'ils vont à Paris. Je trouve cela lamentable. De même que je trouve lamentable de voir si peu d'immigrés ou de français d'origine étrangère élus, ou présentateurs, ou même enseignants autres que dans le technique. Le modèle républican ne peut fonctionner s'il n'est honnête. Le communautarisme a ses limites, il a aussi ses côtés positifs, comme tout système, y compris le notre. Les valeurs que vous voulez défendre sont là. C'est d'abord contre nous même que nous devons nous défendre si nous aspirons à être cet espace modèle héritier des Lumières.

Contrairement à (3) ce (2) que **vous affirmez** (1), la fonction publique française, et notamment l'Education nationale, est largement ouverte à la diversité (2/3). La fonction publique ne pratique aucune forme de discrimination. Au contraire, elle s'ouvre largement aux personnes handicapées physiques, car leur handicap n'est pas subjectif, mais bien réel. (3) La voie élitiste des concours est la seule qui soit parfaitement équitable pour l'ensemble des citoyens. Toute autre forme de discrimination, positive ou non, serait discriminante pour l'ensemble des citoyens n'en bénéficiant pas.
[...]
Quant aux (1) medias, ils sont encore plus ouvert à la diversité (2/3). Des associations, comme le *Club Averroès*, regroupent des professionnels pour promouvoir les "minorités actives" dans les médias français. D'autres, comme le *Club XXIe Siècle*, oeuvrent tous les jours pour défendre cette diversité en promouvant "l'égalité des chances".
[...]
(Korpus K)

Der Anschluss an das Fullquote erfolgt mit einem Angriffssignal (*contrairement à*) (3), das von einem neutralen Kommunikationsverb (*vous affirmez*) (1) begleitet wird, welches die indirekte Rede markiert. Der Antagonist hat die Bezugsäußerung als Behauptung, d. h. als assertiven Sprechakt interpretiert, wie das Kommunikationsverb zu erkennen gibt. Die Rephrasierung lässt sich durch überwiegende Abstraktion charakterisieren. Der Antagonist reformuliert sehr abstrakt die Originaläußerung des Protagonisten, beweist jedoch noch eine gewisse Tendenz zur Äquivalenz, wie sich anhand der jeweils übereinstimmenden farblichen Markierung erkennen lässt: Die Bemerkung des Protagonisten, dass in der französischen Gesellschaft seiner Meinung nach Frauen, Behinderte, aber auch Immigranten positive Diskriminierung erfahren (*La discrimination positive s'applique aux femmes et aux handicappés*), wird von ihm abstrakt mit *La fonction publique ne pratique aucune forme de discrimination* reformuliert und zurückgewiesen (*ne...aucune*). Es erfolgt eine starke Zusammenfassung und Reduktion des Gedankeninhalts, da Elemente der Originaläußerung verallgemeinert (*présentateur* stellvertretend für *médias*) und getilgt werden (*femmes et handicappés* → *personnes handicappées*).

Referiert wird auf die Originaläußerung mittels des Demonstrativpronomens *ce*, das das Gesagte unspezifisch in seiner Gänze wiederaufnimmt. Es handelt sich hinsichtlich der Komplexität um eine starke Reduktion des Bezugsausdrucks. Ein weiteres Referenzsignal, das die Bezugnahme sichert, ist *quant à* (1), welches als Mittel der Relevanzsetzung verwandt wird. Die eingeleitete Reformulierung fokussiert die Äußerung des Protagonisten zu der Diskriminierung in Medien, die zurückgewiesen werden soll (2/3). In diesem Beispiel bestätigt sich die Annahme Gülichs (2008), dass Reformulierungen auch als „rhetorische Verfahren" gesehen werden können.

Beispiel (38) entstammt einer Diskussion über die Frage, ob Russland in die EU integriert werden soll. Es zeigt die Kombination von Fullquote am Anfang des Diskussionsbeitrags (TUFO) + indirekte Wiedergabe mittels rhetorischer Frage:

(38)

Re: La RUSSIE
Antagonist (Maria Vittoria Jacquot)   11 Nov 2008, 00:43
> **Protagonist** (AMOURABI) a écrit (1) : « De toute évidence la place de la Russie est en Europe, mais alors ce ne sera plus l'Europe et ce ne sera plus la Russie. C'est là le fond de la question. Au-delà des intérêts stratégiques, économiques et autres, il faut trouver un terrain d'entente entre nous et celui-ci doit transcender ces différents intérêts pour les intégrer dans une vision globale. Cette vision à mon avis ne peut être que basée sur une conception commune de l'humain et de l'avenir de l'humanité. J'ignore si en Russie et en Europe il y a des responsables suffisamment conscients pour entamer une telle démarche, qui à mon avis est la seule qui puisse aboutir en préservant la paix ? » (2)

Pourquoi penser que (1) **la seule démarche consiste à intégrer la Russie** ? (2/3) La plus grande partie du territoire russe est, ne l'oublions pas, en Asie même si la Russie que nous connaissons habituellement nous renvoie une image européenne. Pourquoi ne pas admettre que, comme pour la Turquie par exemple, nous pouvons être des partenaires commerciaux et politiques tout en étant deux entités différentes ?
Où est le problème ?
[...]
(Korpus P)

Das Fullquote stellt der Antagonist vor seinen eigenen Beitragstext, um die Bezugnahme sicherzustellen. Aus dem Quoting (eingeleitet durch das neutrale Kommunikationsverb *écrire*) des Protagonisten gibt der Antagonist einzelne Elemente wortwörtlich wieder (*la seule démarche, la Russie*). Er reformuliert *de toute évidénce la place de la Russie est en Europe* verkürzt mit *[il] consiste à in-tégrer la Russie*. Durch das neutrale *verbum putandi penser* gibt er zu erkennen, dass er die gegnerische Äußerung als Assertivum interpretiert hat. Die rhetorische Frage (*pourquoi penser…*) dient der Bezugnahme, synthetisiert den gegnerischen Standpunkt und antizipiert dessen Zurückweisung.

Die Mischformen des Referierens zeigen die vielfältigen Variationsmöglichkeiten hinsichtlich der Wiedergabe der gegnerischen Äußerung. Es ist zu betonen, dass allein die Elemente des nicht-wortwörtlichen Referierens Auskunft über die Interpretation der zitierten Äußerung geben können und eine kritische Einstellung gegenüber dem gegnerischen *(sub)standpoint* erkennen lassen, die für die anschließende Gegenargumentation von Relevanz ist.

Die Funktionen können Sicherung der Bezugnahme, Garantie der Authentizität des zitierten Diskussionsbeitrags(elements), Fokussierung, Reduktion und maximale Kontrastierung sein. In der Regel handelt es sich bei der Kombination von wortwörtlichem und nicht-wortwörtlichem Referieren um assertive Sprechakte, die Kommunikationsverben zur Einleitung (*affirmer, penser, écrire, dire*, etc.) enthalten.

8.2 Eröffnungsstadium

Nach dem Konfrontationsstadium, und bevor das dritte Stadium in einer kritischen Diskussion, in der eine Gegenargumentation eines Antagonisten geäußert werden kann, erreicht wird, durchlaufen *language user 1* (Protagonist) und *language user 2* (Antagonist) im pragma-dialektischen Ansatz idealerweise ein weiteres Stadium: das Eröffnungsstadium. Der Fokus bei der Beschreibung dieses Diskussionsstadiums liegt im Folgenden wiederum auf den Sprechakten des Antagonisten. Das Eröffnungsstadium „corresponds to those parts of the discourse in which the interlocutors manifest themselves as parties and determine whether there is a basis for a meaningful exchange" (van Eemeren/Grootendorst 2004: 61). Neben der Festlegung der Rollenverteilung (entweder als Protagonist oder Antagonist aufzutreten) und der Basis, d.h. wieviel gemeinsamer „relevant common ground" (ebd.: 60) vorhanden ist, wird in diesem Stadium ebenfalls bestimmt, dass der Protagonist bereit zu sein hat, seinen Standpunkt zu verteidigen, und der Antagonist kritisch darauf zu reagieren[574] hat:

Die möglichen Sprechakttypen des Eröffnungsstadiums lauten:

---

574 „One or more participants must at this stage be prepared to act as the party that
    assumes the role of the protagonist and defends the standpoint at issue, while **one
    or more others must be prepared to act as the party that assumes the role of the**

Abb. 47: Übersicht der Sprechakttypen des Eröffnungsstadiums nach van Eemeren,
Houtlosser und Snoeck Henkemans (2007: 16).

II	OPENING
DIRECTIVE	challenge to defend the standpoint
COMMISSIVE	acceptance of the challenge to defend the standpoint
	agreement on premises, and the discussion rules
[DIRECTIVE	requesting a usage declarative]
[USAGE DECLARATIVE	definition, specification, amplification, et cetera]

Der Sprechakt im Eröffnungsstadium, mit dem der *language user* 1 (potenzieller Protagonist) von *language user 2* (potenzieller Antagonist) aufgefordert wird,
seinen Standpunkt zu verteidigen (DIRECTIVE), wird von Krabbe und van Laar
(2011) zu den *critical reactions* gezählt. Sie nehmen an, dass

> **the move in the opening stage by which the antagonist challenges the protagonist**
> **to defend his standpoint** [...] and the move in the argumentation stage by which she
> [sic!] attacks a standpoint of the protagonist in the sense of posing a request for an
> argument [...] are **clearly critical reactions** [...] (Krabbe/van Laar 2011: 201, eigene
> Hervorhebung).

Neben dem Auffordern des Protagonisten, seinen Standpunkt zu verteidigen,
zählt das Verbalisieren von Nicht-Zustimmung bezüglich Prämissen und Diskussionsregeln (negierte COMMISSIVES) zu den kritischen Reaktionen des Antagonisten, d.h. es wird „disagreement on premises" verbalisiert.

Die kritischen Reaktionen im Eröffnungsstadium seitens des Antagonisten
sollen im Folgenden anhand der sie repräsentierenden Sprechakte analysiert
werden. Die Sprechakte, die sich auf Seiten des *language user 2* (potentieller Antagonist) finden lassen, zählen zu den direktiven Sprechakten, wenn mit ihnen
der *language user 1* (Protagonist) aufgefordert wird, den Standpunkt zu verteidigen (Kapitel 8.2.1), und zu den negierten Kommissiva, wenn mit ihnen die
gegnerischen Prämissen als inakzeptabel zurückgewiesen werden (Kapitel 8.2.2).

Es ist jedoch zu betonen und vorwegzunehmen, dass in den untersuchten
Diskussionen das Eröffnungsstadium in der Regel implizit bleibt, da beide Parteien davon ausgehen, die gleichen *starting points* (gemeinsames Wissen, Werte,
Diskussionsregeln etc.) zu besitzen und zu befolgen (vgl. van Eemeren/Groo-
tendorst 2004: 61 und 98). Besonders Sprechakte, die laut dem Modell der Pragma-Dialektik im Eröffnungsstadium verbalisiert werden sollten, die die *rules for*

---

antagonist and reacts critically to the standpoint and its defense. (ebd.: 60, eigene
Hervorhebung).

discussion sowie die *termination of discussion* deutlich machen, fehlen in dem untersuchten Korpus. Tatsächlich konnten lediglich zwei Beispiele ermittelt werden, die Sprechakte des Eröffnungsstadiums enthalten.

8.2.1 Den Protagonisten auffordern, seinen Standpunkt zu verteidigen

Ein konstitutiver Zug des Antagonisten im Eröffnungsstadium im idealen Modell einer kritischen Diskussion stellt das Auffordern des Protagonisten, den Standpunkt zu verteidigen, dar (seitens des Antagonisten). Es handelt sich dabei um einen Sprechakt, der der Klasse der Direktiva zuzuordnen ist. Als sprachliche Signale für den Sprechakt des Aufforderns ließen sich auf lexikalischer und grammatikalischer Ebene im Korpus ermitteln:

1. Modalverben
2. Aufforderungsverben
3. Modus: Imperativ

In den untersuchten Diskussionsbeiträgen zeigt sich, dass der Protagonist vom Antagonisten aufgefordert wird, Argumente zur Verteidigung des vorgebrachten Standpunkts zu äußern, im Anschluss an die sprachlichen Handlungen des Referierens:

(39)

A European62

Antagonist (ewropano)   22 Jul 2008, 09:02
A **Protagonist** (European62)

> En ce qui concerne l'anglais et l'espéranto, du point de vue d'un linguiste, je maintiens que les couts d'enseignement seraient moins élevé pour l'anglais. Et ceci pour ces raisons:... (2)

Je pense que **les coûts se discutent surtout avec des arguments quantitatifs, et qu'il faudrait les chiffrer: d'où mon insistance à réclamer des faits et des chiffres!** (3)
[...]
(Korpus A)

Die Konfrontation bzw. die Meinungsverschiedenheit des Konfrontationsstadiums wird im vorliegenden Beispiel durch die assertiven Sprechakte *je maintiens que les couts d'enseignement seraient moins élevé pour l'anglais*[575] auf Seiten des Protagonisten und *Je pense que les coûts se discutent surtout avec des arguments*

---

575   Es handelt sich um die *repetition of the standpoint* des Protagonisten im Konfrontationsstadium. Als Indikator kann das Verb fr. *maintenir* gelten.

quantitatifs auf Seiten des Antagonisten deutlich. Meinungsverschiedenheit signalisiert u. a. die Fokuspartikel *surtout*, die hervorhebt, dass nur *arguments quantitatifs* akzeptabel sind, und impliziert, dass die zuvor geäußerten Prämissen des Protagonisten inakzeptabel sind. Indirekt fordert der Antagonist den Protagonisten mit dem assertiven Sprechakt *Je pense que...* auf, *arguments quantitatifs* zu äußern. Hiermit wird das Eröffnungsstadium deutlich.

Als explizite illokutionäre Indikatoren für den Sprechakt *(to) challenge to defend the standpoint* können in Beispiel (39) darüber hinaus das Modalverb *falloir* und das Aufforderungsverb *réclamer (des faits et des chiffres)* identifiziert werden. Das Konditional *il faudrait* des Modalverbs bezeugt einen gewissen Höflichkeitsgrad innerhalb der Aufforderung, der zudem durch die unpersönliche Konstruktion erhöht wird.

Ein weiteres sprachliches Mittel den *language user 1*/potenziellen Protagonisten aufzufordern, weitere Argumente zur Stützung des Standpunkts zu liefern, stellt aus grammatischer Perspektive der Imperativ dar. Mit ihm werden Befehls- oder Aufforderungsformen im Sinne eines direktiven Sprechakts verbalisiert. Im folgenden Beispiel (14) wird vom Antagonisten *prendre des arguments* im Imperativ zur Verbalisierung einer Aufforderung genutzt:

(14)

Antagonist (Brutus)   12 Feb 2009, 11:14

Protagonist (Ruut) a écrit (1):Vous avez tronqué mes propos pour valider vos affirmations. Sans les aides le système pousse au travail pour survivre. Avec les aides votre constat est valable.(...) (2)
Beh non. (3) Je prends une affirmation et je la confronte avec une réalité qui la dément. C'est simple. Quand on affirme qu'(1) un système qui présente un taux de chomage de 10% persistant depuis plus de 30 ans pousse les gens à travailler (2) il devient facile d'être démenti. Si vous ne voulez pas voir vos arguments écrasés par la réalité **prenez des arguments plus solides**. Ceux-ci ne sont même-pas débatables...(3)
(Korpus S)

Es handelt sich bei dem direktiven Sprechakt *prenez des arguments plus solides* um eine kritische Reaktion des Antagonisten, die dem Eröffnungsstadium zugeordnet werden kann. Das Verb *prendre* steht im Modus des Imperativs. Zuvor signalisieren auf grammatischer Ebene das freie Negationsmorphem *non* und auf semantischer Ebene das Verb *démentir* und *écrasés par la réalité*, dass es sich um eine kritische Reaktion im Rahmen des Konfrontationsstadiums handelt.

8.2.2 Zurückweisen von Prämissen

Nach dem Modell einer kritischen Diskussion wird im Eröffnungsstadium neben dem Auffordern, seinen Standpunkt zu verteidigen, u. a. ausgehandelt, über welche Prämissen sich die Diskussionsteilnehmer einig sind, und welche

Diskussionsregeln zu befolgen sind, um zu einer Lösung der Meinungsverschiedenheit zu gelangen. Es wird von beiden Parteien nach einem *common ground* („as to the discussion format, background knowledge, values, and so on" (van Eemeren/Grootendorst 2004: 60)) bzw. nach gemeinsamen *starting points* gesucht. Van Eemeren und Grootendorst betonen:

> „There is no point in venturing to resolve a difference of opinion through an argumentative exchange of views if there is no **mutual commitment to a common starting point**, which may include procedural commitments as well as substantive agreement." (van Eemeren/Grootendorst 2004: 60; eigene Hervorhebung)

Ist der *language user 2*/Antagonist nicht mit den geäußerten Prämissen einverstanden, verbalisiert er eine „negation of a commissive" im Eröffnungsstadium.

Mittels „negativ-reaktiver kommissiver Verben"[576] kann die Nicht-Zustimmung der angebotenen Prämissen des Protagonisten explizit verbalisiert werden (z. B. im Französischen kann dies durch Verben wie *refuser, rejeter etc.* signalisiert werden). Diese können im vorliegenden Korpus jedoch nicht in der explizit performativen Form für das Eröffnungsstadium nachgewiesen werden.

Stattdessen verwenden die Forumsdiskussionsteilnehmer indirekte Sprechakte, um ihr *disagreement on premises* zu verbalisieren. Das Beispiel (14) zeigt deshalb keinen illokutionär negierten kommissiven Sprechakt, sondern einen assertiven, der die gegnerischen Prämissen als inakzeptabel ausweist:

(14)

Antagonist (Brutus)   12 Feb 2009, 11:14

> **Protagonist (Ruut)** a écrit (1):Vous avez tronqué mes propos pour valider vos affirmations. Sans les aides le système pousse au travail pour survivre. Avec les aides votre constat est valable.(...) (2)
> Beh non. Je prends une affirmation et je la confronte avec une réalité qui la dément. C'est simple. Quand on affirme qu'un système qui présente un taux de chomage de 10% persistant depuis plus de 30 ans pousse les gens à travailler il devient facile d'être démentit. Si vous ne voulez pas voir **vos arguments** écrasés par la réalité prenez des arguments plus solides. **Ceux-ci ne sont même-pas débatables**...(3)
> (Korpus S)

Im vorliegenden Beispiel (14) – das bereits in Kapitel 8.2.1 zur Illustration eines Sprechakts des Eröffnungsstadiums diente – werden mittels eines assertiven Sprechakts, der eine schlichte Negation des propositionalen Inhalts enthält, die

---

576 Winkler (2007: 249) unterscheidet für das Deutsche drei Paradigmen von kommissiven Sprechaktverben. Innerhalb des zweiten Paradigmas, das die Sprechereinstellung „S[precher] will nicht: P[ropositionaler Gehalt] tun" beinhaltet, unterscheidet sie das verzichten-Paradigma vom ablehnen-Paradigma. Zu den explizit performativen Verben des ablehnen-Paradigmas zählt das Verb „zurückweisen".

vorgebrachten Prämissen des Protagonisten als nicht zu den von beiden Parteien geteilten Prämissen („premises agreed upon by both parties" (van Eemeren/Grootendorst 2004: 179)) gehörend abgelehnt: *Ceux-ci ne sont même-pas débatables.* Als Indikator der Nicht-Zustimmung kann die schlichte Negation *ne ... pas* innerhalb der Proposition des assertiven Sprechakts gelten. Indirekt handelt es sich um einen negierten kommissiven Sprechakt (*negation of the commissive*), der signalisiert, dass Protagonist und Antagonist noch nicht über die geteilten Prämissen einig sind (d.h. keine „shared premises"[577] im Sinne der *rule 2 for a critical discussion* vorliegen), da der Antagonist sich nicht bereit erklärt, der Prämisse zuzustimmen.

Es lässt sich zusammenfassen, dass im Eröffnungsstadium idealerweise direktive sowie illokutionär negierte kommissive Sprechakte seitens des Antagonisten geäußert werden. Mit Direktiva wird der Protagonist aufgefordert, seinen Standpunkt zu verteidigen, und mit illokutionär negierten Kommissiva weist der Antagonist die vom Protagonisten vorgebrachten Prämisse(n) als inakzeptabel zurück. Es stellte sich jedoch anhand des einzigen gefundenen Korpusbeispiels zur Veranschaulichung der Nicht-Zustimmung der angebotenen Prämissen des Protagonisten heraus, dass das Zurückweisen der gegnerischen Prämisse(n) nicht, wie im Modell der Pragma-Dialektik gefordert, mit illokutionär negierten kommissiven Sprechakten, sondern indirekt mit einem assertiven Sprechakt im Eröffnungsstadium erfolgt. Die geringe Anzahl von Beispielen für Sprechakte des Antagonisten, die eindeutig dem Eröffnungsstadium zuzuordnen sind – lediglich zwei – zeigt, dass die Sprechakte des Eröffnungsstadiums bei der Ermittlung der konstitutiven argumentativen Handlungen zur Verbalisierung einer Gegenargumentation in Internetdiskussionsforen zu vernachlässigen sind.

8.3 Argumentationsstadium: Angreifende Sprechakte

Das vorliegende Kapitel widmet sich einem elementaren Sprechakt des Antagonisten innerhalb des Argumentationsstadiums, der sich auf die grundlegende mentale Kategorie *attaquer* zurückführen lässt und den komplexen gegenargumentativen Sprechakten zugeordnet werden kann. Es handelt sich um einen rekurrierenden Sprechakt, der innerhalb der Internetforumsdiskussionsbeiträge die Grundlage der Gegenargumentation seitens des Antagonisten darstellen kann. Er lässt sich der Oberkategorie RÉFUTER zuordnen. Für die Ermittlung der sprachlichen Indikatoren für diese Art von Sprechakt wurde sich u.a. auf die

---

577 Zur Definition von „shared premises" vgl. van Eemeren/Grootendorst (2004: 145).

Textgrammatik von Weinrich (^{2}1997) sowie verschiedene Lexika (*Petit Robert* (2012), *Grand Robert* (2013), TLFi (2004) etc.) gestützt.

Zunächst gilt es jedoch die mentale Kategorie *attaquer* näher zu beschreiben, um die für den Antagonisten relevanten Aspekte innerhalb des Argumentationsstadiums zu erfassen. Anschließend soll der Sprechakt *réfuter* definiert und seine konstitutiven Teilhandlungen erläutert werden.

Dass der Angriff (im Sinne von gr. *epicheirem*/lat. *adgressio* als „(argumentativer) Angriff (gegen den Disputationskontrahenten"[578])) zu den gegenargumentativen Handlungen des Antagonisten zählen kann, ist bereits bei der Darstellung in den Traktaten der Rhetorik deutlich geworden (vgl. Kapitel 4.3 dieser Arbeit).

Die sprachliche Handlung *attaquer* wird in der vorliegenden Arbeit als allgemeines Konzept verstanden, welches alle Züge des Typs „SICH GEGEN etwas RICHTEN" zusammenfasst, wie z. B. *riposter, mettre en doute, mettre en question, critiquer, nier, contredire* etc. Als Ziele, gegen die sich angreifende Züge richten können, kommen nach Krabbe und van Laar (2011: 200) infrage:

> expressions of (propositions), arguments, parts of arguments, and (the applications of) argument schemes, [...] arguers and institutional circumstances, [...] understandability, admissibility, validity, appropriateness, reasonableness, consistency, timeliness, and civility.

„Sich richten gegen" bedeutet im Falle einer Gegenargumentation folglich, dass sie ein Ziel angreift, gegen das sie sich richtet. Darauf weist bereits Eggs (1984: 277) hin, der im Kontext von Gegenschluss und Einwand ebenfalls „gerichtet gegen" verwendet.[579] Ähnlich die Ausführungen von Walton (2009), der „gerichtet gegen" für den Begriff „rebuttal" charakterisiert:

> What does 'directed against' mean? It seems that one argument can have another argument as its target. The one can be meant to support the other, or can be meant to attack the other, or the two arguments can be independent of each other. Only in the middle instance would it be correct to say that the one argument is directed against the other. But something more is meant here. What seems to be implied is that a rebuttal is an argument directed against another argument to show that the first argument is somehow defective. (Walton 2009: 3)

Walton bietet darüber hinaus in seinem Aufsatz über „Objections, Rebuttals and Refutations" als einer der Wenigen eine Definition, bevor er den Begriff engl. *attack* verwendet, und weist zu Recht auf die Weitläufigkeit des Begriffs in der

---

578   Klein (1994:1252).

579   Vgl. Kapitel 4.2 und die Abbildung 4 in der vorliegenden Studie.

Argumentationsforschung hin. Seine Definition äußert er im Kontext der Erforschung von *argumentation* und *artificial intelligence* (AI):

> The word 'attack' is also quite a broad notion as used in argumentation. An attack, it would seem, does not necessarily have to be an argument, nor does it have to be posed against a prior argument. One might, for example, attack a question or attack an assertion as unsubstantiated, vague, ambiguous etc. However, the term attack is often used in AI in such a way that it represents one argument, or a connected sequence of such arguments, posed against another argument, or connected sequence of such arguments. In an attack of this sort, the two sequences of arguments are seen as competing with each other, so that if one is stronger than the other, it will win over against the other. (Walton 2009: 4)

Zunächst bemerkt Walton, dass es sich bei einem argumentativen Angriff nicht notwendigerweise um ein Argument handeln müsse, und dass das Angriffsziel nicht zwingend ein vorangehendes Argument sei. Angegriffen werden könnten eine Frage oder eine Assertion, die beispielsweise als zu vage beurteilt würden. In der Argumentationsforschung zur *artificial intelligence* werde allerdings im Allgemeinen unter dem Begriff „Angriff" ein Argument verstanden, welches sich gegen ein vorangehendes Argument richtet, so Walton. Er geht davon aus, dass es verschiedene Arten des Angriffs („an attack of this sort") gibt. Die Art des Angriffs hängt von der Anzahl der Angriffsziele ab: ein *argument* (hier: Prämisse) oder eine Sequenz von Prämissen („sequence of such arguments").

Hervorzuheben ist in seiner Definition der Begriff des „Gegengerichtetseins" von Argumenten („to be posed against a prior argument"), welches durch die Passivkonstruktion des Verbs keinem Sprecher zugeordnet wird. Indirekt wird dadurch deutlich gemacht, dass es sich immer um eine reaktive Handlung handelt. Mit einem Angriff können Prämissen gegeneinandergestellt werden, welche, wenn der Angriff erfolgreich ist, unterschiedlich zu bewerten sind, indem als Ergebnis eine Prämisse als stärker gilt und gegen das andere gewinnt – wie in einem Wettkampf (vgl. Kapitel 3).

Wenden wir uns nun der Definition und Charakterisierung des elementaren Sprechakts des Antagonisten, welcher dem Sprechakttyp *réfuter* zugeordnet werden kann, zu. Die *réfutation* ist seit der Antike ein zentraler Begriff der (rhetorischen) Argumentationsforschung, wie bereits in Kapitel 3.5 anhand des Ansatzes von Quintilian zum Teil der Rede, den er als lat. *refutatio* bezeichnet, deutlich wurde. Für einen ersten Zugang zum Sprechakt des Typs *réfuter* sollen zunächst semantische Aspekte betrachtet werden.

Laut dem *Grand Robert* (2013) bedeutet fr. *réfuter* „repousser (un raisonnement) en prouvant sa fausseté" und fr. *réfutation* „action de réfuter" bzw. „raisonnement par lequel on réfute". Betont wird in dieser Definition das angestrebte

Ergebnis der zurückweisenden und, damit einhergehend, reaktiven Handlung: der Beweis der *fausseté*[580] einer Argumentation. Die Handlung *réfuter* hat somit eine zweifache Funktion: zurückweisen (*repousser*) einer Argumentation, die als nicht richtig beurteilt wurde, und beweisen (*prouver sa fausseté*), warum diese als nicht richtig beurteilt wurde.

Der TLFi unterscheidet in seiner Definition zwischen den Handlungen *réfuter qqc* und *réfuter qn*. *Réfuter qqc* wird definiert als „repousser ce qui est affirmé par une démonstration argumentée qui en établit la fausseté" und *réfuter qn* als „critiquer quelqu'un dans les idées, les opinions qu'il soutient". Die erste Definition entspricht prinzipiell derjenigen des *Grand Robert* (2013), während die zweite einen neuen Aspekt unterstreicht: der Handlung fr. *réfuter* kann als weitere Funktion diejenige des Kritisierens einer Person zugewiesen werden. Es wird folglich die Bezugnahme als unterscheidendes Kriterium gewertet. Zusammenfassend lässt sich festhalten, dass in den zeitgenössischen Wörterbuchdefinitionen der reaktive, negativ urteilende sowie argumentative Charakter deutlich wird und zu differenzieren ist, ob etwas oder jemand refutiert wird.

Als einer derjenigen, die sich derzeit unter argumentativ-interaktioneller Perspektive am Ausführlichsten mit dem Begriff *réfutation* unter sprechakttheoretischer Perspektive auseinandergesetzt haben, kann Jacques Moeschler (1982; 1985) gelten.[581] Er definiert die *réfutation* als „fonction illocutoire réactive d'évaluation négative contenant une argumentation" (Moeschler 1982: 148). Darüber hinaus charakterisiert Moeschler (1982: 132) die Refutation als komplexen Sprechakt, der aus mindestens zwei Teilhandlungen zusammengesetzt ist: einem „énoncé négatif et d'arguments" (Moeschler 1982: 123), bzw. einer *évaluation négative* und einer *argumentation*. In folgendem Zitat wird die zweifache Funktion und Struktur der Refutation herausgestellt:

> Fonctionnellement, cela signifie qu'une réfutation est constituée d'un acte (de contenu négatif *non-p*) à fonction illocutoire d'assertion et d'un acte (de contenu *q*) à fonction interactive de justification. (Moeschler 1982: 132, Hervorhebung im Original)

Als Indikatoren für eine *évaluation négative* können eine formale Negation oder eine semantischen Negation (in der Terminologie von Moeschler (1982: 5) „négation formelle" und „négation sémantique") in einer Äußerung fungieren. Eine

---

580 Moeschler (1982 : 10) versteht unter *fausseté*: „valeur de vérité inverse de vérité".

581 Zuvor erschienen die ebenfalls bedeutenden Studien von Van Dijk (1977) und Wunderlich (1979), die dem Sprechakt der Refutation bereits zuvor Komplexität zuschreiben. Vgl. Moeschler (1982: 123).

formale Negation wird seiner Theorie nach i.d.R. mittels eines *opérateur*[582] *lin-guistique de négation* (Negationsmorpheme in Sätzen wie z.B. *ne … pas, ne … guère, ne … aucunement* etc. oder negativen Präfixen vor Nomen, Verben, Adjek-tiven oder Adverbien wie z.B. *in-, im-, mé-* etc.) auf propositionaler Ebene deut-lich. Eine semantische Negation kann durch einen *opérateur logico-sémantique de négation* offenkundig werden, der die oppositiven semantischen Relationen wie Widerspruch (*contradicition*: C'est une *fille*/C'est un *garçon*) und Gegensatz (*contrarieté*: Le café est *chaud*/Le café est *froid*[583]) zwischen zwei Sätzen konsta-tieren lässt (vgl. Moeschler 1982: 12f.). Der Grund dafür, warum sich Moeschler ausführlich mit der Negation auseinandersetzt, ist die Annahme, dass die Nega-tion aus pragmatischer Sicht als Marker für den Sprechakt *réfuter* gelten kann (vgl. Moeschler 1982: 37).

In Anschluss an diese definitorischen Anmerkungen werden im Folgenden „wertende Sprechhandlungen" (Gruber 1996: 142) des Antagonisten, d.h. prin-zipiell abwertende Sprechhandlungen, zu den angreifenden sprachlichen Hand-lungen gezählt, die sich gegen argumentative Äußerungen des Protagonisten richten und hinsichtlich derer ein negatives Urteil erkennen lassen. Allgemein können sie mit dem semantischen Merkmal <EINSPRUCH> gekennzeichnet werden und sollen deshalb zu den sprachlichen Handlungen des Typs *réfuter* gezählt werden.

Im Folgenden sollen eine Reihe von elementaren Zügen des Antagonisten, die dem Sprechakttyp *réfuter* zugeordnet werden können, klassifiziert und ihre charakteristischen Aspekte vorgestellt werden.

Wertende Sprechhandlungen[584] des Antagonisten, die beim Angriff im vor-liegenden Korpus verwendet werden, können unterteilt werden in tatsachen- oder personenwertend in Anlehnung an Apeltauer (1977) sowie nach offen und

---

582 Operator und Marker werden in der vorliegenden Studie synonym verwendet.

583 Moeschler (1982: 13): „[D]ans une situation donnée, il peut se trouver que ces deux phrases soient simultanément fausses (si le café est tiède par exemple). Nous parle-rons de propositions *contraires* […] pour les propositions de ce type et de relation de *contrarieté*."

584 Als große Gruppen von wertenden Sprechhandlungen ermittelt Gruber (1996) Wi-dersprüche und Vorwürfe. Vorwürfe gelten nach Hundsnurscher zu den „imagege-fährdenden Sprechakten". Hundsnurscher (2001: 365) stellt fest, dass „ein Vorwurf […] eine unmittelbare Imagegefährdung für Sp2 [Sprecher 2] dar[stellt], weil mit einem Vorwurf jemandem (Sp2) eine Handlung zugeschrieben, diese Handlung und ihre Folgen negativ bewertet und Sp2 dafür und für ihre negativen Folgen (‚Da siehst du, was du angerichtet hast') verantwortlich gemacht wird."

verdeckt wertend nach Gruber (1996: 125). Die Unterteilung in tatsachen- und personenwertend weist Übereinstimmung mit den zwei Modi der Widerlegung von Schopenhauer auf, deren Kriterium (genau wie in der Definition des TLFi (2004)) die Bezugnahme ist, d.h., ob sie *ad rem* oder *ad hominem* gerichtet sind (vgl. Kapitel 4.4)

Von Gruber (1996: 142) wird zu Recht die apeltauersche Abgrenzung zwischen tatsachen- und personenwertenden Sprechhandlungen als problematisch angesehen, da die Grenzen zwischen diesen beiden Klassen fließend sind. Indem beispielsweise eine Tatsachenwertung erfolgt, kann gleichzeitig eine Bewertung des Äußernden als Person erfolgen und umgekehrt (vgl. Gruber 1996: 142). Es wird in diesem Fall nicht nur der inhaltliche Standpunkt *entwertet*, sondern ebenfalls die Person. Bei der Analyse der Beispiele sollen deshalb beide Aspekte thematisiert und sich für den überwiegenden Aspekt bei der Einordnung in eine der beiden Klassen entschieden werden.

Das folgende Beispiel (31) zeigt den komplexen Sprechakt des Typs *réfuter*, der sich in zwei Teilhandlungen präsentiert. Anhand dieses Beispiels soll exemplarisch die Problematik der Einordnung in die Klasse der tatsachen- und personenwertenden Sprechakte diskutiert werden:

(31)

Antagonist (Wàng)   17 Mai 2008, 07:47
Cher Julien,

permettez moi de vous dire que **votre analyse** (1/2) **est de type # café du commerce** # (3): celle de la **folie des hommes** (3) (tout comme de dire qu'il est possible de laisser l'Iran se doter de l'arme nucléaire).
[…]
(Korpus A)

Die erste sprachliche Handlung (*permettez-moi de vous dire*) erfüllt eine einleitende Funktion, um die Aufmerksamkeit auf das Nachfolgende zu richten und fiktiv um Erlaubnis zu bitten, eine Äußerung verbalisieren zu dürfen. Im TLFi (2004) heißt es zum Verb *permettre*, dass es mitunter in *formules de politesse* genutzt wird, und zwar mit dem Ziel:

> „Pour attirer l'attention de quelqu'un, pour contredire, déranger ou interrompre quelqu'un, pour exprimer son opinion ou un avis différent de celui qui vient de l'être, pour demander (fictivement) l'autorisation d'accomplir quelque chose devant quelqu'un".

Es handelt sich in diesem Fall um einen Kontaktsprechakt, dessen primäre Illokution ein Expressivum und dessen sekundäre Illokution ein Direktivum darstellt. Die zweite und dritte Handlung (*évaluation négative* und *argumentation*) sind Teilhandlungen, die in Verbindung[585] den komplexen Sprechakt der Refutation darstellen. Sie sind der Klasse der Assertiva (Indikatoren: Indikativ Präsens von *être* und *dire*) zuzuordnen. Die *évaluation négative* zeigt sich in der ersten Assertion anhand zweier *opérateurs semantiques de négation* (*café du commerce* sowie *folie*), die eine pejorative Bedeutungskomponente erkennen lassen. Der erste *opérateur sémantique de négation* dient zur Abwertung der Äußerung des Protagonisten: die Analyse wird dem Typ #*café du commerce*# zugesprochen, wobei die Rauten (engl. *hashtag* (#[586])) anstelle von Anführungsstrichen stehen und zur Hervorhebung des Begriffs dienen.[587] Das Assertivum *tout comme de dire qu'il est possible de laisser l'Iran se doter de l'arme nucléaire* stellt aus argumentativer Sicht die Stützung dar. Die Stützung der Konklusion durch die Prämisse wird wie ein Vergleich präsentiert. Sie wird durch die Konjunktion *comme* eingeleitet.

Mit dem zweiten *opérateur sémantique de négation* wird dem propositionalen Gehalt der Äußerung der Wahrheitsanspruch abgesprochen und dem Gegner Verrücktheit (fr. *folie*) bescheinigt – und somit Irrationalität unterstellt. Es handelt sich folglich um eine negative personenwertende Sprechhandlung. Durch die Bewertung der Analyse als *café du commerce* wird zunächst eine negative tatsachenwertende Sprechhandlung verbalisiert, gleichzeitig indirekt die Kompetenz des Protagonisten infrage gestellt und er als Person abqualifiziert, da er aus Sicht des Antagonisten keine fachlich kompetente Analyse zum behandelten Thema abliefern könne. Verrücktheit und Inkompetenz werden dem Protagonisten zugeschrieben und lassen eine überwiegend personenabwertende Sprechhandlung erkennen.

Nach dieser einleitenden exemplarischen Erläuterung, wie die Zuordnung zu personen- oder tatsachenwertenden Sprechhandlungen erfolgt, sollen charakteristische Aspekte des Sprechakttyps *réfuter* dargestellt werden.

Allgemein zu trennen sind die wertenden von den „darstellenden, nicht wertenden Sprechhandlungen". Darstellende Sprechhandlungen liefern „in vielen Fällen überhaupt erst die Grundlage für derartige Wertungen" (Gruber 1996: 125). Sie enthalten „keine (oder nur geringe [...] wertende Elemente" laut Gruber (1996: 125).

---

585 Die *argumentation* kann durch einen pragmatischen Konnektor (z.B. *puisque, car, etc.*) eingeleitet werden. Im vorliegenden Beispiel signalisiert der Doppelpunkt die Verknüpfung von *évaluation négative* und *argumentation*.

586 Fr. *mot-dièse.*

587 In der CVK dienen *hashtags* zur Markierung bzw. zur Verschlagwortung. Die übliche Markierung durch ein *hashtag* besteht aus einer Raute + Schlagwort: z.B. #café du commerce.

„Wertende Elemente" sind das, so kann angenommen werden, was Sandig zu den Bewertungsausdrücken zählt. Bewertungsausdrücke verbalisieren das „Einstufungsergebnis", das von einem „Bewertungssubjekt" durch eine Bewertung über einen „Bewertungsgegenstand" festgestellt wird.

Sandig (1993) definiert Bewertungen unter verschiedenen Gesichtspunkten: wer misst, was wird gemessen, wonach wird gemessen, wofür wird gemessen? Ihrer Meinung nach werden

> Bewertungen [...] von Bewertungssubjekten vorgenommen; diese ‚messen' mental einen gegebenen Bewertungsgegenstand (bg) an einem für die zugehörige Gegenstandsklasse (BG) vorhandenen Bewertungsmaßstab. Dabei werden die Eigenschaften des Gegenstands (bg) mental mit den für den Bewertungszweck relevanten Bewertungsaspekten und Wertkriterien des Bewertungsmaßstabs verglichen und der Gegenstand diesbezüglich jeweils mental eingestuft. Das Einstufungsergebnis wird mit einem Bewertungsausdruck über den Bewertungsgegenstand (bg) prädiziert. (Sandig 1993: 161)

Der Bewertungsausdruck ist „gradierbar und auf die Pole positiv/negativ bezogen", so Sandig (1993: 160). Für den Bewertungsmaßstab ist charakteristisch, dass er in der Regel nicht explizit gemacht wird und in diesem Fall rekonstruiert werden muss. Er kann individuell oder gruppenbezogen sein (vgl. Sandig 1993: 161).

Ein weiterer Aspekt bei der Beschreibung von wertenden Sprechakten ist die Direktheit und „*Intensität* der Handlungsdurchführung, d. h. das Ausmaß, in dem lexikalische, pragmatische [...] Elemente eingesetzt werden, um den dominanten Sprechhandlungsaspekt zu verstärken" (Gruber 1996: 126, Kursivierung im Original). Unter „intensivieren" versteht Drescher „eine kommunikative Aktivität, mit der Bedeutungen modifiziert werden, und zwar in der Weise, daß eine Verstärkung der in ihnen enthaltenen quantitativen und/oder qualitativen Aspekte bewirkt wird" (Drescher 2003: 99). Die Intensität wird im vorliegenden Korpus in der Regel durch Intensitätsadverbien oder Duplizierung (Wiederholung von Wörtern oder Wortgruppen) gesteigert.

In den ermittelten Korpusbeispielen handelt es sich prinzipiell um wertende Sprechakte des Antagonisten (Bewertungssubjekt), deren Bewertungskriterien sich auf ‚konkrete' und ‚abstrakte' Gegenstände sowie Handlungen[588] (Bewertungsgegenstände) beziehen. Als konkrete und abstrakte Bewertungsgegenstände kommen die Propositionen der gegnerischen argumentativen Sprechakte, Standpunkte sowie die Relation von Prämisse und Standpunkt (Schlussregel) in Frage. Handlungen, die vom Bewertungssubjekt bewertet werden können, sind

---

588 Herbig/Sandig (1994: 60).

z. B. die Handlung des Integrierenwollens Russlands in die EU, das Bauen einer Mondbasis etc. in Frage. Die im Korpus ermittelten Bewertungskriterien *ad rem* sind die Folgenden:

a) Wahrheit
b) Logik
c) Relevanz
d) Richtigkeit.

Die Bewertungskriterien decken sich bis auf eines (das Kriterium der Richtigkeit bzw. die Dimension der Vollständigkeit) mit den vier Dimensionen zur Beurteilung des Geltungsanspruches eines Arguments von Apothéloz (1989: 82): Wahrheit (fr. vérité/vraisemblance), Vollständigkeit (fr. complétude), Pertinenz (fr. pertinence) und Orientierung (fr. orientation).[589]

Bei der Bewertung der Wahrheit wird der Inhalt der Proposition von Sprechakten als wahr oder unwahr beurteilt. Die Modalität, die die Einstellung bezüglich der Wahrheit bezüglich des propositionalen Inhalts von Prämissen zum Ausdruck bringt, ist die epistemische Modalität (vgl. Eggs 2000a: 398, sowie die Ausführungen in Kapitel 4.6). Die Bewertung der Logik bezieht sich auf die Relation von Prämisse und Konklusion. Die Relation kann als logisch oder unlogisch eingestuft werden. Bei der Bewertung der Relevanz wird zum einen die konventionelle Notwendigkeit,[590] von der Prämisse auf die Konklusion zu schließen gemessen, und

> zum anderen muss der Stellenwert eines Sachverhaltes als Konklusion bzw. als Argument in Beziehung zu anderen Konklusionen bzw. Argumenten geklärt werden. Der Inhalt eines Arguments kann wahr bzw. richtig sein, jedoch nicht «relevant», «hinreichend» oder «notwendig», um behaupten zu können, dass etwas der Fall bzw. nicht der Fall ist. (Pirazzini 2002: 182)

Das Bewertungskriterium der Richtigkeit bezieht sich auf Handlungen des Protagonisten. Diese können als richtig oder falsch in Bezug auf Werte und Normen beurteilt werden (vgl. Pirazzini 2002: 181). Die Modalität, durch die angezeigt wird, dass zur „Durchführung einer bestimmten singulären Handlung" angeraten oder abgeraten wird, ist die deontische (Eggs 2000a: 398, sowie die

---

589   Vgl. Kapitel 7.1 dieser Arbeit.

590   Quiroz (1989: 97f.) beschreibt den Vorgang des Bewertens der Relevanz von Prämissen wie folgt: „Le sujet qui argumente et le sujet qui interprètent l'argumentation exécutent continuellement des jugements épistémiques sur : [...] la pertinence, c'est-à-dire la nécessité conventionnelle du lien entre les énoncés-arguments sur l'axe raison-conclusion par rapport à d'autres énoncés ou connaissances."

Ausführungen in Kapitel 4.6). Wird z.B. zur Durchführung einer Handlung angeraten, wird sie in Bezug auf Werte und Normen als richtig beurteilt.

Konventionelle Bewertungsmaßstäbe erfüllen in argumentativen Sprechhandlungen die Funktion von Schlussregeln, wie Sandig (1979) unter Rückgriff auf das *Layout of Argument* von Toulmin (1958) zeigt (vgl. Kapitel 4.5 dieser Arbeit). Sandig (1979: 141) stellt die Bewertung als argumentative Struktur mit folgendem Schema dar:

Argument:

Der Bewertungsgegenstand hat bestimmte Eigenschaften $e_1...e_n$

Schlußpräsupposition:

Aufgrund des konventionellen

Maßstabs

Konklusion:
Einstufung des Bewertungsgegenstands mit dem Bewertungsausdruck a.

Es sei darauf hingewiesen, dass konkrete und abstrakte Gegenstände sowie Handlungen des Gegners auch indirekt abgewertet werden können, indem spezifische Charaktereigenschaften oder andere Persönlichkeitsaspekte angegriffen werden, die nichts mit Tatsachen (*ad rem*) zu tun haben, sondern nur mit der Person des Gegners (*ad hominem*). In der Pragma-Dialektik werden diese persönlichen Angriffe zu den *fallacious moves* gezählt (vgl. van Eemeren/Grootendorst 1984: 190; van Eemeren/Houtlosser/Snoeck Henkemans 2007).

Es wird sich in einem ersten Schritt den prinzipiell tatsachenwertenden Sprechakten (8.3.1) des Antagonisten zugewandt und in einem zweiten den prinzipiell personenwertenden Sprechakten (8.3.2), auf die argumentativ stützende Sprechakte folgen, sodass der komplexe Sprechakt *réfuter* ausgebildet wird:

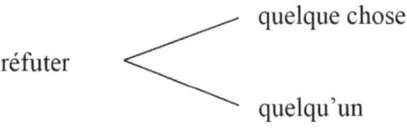

réfuter < quelque chose / quelqu'un

8.3.1 Tatsachenwertende Sprechakte des Antagonisten: RÉFUTER QUELQUE CHOSE

Innerhalb der tatsachenwertenden Sprechakte des Antagonisten besteht eine große Vielfalt an sprachlich abwertenden Signalen, die in der Regel in assertive Sprechakte integriert sind. Mit ihnen wird etwas Gegenständliches refutiert (Refutation *ad rem*). Es kommen die üblichen sprachlichen Indikatoren bzw. *opérateurs logico-sémantiques de négation*, wie etwa Adjektive[591], Adverbien, Verben, Substantive etc. vor, die eine offene Tatsachenbewertung ausdrücken.

Die ermittelten Kriterien zur Bewertung (der Relation) der gegnerischen (argumentativen) Äußerungen und Handlungen sind diejenigen 1. der Wahrheit, 2. der Logik, 3. der Relevanz sowie 4. der Richtigkeit, die die Strukturierung des vorliegenden Kapitels vorgeben. In einem ersten Schritt sollen die tatsachenwertenden Sprechakte des Antagonisten behandelt werden, die die Wahrheit des propositionalen Gehalts des Sprechakts eines Protagonisten negativ beurteilen, in einem zweiten Schritt diejenigen, die die Logik der gegnerischen Äußerungen abwerten, und in einem dritten diejenigen, die die Relevanz disqualifizieren. Zuletzt sollen diejenigen betrachtet werden, die die Richtigkeit einer Handlung bewerten.

8.3.1.1 Bewertungskriterium: Wahrheit

Die tatsachenwertenden Sprechakte, in denen der Antagonist die Wahrheit der Proposition eines Sprechakts des Protagonisten beurteilt, sind in der Regel Assertiva. Die Sprechakte des Protagonisten, die vom Antagonist fokussiert werden, sind in der Regel ebenfalls Assertiva oder Direktiva. Ein Direktivum – als „a non-assertive speech act" – ist nach van Eemeren (2010) anhand von Rekonstruktionstransformationen in Assertiva zu verwandeln:

> A directive, for instance, that serves as a standpoint must first be reconstructed as an assertive by means of a substitution transformation, and then this assertive must be explicitly designated as having the communicative function of a standpoint by means of an addition transformation. (van Eemeren 2010: 15)

---

591 Aus Adams (³1997: 91) Definition von Wertadjektiven (*adjectifs évaluatifs*) wird deutlich, dass Wertadjektive i.d.R. ein ethisch-ästhetisches Urteil („jugement de valeur éthique ou esthétique") enthalten, das als Indikator für eine „prise en charge énonciative" gilt. Zu Wertadjektiven werden beispielsweise *beau* und *laid*, *mince* und *maigre* etc. gezählt, die als axiologisch gelten (vgl. Adam ³1997: 91). Die Bewertung kann z.B. durch Adverbien der Intensivierung (*totalement, complètement, généralement, certainement* etc.) gesteigert werden.

Im Folgenden sollen die Indikatoren aufgelistet werden, die das Zurückweisen der propositionalen Wahrheit in Assertiva anzeigen. An dieser Stelle soll jedoch betont werden, dass sie nicht als ausreichende Indikatoren anzusehen sind, sondern lediglich als potenzielle Indikatoren für die Identifikation eines komplexen Sprechakts des Typs *réfuter* gelten können, da hierfür immer noch der Kontext bzw. Kotext zu berücksichtigen ist (vgl. Moeschler 1982: 83). Die Auflistung ist nicht als exhaustiv zu sehen und entstammt dem analysierten Korpus.

Semantische Negation:

> **Substantive:** fr. *mensonge, bobard, blague, bêtise, demi-vérité, demi-mensonge, manipulation rhétorique, (argument) miroir, erreur...*
>
> **Adjektive:** fr. *faux, contestable, irrecevable, tendancieux, fallacieux, dérisoire...*
>
> **Verben:** fr. *réfuter qc, démentir, nier, refuser, contester*

Formale Negation:[592]

Die Negation kann mittels **freien** oder **gebundenen Negationsmorphemen** nach Weinrich (²1997: 705ff.) geäußert werden. Zu den freien Negationsmorphemen zählen die Stoppsignale der Negation, wie z.B. <u>Non</u>, ... , <u>mais non</u>, <u>mille fois non</u> etc. Zu den gebundenen Negationsmorphemen zählen die schlichte Negation (ne...pas), die Null-Negation (ne...personne, ne... rien etc.) (vgl. Weinrich (²1997: 713ff.). Die Negationsmorpheme stehen dabei in der Regel in Relation mit einem Bewertungsausdruck der Wahrheit (z.B. *vrai, vérité*). Dieser weist auf die logisch-gedanklichen Kategorien hin, die der Antagonist als unzutreffend beurteilt.

Die semantische und die formale Negation kommen in tatsachenwertenden Sprechakten besonders häufig in metalinguistischen und unpersönlichen

---

592 Das Konzept der illokutionären Negation ist von der propositionalen Negation zu unterscheiden, wie Searle (1970: 32) mit folgendem Beispiel zeigt: „I do not promise to come" vs. „I promise not to come". Den Unterschied erklären Searle und Vanderveken im Rahmen ihrer Sprechakttheorie und bezeichnen die illokutionäre Negation als *illocutionary denegation*: „Another type of complex illocutionary act involves the negation of the illocutionary force, and we will call these acts of illocutionary denegation. It is essential to distinguish between acts of illocutionary denegation and illocutionary acts with a negative propositional content, between, for example, (11) "I do not promise to come" and (12) "I promise not to come." The utterance of (11) is typically an act of illocutionary denegation and it is of form ¬F(P). The utterance of (12) by contrast is an illocutionary act with a negative propositional content and it is of the form F(~ P). We can say generally that an act of illocutionary denegation is one whose aim is to make it explicit that the speaker does not perform a certain illocutionary act." (Searle/Vanderveken 2005: 112).

Äußerungen vor:[593] *Dire que X serait [...] un pur* mensonge, *Dire que X est* fallacieux, *C'est un* mensonge ; *Ce* n'est pas *vrai etc.*

In einem ersten Schritt wird sich den tatsachenwertenden Sprechakten des
Antagonisten zugewandt, in denen mittels semantischer Negation die Wahrheit
der Proposition des gegnerischen Sprechakts negativ beurteilt wird. In einem
zweiten Schritt wird die formale Negation untersucht. Zuletzt werden metalinguistische und unpersönliche Äußerungen im Rahmen von refutierenden
Sprechakten auf ihre Indikatoren analysiert.

Zunächst zu den Beispielen für die semantische Negation in tatsachenwertenden Sprechakten des Antagonisten.

Die offene Tatsachenbewertung in Beispiel (40) ist in einem assertiven Sprechakt enthalten, in dem der Wahrheitsanspruch der referierten propositionalen
Elemente explizit durch den *opérateur sémantique* „mensonge" abgewertet wird:

(40)

Protagonist (Ruut)	11 Feb 2009, 07:30

Le system actuel bien qu'imparfait et amoral pousse les citoyens à avoir un travail.
Le problème actuel c'est qu'un travailleur au Smig gagne moins qu'un non travailleur qui a toutes les aides.
Le social par démagogie a faussé les règles.
[...]

Antagonist (Brutus)	11 Feb 2009, 12:08

Protagonist (Ruut) a écrit (1): Le system actuel bien qu'imparfait et amoral pousse les citoyens à avoir
un travail.(...) (2)

Première frase premier mensonge (3) ruut. Le système actuel pousse les gens HORS du travail, en vérité, bien
que le chomage oficiel ne soit qu'à 10%, le taux d'emploi n'est pas 90%. Selon l'eurostat, le taux d'emploi total en
France en 2005 était de 63,1%. Même tennant compte des étudiants, il est clair que 30% des adultes Français ne
travaillent pas.. et enconre faut-il faire la différence entre travailler et avoir un emploi.
[...]
(Korpus S)

Der einzige Standpunkt, der vom Antagonisten aus dem Diskussionsbeitrag des
Protagonisten mittels Inline-Quoting wiedergegeben und angegriffen wird, ist
eine assertive Äußerung (*Le system actuel bien qu'imparfait et amoral pousse
les citoyens à avoir un travail*). Die *évaluation négative* des Antagonisten wird
aufgrund von individuellen Maßstäben getätigt und lässt ihn zu dem Einstufungsergebnis kommen, dass es sich bei der zitierten Äußerung um eine Lüge
handelt (*Première frase premier* mensonge). Das Substantiv *mensonge* („Bewertungsausdruck") drückt eine starke negative Bewertung des Wahrheitsanspruchs

---

593   Moeschler (1982: 8) bezeichnet sie als „commentaires métalinguistiques".

des Äußerungsinhalts aus, denn lügen bedeutet, die Unwahrheit zu äußern. Der gegnerischen Äußerung wird der argumentative Status eines Standpunkts zugesprochen, dessen propositionaler Inhalt jedoch als unwahr beurteilt wird: *x ist gelogen*. Der Bewertungsausdruck *mensonge* ist, wenn man von einem dichotomischen Bewertungsaspekt wahr (positiver Pol) vs. unwahr/gelogen ausgeht, auf dem negativen Pol anzusiedeln. Die stützende Handlung wird von der negativ bewertenden Handlung durch einen Punkt abgegrenzt, so dass „die Relevanz der Interpunktion für die textuelle Gliederung und die syntaktische Einbettung der verschiedenen Bestandteile [...] evident" (Pirazzini 2002: 59) wird.

Im folgenden Beispiel tritt die semantische Negation in refutierenden Sprechakten anhand von negativen Bewertungsausdrücken (Adjektive und Substantive) deutlich hervor:

(32)

Pour une Europe des Lumières !
Antagonist (Marco Polo)   05 Juil 2008, 13:47
L'Europe n'a pas vocation à sauver le monde, et encore moins la Turquie. Avant de vouloir exporter nos valeurs dans le monde, comme le voulaient d'ailleurs nos aïeux – que l'on accuse aujourd'hui de colonialisme – assurons-nous de les défendre en Europe. Veillons à ce qu'elles ne soient pas peu à peu remises en question en Europe, sous prétexte de diversité culturelle ou de multiculturalisme. Votre **vision** turco-centrique, **apparemment naïve et compassionnelle, ne cadre pas avec** le projet réaliste d'une Europe unie. Plutôt que de faire appel à nos sentiments pour nous culpabiliser, faites plutôt appel à notre raison, à notre intelligence pour nous convaincre. Votre **argumentation contestable est sans fondements**, elle est à la fois **réductrice et tendancieuse.** Vouloir assimiler le débat sur la Turquie à un débat ethnique ou religieux est une **manipulation rhétorique grossière**, dont je vous laisse la paternité. (3)
[...]
      stophe a écrit(1):(...) Que la Turquie ait vocation à entrer dans l'Europe est pour moi un fait, puisque d'abord nous partageons une longue histoire, puisqu'ensuite elle est demandeuse, puisqu'enfin je ne vois aucune autre alternative sérieuse pour ce pays. Cette adhésion est surtout la capacité de l'Union à intégrer un pays musulman nous permettrait en outre de protéger nos frontières et surtout de montrer au monde musulman que laïcité et démocratie ne sont pas incompatibles avec islam. Et ça c'est le plus urgent pour moi. Sauf si bien sûr on part du principe que l'islam est incompatible avec nos valeurs. Là par contre je nous souhaite bien du courage dans l'avenir.(...) (2)
      (Korpus K)

Eine erste negative Bewertung der gegnerischen Äußerung wird semantisch mittels der beiden *adjectifs évaluatifs naïve* und *compassionnelle* sowie formal durch die gebundene Negation (*ne ...pas*) indiziert. Der assertive Sprechakt *Votre vision turco-centrique, apparemment naïve et compassionnelle, ne cadre pas avec ...* stellt die erste Teilhandlung des refutativen Sprechakts dar. Die zweite Teilhandlung – die *argumentation* – bleibt implizit. Stattdessen fordert der Antagonist den Protagonisten auf, eine weitere Stützung für seinen Standpunkt zu äußern (direktiver Sprechakt, der durch einen Imperativ signalisiert wird: *Plutôt que de faire appel à nos sentiments pour nous culpabiliser, faites plutôt appel à notre raison...*). Anschließend verbalisiert er eine weitere negative Bewertung. Die zweite *évaluation négative* in Beispiel (32) enthält drei *adjectifs évaluatifs*: *contestable, réductrice* und *tendancieuse*, welche ebenfalls eine negative Evaluation der Wahrheit des propositionalen Gehalts der vorangehenden argumentativen Äußerung des Protagonisten aus semantischer Perspektive erkennen lassen. Insgesamt weist der Antagonist die angegriffene Äußerung des Protagonisten – der der pragmatische Status einer Argumentation zugeschrieben wird – mit dem negativen Bewertungsausdruck (*votre argumentation contestable est sans fondements*) zurück. Die *argumentation*, die zweite Teilhandlung, zeigt sich in einem assertiven Sprechakt (Indikator: Indikativ Präsens von *être*) und wird in Form eines Vergleichs präsentiert (vouloir assimiler X est Y). Ein Punkt dient hier als Mittel zur Identifizierung und Abgrenzung der argumentativen Handlung von der negativen Bewertung. Begründet wird die negative Bewertung mit der Prämisse, dass es sich um eine Reduzierung auf ethnische oder religiöse Aspekte bei der Debatte um den Eintritt der Türkei in die EU handele. Der gegnerischen Äußerung wird deshalb der pragmatische Status einer *manipulation (rhétorique grossière)* zugewiesen.

In einem zweiten Schritt soll sich nun der formalen Negation zugewandt werden, die in den Diskussionsbeiträgen des Antagonisten als potentielles Signal für die Sprechakte des Typs *réfuter* gelten kann. Die formale Negation – deren Indikator ein *opérateur linguistique de négation* ist – wird differenziert nach freien und gebundenen Negationsmorphemen. Sie können auch in Kombination auftreten, wodurch die negative Beurteilung verstärkt wird, wie die beiden folgenden Beispiele zeigen werden.

Das Beispiel (41) zeigt im Diskussionsbeitrag des Antagonisten einen angreifenden Sprechakt, der zwei *opérateurs linguistiques de négation* enthält: das freie Negationsmorphem *non*, welches einen Widerspruch erkennen lässt, und das gebundene Negationsmorphem *ne...pas*:

(41)

Re: Une base Lunaire européenne ?
Protagonist (AMOURABI)   02 Fév 2010, 20:21
La couverture de survie que tout un chacun possède dans sa boîte à gant a été développée lors du programme Apolo, les fermetures en Velcro aussi, les piles à combustibles également pour la navette spatiale etc...la liste serait très longue. Attention à ne pas jeter le bébé avec l'eau du bain.
La conquête spatiale est l'avenir de l'humain, vouloir l'enfermer dans sa petite planète c'est le rendre fou !!! Et il n'a pas besoin de cela en plus du reste.
Ce qui ne signifie pas que les autres problèmes ne sont pas importants, mais on ne peut pas consacrer son énergie à résoudre des problèmes sans avoir une part de rêve, sinon on finit par déprimer.
Et c'est ce rêve qu'il faut préserver, si en plus il y a des retombées positives tant mieux.

Der Diskussionsbeitrag des Antagonisten wird durch das freie Negationsmorphem *non* eingeleitet, das nach Weinrich (²1997: 706) als Signal gilt, „gegen die
Erwartung des Hörers Einspruch zu erheben", und als Stoppsignal der Negation
bezeichnet wird. Die Negation bezieht sich auf den fast wortwörtlich[594] reformulierten propositionalen Gehalt der *attitude in respect of an expressed opinion* des
Protagonisten, die aus argumentativer Perspektive die Konklusion darstellt. Verstärkt wird die Wirkung des freien Negationsmorphems durch die gebundenen
Negationsmorpheme der schlichten Negation *ne...pas*. Mit ihr wird die Wahrheit
der geäußerten Proposition (*La conquête spatiale est l'avenir de l'homme*) verneint.
Was die Sprechaktklassifikation der komplexen Sprechakte des Typs *réfuter* angeht,
kann allgemein vorweggenommenen werden, dass die *évaluation négative* in der
Regel in einem assertiven Sprechakt enthalten ist – wie das vorliegende Beispiel
und die zwei vorangehenden nahelegen. In dem vorliegenden Beispiel besteht die
argumentation aus zwei Assertiva und dem folgenden konditionalen Sprechakt
(*conditional speech act*[595]): Et *si on regardait* plus attentivement notre planète, *on
verrait que* c'est suffisant pour tout homme. Sie ist somit ebenfalls als komplex zu
bezeichnen. Als Abgrenzungssignale der *argumentation* von der *évaluation négative* dient als orthographisches Mittel wiederum ein Punkt.[596]

Im folgenden Beispiel (42) wird die Bezugnahme mittels „@ + Pseudonym" si-
chergestellt, sodass der Verfasser der Bezugsäußerung identifiziert werden kann,
welche anschließend vom Antagonisten angegriffen wird. Es kommen in diesem
Beispiel sowohl freie als auch gebundene *opérateurs linguistiques de négation*
zum Einsatz:

---

594   Eine leichte Tendenz zur Abstraktion bei der Redewiedergabe zeigt sich lediglich bei
      dem Substantiv *humain*, welches mit *homme* reformuliert wird.
595   Searle und Vanderveken (2005: 112f.) definieren *conditional speech act* als *illocuti-
      onary connectives*: „A conditional speech act is a speech act which is performed on
      a certain condition; its characteristic forms of expression therefore are sentences of
      the form "If p then f(q)" and "If p, f(q)". Some examples are: [...] "If he comes, stay
      with me!", [...] "If it rains, I promise you I'll take my umbrella.""
596   Im Folgenden wird auf die Interpunktion als Abgrenzungssignal nur noch hinge-
      wiesen, wenn sich in den Beispielen ein anderes als ein Punktzeichen zeigt.

(42)

Die beiden Elemente *hélas* und *non* leiten die *évaluation négative* ein (*Une foule de manifestant NE fait PAS partie d'une communauté nationale (obligatoirement)*. Die Interjektion *hélas* vor dem Stoppsignal *non* (freies Negationsmorphem) signalisiert Empörung, welche außerdem aus der Großschreibung der gebundenen Negationsmorpheme *NE...PAS* als typographisches Mittel deutlich wird. Drescher betont, dass Interjektionen allgemein als „emotive[s] Ausdrucksmittel und damit als expressive Manifestation par excellence" (Drescher 2003: 58) angesehen werden. Die Verwendung von Elementen der gesprochenen Sprache – wie es Interjektionen sind – ist ein Zeichen dafür, dass die Kommunikationsteilnehmer in Foren bisweilen schreiben, wie sie sprechen, und dadurch die Varianz zwischen dem Nähe- und Distanzpol der Forumskommunikation sichtbar wird. Die Teilhandlung der *argumentation* erfolgt in einem assertiven Sprechakt, der indiziert wird durch den Indikativ Präsens von *pouvoir*.

Als besonders häufig haben sich – wie zu Beginn des Kapitels erwähnt – in refutierenden Sprechakten des Antagonisten metalinguistische Äußerungen als Teilhandlungen herausgestellt. Sie enthalten eine semantische und/oder eine formale Negation und repräsentieren die *évaluation négative* des komplexen Sprechakts *réfuter*. Es wird in ihnen eine Weglassung von Subjektivität deutlich (z. B. durch das Fehlen des explizit performativen Verbes,[598] von Personalpronomina in der 1. Person Singular oder Plural, etc.).

---

597 Großschreibung im Original.

598 Moeschler (1982: 87) weist darauf hin, dass die Negation „ne marque pas explicitement la subjectivité de l'énonciateur comme le font le performatif *réfuter* ou le connecteur pragmatique *au contraire*".

In Beispiel (43) zeigt sich erneut, dass die komplexe Handlung des Refutierens an die Handlung des Referierens (Inline-Quoting) angeschlossen wird. Eine unpersönliche Äußerung,[599] die eine formale Negation enthält, stellt die negativ wertende Teilhandlung des refutierenden Sprechakts dar. Das Beispiel stammt aus einem Thread, der die Frage behandelt *Quelle place pour la Suisse dans l'Europe ?*:

(43)

Re: Le grand progrès de la démocratie
Protagonist (stophe)   26 Jan 2010, 23:29

[...]
Un homme politique n'a pas à refléter les opinions de tous les électeurs. Il est élu sur un programme par une majorité. Il reflète donc les vues de cette majorité. Par contre il travaille pour tout le monde. Or il fait ce qu'il pense être les meilleures solutions. Et celles ci ne sont les meilleures solutions que pour ceux qui l'ont élu.

Re: Le grand progrès de la démocratie
Antagonist (europeendabord)   27 Jan 2010, 14:37

bonjour stophe
    Protagonist (stophe) a écrit (1) :Il est élu sur un programme par une majorité.(2)

ce n'est tout bonnement pas vrai. Chirac, par exemple, vint au pouvoir avec les voix de l'opposition pour éviter Le Pen. (3) si vous considérez que ça, à lui seul, c'est un programme, hum 💬! !
[...]
(Korpus J)

Nach der Begrüßung (*bonjour stophe*) – in einem expressiven Sprechakt – und einem Inline-Quoting wird mit dem unpersönlichen Ausdruck *ce n'est tout bonnement pas vrai* die Wahrheit der Proposition des zitierten gegnerischen assertiven Sprechakts zurückgewiesen. Es handelt sich dabei um die *évaluation negative* des Antagonisten, die in einem assertiven Sprechakt geäußert wird. Das Assertivum *Il est élu sur un programme par une majorité* stellt innerhalb der Argumentation des Protagonisten eine Prämisse dar, deren propositionaler Gehalt vom Antagonisten als unwahr beurteilt wird. Auf den Inhalt der Prämisse wird mittels

---

599   „Unpersönliche Ausdrücke *wie es scheint, dass ... es ist wahrscheinlich, dass* [...] unterscheiden sich ohnehin von den sprechaktbezeichnenden Verben nur um den Grad ihrer Explizitheit", wie Wüest (1989: 83–87) im Rahmen seiner Erläuterungen zur Identifikation der illokutiven Rolle von Sprechakten feststellt. *Ich behaupte, es ist wahrscheinlich, dass* ... kann genau wie der unpersönliche Ausdruck (es ist wahrscheinlich, dass...) ohne das einleitende sprechaktbezeichnende Verb *behaupten* als Behauptung identifiziert werden.

des Demonstrativpronomens *ce* referiert. Dass die Wahrheit des propositionalen Gehalts durch den Antagonisten negativ beurteilt wurde, wird durch die gebundenen Negationsmorpheme *ne ... pas* signalisiert. Gesteigert wird die Intensität der *évaluation négative* mittels des Modaladverbs *tout*, welches das Adverb *bonnement* näher bestimmt. *Pas vrai* kann am Ende einer Skala angesiedelt werden, die von wahr bis nicht wahr verläuft.

Beispiel (44) aus einer Diskussion zur Frage, ob die Türkei in die EU integriert werden soll, enthält eine negative Tatsachenbewertung, welche mittels eines Adjektivs (als negativem Bewertungsausdruck) signalisiert wird. Die negative Tatsachenbewertung stellt einen angreifenden Sprechakt des Antagonisten dar:

(44)

Préjugés
Protagonist (AMOURABI)   07 Apr 2009, 18:24

Le terme de préjugé s'applique-t-il aussi à Mr Kouchner ?

Mr Obama qui tient absolument pour de cyniques raisons politiques et militaires à nous faire intégrer la Turquie en Europe ce qui tout le monde le reconnaît est une aberration en soi, accepterai-t-il de faire le même effort pour intégrer le Mexique dans les U.S.A. ? Ce pays est pourtant complémentaire des USA, il exporte sa main d'oeuvre, il accueille ses usines d'assemblage etc...
Ce raisonnement est totalement surréaliste, on se trouve devant un diktat américain pour forcer la main des européens uniquement dans l'espoir d'affaiblir l'Europe en train de se construire et d'autre part pour des raisons stratégiques uniquement américaines on devrait inclure les bases américaines en Turquie et les oléoducs qui traversent son territoire. Le tout ne fait pas un européen. Ce qui fait un européen c'est l'histoire, la culture, la religion, et malgré vos cris d'orfraie, l'ethnie. [...]

Candidature turque
Antagonist (Jacques Roman)   08 Apr 2009, 01:48

Amourabi (Protagonist),
          1) Vous dites que (1) "faire intégrer la Turquie en Europe [...], tout le monde le reconnaît [...], est une aberration en soi" . (2)
C'est faux, puisque même sur ce site il y a des participants (moi par exemple) qui sont favorables à l'admission de la Turquie à l'UE. [...] (3)
(Korpus I)

Nachdem der Antagonist die Bezugsäußerung zitiert hat (*vous dites que...*), greift er diese mit einer metalinguistischen Äußerung an, die eine negative Tatsachenbewertung aufgrund von *c'est faux* signalisiert (assertiver Sprechakt mit semantischer Negation des gegnerischen propositionalen Gehalts). Die Teilhandlung der *argumentation* folgt ebenfalls in einem assertiven Sprechakt und wird mit dem „connecteur pragmatique"[600] *puisque* eingeleitet : *même sur ce site il y a des*

---

600   Moeschler nennt die Konjunktion *puisque* als typischen pragmatischen Konnektor zur Verbindung des „énoncé négatif de forme NEG (p)" und der „justification q" bei

participants (moi par exemple) qui sont favorables à l'admission de la Turquie à l'UE. Der Konnektor *puisque* markiert die Abgrenzung von der *évaluation négative* und dient der syntaktischen Einbettung der argumentierenden Handlung.

Das folgende Beispiel (45) illustriert einen refutierenden Sprechakt des Antagonisten, der eine *évaluation négative* des propositionalen Gehalts in dem unpersönlichen Ausdruck *il est faux de dire x* enthält. Der semantische Marker der Negation ist das Adjektiv *faux*, welches wie im vorangehenden Beispiel (44) die Wahrheit der gegnerischen Proposition explizit zurückweist:

(45)

Re: LA QUESTION DE L'ENTREE DE LA RUSSIE
Antagonist (stophe)   22 Aoû 2008, 02:01
   Hélas hélas, oui cela serait magnifique j'imagine une UE indépendant dans sa politique étrangère avec
   sune Russie membre de l'UE. Imaginez la MEGA puissance de l'UE ? autonomie énergétique TOTALE
   pour 600 millions d'européens, avec un état qui va de l'atlantique au pacifique jamais la terre n'aurait
   porte une telle superpuissance, la Chine et l'Inde serait des minables et les Usa un nain à cotes !!!
   Mais nous avons manques l'occasion de réalise cette état surpuissance et en plus culturellement homo-
   gène, au lieux de prendre la Russie sous l'air Elstine lui ouvrir les portes de l'OTAN et de l'UE l'intégrer
   la développe. Rendre les Russes pro européen, nous (les europeens) on laisse les USA et l'alcolique Elstine détruire la Russie et pillé via les oligoarches corrompus qui volaient l'état russe qui laisser les retraites crèvent dans les rues car ils ne percevaient plus leur retraite depuis des mois...
   Aujourd'hui la Russie de Poutine n'a plus d'intérêts dans l'UE. D'ailleurs l'UE est aujourd'hui à 100% un
   pantin qui suit la politique des USA (choses nouvelles car lorsque l'Europe fédérale étaient encore une
   volonté des gouvernements européens elles avaient une politique plus équilibre entre l'ouest et l'est en
   faite une politique gaullienne.
   Aujourd'hui les français crèvent en Afghanistan, sous chirac cela aurait été impossible... Et pourtant je
   maudissait chirac (pour sa politique intérieur d'ailleurs il avait une politique? et j'ai voter pour le Hon-
   grois ... Mais sa politique pro-ricains est totalement anti-français, les anciens gouvernement français
   l'avaient compris on gagne plus à être un amis des usa que leur toutou...
   La Turquie n'est pas en Europe, mais en Asie Mineure.

[...]
L'UE a toujours été construite sous la défense de l'OTAN, **il est faux (3) de dire que (1) les gouvernements
avaient une politique moins pro américaine (2), seul De Gaulle a tenté une ligne médiane mais doit on
rappeler qu'à chaque crise importante il a toujours soutenu les américains. Les autres gouvernements ont
toujours été des alliés de Washington.** (3) Seule une vraie politique étrangère commune et la défense qui va
avec nous doneraient l'indépendance dont vous rêvez. Or nous sommes loin d'une politique commune et une
défense indépendant signifierait une explosion des budgets de la défense européens. Même réunis, ils n'appro-
chent pas ceux des USA, c'est aussi pour cela que les européens soutiennent les américains, car ils ne veulent pas
assumer leur défense. [...]
(Korpus I)

---

der *réfutation propositionelle*, die dadurch die allgemeine Struktur „NEG (p), puisque q" erhält (Moescher 1982: 96). Neben der *réfutation propositionelle* unterscheidet Moeschler noch zwei weitere Typen der Refutation: *les rectifications* und *les réfutations présuppositionnelles*, die sich auf die Typen der Refutation von Anscombre (1977: 36) zurückführen lassen (vgl. Moeschler 1982: 88).

In Anschluss an das vorangestellte Fullquote ist die Reihenfolge der Teilhandlungen (des komplexen Sprechakts *réfuter*) im vorliegenden Beispiel umgekehrt:
Die *évaluation négative* wird erst nach der *argumentation* geäußert (L'UE a toujours été construite sous la defense de l'OTAN). Als Abgrenzungssignal dient das
Kommazeichen vor dem metalinguistischen Kommentar *il est faux de dire que...*,
welcher die *évaluation négative* repräsentiert. Die Negation erfolgt semantisch
durch das Adjektiv *faux*.

Beispiel (46) zeigt ebenfalls die umgekehrte Reihenfolge der Teilhandlungen
der Refutation. Anders als in den vorangehenden Beispielen wird hier zum ersten Mal nicht nur ein Assertivum, sondern auch ein Direktivum vom Antagonisten fokussiert und angegriffen. Der Diskussion liegt die Frage zugrunde, ob
Russland in die EU integriert werden sollte:

(46)

Re: LA QUESTION DE L'ENTREE DE LA RUSSIE
Antagonist (stophe)   22 Aoû 2008, 01:01

Protagonist (Le Serbe)
Hélas hélas, oui cela serait magnifique j'imagine une UE indépendant dans sa politique étrangère avec
une Russie membre de l'UE. Imaginez la MEGA puissance de l'UE ? autonomie énergétique TOTALE
pour 600 millions d'europ éens, avec un état qui va de l'atlantique au pacifique jamais la terre n'aurait
porte une telle superpuissance, la Chine et l'Inde serait des minables et les Usa un nain à cotes !!!
Mais nous avons manques l'occasion de réalise cette état surpuissance et en plus culturellement homo-
gène, au lieux de prendre la Russie sous l'air Elstine lui ouvrir les portes de l'OTAN et de l'UE l'intégrer
la développe. Rendre les Russes pro europeen, nous (les europeens) on laisse les USA et l'alcoolique Elstine détruire la Russie via les oligoarches corrompus qui volaient l'état russe qui laisser les retraites crèvent dans les rues car ils ne percevaient plus leur retraite depuis des mois...
[...] (2)
Les Russes n'avaient de toute façon aucun intérêt à rejoindre l'Europe. (3) **L'idée** (1) d'une union UE-
Russie (2) **est totalement illusoire** (3) **et ne défend même pas les intérêts des deux parties qui ne sont pas les
mêmes. ne serait-ce que sur les valeurs nous avons peu en commun.** A part votre désir de faire une nouvelle
grande puissance sdan,s le seul but d'être plus forts que les autres, je ne vois pas en quoi nos aurions pu construire un projet commun.[...]
(Korpus P)

Der Antagonist fokussiert das Assertivum (*j'imagine une UE indépendant dans
sa politique étrangère avec une Russie membre de l'UE.*) und das Direktivum
(*Imaginez la MEGA puissance de l'UE ?*) des Protagonisten und weist diesen zu-
sammenfassend den pragmatischen Status einer *idée* zu. Der tatsachenwertende
Sprechakt enthält als negativ wertendes Element das Adjektiv *illusoire*, das die
Idee als unwahrscheinlich ausweist. Intensiviert wird die Abwertung der Wahr-
heit durch das generalisierende Adverb *totalement*, das den höchsten Grad der
Abwertung deutlich werden lässt. Der Faktor Intensität bei der Bewertung der
Wahrheit ist somit ein „graduelles Phänomen" (Drescher 2003: 99). Die Stützung
der negativen Bewertung (und aus argumentativer Perspektive der Konklusion)

313

erfolgt in einem assertiven Sprechakt (*ne serait-ce que sur les valeurs nous avons peu en commun*), welcher durch ein Punktzeichen von dieser abgegrenzt wird.

8.3.1.2 Bewertungskriterium: Logik

Nachdem das Bewertungskriterium der Wahrheit anhand von Beispielen erläutert wurde, soll sich nun dem zweiten Bewertungskriterium von gegnerischen Äußerungen zugewandt werden: der Logik. Das negative Beurteilen der Logik in refutierenden Sprechakten kann mit folgenden Bewertungsausdrücken angezeigt werden. Auch hier soll die Liste nicht als exhaustiv gelten, sondern lediglich die Ergebnisse der Korpusanalyse darlegen:

Semantische Negation:
   Substantive wie z.B. *erreur (intellectuelle), absurde, confusion (des niveaux de langue dans l'argumentation) etc.*
   Adjektive wie z.B. *monomaniaque, absurde etc.*
Formale Negation :
   Negative Präfixe :
   – Präfixe des Typs *in-* vor Adjektiven: wie z.B. *illogique, incohérent, irrationnel, irréaliste etc.*
   – Präfixe des Typs *non-* in Verbindung mit dem Nomen *sens* zu *non-sens*[601] zur Bezeichnung von etwas Unlogischem.

Zunächst sollen tatsachenwertende Sprechakte des Antagonisten untersucht werden, die als negativen Bewertungsausdruck ein Substantiv enthalten. Alsdann soll ein Beispiel erläutert werden, das als negative Bewertungsausdrücke Adjektive beinhaltet. Auf die Beispiele der semantischen Negation soll eines zur formalen Negation folgen.

Zunächst zu den refutierenden Sprechakten, die in der ersten Teilhandlung ein Substantiv als Bewertungsausdruck enthalten. Beispiel (47) stammt aus einer Diskussion über die Wirtschaftskrise:

---

601 Der TLFi (2004) definiert *non-sens* als absurde, unlogische Sache. Als Synonym für fr. *non-sens* nennt er fr. *l'absurde.*

(47)

ewropano (Protagonist)   07 Juil 2009, 00:28

Quelques année plus tard, on constate que la quantité de biens ou services créés est bien en dessous des pro-
messes (par manque de matière première, épuisement des ressources biologiques pour cause climatique ou
autre...). La fausse monaie pert sa valeur : pauvre et riches sont ruinés !

Ce n'est pas valable pour certains "biens" devenus complètements virtuels, dont la valeur matérielle tend vers
zéro et qui peut être produit à l'infini: exemple les oeuvres musicales ou cinématographiques, où il n'y aura plus
que des droits à payer par le fournisseur, le support (et le travail de copie) étant fournis par l'acheteur.

Les promoteurs du système espérent que le public serait enthousiaste et que ça génèrerait une croissance exponentielle... Ce qui ne les empêche pas, eux d'acheter châteaux, terrains et oeuvres anciennes... ☺

Antagonist (Janpol PORTALIS)   07 Juil 2009, 10:14
    Protagonist (ewropano) a écrit (1):Ce n'est pas valable pour certains "biens" devenus complètements
virtuels, dont la valeur matérielle tend vers zéro et qui peut être produit à l'infini: exemple les oeuvres
musicales ou cinématographiques,Les promoteurs du système espérent que le public serait enthousiaste
et que ça génèrerait une croissance exponentielle... Ce qui ne les empêche pas, eux d'acheter châteaux,
terrains et oeuvres anciennes...(2)

Je ne suis pas d'accord avec ça ! (3) **C'est une erreur intellectuelle** (3) **de croire que** (1) **la mine de création
artistique est inépuisable** (2)**!** **Comme toute source, elle s'épuise en quantité et en qualité.** C'est le remanie-
ment, le rafistolage ou l'adaptation qui est à l'honneur dans notre système. Le marketing fait le reste ! Ce ne sont
ni les stars ac, ni les nouvelles stars ni les télés réalités qui changeront quelque chose. Il y a de plus en plus d'ar-
tistes (ou qui se disent tels) et de moins en moins d'innovations créatives.
Mais ceci n'empêche pas le fonctionnement de l'industrie. compilations, remix, rééditions (du vaisseau fantôme
par exemple) ou des ponts intellectuels nouveaux et audacieux (parallèle picasso/cézanne, par exemple) remet-
tent à l'honneur une valeur créative réelle qui contrebalance facilement la pauvreté des créations actuelles.

Jusqu'à quand la Joconde fera t-elle recette ?????
(Korpus O)

In Anschluss an das Inlinequoting wird der Angriff eingeleitet durch das Assertivum *Je ne suis pas d'accord avec ça !*. Der Antagonist fokussiert das Assertivum des Protagonisten *Ce n'est pas valable pour certains „biens" [...]*, welches
er mit der unpersönlichen Formulierung *C'est une erreur intellectuelle (3) de
croire*[602] *que [...]* reformuliert wiedergibt und angreift. Mit der Nominalphra-
se *une erreur intellectuelle* wird ein Bruch in der Logik bezeichnet, indem das
Nomen *erreur* näher durch das Adjektiv *intellectuelle* bestimmt wird. Im TLFi
(2004) wird *erreur* mit „assertion fausse, opinion qui s'écarte de la vérité généralement admise" definiert. Das Bewertungskriterium bezüglich der gegnerischen
Proposition wäre somit die Wahrheit, wenn das Einstufungsergebnis allein mit
dem Bewertungsausdruck *erreur* ausgewiesen würde. Das Adjektiv *intellectuel*

---

602   Der Geltungsanspruch der reformulierten gegnerischen Äußerung wird außerdem
     durch das Kommunikationsverb *croire* eingeschränkt, welches ebenfalls als Angriffs-
     signal gewertet werden kann.

bestimmt den Fehler jedoch genauer und weist ihn als den Intellekt betreffend
aus. Der Bewertungsmaßstab bezieht sich deshalb auf das Bewertungskriterium
der Logik und nicht das der Wahrheit. Mit *erreur intéllectuel* wird demzufolge
ein logischer Denkfehler ausgewiesen, da „opérations intéllectuelles" mit „opérations logiques" gleichgesetzt werden können (vgl. TLFi (2004) → *intellectuel*)).
Die Stützung der negativen Bewertung des Logikanspruchs erfolgt in einem assertiven Sprechakt, der den argumentativen Status einer Prämisse hat (*Comme
toute source, elle s'épuise en quantité et en qualité*). Als Abgrenzungssignal dient
zwischen den beiden Teilhandlungen ein Ausrufezeichen.

Bei der Äußerung handelt es sich insgesamt nicht nur um einen tatsachenwertenden Sprechakt, sondern auch um einen personenbewertenden Sprechakt, da die intellektuellen Fähigkeiten negativ beurteilt werden. Es wäre deshalb
ebenfalls eine Einordnung in die personenwertenden Sprechakte (Kapitel 8.3.2)
möglich.

Die Logik einer gegnerischen Argumentation wird ebenfalls in Beispiel (48)
bewertet. In den abgebildeten Diskussionsbeiträgen wird über die Kompatibilität
des Islams mit den Menschenrechten und der Demokratie diskutiert:

(48)

Protagonist (Wàng)   05 May 2008, 16:34
[…]
Ce qu'on cherche à savoir, c'est si la religion de la soumission et de la guerre qu'est l'islam, en grave crise qui
plus est à l'heure actuelle, est compatible avec les droits de l'homme et la démocratie : aujourd'hui la réponse est
non (mais en ce qui me concerne, je crois que l'islam demeure une grande religion).

La tolérance....
Antagonist (LUCAS)   05 May 2008, 19:33
[…]
**dire dans la même phrase que (1) l'Islam est une religion " de la soumission et de la guerre" et que
"l'Islam demeure une grande religion" (2) ... me semble un peu incohérent...(3) ou pour le moins un raisonnement un peu "jésuite"....(3)**
(Korpus K)

Der Antagonist zitiert einzelne Elemente der gegnerischen Äußerung, denen er
implizit den argumentativen Status von Prämisse und Konklusion zuschreibt
und sie explizit als *raisonnement* zusammenfasst. Die erste Teilhandlung des
komplexen Sprechakts *réfuter* ist ein assertiver Sprechakt (*dire dans la même
phrase que ... me semble un peu incohérent*), welcher die *évaluation négative*
enthält. Die Relation von Prämisse und Konklusion bewertet der Antagonist
mit einem Adjektiv als *incohérent*, welches „en parlant du résultat d'un mode
d'expression ou d'une activité hum[aine] […]" laut TLFi (2004) bedeutet „[q]ui
est sans suit; qui ne reflète pas la logique, la réflexion; qui ne forme pas un ensemble rationnel, logique". Der Bewertungsausdruck verweist damit auf die

Eigenschaft des Bewertungsgegenstands (die Kohärenz), die aus der Perspektive des Bewertenden als nicht zutreffend bewertet wird. Eine Begründung der vorgebrachten negativen Bewertung der Logik erfolgt nicht, könnte jedoch mittels Addition rekonstruiert werden.

In Bezug auf das Bewertungskriterium der Logik hat sich neben der semantischen Negation auch die formale Negation als charakteristisch für refutierende Sprechakte herausgestellt, wie das folgende Beispiel (49) veranschaulichen soll. Es enthält das Adjektiv *illogique* zur Abwertung der logischen Relation von Prämisse und Konklusion seitens des Protagonisten:

(49)

Re: à titre exemplaire: virer les grecs et recevoir les turcs?
Protagonist (GTH)   17 Fév 2010, 11:51
Les apports culturels sont le fondement même de l'appartenance à l'Europe. Les apports culturels des Grecs sont immenses, incommensurables et à nuls autres comparables, ceux des Turcs ne sont que de misérables broutilles. Voir le fil de discussion Entropa où les apports turcs à la civilisation occidentale sont parfaitement décrits et analysés.
Le président Valéry Giscard d'Estaing plaidait pour l'adhésion de la Grèce à l'Europe en arguant :
Platon ne peut pas jouer en deuxième division.
Les Grecs sont les plus européens des Européens. Vouloir la Turquie en Europe est proprement hérétique.
[...]
Re: à titre exemplaire: virer les grecs et recevoir les turcs?
Antagonist (europeendabord)   17 Fév 2010, 12:37
bonjour GTH
vous êtes illogique (3):
si l'apport culturelest synonyme de (2) criminalité économique et donc sociale, on s'en fiche royalement d'un tel apport... (3)
qui est bien éduqué devrait d'abord se distinguer par l'honnêteté
la Turquie est à 90 % sur le plateau continental européen, ne vous en déplaise, c'est la réalité géographique et nous avons déjà absorbé 1/3 des turcs par l'adhésion de la Bulgarie (pas fait gaffe?) [...]
cessons de faire les innocents: nous ne voulons pas des turcs parce que nous voulons les pousser, eux qui sont plus laïcs que nous, vers l'islam . enfin, c'est ce à quoi ont conduit nos simagrées depuis 25 ans...
cordialement
(Korpus U)

Das Adjektiv *illogique* ist ein *opérateur linguistique de négation*, das formal den ersten Teilakt des komplexen Sprechakts *réfuter* markiert und als Angriffssignal fungiert. Die formale Negation wird aufgrund des negativen Präfixes *il-* vor dem Adjektiv *logique* auf propositionaler Ebene deutlich. Die *évaluation négative* ist in einem assertiven Sprechakt enthalten (*vous êtes illogique*) und stellt aus argumentativer Sicht die Konklusion dar, da sie das Ergebnis der „Einstufung des Bewertungsgegenstands mit dem Bewertungsausdruck a" (Sandig 1979: 141) verbalisiert. Argumentativ gestützt wird die Konklusion durch die Schlussregel *si l'apport culturelest [sic !] synonyme de criminalité économique et donc sociale, on s'en fiche royalement d'un tel apport...*. Es handelt sich dabei um einen konditionalen Sprechakt, der von der *évaluation négative* mittels eines Doppelpunkts abgegrenzt wird.

8.3.1.3 Bewertungskriterium: Relevanz

Nachdem die Bewertungskriterien der Wahrheit und Logik in Bezug auf refutierende Sprechakte behandelt wurden, soll sich nun dem dritten Bewertungskriterium zugewandt werden: der Relevanz[603].

Nach Pirazzini (2002: 221) setzen „die logisch-pragmatischen Kategorien der Relevanz oder der Pertinenz" in der Regel eine behauptete Feststellung voraus „und sind deswegen meistens Gegenstand einer Gegenargumentation und werden fast ausschließlich in Profilen der Opposition bewertend thematisiert". Die Bewertung aufgrund der logisch-pragmatischen Kategorie der Relevanz bzw. des Bewertungskriteriums der Relevanz hat als Beurteilungsgegenstand den inhaltlichen Zusammenhang der Prämisse(n) mit der Konklusion, der bei der Zurückweisung der Relevanz angefochten wird (vgl. Pirazzini 2002: 213). Dies bestätigt auch Snoeck Henkemans, die feststellt, dass, wenn der Antagonist signalisiere, dass „the argument is irrelevant to the standpoint" (2003: 409), der Fokus der kritischen Reaktion auf der Schlussregel liege. Wenn eine Prämisse folglich als irrelevant ausgewiesen wird, dann wird sie aus der Perspektive des Bewertenden als funktional[604] unzutreffend für die Stützung einer Konklusion beurteilt.

Brandt bemerkt zu Recht bezüglich des Zurückweisens der Relevanz, dass die Konklusion durch die Nicht-Akzeptanz der Schlussregel nicht mehr, wie vom Protagonisten angedacht, zwingend gezogen werden kann (vgl. Brandt 1989: 49). Die Relevanz, die ihr zuvor vom Protagonisten beigemessen wurde (Bewertungssubjekt 1), wird in gegenargumentativen Kontexten durch den Antagonisten (Bewertungssubjekt 2) folglich anders bewertet und angefochten. Die Wahrheit der Proposition der Prämisse bleibt dabei jedoch unangetastet, wie aus den Ausführungen von Apothéloz hervorgeht:

> La réplique [...] accepte quant à elle le contenu de la raison [...], mais refuse d'y voir une raison suffisante pour conclure que [p] [...]. [La réplique] apparaît donc d'une part comme un rejet d'argument [...] et présente d'autre part ce rejet comme destiné à nier qu'on puisse conclure r. (Apothéloz 1989 : 75)

Diese Zurückweisung des Arguments bestätigt auch Walton, der bezüglich der Beurteilung des Relevanzanspruchs bemerkt:

---

603 Auf die Handlung des Relevanzbestreitens wurde bereits in Kapitel 4.8 dieser Arbeit zu Grewendorfs Argumentationsdiagramm aufmerksam gemacht.

604 Vgl. Pera (1994: 118).

A charge of irrelevance is best seen as a procedural objection to the effect that the argument is not useful to resolve the ultimate issue under discussion. What is presupposed by a claim of relevance is that the given argument is supposed to be used to resolve some unsettled issue in a discussion that is being carried on in the given case. If an argument has no probative value as evidence to prove or disprove the thesis at issue in a particular discussion, it may be dismissed as irrelevant. (Walton 2009: 5)

Das Zurückweisen der Relevanz einer Prämisse in refutierenden Sprechakten kann mit folgenden Bewertungsausdrücken angezeigt werden. Es handelt sich um Elemente der formalen Negation. Auch hier soll die Liste nicht als exhaustiv gelten, sondern lediglich die Ergebnisse der Korpusanalyse darlegen.

Formale Negation:

Negationsmorpheme + Bewertungsausdruck der Relevanz (z.B. ne...pas fondé, justifié; ne... aucune importance)

Negative Präposition *sans* + Bewertungsausdruck der Relevanz (z.B. *fondement, relevance*) etc.

Negative Präfixe des Typs *in-* vor Adjektiven oder Nomen wie z.B. bei *injustifié, insignifiant, insuffisant, insignifiance* etc.

Zunächst soll sich den Beispielen der formalen Negation zugewandt werden, die Negationsmorpheme enthalten. Dass eine Prämisse als irrelevant für die Stützung einer Konklusion angesehen wird, zeigt sich im vorliegenden Beispiel anhand eines Bewertungsausdrucks, der eine schlichte Negation enthält. Der Bewertende weist durch die Negation einem positiven Bewertungsausdruck (*qc justifie X*) den negativen Pol auf der Bewertungsskala der Relevanz zu (*qc ne justifie pas X*):

(50)

Protagonist (Europolis)   06 Apr 2008, 14:45
Avant de pouvoir créer une fédération européenne, il est vrai qu'il faut dresser la liste de quels pays pourront, à terme, rentrer dans l'UE. Pour ça, il faudrait définir ce qu'est l'Europe.

Un continent ? Pas vraiment, puisqu'il est rattaché à l'Asie, et n'en est séparé que par une petite montagne. Si l'Europe était un continent, l'Inde en serait aussi un, et pourquoi pas l'Italie ?
Non, les limites de l'Europe ont été décidées arbitrairement.
On ne pourrait pas exclure la Turquie de l'Europe pour une simple question géographique. Et si on le faisait, ce serait aussi renoncer aux républiques du Caucase, qui sont, elles, considérées comme européennes, et qui resteraient alors isolées de l'Union Européenne.
[…]
Re: Turquie versus Europe
Antagonist (Marco Polo)   01 May 2008, 11:34
> [...]
> Europolis a écrit (1) : On ne pourrait pas exclure la Turquie de l'Europe pour une simple question géographique. Et si on le faisait, ce serait aussi renoncer aux républiques du Caucase, qui sont, elles, considérées comme européennes, et qui resteraient alors isolées de l'Union Européenne. . (2)

[…]
L'"isolement" du Caucase ne peut justifier l'adhésion d'un pays non européen. La Grèce était aussi "isolée" dans l'Union de 1981. Cela n'a pas empêché son adhésion. (3)

En revanche, le changement de Capitale, décidé par l'Atatürk lui-même, il y a presque un siècle, est symptomatique de l'ancrage définitivement oriental d'une Turquie qu'il voulait pourtant occidentaliser, à l'image de l'Egypte ou de l'Algérie.
(Korpus K)

Die Refutation besteht im vorliegenden Beispiel aus drei assertiven Sprechakten. *L'"isolement" du Caucase ne peut justifier*[605] … stellt aus argumentativer Perspektive die Konklusion dar und enthält die negative Einstufung des Bewertungsgegenstands durch den negativen Bewertungsausdruck *ne peut [pas] justifier*: die gegnerische Prämisse sei irrelevant, da sie nicht den Standpunkt (der Eingliederung eines nicht-europäischen Landes) stützen könne. Der assertive Sprechakt enthält aus semantischer Sicht die *évaluation négative*. Die darauf folgenden zwei assertiven Sprechakte stellen eine komplexe Argumentation zur Stützung der Konklusion dar und bilden die zweite Teilhandlung des komplexen Sprechakts *réfuter*, die *argumentation: La Grèce était aussi isolée*….

In den folgenden Diskussionsbeiträgen zur Frage, ob die Türkei in die EU integriert werden sollte, wird ebenfalls die Relevanz einer Prämisse für den Schluss auf die Konklusion negativ bewertet. Die Intensität der Abwertung ist jedoch höher als in Beispiel (50), da es sich nicht um eine schlichte Negation handelt. Als Signal der intensivierten Abwertung dienen die Negationsmorpheme *ne…rien*, die nach Weinrich ([2]1997: 715ff.) zur Null-Negation zählen.

---

605   Das Verb *justifier* wird im TLFi (2004) wie folgt definiert: „prouver le bien-fondé de quelque chose; fournir des arguments en faveur de quelque chose; trouver des raisons valables à quelque chose".

Sie stehen in Beispiel (51) in Verbindung mit dem positiven Bewertungsausdruck *avoir à voir avec qc*:

(51)

Les droits fondamentaux sont des croyances

Protagonist (GTH)   31 Mar 2009, 16:39
Les droits fondamentaux sont des croyances
Bien choisir et bien connaître les mots peut nous éviter beaucoup de maux.
Selon notre conception du monde, nous croyons que l'homme est au sommet de la création et que la Terre lui
appartient. Ces croyances ne sont pas partagées par l'ensemble de l'humanité, ainsi les Aborigènes d'Australie
croient que ce sont eux qui appartiennent à la Terre.
Les droits fondamentaux ne sont donc que des croyances et ne peuvent prétendre à l'universalité.
[...]

Re: Les droits fondamentaux sont des croyances

Antagonist (Stophe)   04 Apr 2009, 15:34
GTH a écrit (1):Les droits fondamentaux sont des croyances
Bien choisir et bien connaître les mots peut nous éviter beaucoup de maux.
Selon notre conception du monde, nous croyons que l'homme est au sommet de la création et que la
Terre lui appartient. Ces croyances ne sont pas partagées par l'ensemble de l'humanité, ainsi les Abori-
gènes d'Australie croient que ce sont eux qui appartiennent à la Terre.
Les droits fondamentaux ne sont donc que des croyances et ne peuvent prétendre à l'universalité.(2)

Notre conception du monde n'a rien à voir avec les droits fondamentaux. (2/3) **Or ceux ci sont des droits
fondamentaux parce qu'ils sont universels. Sinon ils ne riment à rien.** (3) Si dire que les hommes naissent
libres et égaux est une simple croyance, alors nous n'avons aucune raison de le croire. Et tous les droits qui en
découlent sont nuls en non avenus. C'est la nature même de ces droits qui les rend universels, c'est en cela qu'ils
étaient et qu'ils sont toujours révolutionnaires dans l'histoire de l'humanité. Ils sont autant une norme de référence qu'un but à atteindre. Que les aborigènes n'aient pas le même rapport à la nature veut-il dire que les droits
de l'homme ne s'appliquent pas à eux? remarquez c'est pratique, cela permettrait de continuer à les discriminer
puisque eux n'adhèrent pas à notre croyance.
(Korpus I)

Laut dem TLFi (2004) drückt die Verbalphrase *avoir à voir avec ...* in der Regel *une relation* oder *un rapport* aus und erscheint als Konstruktion mit den Negationsmorphemen *ne ... rien*. Das Bewertungskriterium ist folglich der inhaltliche Zusammenhang. Indem der Antagonist eine Äußerung der Form „aber das hat doch damit nichts zu tun" verbalisiert (hier: *notre conception du monde n'a rien a voir avec les drots fondamentaux*), weist er die Relation zwischen Prämisse und Konklusion als nicht zutreffend zurück, während er den Wahrheitsanspruch der Proposition des Sprechakts nicht infrage stellt (vgl. Pirazzini 2002: 154). Mit den anschließenden konditionalen und assertiven Sprechakten verbalisiert er eine komplexe Gegenargumentation, die seine Konklusion stützt. Die Abwertung wird in diesem Beispiel objektiviert dargestellt, genau wie im vorangehenden Beispiel (49). Eine subjektivierte Form zeigt hingegen das Beispiel (52).

In ihm wird zunächst das Bewertungskriterium der Relevanz aufgrund der Eigenschaft der Wichtigkeit analysiert. Der Antagonist weist die Relevanz einer gegnerischen Prämisse mit dem Bewertungsausdruck *X n'a aucune importance* zurück:

(52)

Nachdem der Antagonist die gegnerische Äußerung mit seinen eigenen Worten wiedergegeben hat (*Le fait que l'anglais est plus enseigné que l'allemand*), konstatiert er, dass die Prämisse des Protagonisten für ihn als gänzlich unwichtig erachtet wird, so dass die Relevanz aus seiner Perspektive abgewertet wird (*évaluation negative*). Verstärkt wird die Intensität der Abwertung durch die negativen indefiniten Pronomen *ne ... aucune*, die keine einfache Negation[606] darstellen, sondern „ein Mehr an Markiertheit" (Sandig 1993: 163) zum Ausdruck bringen. Gleichfalls wird die Abwertung subjektiviert, wie *pour moi* indiziert (vgl. Drescher 2003: 100). Sein Standpunkt bzw. seine Konklusion stützt er mit zwei Prämissen. Es handelt sich dabei um zwei assertive Sprechakte (Teilhandlung der *argumentation*).

Nachdem zuvor Beispiele mit Negationsmorphemen in Kombination mit Verben und Nomen erläutert wurden, soll sich nun der Abwertung mittels einer negativen Präposition zugewandt werden. Das Beispiel (53) illustriert eine explizite Abwertung der Relevanz der vom Protagonisten geäußerten Prämissen mit dem negativen Bewertungsausdruck *sans fondement*, welcher die negative Präposition *sans* enthält. Die Präposition *sans* trägt laut Weinrich (^{2}1997: 563) neben dem semantischen Merkmal <ERGÄNZUNG> auch das semantische

---

606   Affirmative Ausdrücke stellen den unmarkierten Fall dar und negierte Ausdrücke bereits einen markierten.

Merkmal <EINSPRUCH>, welches diese Ergänzung negiert. Weinrich (²1997: 563) weist zu Recht darauf hin, dass „die Präposition *sans* ihr Merkmal <EINSPRUCH> mit den Morphemen der Negation gemeinsam hat" und Bestandteil einer formalen Negation werden kann. Die Beiträge von Protagonist und Antagonist in folgendem Beispiel entstammen einer Diskussion über die Frage, ob ein *projet fédéral européen* sinnvoll wäre:

(53)

La Turquie mettrait fin au projet européen
Protagonist (Marco Polo)   26 Juin 2008, 18:20

[…]
La raison du rejet de cette candidature inopportune est tout autre. La Communauté européenne, qui a toujours placé la tolérance, le respect de l'autre et la modération parmi ses principes fondateurs, n'a jamais accepté l'adhésion de ce pays autoritaire, pas plus d'ailleurs que l'Espagne franquiste. Bien au contraire, elle n'a accepté le Portugal, l'Espagne ou la Grèce qu'après la libéralisation et la démocratisation de ces pays, après qu'ils aient eux-mêmes évolué et réalisé un travail important de mémoire et d'autocritique. La Turquie nationaliste est à l'opposé de ces critères humanistes.
[…]
Toutes ces raisons démontrent que la Turquie n'a pas sa place au sein de l'union européenne. Il est est indéniable que l'adhésion de ce pays oriental, superficiellement occidentalisé, entraînerait à court terme des problèmes sociaux et économiques au sein de l'Union européenne. Il est malheureusement probable que l'adhésion de la Turquie entraînerait, à plus long terme, l'éclatement politique de l'Union européenne, voire de nouveaux conflits sur le sol européen.

Re: La Turquie mettrait fin au projet européen
Antagonist (stophe)   26 Jun 2008, 22:42

[…] La Turquie est une démocratie, certes encore perfectible, mais une démocratie tout de même. On a quand même fait rentrer sans broncher une Roumanie dont la démocratie est tout aussi fragile sinon plus (mais c'est vrai elle est chrétienne). Dire que (1) **la Turquie est à l'opposé de ces critères** (2) **est sans fondement. Il y a en Turquie toute une frange de la population ouverte et humaniste**. (3) Ce n'est pas en rejettant comme vous le faites tous les turcs dans la quasi barbarie que cette frange va prévaloir. Pou ce qui est des pays autoritaires, il y a en a bien d'autres en Europe, ne serait-ce que la France maintenant ou même la Pologne encore récemment.
[…]
(Korpus K)

Der tatsachenwertende Sprechakt des Antagonisten ist im vorliegenden Beispiel ein assertiver Sprechakt: *dire que la Turquie est à l'opposé de ces critères est* ~~sans~~ *fondement.* Er zeigt mittels des neutralen Kommunikationsverbs *dire* an, dass der Antagonist die Prämisse des Protagonisten als assertiven Sprechakt interpretiert hat. Durch den Bewertungsausdruck *sans fondement* signalisiert der Antagonist, dass die Prämissen zur Stützung des vom Protagonisten geäußerten Standpunkts als irrelevant beurteilt wurden und somit ein „zentrale[s] positive[s] Wertkriterium" nicht erfüllt wurde bzw. fehlt, wodurch eine „negative Gesamtbewertung" zum Ausdruck gebracht wird (Sandig 1993: 170). Das positive Wertkriterium ist das Substantiv *fondement*, welches durch die Verbindung mit der Präposition *sans* zu einem negativen Bewertungsausdruck wird. Mit den Worten Weinrichs

(²1997: 563) wird „eine Ergänzungs-Erwartung [...] durch den Einspruch der negativen Präposition *sans* durchkreuzt". Die Bewertungsskala verläuft von gar nicht/wenig/einigermaßen/etc. bis sehr/äußerst gestützt durch *fondements*. Der Antagonist verortet das *fondement* der Prämisse am negativen Pol der Skala mittels des negativen Bewertungsausdrucks. Seine Konklusion stützt der Antagonist mit einer komplexen Gegenargumentation (bestehend aus assertiven Sprechakten).

Zuletzt soll ein Beispiel eines negativen Präfixes in einem Bewertungsausdruck des Bewertungskriteriums der Relevanz in einem refutativen Sprechakt dargestellt werden. Als sprachliches Signal fungiert das Adjektiv *injustifié*:

(54)

Héritages, et héritages
Protagonist (Jacques Roman)   31 Jan 2009, 06:45
Marco Polo,
Je trouve assez significatif que dans vos messages vous parliez tout le temps d'inscrire dans la future constitution européenne l'héritage chrétien, depuis peu je crois (merci) l'héritage gréco-romain, et jamais le principal héritage propre à l'Europe : l'héritage humaniste ou des droits de l'homme, qui a retenu tout ce que les deux autres avaient de bon et éradiqué ce qu'ils avaient de mauvais.
Comment expliquez-vous ? JR

La nature a horreur du vide...
Antagonist (Marco Polo)   31 Jan 2009, 13:46
[...]
Je ne place pas non plus l'héritage judéo-chrétien au-dessus de l'héritage gréco-romain. Au risque de vous froisser, je ne vous ai pas attendu pour défendre l'héritage de l'Antiquité classique, pas plus que celui de l'Humanisme ou celui des Lumières. **L'acrimonie de vos propos est donc aussi injustifiée (3), que déplacée.**
[...]
    Jacques Roman a écrit (1):
    Marco Polo,
    Je trouve assez significatif que dans vos messages vous parliez tout le temps d'inscrire dans la future
    constitution européenne l'héritage chrétien, depuis peu je crois (merci) l'héritage gréco-romain, et jamais
    le principal héritage propre à l'Europe : l'héritage humaniste ou des droits de l'homme, qui a retenu tout
    ce que les deux autres avaient de bon et éradiqué ce qu'ils avaient de mauvais.
    Comment expliquez-vous ? JR (2)
(Korpus K)

Im Gegensatz zu den vorherigen Beispielen des Bewertungskriteriums der Relevanz erfolgt im vorliegenden Beispiel (54) zunächst die Stützung durch Prämissen (*argumentation*) und dann erst die Konklusion, die die negative Bewertung enthält (*évaluation négative*): *L'acrimonie de vos propos est donc aussi injustifiée que déplacée.*[607] Der Bewertungsausdruck *injustifié*[608] verweist auf das

---

607   Der negative Bewertungsausdruck *déplacée* verweist auf das Bewertungskriterium der Richtigkeit.

608   Im TLFi (2004) wird das Adjektiv *injustifié* in Bezug auf eine Sache (*chose*) definiert als: „qui n'est pas justifié".

Bewertungskriterium der Relevanz der argumentativen Stützung, wie aus den Erläuterungen des Verbs *justifier* in Beispiel (50) ebenfalls deutlich wird.

8.3.1.4 Bewertungskriterium: Richtigkeit

Nachdem die Bewertungskriterien der Wahrheit, Logik und Relevanz in tatsachenwertenden Handlungen des Antagonisten analysiert wurden, soll sich in einem vierten und letzten Schritt dem Bewertungskriterium der Richtigkeit zugewandt werden.

Als Signale für die Zurückweisung der Richtigkeit einer Handlung konnten im Korpus folgende Bewertungsausdrücke ermittelt werden:

Semantische Negation:

> **Wertadjektive,**[609] welche eine Handlung unter ethisch-ästethischen oder moralischen Gesichtspunkten als falsch beurteilen. Z.B. *faire X est hérétique* ; *X est mauvais* etc.

Formale Negation:

> **Negative Präfixe:**
> – Präfixe des Typs *in-* vor Adjektiven: *intolérable* ; *irrecevable* etc.
> – Präfixe des Typs *dé-* vor Adjektiven: *déplacé* etc.

Zunächst soll sich in einem ersten Schritt der semantischen Negation zugewandt werden. In einem zweiten Schritt der formalen Negation.

Das folgende Beispiel (55) illustriert eine semantische Negation in einem Beitrag aus einer Diskussion über die Frage, ob Griechenland aus der EU ausgeschlossen und stattdessen die Türkei aufgenommen werden soll. In der angreifenden Struktur wird eine Abwertung des Richtigkeitsanspruchs einer Handlung mittels eines Assertivums verbalisiert, das als semantischen Indikator das Adjektiv *hérétique* enthält:

---

609   Vgl. Adams (³1997: 91).

(55)

à titre exemplaire: virer les grecs et recevoir les turcs?
Protagonist (europeendabord)   16 Feb 2010, 19:42

bonjour

le comportement de la Grèce (et d'autres, malheureusement, et d'autres) est odieux.

nous avons des candidats à n'en plus finir.

ne devrions nous pas statuer un exemple, expulser la Grèce et donner sa place à la Turquie qui attend bravement
depuis si longtemps ?

cordialement

Re: à titre exemplaire: virer les grecs et recevoir les turcs?
Antagonist (GTH)   17 Fév 2010, 11:51
[...]
Le président Valéry Giscard d'Estaing plaidait pour l'adhésion de la Grèce à l'Europe en arguant :
Platon ne peut pas jouer en deuxième division.
**Les Grecs sont les plus européens des Européens. Vouloir la Turquie en Europe (1/2) est proprement hé-
rétique (3).**
(Korpus U)

Der Antagonist fokussiert mit seinem Angriff den direktiven Sprechakt des Protagonisten *ne devrions nous pas statuer un exemple, expulser la Grèce et donner sa
place à la Turquie [...]*? Der Diskussionsbeitrag des Protagonisten zeigt, dass er
für den Ausstoß Griechenlands und die Aufnahme der Türkei argumentiert, wobei eine deontische Pro-Argumentation erkennbar wird (vgl. Eggs 2000a: 399).
Der Antagonist äußert hingegen in seinem Diskussionsbeitrag eine komplexe
deontische Kontra-Argumentation (*Le président Valéry Giscard d'Estaing plaidait
pour ... Les Grecs sont les plus européens des Européens*). Es handelt sich dabei
um die Teilhandlung der *argumentation* innerhalb des Sprechakts *réfuter*. Daran
schließt sich – abgegrenzt durch das Punktzeichen – die *évaluation négative* an.
Das stark negativ konnotierte Adjektiv *hérétique* im assertiven Sprechakt *Vouloir la Turquie en Europe est proprement hérétique* signalisiert eine Abwertung
des Richtigkeitsanspruchs des gegnerischen Sprechakts, da die Integration der
Türkei bzw. das ‚Wollen' der Integration (*Vouloir la Turquie [...]*) als ein nicht
allgemein anerkannter Akt ausgewiesen wird.[610] Die Intensität der Abwertung
wird durch das Adverb *proprement* gesteigert.

Beispiel (55) ist insofern von den nachfolgenden Beispielen (56–58) zu unterscheiden, als dass es als einziges eine semantische Negation des Richtigkeitsanspruchs enthält. Als häufiger vorkommend, im vorliegenden Korpus, hat sich

---

610   Das Adjektiv *hérétique* wird laut TLFi (2004) in der Bedeutung verwendet: „contraire
      à ce qui est couramment admis".

die formale Negation im Rahmen des untersuchten Bewertungskriteriums herausgestellt. Das Beispiel (56) zeigt eine negative Bewertung des Richtigkeitsanspruchs einer Handlung mittels eines assertiven Sprechakts, der das Adjektiv *déplacé* als negativen Bewertungsausdruck enthält. Es handelt es sich um eine formale Negation aufgrund des negativen Präfixes *dé-*:

(56)

La place de la Turquie en Europe
Protagonist (AMOURABI)   20 Déc 2008, 18:34
La place de la Turquie n'est pas en Europe ou alors ce n'est pas l'Europe que nous connaissons mais l'Empire Romain II.
Si on intègre ce pays on peut intégrer tous les autres pays du bassin méditérranéen Israël compris.
Il faudrait quand même se demander ce qu'est l'Europe avant de vouloir l'étendre à tort et à travers.
Les Turcs sont des êtres humains, les Chinois aussi, faut-il intégrer tous les humains présents sur la planète, en Europe ?[...]
[...]

Re: La place de la Turquie en Europe
Antagonist (Assen)   15 Feb 2009, 16:45

Je trouve que vos propos (1) concernant la Turquie comme d'ailleurs les pays mediterraneens (2) sont deplaces (3). En quoi une Pologne ou une Roumanie seraient bien meilleurs qu'une Turquie ou Liban ou Tunisie? (2/3) Preferrez vous avoir des Etats mafieux sans aucun principes a part la notion de capitalisme sauvage que des pays a majorite musulmane ou la famille est encore une notion primordiale? En quoi consiste l'Europe d'aujourd'hui? Je suis sur que 99% de pseudo Europeens ne sauraient citer les 27 Etats membres et encore moins les montrer sur la carte.
[...]
(Korpus I)

Die angegriffene gegnerische Äußerung wird vom Antagonisten als assertiver Sprechakt interpretiert, wie aus der Festlegung des pragmatischen Status hervorgeht: *vos propos*. Die Äußerungen werden – aus Sicht des Antagonisten – als unangemessen in Bezug auf gesellschaftliche Normen[611] beurteilt und somit als inkorrekt abgewertet. Das Adjektiv *déplacé* liegt am Ende der Skala zur Bewertung einer Handlung, die von angemessen bis unangemessen reicht. Denn laut dem TLFi (2004) bedeutet *déplacé*: „Qui ne convient pas, qui n'est pas conforme aux bonnes mœurs". Die Teilhandlung der *argumentation* erfolgt indirekt durch die rhetorische Frage: *En quoi une Pologne ou une Roumanie seraient bien meilleurs qu'une Turquie ou Liban ou Tunisie?*

Auch Beispiel (57) enthält eine Abwertung des Richtigkeitsanspruchs in einem assertiven Sprechakt, indiziert durch den formal negativen Bewertungsausdruck

---

611 „Die Bewertung kann das Resultat moralischer Prinzipien, gesellschaftlicher Normen oder anderer subjektiver Einstellungen sein, die zur Erweiterung des Bewertungsinventars einer bestimmten Sprachgemeinschaft beitragen und gleichzeitig ihre axiologische Topik bilden." (Pirazzini 2002a: 220).

inacceptable bzw. das negative Präfix *in-*. Im Vergleich zum vorangehenden Beispiel ist die Intensität der Abwertung aufgrund zweier Adverbien gesteigert:

(57)

Protagonist (Europolis)   06 Apr 2008, 14:45
[...]
Enfin, d'un point de vue politique, l'entrée de la Turquie au sein de l'UE règlerait plus facilement le problème de
Chypre Nord, et permettrait que la laïcité de la Turquie soit garantie contre d'éventuelles menaces islamistes.

Voilà pourquoi je pense que la Turquie a sa place dans la future fédération européenne, et que si on fait la liste
des pays qui pourront à terme rentrer dans l'UE, elle devrait s'y trouver.
[...]
Re: Turquie versus Europe
Antagonist (Marco Polo)   01 Mai 2008, 12:34
[...]

    Protagonist (Europolis) a écrit (1):Enfin, d'un point de vue politique, l'entrée de la Turquie au sein de
    l'UE règlerait plus facilement le problème de Chypre Nord, et permettrait que la laïcité de la Turquie
    soit garantie contre d'éventuelles menaces islamistes. (2)
Antagonist (Marco Polo): **Cet argument** (1) **et tout simplement irrecevable pour des Etats de Droit.** L'occupation de l'Ile de Chypre par les forces turques aurait dû être réglée par la communauté internationale depuis plus
de trente ans. C'est une raison supplémentaire de refuser un pays comme la Turquie, bafouant les Traité internationaux au sein même de l'Europe. **Cette proposition** (1) **de règlement conditionnel est tout simplement inac-**
ceptable. (2/3) On ne transige pas sur les principes fondamentaux de l'Europe, sur les règles internationales.
Souvenez vous de l'affaires des Sudètes en 1938. Les Européens se souviennent amèrement du traité de Munich
et de ses conséquences !
[...]
(Korpus K)

Der Antagonist fokussiert den direktiven Sprechakt des Protagonisten, der den
argumentativen Status einer Prämisse hat: *l'entrée de la Turquie au sein de l'UE
règlerait plus facilement le problème de Chypre Nord [...]*. Die Tatsachenbewertung
ist in dem assertiven Sprechakt *Cet argument et tout simplement irrecevable pour
des Etats de Droit* erkennbar. Mit diesem weist er die Prämisse des Protagonisten
als *irrecevable* und den darin enthaltenen Vorschlag als inakzeptabel in Bezug
auf Gesetzesnormen zurück (*Cette proposition de règlement conditionnel [...] est
[...] inacceptable*). In beiden Fällen handelt es sich um negative Präfixe des Typs
in- vor Adjektiven. Die Intensität der Abwertung wird noch gesteigert, indem das
Intensitätsadverb (*absolument*) mittels des Adverbs *tout* verstärkt wird.

    Eine weitere Möglichkeit der Steigerung der Intensität soll das letzte Beispiel
(58) dieses Kapitels zeigen. Hierin wird ein Adjektiv nicht durch zwei unterschiedliche Adverbien begleitet, wie in Beispiel (57), sondern durch eines, das
dupliziert wird (*très très*), um die Intensität zu erhöhen. Das Bewertungskriterium der Richtigkeit wird hierbei auf die Handlung des Favorisierens des *angloa-
méricain* (als Bewertungsgegenstand) angewandt:

(58)

In den Assertiva werden vom Antagonisten zwei verschiedene Intensitätsadverbien (*très* und *absolument*) in Kombination mit zwei die Richtigkeit bewertenden
Adjektiven verwendet: *mauvais* und *intolérable*. Zum einen wird die Handlung
des Favorisierens des anglo-saxonischen Modells als moralisch schlecht[612] und
somit als nicht richtig beurteilt und zum anderen das Vorherrschen des Anglo-
amerikanischen: die sprachliche Hegemonie. Das erste Adjektiv kann einer
semantischen Negation zugeordnet werden, wohingegen das negative Präfix *in*-
in *intolérable* eine formale Negation darstellt. Es handelt sich um Adjektive, die
jeweils am Ende einer Skala liegen, die von gut bis schlecht und von tolerabel
bis intolerabel verläuft. Die Duplizierung von *très* im ersten Satz bewirkt eine
Steigerung der negativen Bewertungsintensität. Die Wiederholung der negativen
Bewertung mit dem fast identischen Wortlaut im darauf folgenden Satz kann
ebenfalls als Möglichkeit der Intensivierung gesehen werden. Auf die negative
Bewertung der Richtigkeit (*X est une mauvaise chose*) folgt im vorliegenden
Beispiel die Stützung durch eine Prämisse, welche durch den Doppelpunkt[613]
eingeführt wird. Daran anschließend folgt ein neuer Standpunkt des Antagonisten: „Osons exiger l'espéranto". Bei diesem Sprechakt handelt es sich um einen Standpunkt in Form eines Direktivums, der zur argumentativen Analyse in
einen assertiven Sprechakt mittels Substitutions- und Additionstransformation

---

612 Das Adjektiv *mauvais* bedeutet u. a. nach dem TLFi (2004) „en parlant d'une manière
     de se comporter, d'agir": „qui est contraire au bien, à la morale".
613 Pirazzini (2002: 207f.) weist darauf hin, dass ein Doppelpunkt ein Abgrenzungssignal
     sei und dazu diene, eine Prämisse einzuführen, die die Funktion einer Demonstration
     erfüllt.

umzuwandeln ist (vgl. van Eemeren 2010: 15). Diesen Standpunkt stützt der Antagonist mit der Prämisse: *[L'esperanto] a fait ses preuves.*

Allgemein kann festgestellt werden, dass in der Regel in Kombination mit Adverbien der Intensivierung (*très, absolument, proprement, simplement…*) vom Antagonisten axiologische Adjektive verwendet werden, die zur Abwertung des Bewertungsgegenstands eingesetzt werden. Die im Korpus gefundenen Bewertungsausdrücke sind in der Regel am Negativpol – wenn man von einer axiologischen positiv/negativ-Skala ausgeht – anzusiedeln. Die ermittelten Bewertungskriterien sind diejenigen der Wahrheit, Logik, Relevanz und Richtigkeit. Die Teilhandlung der *évaluation négative*, welche den Bewertungsausdruck enthält, wird in einer Refutation von einer *argumentation*, wie in der zu Beginn des Kapitels angeführten Definition Moeschlers (1982) postuliert wurde, gefolgt. Unter Bezugnahme auf das Modell von Sandig (1979: 141), welches die argumentativen Strukturen einer Bewertungshandlung darlegt, kann für die Korpusbeispiele festgehalten werden, dass in der Regel zuerst die Konklusion verbalisiert wird und diese anschließend mit einer Prämisse gestützt wird. Die Reihenfolge ist somit überwiegend: Konklusion → Prämisse, und nicht Prämisse → Konklusion. Die Abgrenzung zwischen den beiden Teilhandlungen *évaluation négative* und *argumentation* wird in der Regel durch Interpunktionszeichen signalisiert (Punkt, Komma, Ausrufezeichen).

8.3.2 Personenwertende Sprechakte des Antagonisten: RÉFUTER QUELQU'UN

In diesem Kapitel sollen wertende Sprechakte des Antagonisten analysiert werden, die zum Angreifen der gegnerischen Person dienen.[614] Es soll geklärt werden, welche „Angriffspunkte" (Hundsnurscher 2001) an der negativ zu bewertenden Person fokussiert und abgewertet werden. Krabbe (2007: 57) definiert den Angriff einer Person (*personal attack*[615]) wie folgt: „[T]his [personal attack]

---

614   Persönliche Angriffe werden von der Forums- sowie Internetnetiquette als unangemessene sowie unerwünschte Verhaltensmuster ausgewiesen und verstoßen gegen das Kooperationsprinzip (Grice 1975) bzw. die Regeln der Höflichkeit (vgl. Kapitel 6.1). Die trotzdem im Forum Debate Europe ermittelbaren personenwertenden Züge des Antagonisten sind folglich von den Moderatoren als nicht unangemessen beurteilt worden bzw. als nicht *zu* persönlich, da sie nicht zensiert wurden.

615   Neben dem persönlichen Angriff (*personal attack*) nennt Krabbe (2007: 55-57) noch sechs weitere Haupttypen von kritischen Reaktionen: 1. „Request for clarification, explanation or elucidation", 2. „Pure challenge", 3. „Bound challenge", 4. „Exposure of flaws", 5. „Rejection", 6. „Charge of fallacy".

is a very common critical reaction that is not acknowledged by dialectical rules". Der persönliche Angriff zeichne sich darüber hinaus durch das Merkmal <Unzufriedenheit> mit einem vom Protagonisten geäußerten Standpunkt oder einer Prämisse aus. Die Feststellung Krabbes ist für die vorliegende Studie von großer Bedeutung, da in ihr deutlich wird, dass es sich i.d.R. beim (sprachlichen) Angriff einer Person um eine kritische Reaktion (*critical reaction*[616]) handelt, die als Angriffsziel direkt die Person hat, indirekt jedoch die vorangehende argumentative Äußerung (der Standpunkt oder die Prämisse des Protagonisten), die als Auslöser dient.[617] Dass eine solche persönliche kritische Reaktion aus dialektischer Perspektive nicht erlaubt („acknowledged") ist, führt dazu, dass Angriffe *ad hominem*[618] in der Pragma-Dialektik zu den *fallacious moves*[619] gezählt werden. Dieser Einordnung stimmt auch Lewiński (2010: 17, Hervorhebung im Original) zu: „[P]ersonal attacks (especially of the abusive *ad hominem* type): they are indignantly fallacious in critical discussion". Eine präzisere Einordnung innerhalb der allgemeinen fallacy-Typologie[620] ist demzufolge eine Klassifizierung als abusive Variante des argumentum ad hominem, welches von van Eemeren und Grootendorst (1984: 190, Hervorhebung im Original) wie folgt definiert wird: „The abusive variant can best be described as a direct personal attack in the opponent is made out to be stupid, dishonest, unreliable or otherwise negative."

Obgleich in Internetforen eine Fülle von negativen personenwertenden Sprechakten zu erwarten ist, wie eine Reihe von Studien[621] vermuten lässt, sind die Threads des Forum *Debate Europe* prinzipiell frei von Beleidigungen,

---

616   Krabbe und van Laar (2011: 203) bestätigen ebenfalls die Annahme, dass sich eine kritische Reaktion auf eine Person beziehen kann, bzw. der Fokus ein persönlicher sein kann: „So, the focus of a critical reaction, besides being aimed at a particular kind of speech act, can be propositional, locutional, personal or (in other respects) situational in character."

617   Vgl. Kapitel 7.4 dieser Arbeit.

618   Argumente *ad hominem* werden von Krabbe und van Laar (2011: 205) als „personal critical reactions" bezeichnet.

619   Vgl. z.B. Walton (1998; 2008) oder die gegensätzliche Studie von Chichi (2002).

620   „Three variants of this fallacy are generally distinguished in the literature: the *abusive*, the *circumstancial* and the *tu quoque*." (van Eemeren/Grootendorst 1984: 190, Hervorhebung im Original).

621   Vgl. Amossy (2011), O'Sullivan/Flanagin (2003), Thompsen (2003), Voorman (2002), Lea et al. (1992).

Verächtlichmachungen, *flames*[622] oder sonstigen Arten von verbaler Aggression,[623] die eine starke Abwertung einer Person aufweisen. Dies ist auf verschiedene Faktoren zurückzuführen: 1. die Moderatorentätigkeit, 2. die thematische Ausrichtung des Forums, 3. das Höflichkeitsgebaren der Diskussionsteilnehmer, 4. die Netiquette etc.[624]

Schopenhauer (1864/2009) bemerkt, dass sich der Angriff auf die Person des Gegners (*ad personam*) durch kränkende, hämische, beleidigende und grobe Äußerungen auszeichnet (38. Kunstgriff). Im vorliegenden Fall können aufgrund der genannten Faktoren beleidigende und grobe Äußerungen – im Sinne von Schimpfwörtern – ausgeschlossen werden, da sie vom Moderator gelöscht werden.

Welche Angriffspunkte an einer Person fokussiert werden können, soll in Anlehnung an die Kategorisierung von Hundsnurscher (2001) für den „streitspezifischen Sprechakt" *Beschimpfen* erörtert werden. Die von Hundsnurscher aufgelisteten Angriffspunkte eines „Adressaten" bei der Charakterisierung des Sprechakts *Beschimpfen* sollen als theoretische Basis dienen, um die Angriffspunkte von personenwertenden Sprechakten des Antagonisten zu analysieren, da Letztere den streitspezifischen Sprechakten zugeordnet werden können. Sie stellen in einer Bewertungshandlung im Sinne Sandigs (1993: 161) die Eigenschaften des Bewertungsgegenstands (Person) dar, die es zu bewerten gilt.

Der Angriff *ad hominem* bzw. der Angriff auf die Person des Gegners kann nach Hundsnurscher (2001: 372) als „verletzender Sprechakt" gelten, da es darum geht den Adressaten zu „treffen" und wie mit einer Waffe Verletzungen zuzufügen.[625] Beschimpfungen zielen nach Hundsnurscher „auf eine Beeinträchtigung des Selbstwertgefühls des Adressaten" (Hundsnurscher 2001: 372) und können

---

622 Ein Terminus aus der computervermittelten Kommunikation (CVK) für „manifestations d'hostilité sous forme de remarques incendiaires au sein d'un échange agonique" (Amossy 2011).

623 Vgl. zu Formen und Funktionen verbaler Aggression am Beispiel des Wienerischen die Studie von Havryliv (2009).

624 Vgl. Kapitel 6.1 dieser Arbeit zu den Kommunikationsbedingungen. Zum Phänomen der Höflichkeit in der Sprachverwendung vgl. die Studie von Brown (2005), sowie zum Verhältnis von „disagreement" und „(im)politeness" diejenige von Sifianou (2012: 1560f.).

625 Vgl. die Bemerkungen in Kapitel 3.1 dieser Arbeit zu „Sokrates' Elenchos", der „eine primär negative Funktion [erfüllt]; er wirkt[e] bekanntlich wie ein ‚Biß' oder ein ‚Stich'" (Renaud 2001: 730). Felman (1979: 187) geht sogar noch weiter, indem sie behauptet, dass „l'enjeu de la polémique, aussi symbolique soit-elle, est le meurtre de l'adversaire".

sich auf eine Reihe von Angriffspunkten beziehen, die sich den Bezugskategorien des Selbstwertgefühls zuordnen lassen:

„a) Körperliche Verfassung
b) Aussehen
c) Charaktereigenschaften
d) Verhaltensweisen
e) Intelligenzgrad
f) Handlungskompetenz
g) Sozialstatus

usw." (Hundsnurscher 2001: 372).

Im vorliegenden Korpus konnten zwei weitere Bezugskategorien des Selbstwertgefühls ermittelt werden, die vom Antagonisten angegriffen werden können. Es handelt sich um die Kategorien:

• h) Geschlechtszugehörigkeit
• i) Berufsgruppe

Die am häufigsten angegriffenen Aspekte lassen sich in die hundsnurscherschen Bezugskategorien „Verhaltensweisen" (d) sowie „Intelligenzgrad" (e) einordnen und sollen deshalb an erster Stelle analysiert werden. Im Anschluss diejenigen, die den eigens ermittelten Bezugskategorien Geschlechtszugehörigkeit (h) und Berufsgruppe (i) zugeordnet werden können. Der Grund dafür, warum sich für die anderen Bezugskategorien im untersuchten Forum keine Beispiele finden lassen, liegt, so lässt sich die These aufstellen, darin, dass aufgrund der Anonymität sowie der fehlenden face-to-face-Kommunikationssituation keine Aussagen über die körperliche Verfassung, das Aussehen, die Charaktereigenschaften, Handlungskompetenz, Verhaltensweisen (außerhalb des Internetforums) und Sozialstatus getroffen werden können. Außerdem ist die zensierende Tätigkeit der Moderatoren nicht zu vergessen, die das Fehlen der anderen Bezugskategorien erklären könnte. Des Weiteren kommt hinzu, dass die Diskussionsteilnehmer die realen Personen hinter den Pseudonymen in der Regel nicht kennen. Sie können deshalb z.B. das Verhalten sowie ihre Intelligenz nur aufgrund der Äußerungen im Forum beurteilen. Das Geschlecht sowie die Berufsgruppe sind in Foren ebenfalls in der Regel nicht bekannt; es sei denn, die Diskussionsteilnehmer äußern sich dazu öffentlich innerhalb der Threads. Allgemein kann vorweggenommen werden, dass die personenwertenden Sprechakte in der Regel Assertiva sind.

Als Signale von wertenden Sprechakten, die zur Abwertung der Person bezüglich ihrer intellektuellen Fähigkeiten (e) und Verhaltensweisen (d) dienen, können gelten:

Semantische Negation:

- **Redewendungen aus der gesprochenen Sprache**, die explizit auf mangelnde intellektuelle Fähigkeiten anspielen: z.B. *où avez-vous la tête?*, *Vous avez trop fumé ou quoi?* etc.
- **Verben:** z.B. *confondre, mélanger* etc.

Zunächst zu den Beispielen für die negative Bewertung der intellektuellen Fähigkeiten, die der hundsnurscherschen Bezugskategorie Intelligenzgrad (e) zuzuordnen sind. In Beispiel (59) wird die kognitive Intelligenz des Protagonisten explizit negativ bewertet. Hierzu verwendet der Antagonist eine Redewendung aus der gesprochenen Sprache, die die Illogik mittels des negativen Bewertungsausdrucks *où avez vous la tête* herausstellt:

(59)

Antagonist (non defini)   23 Nov 2008, 17:25

Mario De Sandizequi (**Protagonist**), **où avez-vous la tête**?
Il suffit de supprimer l'argent pour arrêter le réchauffement climatique !(3)
[...]
(Korpus N)

Das logische Denkvermögen des Protagonisten wird mit der rhetorischen Frage *où avez-vous la tête?* angezweifelt. Das angebliche Fehlen des Kopfes soll auf den Mangel an Logik in der gegnerischen Schlussfolgerung hinweisen. Indirekt wird dadurch versucht, den Intelligenzgrad des Protagonisten zu disqualifizieren, sodass dies als Angriff auf das Selbstwertgefühl des Protagonisten interpretierbar wäre. Die Stützung der negativen Personenbeurteilung (*évaluation négative*) erfolgt mittels eines assertiven Sprechakts (*argumentation*).

Im folgenden Beispiel (60) bezieht sich der Angriffspunkt des refutierenden Sprechakts ebenfalls auf die intellektuellen Fähigkeiten des Protagonisten. Das Bewertungskriterium der Person ist wie in Beispiel (59) der Intelligenzgrad. Besonders das logische Denkvermögen wird vom Antagonisten mittels der Verben *confondre* und *mélanger* negativ bewertet und diese Bewertung anschließend begründet:

(60)

Re: plaidoyer pour une europe vraiment unie
Antagonist (Maria Vittoria Jacquot)   28 Feb 2010, 15:59

Je persiste à dire que **vous confondez tout en voulant comparer des choses qui ne peuvent pas l'être** puisque **les origines sont différentes et les problèmes posés différents aussi.** (2/3)

Et pourquoi **mélangez-vous Schmidt** -qui a gouverné l'Allemagne jusqu'en 1982 et Schröder (qui travaille aujourd'hui pour les Russes)d'un côté,et, de l'autres, des hommes comme de Gaulle -qui a quand même contribué à la formation de l'Europe (même si pour lui c'était celle des nationa) et Mittérand et Kohl qui ont réalisé le plus de chose significatives pour l'Europe (ebtre aitres choses : Schengen, monnaie unique)n réalisations que leurs successeurs ont délaissées ? (2/3)
[...]
(Korpus H)

Das vorliegende Beispiel zeigt deutlich zwei refutative Sprechakte, deren erste Teilhandlung jeweils durch einen negativen Bewertungsausdruck signalisiert wird. Die Verben *confondre* und *mélanger* markieren die Infragestellung der logischen Fähigkeiten des Protagonisten, wie beispielsweise Handlungen, Personen etc. zu unterscheiden und zu vergleichen. Es handelt sich bei den beiden Verben um eine semantische Negation, die aus pragmatischer Perspektive als Marker für den komplexen Sprechakt der Refutation identifiziert werden können. Die erste Refutation enthält als einleitendes Element der Teilhandlung der *argumentation* die Konjunktion *puisque*. Zuvor wird die *évaluation négative* aufgrund des mit dem generalisierenden Adverb *tout* verstärkten negativen Bewertungsausdrucks *vous confondez tout...* deutlich. Die zweite Refutation enthält kein einleitendes Element für die Teilhandlung der *argumentation*. Bei *Et pourquoi mélangez-vous Schmidt [...]* ? handelt es sich um eine rhetorische Frage, so dass als primäre Illokution eine Assertion angenommen werden kann. Aus ihr könnten die zwei Standpunkte des Antagonisten mittels Substitutions- und Additionstransformation wie folgt rekonstruiert werden: *On ne peut pas mélanger Schmidt et Schröder d'un côté, et, de l'autre de Gaulle et Mitterrand et Kohl.* Die jeweils mit den Relativpronomen *que* und *qui* eingeleiteten assertiven Sprechakte könnten jeweils als Stützung mittels Rekonstruktionstransformationen rekonstruiert werden.

Die intellektuellen Fähigkeiten werden im nachfolgenden Beispiel (61) aufgrund der (unterstellten) Folgen von zu vielem Rauchen negativ bewertet bzw. als eingeschränkt beurteilt. Die negative Personenbewertung kommt im Rahmen einer Diskussion über die Wahl einer einheitlichen Sprache für die EU vor:

(61)

Antagonist (skirlet)   23 Jun 2009, 13:03

[...]

Protagonist

Le gros problème des langues construites s'appelle "espéranto" - ce monolithe immuable qui, depuis 120 ans occupe tout le champ de l'interlinguistique en empêchant d'éclore et de se développer tout projet novateur, en l'étouffant dans l'oeuf. "Il n'y a qu'une seule langue internationale et Zamenhof est son prophète..." Une telle attitude est tout bonnement inacceptable. (2)

Vous avez trop fumé ou quoi ?.. (3) **Une langue "naturelle" avec un grand nombre de locuteurs n'occupe pas tout le champ de la linguistique ; de même, une langue construite qui a le plus grand nombre de sympathisants n'occupe pas tout le champ de l'interlinguistique.** (2/3) Les projets de langues construites, il y en a déjà plus de 600, et d'autres apparaissent en permanence. [...]

(Korpus A)

Mittels des negativen Bewertungsausdrucks *vous avez trop fumé ou quoi?* signalisiert der Antagonist, dass er die gegnerische Argumentation als nicht logisch beurteilt und sie zurückweist. Dem Rauchen von Haschisch – *fumer (du haschisch)* – wird als körperliche Auswirkung eine Abnahme von Gehirnzellen sowie des Intelligenzquotienten zugeschrieben,[626] sodass der Antagonist mittels des Bewertungsausdrucks die kognitiven Fähigkeiten abwerten möchte (*évaluation négative*).

Wenden wir uns nun der Bezugskategorie der Verhaltensweisen (d) des Protagonisten zu, die in einem personenwertenden Sprechakt des Antagonisten fokussiert werden können. In dem nachfolgend abgebildeten Diskussionsbeitrag in Beispiel (62) äußert sich der Antagonist zur vom Protagonisten geäußerten Bedeutung der Schulfächer Latein und Griechisch in französischen Schulen. In ihm wird der vom Antagonisten erwarteten Verhaltensweise des Protagonisten – sich auf dem Laufenden zu halten – vom Antagonisten ein negativer Bewertungsausdruck zugesprochen: *avoir du retard*:

(62)

Re: Sondage: quelles langues pour l'UE?

Antagonist (cafaristeir)   20 Feb 2010, 21:10

Bonjour !

Excusez-moi, mais, en vous lisant, j'ai parfois l'impression que **vous avez un siècle de retard sur certains points** (3). Y a-t-il encore beaucoup de collégiens qui passent leur temps à apprendre le grec et le latin ? (s'il y en a encore quelques uns en France, c'est simplement pour intégrer des établissements plus prestigieux ou pour grapiller quelques points au bac; j'ai appris le latin tout seul et j'avais un niveau supérieur à mes camarades...)

[...]

(Korpus A)

---

626   Vgl. Meier et al. (2012).

Bei der Äußerung *vous avez un siècle de retard* handelt es sich um eine starke Abwertung der Aktualität des Wissens des Protagonisten bezüglich *certains points*. Laut dem TLFi (2004) bedeutet *avoir du retard*: „ignorer des faits connus de tous". Die Unkenntnis von Tatsachen erlaubt kein adäquates Äußern zur übergeordneten Problematik des Threads – welche Sprache für alle Bürger der EU ausgewählt werden sollte –, so könnte die Argumentation des Antagonisten mittels Additionstransformation rekonstruiert werden. Dass der Protagonist aus der Perspektive des Bewertenden des Öfteren *un siècle de retard* erkennen lässt (*en vous lisant j'ai parfois l'impression*), kann als indirekte negative Bewertung des erwarteten Verhaltens (aus Sicht des Protagonisten), sich aktuelles Wissen anzueignen, gelten. Die Verwendung von *un siècle* als Zeitangabe dient der Übertreibung (in der Bedeutung von „une éternité"; „trés long"[627]) und erhöht die Bewertungsintensität. Die Stützung dieses impliziten Standpunkts bzw. der Konklusion erfolgt mittels eines assertiven Sprechakts (rhetorische Frage) und dem anschließenden konditionalen Sprechakt.

Weitere Kategorien des Selbstbewusstseins, die Angriffspunkte für den Antagonisten bei der negativen Bewertung des Protagonisten darstellen können, zeigt das nachfolgende Beispiel (63). Das Angreifen des Gegners aufgrund seiner Geschlechts- und Berufsgruppenzugehörigkeit wird in einem assertiven Sprechakt verbalisiert:

(63)

Re: je suis pauvre
Antagonist (Marie)   27 Jan 2010, 17:56

> **Protagonist (Ruut)** a écrit (1): C'est la crise. De nombreux travailleur en CDI[628] n'ont plus les moyens de se loger ou de payer les factures énergétiques. Alors pourquoi un non travailleur devrais il être aidé la ou un travailleur n'y a pas droit ? (2)

AAAHHH!!je comprend mieux qui m'a répondue,une femme qui n'a certainement jamais rien foutu de ces dix doigts tiens fonctionnaire européen ça veut tout dire!! (3) faut de temps en temps sortir de chez vous
RUTH

(Korpus E)

Das Angreifen der gegnerischen Person schließt an das Inline-Quoting an. Die Exklamation *AAAHHH* kann als Angriffssignal gewertet werden, an das sich die negative Bewertungshandlung anschließt. Die Verbalphrase *ne rien faire de ses dix doigts* bedeutet laut TLFi (2004): „rester oisif", und in ihr wird „le doigt

---

627   Vgl. Petit Robert (2016: 2368, →siècle).
628   CDI = Contrat à durée indéterminée.

considéré comme instrument de travail, d'action servant à saisir, frapper, écrire, etc." Die Diskussionsteilnehmerin *Ruut* (Protagonist) wird als Vertreterin der Gruppe der Frauen sowie der Gruppe der Beamten ausgewiesen und als solche negativ bewertet: *une femme qui n'a certainement jamais rien foutu de ces dix doigts tiens fonctionnaire européen.* Die Intensität der Negation wird durch das epistemische Adverb *certainement* sowie durch die markierten[629] Negationsmorpheme *jamais rien* erhöht, welche keine einfache Negation darstellen (vgl. Sandig 1993: 163). Die vom Antagonisten unterstellte Gruppenzugehörigkeit zum weiblichen Geschlecht – das Geschlecht bestimmt er aufgrund des (weiblichen) Pseudonyms „RUUT", was jedoch nicht verifiziert werden kann – führt zur Abwertung der mit Fingern bisher erbrachten Arbeitsleistung aufgrund der Annahme, dass Frauen Müßiggang (*l'oisiveté*) dem ‚Finger krümmen' vorziehen. Diese den Frauen unterstellte Einstellung zum Arbeiten mit den Händen (bzw. *doigts*) seitens des Protagonisten wird als negativ vom Antagonisten beurteilt, um einen Anspruch auf finanzielle Hilfe zurückzuweisen. Darüber hinaus wird der Diskussionsteilnehmerin vom Antagonisten unterstellt, zur Personengruppe der Beamten (*fonctionnaire européen*) zu gehören, was wiederum implizit zu (negativen) Assoziationen führen kann (wie z.B. *paresse*: aufgrund fehlender Arbeitsmotivation[630]) und damit zu einer negativen Bewertung der Arbeitseinstellung.

Zusammenfassend lässt sich festhalten, dass die personenwertenden Sprechakte des Antagonisten in der angreifenden Struktur in der Regel die intellektuellen Fähigkeiten des Protagonisten fokussieren (Beispiele 59–62). Die Angriffspunkte ließen sich überwiegend der Bezugskategorie des *Intelligenzgrads* (e) von Hundsnurscher (2001) zuordnen. Als Angriffspunkt galt in dieser Kategorie die Logik bzw. das Denkvermögen des Protagonisten. Die von Hundsnurscher erstellte Liste an Bezugskategorien des Selbstwertgefühls kann um die Kategorien Geschlechtszugehörigkeit und Berufsgruppe ergänzt werden, da sie ebenfalls das Selbstwertgefühl einer Person maßgeblich bestimmen (können). Die personenwertenden Sprechakte des Antagonisten disqualifizieren somit in der Regel die logisch-kognitiven Fähigkeiten sowie die (unterstellten) geschlechts- und berufsgruppenspezifischen Charakteristika des Protagonisten mit dem Ziel, „eine Beeinträchtigung des Selbstwertgefühls" herbeizuführen (Hundsnurscher 2001: 372). Geschlechts- und Berufsgruppenzugehörigkeit können vom Gegner

---

629   Affirmative Ausdrücke stellen den unmarkierten Fall dar und negierte Ausdrücke einen markierten.

630   Der Petit Robert (2016: 1068, →fonctionnaire) verweist auf eine ironische Verwendungsmöglichkeit des Beamtenbegriffs durch ein Zitat von Sartre: „Tu aimes cette vie-là, calme, réglée, une vraie vie de fonctionnaire."

aufgrund der Anonymität im Forum nur unterstellt werden, es sei denn der Diskussionsteilnehmer äußert sich dazu öffentlich. In der Regel handelte es sich bei den personenwertenden Sprechakten des Antagonisten um Assertiva.

8.4 Zusammenfassung

Die makroskopische Perspektive erlaubte es, die Stadien einer kritischen Diskussion in Internetdiskussionsforen auf die konstitutiven Sprechakte des Antagonisten zu untersuchen, wenn es zur Verbalisierung des komplexen Sprechakts des Gegenargumentierens kommt. Als für die Analyse von Gegenargumentation relevant stellten sich das Konfrontations-, das Eröffnungs- und Argumentationsstadium heraus. Innerhalb des Konfrontationsstadiums ist die Handlung des Referierens der gegnerischen Originaläußerung deutlich geworden, durch die es zur Konfrontation zwischen Protagonist und Antagonist kommt. Die referierende Handlung zeichnete sich durch direktes und indirektes Wiedergeben sowie durch Mischformen der beiden aus. Im Eröffnungsstadium kann der Antagonist den Protagonisten auffordern, seinen Standpunkt zu verteidigen, und seine Nicht-Zustimmung bezüglich von Prämissen und Diskussionsregeln verbalisieren. Dieses Stadium bleibt in der Regel jedoch implizit, sodass sich als wiederkehrendes Handlungsmuster ergab, dass auf die Handlung des Referierens die angreifenden Sprechakte des Argumentationsstadiums folgen. Im Argumentationsstadium stellte sich als mögliche angreifende und zugleich gegenargumentative Handlung auf Seiten des Antagonisten das Refutieren als charakteristisch heraus. Der Sprechakt *réfuter* konstituiert sich prinzipiell aus zwei Teilhandlungen: einer *évaluation négative* sowie einer *argumentation* (Moeschler 1982). Dieser komplexe Sprechakt des Typs *réfuter* kann sich entweder auf Gegenstände (ad rem) oder auf Personen (ad hominem) beziehen, sodass sich tatsachen- und personenwertende Sprechakte in Anlehnung an Gruber (1996) unterscheiden ließen. Als Bewertungskriterien in tatsachenwertenden Sprechakten ließen sich die Wahrheit, die Logik, die Relevanz und die Richtigkeit je nach Bewertungsgegenstand ermitteln. Als Angriffspunkte und beurteilte Eigenschaften stellten sich in personenwertenden Sprechakten der Intelligenzgrad, Verhaltensweisen, Berufsgruppen- sowie Geschlechtszugehörigkeit heraus. Aus pragmatischer Sicht hat sich die Negation (kontextabhängig) als potenzieller aber auch privilegierter Marker für den Sprechakt *réfuter* in Anlehnung an die Annahme Moeschlers (1982: 82) herausgestellt. Neben formalen Indikatoren der Negation konnten in den refutierenden Sprechakten semantische Indikatoren ermittelt werden.

9. Ergebnisse und Ausblick

Als zentrales Ziel der Studie galt es, den Einfluss der Digitalkultur auf das Gegenargumentieren zu analysieren. Spezifisch hierfür wurden sprachliche Handlungen und Mittel des Gegenargumentierens in den Neuen Medien ermittelt. Als Untersuchungskorpus dienten französische Internetdiskussionsbeiträge zu europapolitischen Fragen, deren kommunikativer Kern das Argumentieren (und damit auch das Gegenargumentieren) darstellt. Die Wahl der Politik als zu untersuchendem Diskursbereich sollte hierbei die Entfaltung sprachlich komplexer gegenargumentativer Verfahren begünstigen.

Als allgemein theoretischer Zugang des Begriffs der Gegenargumentation wurde zunächst die Wortgeschichte der Wortfelder *contre-argumentation* und Gegenargumentation nachgezeichnet (Kapitel 2). Hierdurch konnten die metasprachlichen Begriffe auf ihre Beleglage und auf relevante Wortverbindungen untersucht werden (vgl. *argumenter contre* vs. *contre-argumenter*).

In Kapitel 3 wurde der Frage nachgegangen werden, wie sich die begriffsgeschichtliche Entwicklung von gegenargumentativen bzw. widerlegenden Verfahren in Rhetoriktraktaten darstellt.

Die antiken Bezeichnungen für den Begriff der Widerlegung konnten als „Vorläufer" des Begriffs der Gegenargumentation identifiziert werden, wie sich anhand von Definitionen u. a. von Aristoteles, des Auctor ad Herennium, Ciceros und Quintilians zeigen ließ. Die Termini der Widerlegung (wie z. B. gr. *Anaskeue*, lat. *Confutatio*) werden zudem im HWdR unter Zuhilfenahme des Begriffs der „Kontra-Argumentation" erklärt und mit dieser gleichgesetzt, wodurch die Hypothese gestützt werden konnte. Die antiken Bezeichnungen für die Widerlegung zeigten in den untersuchten Traktaten der Rhetorik unterschiedliche Funktionen und Bedeutungen. Neben Prüfungsverfahren mit dem Ziel der gegnerischen Widerlegung wurden damit ebenfalls Argumentationstechniken, Mittel und Methoden zur Widerlegung bezeichnet und unter diesem Begriff zusammengefasst. Auch der Redeteil, der zur negativen Beweisführung diente, wurde mit Widerlegung wiedergegeben. Die Frage, warum die Gegenargumentation nicht nur früher, sondern auch heute z. T. als Element der Argumentation behandelt wurde bzw. wird, konnte durch die Betrachtung struktureller Aspekte beantwortet werden. Aristoteles und Quintilian gehen von der Gleichheit der Topoi (Fundstellen der Argumente/Beweise) für den beweisführenden und den widerlegenden Redeteil[631] aus, sodass Argumentation (Beweis) und Gegenargumentation (Widerlegung) aufgrund der Topoi miteinander verbunden seien.

In Kapitel 4 wurden ausgehend von der Antike bis hin zur Gegenwart rhetorische und argumentationstheoretische Abhandlungen auf Modelle und Strukturen der Gegenargumentation untersucht mit dem Ziel, einen geeigneten Ansatz für die Analyse der Gegenargumentation in Internetforumsdiskussionen zu finden. Die diskutierten Ansätze wurden hinsichtlich sechs Aspekten zu systematisieren versucht: der Berücksichtigung der Kommunikationssituation, der Kommunikations- und Argumentationsrollen, der Modellstrukturen, der Hierarchisierung der Argumente sowie der Bezugsobjekte der Gegenargumentation. Des Weiteren wurde eine Differenzierung von Argumentations- und Gegenargumentationsmodellen in Mikro- und Makromodellform sowie eine Zuordnung zur von Apothéloz, Brandt und Quiroz (1989) postulierten Dichotomie in *argumentation positive* und *argumentation négative* vorgenommen. Diese Zuordnung erlaubte, das Gegenargumentieren für eine negative Konklusion (*argumentation positive*) vom Gegenargumentieren gegen eine vorangehende Behauptung eines Gegners zu unterscheiden (*argumentation négative*). Erstere kann in Mikro- und Makromodellform vorliegen, Letztere nur in Makromodellform. Aus den modernen Theorien wurde eine weitgehend theorieneutrale Arbeitsdefinition der Gegenargumentation für die Analyse abgeleitet und erarbeitet.

Aus den in Kapitel 4 diskutierten Ansätzen stellte sich derjenige der Amsterdamer Schule als differenziertester hinsichtlich der zuvor genannten kommunikativen sowie argumentativen Aspekte heraus. Darüber hinaus liegen bereits Analysen zum politischen Diskurs mit diesem Ansatz vor, weshalb sich für die pragma-dialektische Vorgehensweise entschieden wurde, die in Kapitel 5 ausführlich vorgestellt wurde. Die Verteilung der Diskussionsrollen, die unterschiedlichen Typen von Disputen, die Stadien einer kritischen Diskussion und die Sprechakte des Protagonisten und Antagonisten wurden präsentiert. Dabei wurde deutlich, dass die Pragma-Dialektik antike Rhetorik und moderne Argumentationstheorie miteinander verbindet, wie sich besonders deutlich bei der Gegenüberstellung der Diskussionsstadien und den rhetorischen Redeteilen zeigte.

Die Eignung der Argumentationstheorie für die Korpusanalyse wurde aufgrund theoretischer, empirischer und methodischer Kriterien herausgearbeitet.

---

631 Aristoteles nimmt nur einen beweisführenden Redeteil an. Einen eigenen widerlegenden Redeteil lehnt er aufgrund der Gleichheit der Topoi für den Beweis und die Widerlegung ab.

Bevor die Bezugsobjekte bzw. die Foci von kritischen Reaktionen als letzter argumentativer Aspekt zur Beschreibung des Gegenargumentierens mithilfe der pragma-dialektischen Argumentationstheorie hinzugezogen wurden, sollte Kapitel 6 die Frage beantworten, welchen kommunikativen, digitaltechnologischen und institutionellen Bedingungen das Internetforum *Debate Europe* unterliegt. Die Kommunikationsbedingungen wurden anhand der zehn von Koch und Oesterreicher (1990/²2011) aufgestellten Parameter zur Beschreibung von Kommunikationsformen analysiert. Es handelte sich u. a. um physische, emotionale, situationale, referentielle, dialogische sowie thematische Parameter. Besonders die Kontrollinstanz der Administratoren und Moderatoren des von der europäischen Kommission eingerichteten Internetforums *Debate Europe* konnte als Einflussfaktor auf die Meinungsfreiheit, die „emotionale Beteiligung" und den „Grad der Dialogizität" der Diskussionsteilnehmer ermittelt werden. Den Moderatoren obliegt es, *contenu abusif ou offensant* zu entfernen und über die Einhaltung der Netiquette zu wachen.[632] Einen besonderen Einfluss auf den „Grad der Dialogizität" innerhalb eines Diskussionsbeitrags hat die automatische Quoting-Funktion, die zu den technischen Gegebenheiten der Software von Online-Foren gehört. Anhand dieser Funktion wird der Einfluss der digitalen Rahmenbedingungen für die strukturelle und sprachliche Gestaltung von Internetforumsdiskussionsbeiträgen besonders deutlich.

Zu den technischen Bedingungen, die sich auf das Gegenargumentieren auswirken können, gehört zudem, dass Diskussionsteilnehmer auch noch nach Jahren auf veröffentlichte Diskussionsbeiträge reagieren und zugreifen können.[633] Das führt dazu, dass der polylogale Charakter (Marcoccia 2004a) des Forums eine multiple Konfrontation (Lewiński 2010) und ein prinzipiell uneingeschränktes Kritisieren zulässt – es sei denn ein Forum schließt oder ein Moderator weist einen Thread als geschlossen aus.

Aus der Betrachtung der institutionellen Bedingungen ergab sich, dass die Kommunikation im Internetforum *Debate Europe* keinen formalen Restriktionen, wie z. B. in einer offiziellen Parlamentsdebatte, unterliegt.

Das Kapitel 7 lieferte wichtige definitorische und theoretische Erkenntnisse für die makroskopische Betrachtung und Strukturierung des Hauptteils. Das Gegenargumentieren des Antagonisten wurde aus pragma-dialektischer Perspektive der Angriffsaufgabe des Antagonisten zugeordnet und als Sprechakt

---

632 Wer wiederum die zensierenden Handlungen der Moderatoren und Administratoren prüft, ist nicht nachvollziehbar.

633 Es sei denn der Forumsbetreiber – im vorliegenden Fall die Europäische Kommission – nimmt die Seite vom Netz.

des Argumentationsstadiums in einer Diskussion identifiziert. Des Weiteren wurde herausgearbeitet, dass das Gegenargumentieren kein initiativer, sondern ein reaktiver Akt ist und eines Auslösers bedarf: einer Vor- bzw. Teilargumentation eines Protagonisten, die angegriffen werden soll. Als Angriffsziele von gegenargumentativen Handlungen des Antagonisten wurden die Konklusion, die Prämisse(n) und die Schlussregel ermittelt, in Anlehnung an die von Krabbe und van Laar (2011) genannten *parts of an elementary argument.*

Kapitel 8 präsentierte die Hauptanalyse und beschrieb die makroskopisch ermittelte Makrostruktur der Gegenargumentation eines Antagonisten. Es sollte die Frage beantworten, aus welchen sprachlichen Handlungen sich der komplexe Sprechakt des Gegenargumentierens des Antagonisten im Internetforum *Debate Europe* zusammensetzt. Als konstitutive Sprechakte konnten das Referieren (Konfrontationsstadium), das negative bewerten von Gegenständen oder/und Personen sowie das Argumentieren zur Stützung der negativen Bewertung und somit des Angriffs ermittelt werden (Argumentationsstadium). Die Sprechakte des Eröffnungsstadiums sind aufgrund ihres in der Regel Implizitbleibens von geringerer Bedeutung, wie sich auch anhand der wenigen Korpusbeispiele zeigte. Daraus ergibt sich eine in der Regel dreiteilige Handlungsabfolge in Internetforumsdiskussionen seitens des Antagonisten: referieren + negatives bewerten + argumentieren. Fasst man die Teilhandlungen der negativen Bewertung und Argumentation zu dem Sprechakt *réfuter* zusammen, ergibt sich die Struktur: referieren + refutieren.

Die Handlung des Referierens ließ wortwörtliches und indirektes Wiedergeben sowie Mischformen der beiden erkennen. Das wortwörtliche Zitieren erfolgte in der Regel mit der sogenannten Quoting-Funktion. Insgesamt ließen sich zwei verschiedene Formen des Quotings unterscheiden: das Inline-Quoting und das Fullquote. Die Möglichkeit der wortgetreuen Wiedergabe (von langen monologischen und dialogischen Passagen) mit diesen Formen des Zitierens ist eine Besonderheit der Internetkommunikation, die so in der Alltagskommunikation nur unter Hinzunahme eines Aufzeichnungsgerätes möglich wäre. Diese technische Funktion wird von den Diskussionsbeitragsverfassern strategisch eingesetzt, um Zitate effizient für ihre Gegenargumentation einzusetzen, wie besonders bei der Verzahnung der Inline-Quotings deutlich wurde. Es zeigt sich durch die von der Forumssoftware eingebaute Zitieroption der relevante Einfluss der medialen Gegebenheiten auf den Prozess des Gegenargumentierens.

Bei den indirekten Wiedergaben der Originaläußerung im Internetforum handelte es sich prinzipiell um „selbstinitiierte Fremd-Reformulierungen" (Gülich 2008). Diese ließen sich als Rephrasierungen charakterisieren, die hinsichtlich verschiedener Faktoren analysiert und für die eine Typologie von Referenzsignalen erarbeitet wurden. Es darf hinzugefügt werden, dass diese als Grund- und Vorlage für vergleichbare Studien dienen könnten, die andere Formen der interpersonalen Massenkommunikation untersuchen.

Die Handlung des negativen Bewertens (*évaluation négative*) ließ sich in tatsachenwertende und personenwertende Sprechakte in Anlehnung an die Unterscheidung (*ad rem/ad hominem*) von Schopenhauer unterteilen.

Die Bewertungskriterien der tatsachenwertenden Sprechakte stellten prinzipiell die Wahrheit, Logik und Relevanz in Bezug auf die angegriffene Äußerung bzw. den propositionalen Gehalt dar. Bei der Bewertung von Handlungen konnte als Kriterium das der Richtigkeit ermittelt werden.

Die personenwertenden Sprechakte ließen am häufigsten eine negative Bewertung des Intelligenzgrads und der Verhaltensweisen der Diskussionsteilnehmer erkennen. Diese Bezugskategorien ließen sich der Typologie von Hundsnurscher (2001) zum Angriff auf das Selbstwertgefühl einer Person zuordnen. Darüber hinaus versuchte der Antagonist, den Protagonisten aufgrund seiner Geschlechtszugehörigkeit und Berufsgruppe zu disqualifizieren. Es handelte sich dabei um Sprechakte, die zu den *fallacious moves* in kritischen Diskussionen zählen (vgl. Lewiński 2010: 17). Es sei darauf hingewiesen, dass die Analyse der tatsachen- und personenwertenden Sprechakte weit davon entfernt ist, erschöpfend zu sein, und daher eine profunde Untersuchung weiterer politischer Internetforen Aufschluss über weitere Angriffspunkte und disqualifizierende Aspekte geben könnte.

Die dritte Handlung – das Argumentieren zur Stützung der negativen Bewertung (*argumentation*) – zeigte in der Regel als Abgrenzungs- bzw. Gliederungssignal einen Punkt, Komma oder Doppelpunkt. Als einziges sprachliches Signal für die syntaktische Einbettung der *argumentation* konnte die Konjunktion *puisque* ermittelt werden.

Abschließend bleibt festzustellen, dass der Versuch, politische Internetforenbeiträge auf gegenargumentierende Handlungen mittels einer Argumentationstheorie, welche antike und zeitgenössische Ansätze verknüpft, zu untersuchen, sich als fruchtbar erwiesen hat. Die ermittelten Makrostrukturen der Gegenargumentation eines Antagonisten werden – so die Hoffnung – weitere Arbeiten zum gegenargumentativen Aufbau von Text- und Gesprächssorten des Internets nach sich ziehen.

Literatur- und Quellenverzeichnis

Abbott, Rob et al. (2011): „How can you say such things?!?: Recognizing Disagreement in Informal Political Argument", in: *Proceedings of the Workshop on Language in Social Media* (LSM 2011), S. 2–11.

Adam, Jean-Michel (³1997): *Les textes: types et prototypes: Récit, description, argumentation, explication et dialogue*, Paris.

Adam, Jean-Michel (2004): „Une approche textuelle de l'argumentation : 'schéma', séquence et phrase périodique", in: Doury, Marianne/ Moirand, Sophie: *L'argumentation aujourd'hui*, Paris, S. 77–102.

Adamietz, Joachim (1960): Ciceros de inventione und die Rhetorik ad Herennium, Diss. Marburg.

Allemann, Beda (1954): „Friedensfeier: Zur Wiederentdeckung einer späten Hymne Hölderlins", in: *Neue Zürcher Zeitung*, 25. Dezember 1954.

Amossy, Ruth (2011): „La coexistence dans le dissensus. La polémique dans les forums de discussion", in: *Semen* 31, S. 25–42 (http://semen.revues.org/9051; Stand: 25.01.2016).

Angenot, Marc (1982): *La parole pamphlétaire. Typologie des discours modernes*, Paris.

Anscombre, Jean-Claude (1977): „La problématique de l'illocutoire dérivé", in: *Langage et société* 2, S. 17–41.

Ancombre, Jean-Claude (2002): „Mais/pourtant dans la contre-argumentation directe : raisonnement, généricité, et lexique", in : *Linx* 46, S. 115–131 (http://linx.revues.org/104; Stand : 25.01.2016).

Anscombre, Jean-Claude/Ducrot, Oswald (1983): *L'argumentation dans la langue*, Bruxelles.

Apeltauer, Ernst (1977): *Elemente und Verlaufsformen von Streitgesprächen. Eine Analyse von Texten und Tonbandprotokollen unter sprechhandlungstheoretischen Gesichtspunkten*, Diss. Münster.

Apostel, Leo (1982): „Towards a general Theory of Argumentation", in: Barth, Else M./Martens, Jo L. (Hg.): *Argumentation. Approaches to Theory of Formation. Containing the Contributions to the Groningen Conference on the Theory of Argumentation*, October 1978, Amsterdam, S. 93–122.

Apothéloz, Denis (1989): „Esquisse d'un catalogue des formes de la contre-argumentation", in: Miéville, Denis et al.: *La négation. Contre-argumentation et contradiction. Travaux du Centre de Recherches Sémiologiques* 57, Septembre 1989, Université de Neuchâtel, S. 69–86.

Apothéloz, Denis/Brandt, Pierre-Yves/Quiroz, Gustavo (1989): „De la logique à la contre-argumentation", in: Miéville, Denis et al.: *La négation. Contre-argumentation et contradiction. Travaux du Centre de Recherches Sémiologiques* 57, Septembre 1989, Université de Neuchâtel, S. 1–42.

Apothéloz, Denis/Brandt, Pierre-Yves/Quiroz, Gustavo (1993): „The function of negation in argumentation", in: *Journal of Pragmatics* 19.1, S. 23–38.

Aquinatis, Thomae S., *Opuscula omnia necnon opera minora. Tomus Primus: Opuscula philosophica.* Ad fidem codicum restituit ac ed. Joannes Perrier, Paris, 1949.

Aristote, *Topiques.* Texte établi et traduit par Jacques Brunschwig, Tome I, Livres I–IV, Paris, 1967.

Aristote, *Rhétorique.* Texte établi et traduit par Médéric Dufour, Tome II, Livre II, Paris, 1960.

Aristotle, *The rhetoric of Aristotle* with a Commentary by Edward M. Cope. Revised and Edited by John E. Sandys, Bd. 2, Hildesheim/New York, 1979.

Aristotle, *The categories on interpretation. Prior analytics.* Hg. von Harold P. Cook und Hugh Tredennick, London, 1962.

Aristoteles, *Rhetorik.* Übersetzt, mit einer Bibliographie, Erläuterungen und mit einem Nachwort von Franz G. Sieveke, München, [4]1993.

Aristoteles, *Topik. Sophistische Widerlegungen.* Übersetzt von Eugen Rolfes, Hamburg, 1995a.

Aristoteles, *Kategorien. Lehre vom Satz. Lehre vom Schluß oder Erste Analytik. Lehre vom Beweis oder Zweite Analytik.* Übersetzt von Eugen Rolfes, Hamburg, 1995b.

Aristoteles, *Topik. Topik, neuntes Buch oder Über die sophistischen Widerlegungsschlüsse.* Hg. und übersetzt, mit Einleitung und Anmerkungen versehen von Hans Günter Zekl, Griechisch-deutsch, Hamburg, 1997.

Aristoteles, *Rhetorik.* Übersetzt und erläutert von Christoph Rapp. Aristoteles Werke in deutscher Übersetzung. Hg. von Hellmut Flashar, Bd. 4, Berlin, 2002.

Aristoteles, *Rhetorik.* Übersetzt und herausgegeben von Gernot Krapinger, Stuttgart, 2007.

Atayan, Vahram (2006): *Makrostrukturen der Argumentation im Deutschen, Französischen und Italienischen*, Frankfurt a.M.

Atayan, Vahram/Sergo, Laura (2013): „Diskursmarkerübersetzung in der Sprache der Politik aus der Produktionsperspektive: am Beispiel des Konnektors *ovvero*", in: Sergo, Laura/Wienen, Ursula/Atayan, Vahram (Hg.): *Fachsprache(n) in der Romania. Entwicklung, Verwendung, Übersetzung*, Berlin, S. 211–234.

Auctor ad Herennium: *Rhetorica ad Herennium*. Lateinisch-deutsch. Hg. und übersetzt von Theodor Nüßlein, Zürich et al., 1994.

Authier, Jacqueline/Meunier, André (1977): „Exercices de grammaire et discours rapporté", in: *Langue française* 33, S. 41–67.

Bally, Charles (1932): *Linguistique générale et linguistique française*, Paris.

Barth, Else M./Krabbe, Erik C.W. (1982): *From Axiom to Dialogue*, Berlin.

Baur, Robert (2006): *„Sokratischer Dialog" und hypnosystemische „Teilearbeit" in „Therapie" und „Beratung"*, Inaugural-Dissertation zur Erlangung des Doktorgrades, Universität Augsburg. (http://opus.bibliothek.uni-augsburg.de/volltexte/2007/572/pdf/Sokratischer_Dialog_und_hypnosystemische_Teilearbeit.pdf, Stand: 25.01.2016).

Beasley, Gregg (1981): „Grundzüge eines Interaktionsmodells für dialogisches Argumentieren", in: Hindelang, Götz/ Zillig, Werner: *Sprache: Verstehen und Handeln. Akten des 15. Linguistischen Kolloquiums*, Bd. 2, Tübingen.

Bechmann, Sascha (2007): *Rhetorische Fragen*, München. (Magisterarbeit, Heinrich-Heine-Universität Düsseldorf. (http://docserv.uni-duesseldorf.de/servlets/DerivateServlet/Derivate-8861/ma_bechmann_pdfa1b.pdf, Stand: 25.01.2016).

Beck, Klaus (2006): *Computervermittelte Kommunikation im Internet*, München.

Beißner, Friedrich (1954): „Erläuterungen zu Hölderlins ‚Friedensfeier'", in: Hölderlin, Friedrich/Beißner, Friedrich (Hg.): *Friedensfeier*, Bibliotheca Bodmeriana IV, Stuttgart, S. 17–43.

Beißwenger, Michael (2003): „Sprachhandlungskoordination im Chat", in: *Zeitschrift für germanistische Linguistik* 31.2, S. 198–231.

Berschin, Helmut/Felixberger, Josef/Goebl, Hans (1978): *Französische Sprachgeschichte*. Lateinische Basis, interne und externe Geschichte, sprachliche Gliederung Frankreichs. Mit einer Einführung in die historische Sprachwissenschaft, München.

Bijsmans, Patrick/Altidis, Christina (2007): „'Bridging the Gap' between EU Politics and Citizens? The European Commission, National Media and EU Affairs in the Public Sphere", in: *Journal of European Integration* 29 (3), S. 323–340.

Blum, Christian (2007): Debattieren. Die Königsform der Rhetorik lernen, München.

Böhler, Dietrich/Katsakoulis, Gregori (1994): „Diskussion", in: Ueding, Gert (Hg.): *Historisches Wörterbuch der Rhetorik*, Bd. 2, Tübingen, S. 819–831.

Boethius, Anicius Manlius Severinus, *In Ciceronis Topica*. Translated, with notes and an introduction by Eleonore Stump, Ithaca/London, 1988.

Bracops, Martine (^{2}2010): *Introduction à la pragmatique. Les théories fondatrices: actes de langage, pragmatique cognitive, pragmatique intégrée*, Bruxelles.

Brandt, Pierre-Yves (1989): „Contre-argumentation et organisation raisonnée", in: Miéville, Denis et al. (Hg.): *La négation. Contre-argumentation et contradiction. Travaux du Centre de Recherches Sémiologiques* 57, Septembre 1989, Université de Neuchâtel, S. 43–67.

Brashers, Dale E./Meyers, Renee A. (1989): „Tag-team argument and group decision-making: A preliminary investigation", in: Gronbeck, Bruce (Hg.): *Spheres of argument: Proceedings of the Sixth SCA/AFA Conference on Argumentation*, Annandale, VA, S. 542–550.

Brockriede, Wayne E./Ehninger, Douglas (1960): „Toulmin on Argument: an Interpretation and Application", in: *Quaterly Journal of speech* 46, S. 44–53.

Brown, Penelope (2005): „Linguistic Politeness/Sprachliche Höflichkeit", in: Ammon, Ulrich et al. (Hgg.): *Soziolinguistik: ein internationales Handbuch zur Wissenschaft von Sprache und Gesellschaft; – Sociolinguistics – an international handbook of the science of language and society* (Handbücher zur Sprach- und Kommunikationswissenschaft (HSK) 3.2, Berlin, S. 1410–1416.

Bröcker, Walter (1958): „Rezension: Plato's earlier dialectic", in: *Gnomon* 30, S. 510–519.

Bühler, Karl (1934/1965): *Sprachtheorie. Die Darstellungsfunktion der Sprache*, Stuttgart.

Burckhardt, Leonhard/Ungern-Sternberg, Jürgen von (2000): *Grosse Prozesse im antiken Athen*, München.

Burri, Gabriela (2003): „Spontanschreibung im Chat", in: *Linguistik online* 15.3/03, S. 1–29.

Bußmann, Hadumod (^{4}2008): *Lexikon der Sprachwissenschaft*, Stuttgart.

Calboli, Gualtiero (1969): *Cornifici Rhetorica ad C. Herennium*. Introduzione, testo critico, commento a cura di Gualtiero Calboli, Bologna.

Canary, Daniel J./Brossmann, Brent G./Seibold, David R. (1987): „Argument structures in decision-making groups", in: *Southern Speech Communication Journal* 53, S. 18–37.

Chichi, Graciela Marta (2002): „The Greek Roots of the Ad Hominem-Argument", in: *Argumentation* 16, S. 333–348.

Christ, Ingeborg (1981): *Redeerwähnung als didaktisches Problem: Kommunikation über Kommunikation im Französischunterricht*, Tübingen.

Cicero, Marcus Tullius, *Pro T. Annio Milone ad iudices oratio*. Mit d. Kommentar d. Q. Asconius Pedianus u. ausgewählten Stücken aus d. Bobienser Scholien, hg. von Zieler, Konrat, Heidelberg, ^{2}1977.

Cicero, Marcus Tullius, *Topica*. Hg., übersetzt und kommentiert von Zeckl, Hans G., Hamburg, 1983.

Cicero, Marcus Tullius, *De inventione. Über die Auffindung des Stoffes. De optimo genere oratorum. Über die beste Gattung von Rednern*. Lateinisch-deutsch. Hg. und übersetzt von Theodor Nüßlein, Darmstadt, 1998.

Cicero, Marcus Tullius, *De oratore. Über den Redner*. Lateinisch/Deutsch. Übers. und hrsg. von Harald Merklin. Bibliogr. erg. Ausg., Stuttgart, 2006.

Coenen, Hans G. (2001): „Locus communis", in: Ueding, Gert (Hg.): *Historisches Wörterbuch der Rhetorik*, Bd. 5, Tübingen, S. 398–411.

Coseriu, Eugenio (1988/²2007): *Sprachkompetenz. Grundzüge der Theorie des Sprechens*, Tübingen.

Dethloff, Uwe/Wagner, Horst (2002): *Die französische Grammatik: Regeln – Anwendung – Training*, Tübingen/Basel.

Dieckmann, Walther (2005): *Streiten über das Streiten. Normative Grundlagen polemischer Metakommunikation* (Konzepte der Sprach- und Literaturwissenschaft 65), Tübingen.

Dijk, Teun A. van (1977): *Text and Context. Explorations in the Semantics and Pragmatics of Discourse*, London.

Dingel, Joachim (1988): *Scholastica materia: Untersuchungen zu den Declamationes minores und der Institutio oratoria Quintilians*, Berlin/New York.

Döring, Klaus (1998): „Sophistik, Sokrates, Sokratik, Mathematik, Medizin", in: Flashar, Hellmut et al. (Hg.): *Die Philosophie der Antike*, Bd. 2.1, Basel et al.

Dörpinghaus, Andreas (2002): *Logik der Rhetorik. Grundriss einer Theorie der argumentativen Verständigung in der Pädagogik*, Würzburg.

Drescher, Martina (2003): *Sprachliche Affektivität: Darstellung emotionaler Beteiligung am Beispiel von Gesprächen aus dem Französischen*, Tübingen.

Düring, Ingemar (1966): *Aristoteles. Darstellung und Interpretation seines Denkens*, Heidelberg.

Dürscheid, Christa (2003): „Medienkommunikation im Kontinuum von Mündlichkeit und Schriftlichkeit. Theoretische und empirische Probleme", in: *ZfAL* 38, 37–56.

Dürscheid, Christa (2005): „Medien, Kommunikationsformen, kommunikative Gattungen", in: *Linguistik online* 22.1, 1–14.

Dürscheid, Christa (³2006): *Einführung in die Schriftlinguistik*, Göttingen.

Ducrot, Oswald (1972): *Dire et ne pas dire. Principes de sémantique linguistique*, Paris.

Ducrot, Oswald (1973): *La preuve et le dire*, Paris.

Ducrot, Oswald (1980): *Les échelles argumentatives*, Paris.

Ducrot, Oswald (1984): *Le dire et le dit*, Paris.

Ducrot, Oswald et al. (1980): *Les mots du discours*, Paris.

Edwards, Arthur R. (2002): „The Moderator as an emerging Intermediary: The Role of the Moderator in Internet Discussions about Public Issues", in: *Information Policy* 7 (1), S. 3–20. (http://repub.eur.nl/res/pub/451/BSK019.pdf, Stand: 04.04.2014).

Edwards, Arthur R. (2004): „The Moderator in Government-Initiated Internet Discussions: Facilitator or Source of Bias?", in: Mälkiä, Matti/Anttiroiko, Ari-Veikko/Savolainen, Reijo (Hg.): *eTransformation in Governance: New Directions in Government and Politics*, IGI Global, S. 150–168.

Eemeren, Frans H. van/ Garssen, Bart (2013): „Viewing the Study of Argumentation as Normative Pragmatics", in: Capone, Alessandro et al. (Hg.): *Perspectives on Pragmatics and Philosophy*, Berlin/New York, S. 515–536.

Eemeren, Frans H. van/Grootendorst, Rob (1984): *Speech Acts in Argumentative Discussions. A Theoretical Model for the Analysis of Discussions Directed towards Solving Conflicts of Opinion*, Berlin/Dordrecht.

Eemeren, Frans H. van/Grootendorst, Rob (1987): *Handbook of Argumentation Theory*, Dordrecht/Providence.

Eemeren, Frans H. van/Grootendorst, Rob (1992): *Argumentation, Communication, and Fallacies: A Pragma-Dialectical Perspective*, Hillsdale, NJ.

Eemeren, Frans H. van et al. (1993): *Reconstructing argumentative discourse*, Tuscaloosa.

Eemeren, Frans H. van /Grootendorst, Rob (2004): *A Systematic Theory of Argumentation. The Pragma-Dialectical Approach*, Cambridge.

Eemeren, Frans H. van/Houtlosser, Peter (1999): „Strategic Manoeuvring in Argumentative Discourse", in: *Discourse Studies* (1) 4, S. 479–497.

Eemeren, Frans H. van/Houtlosser, Peter (2000): „Rhetorical Analysis within a Pragma-Dialectical Framework. The Case of R. J. Reynolds", in: *Argumentation* 14, S. 293–305.

Eemeren, Frans H. van /Houtlosser, Peter (2002a): „Strategic Manoeuvring: Maintaining a delicate Balance", in: Eemeren/Frans H. van/Houtlosser, Peter (Hg.): *Dialectic and Rhetoric: The Warp and Woof of Argumentation Analysis*, Dordrecht, S. 131–159.

Eemeren, Frans H. van /Houtlosser, Peter (2002b): „Strategic Maneuvering with the Burden of Proof", in: Eemeren, Frans H. van (Hg.): *Advances in Pragma-Dialectics*, Amsterdam, S. 13–28.

Eemeren, Frans H. van /Grootendorst, Rob/Snoeck Henkemans, A. Francisca (1996): *Fundamentals of Argumentation Theory*, Mahwah.

Eemeren, Frans H. van /Houtlosser, Peter/Snoeck Henkemans, Francisca A. (2007): *Argumentative Indicators in Discourse. A Pragma-Dialectical Study*, Dordrecht.

Eemeren, Frans H. van (2006): „Argumentationstheorie nach der *Neuen Rhetorik*", in: Kopperschmidt, Josef (Hg.): *Die neue Rhetorik. Studien zu Chaim Perelman*, München.

Eemeren, Frans H. van (2010): *Strategic Maneuvering in Argumentative Discourse: Extending the Pragma-Dialectical Theory of Argumentation*, Amsterdam.

Eemeren, Frans H. van (2013): „Strategic manoeuvring in argumentative discourse in political deliberation", in: Pirazzini, Daniela/Schiemann, Anika (Hg.): *Dialogizität in der Argumentation: Formale und Strukturelle Spezifika*, Frankfurt a. M., S. 69–87.

Eggler, Marcel (2006): *Argumentationsanalyse textlinguistisch: argumentative Figuren für und wider den Golfkrieg von 1991*, Tübingen.

Eggs, Ekkehard (1984): *Die Rhetorik des Aristoteles. Ein Beitrag zur Theorie der Alltagsargumentation und zur Syntax von komplexen Sätzen (im Französischen)*, Frankfurt a. M./Bern/New York.

Eggs, Ekkehard (1994): *Grammaire du discours argumentatif. Le topique, le générique, le figuré*, Paris.

Eggs, Ekkehard (1996): „Formen des Argumentierens in Zeitungskommentaren – Manipulation durch mehrsträngig-assoziatives Argumentieren?", in: Hess-Lüttich, Ernest W.B./Holly, Werner/Püschel, Ulrich (Hg.): *Textstrukturen im Medienwandel*, Frankfurt a. M. et al., S. 179–209.

Eggs, Ekkehard (2000a): „Vertextungsmuster Argumentation: Logische Grundlagen", in: Brinker, Klaus et al. (Hg.): *Text- und Gesprächslinguistik/Linguistics of Text and Conversation. Ein Handbuch zeitgenössischer Forschung/An international Handbook of Contemporary Research*, 1. Halbbd., Berlin/New York, S. 397–414.

Eggs, Ekkehard (2000b): „Die Bedeutung der Topik für eine linguistische Argumentationstheorie", in: Schirren, Thomas/Ueding, Gert (Hg.): *Topik und Rhetorik. Ein interdisziplinäres Symposium*, Tübingen, S. 578–608.

Ehrhardt, Claus (2009): „Netiquette zwischen Anspruch und Wirklichkeit. Höflichkeit in deutschen und italienischen Internetforen", in: Ehrhardt, Claus/ Neuland, Eva (Hrsg.): *Sprachliche Höflichkeit in interkultureller Kommunikation und im DaF-Unterricht*, Frankfurt a. M., S. 171–190.

Erler, Michael (2006): *Platon*, München.

Felman, Shoshana (1979): „Le discours polémique (Propositions préliminaires pour une théorie de la polémique)", in: *Cahiers de l'Association internationale des études françaises* 31, S. 179–192.

Flashar, Hellmut et al. (1998): *Die Philosophie der Antike. Sophistik, Sokrates, Sokratik, Mathematik, Medizin*, Bd. 2.1, Basel et al.

Franke, Thomas (1996): *Direkte Kommunikation im Internet*, Düsseldorf.

Freeley, Austin J./Steinberg, David L. ([13]2013): *Argumentation and Debate. Critical Thinking for Reasoned Decision Making*, Boston, MA.

Frege, Gottlob ([6]1986): *Funktion, Begriff, Bedeutung*, Göttingen.

Fries, Norbert (2003): „de ira", in: *Linguistik online* 13.1, S. 103–123.

Garcea, Alessandro/ Bazzanella, Carla (2002): „Discours rapporté et Courrier Electronique", in: *Faits de Langues* 19, S. 231–244.

Gardt, Andreas (2007): „Kürze in Rhetorik und Stilistik", in: Bär, Jochen A. et al. (Hg.): *Sprachliche Kürze. Konzeptuelle, strukturelle und pragmatische Aspekte*, Berlin/New York, S. 70–88.

Gatzemeier, Matthias ([2]2005): „Dihaireses", in: Mittelstraß, Jürgen (Hg.): *Enzyklopädie Philosophie und Wissenschaftstheorie*, Stuttgart et al., Bd. 2, C-F, S. 209.

Gawoll, Hans-Jürgen (1994): „Dialektik. Von F. Bacon bis zur Gegenwart", in: Ueding, Gert (Hg.): *Historisches Wörterbuch der Rhetorik*, Tübingen, Bd. 2, S. 580–591.

Givón, Talmy (1993): *English Grammar. A Function-Based Introduction*, Amsterdam.

Glinz, Hans (1994): *Grammatiken im Vergleich: Deutsch – Französisch – Englisch – Latein; Formen – Bedeutungen – Verstehen*, Tübingen.

Göttert, Karl-Heinz (1978): *Argumentation*, Tübingen.

Göttert, Karl-Heinz ([6]2009): *Einführung in die Rhetorik. Grundbegriffe-Geschichte-Rezeption*, Paderborn.

Grevisse, Maurice/Goosse, André ([14]2008): *Le bon usage. Grammaire française*, Bruxelles.

Grewendorf, Günther (1975): *Argumentation und Interpretation. Wissenschaftstheoretische Untersuchungen am Beispiel germanistischer Lyrikinterpretationen*, Kronberg/Ts.

Grewendorf, Günther (1980): „Argumentation in der Sprachwissenschaft", in: *Zeitschrift für Literaturwissenschaft und Linguistik (LiLi)* 10, Heft 38/39, S. 129–151.

Grice, Paul H. (1975): „Logic and Conversation", in: Cole, Peter/Morgan, Jerry L. (Hg.): *Speech acts* (=Syntax and semantics 3), New York, S. 41–58.

Grimaldi, William M.A. (1972): *Studies in the Philosophy of Aristotle's Rhetoric*, Wiesbaden (Hermes: Einzelschriften 25).

Grize, Jean-Blaise (1982): *De la logique à l'argumentation*, Genève/Paris.

Grize, Jean-Blaise (1993): „Logique naturelle et représentations sociales", in: *Papers on Social Representations – Textes sur les Représentations sociales* 2 (3), S. 151–159.

Grize, Jean-Blaise (1995): „Argumentation et logique naturelle. Convaincre et persuader", in: *Hermès* 15, S. 263–269.

Gruber, Helmut (1996): *Streitgespräche. Zur Pragmatik einer Diskussionsform*, Opladen.

Gülich, Elisabeth (²2008): „Reformulierungen", in: Kolboom, Ingo/Kotschi, Thomas/Reichel, Edward: *Handbuch Französisch. Sprache – Literatur – Kultur – Gesellschaft. Für Studium, Lehre, Praxis*, Berlin, S. 359–367.

Gülich, Elisabeth/Kotschi, Thomas (1987): „Reformulierungshandlungen als Mittel der Textkonstitution. Untersuchungen zu französischen Texten aus mündlicher Kommunikation", in: Motsch, Wolfgang (Hg): *Satz, Text, sprachliche Handlung*, Berlin (DDR), S. 199–261.

Haase, Michael et al. (1997): „Internetkommunikation und Sprachwandel", in: Weingarten, Rüdiger (Hg.): *Sprachwandel durch Computer*, Opladen, S. 51–85.

Habermas, Jürgen (1973): „Wahrheitstheorien", in: Fahrenbach, Helmut (Hg.): *Wirklichkeit und Reflexion. Festschrift für Walter Schulz*, Pfullingen, S. 211–265.

Hafner, Anton (1989): *Untersuchungen zur Überlieferungsgeschichte der Rhetorik ad Herennium*, Bern.

Haßler; Gerda/Neis, Cordula (2009): *Lexikon sprachtheoretischer Grundbegriffe des 17. und 18. Jahrhunderts*, Berlin/New York.

Harras, Gisela/Proost, Kristel/ Winkler, Edeltraud (2007): *Handbuch deutscher Kommunikationsverben. Lexikalische Strukturen*, Bd. 2, Berlin.

Havryliv, Oksana (2009): *Verbale Aggression. Formen und Funktionen am Beispiel des Wienerischen*, Frankfurt a.M.

Heinemann, Wolfgang (2000): „Vertextungsmuster Deskription", in: Brinker, Klaus et al. (Hg.): *Text- und Gesprächslinguistik/Linguistics of Text and Conversation. Ein Handbuch zeitgenössischer Forschung/An international Handbook of Contemporary Research*, Berlin/New York, 1. Halbbd., S. 356–369.

Heinze, Max (1904): „Frauenstädt, Julius", in: *Allgemeine Deutsche Biographie* (ADB), hrsg. durch die Historische Commission bei der Königlichen Akademie der Wissenschaften, Bd. 48, Leipzig, S. 731–733.

Heitsch, Ernst (1977): „Platons Hypothetisches Verfahren im Menon", in: *Hermes* 105.3, S. 257–268. (http://www.jstor.org/stable/4476016?seq=1, Stand: 25.01.2016).

Henne, Helmut/Rehbock, Helmut (⁴2001): Einführung in die Gesprächsanalyse, Berlin/New York.

Herbig, Albert, F./Sandig, Barbara (1994): *„Das kann doch wohl nur ein Witz sein! Argumentieren, Bewerten und Emotionalisieren im Rahmen persuasiver Strategien"*, in: Moilanen, M./Tiittula, M. L. (Hg): *Überredung in der Presse. Texte, Strategien, Analysen*, Berlin/New York, S. 59–98.

Herring, Susan/Stein, Dieter/Virtanen, Tuija (2013): *Pragmatics of Computer-Mediated Communication*, (Handbook of Pragmatics 9), Berlin/Boston.

Heydrich, Wolfgang/Petöfi, Janós S. (1986): *Aspekte der Konnexität und Kohärenz von Texten*, Hamburg.

Hilgendorf, Eric (1990): *Argumentation in der Jurisprudenz. Zur Rezeption von analytischer Philosophie und kritischer Theorie in der Grundlagenforschung der Jurisprudenz*, Tübingen.

Hill, Kevin A./Hughes John E. (1998): *Cyberpolitics: Citizen activism in the age of the Internet*, Lanham, Maryland, U.S.A.

Höffe, Otfried (2005): *Aristoteles-Lexikon*, Stuttgart.

Hoffmann, Ludger (2000): „Thema, Themenentfaltung, Makrostruktur", in: Brinker et al.: *Text- und Gesprächslinguistik. Ein internationales Handbuch zeitgenössischer Forschung*, Teilbd. 1, Berlin/New York, S. 344–356.

Hoppmann, Michael (2008): „Rhetorik des Verstandes (Beweis- und Argumentationslehre)", in: Fix, Ulla/ Gardt, Andreas/Knape, Joachim (Hg.): *Rhetorik und Stilistik. Ein internationales Handbuch historischer und systematischer Forschung. Rhetoric and Stylistics. An international Handbook of Historical and Systematic Research*, Halbbd. 1, Berlin/New York, S. 630–645.

Houtlosser, Peter (2001): „Points of view", in: van Eemeren, Frans H. (Hg.): *Crucial concepts in argumentation theory*, Amsterdam, S. 81–99.

Hundsnurscher, Franz (1976): „Insistieren", in: *Wirkendes Wort* 26, S. 255–265.

Hundsnurscher, Franz (2001): „Streitspezifische Sprechakte: Vorwerfen, Insistieren, Beschimpfen", in: Preyer, Gerhard/Ulkan, Maria/Ulfig, Alexander (Hg.): *Intention-Bedeutung-Kommunikation. Kognitive und handlungstheoretische Grundlagen der Sprachtheorie*, Opladen, S. 363–375.

Jensen, Jakob L. (2003): „Public spheres on the Internet: anarchic or government-sponsored – a comparison", in: *Scandinavian Political Studies* 26.4, S. 349–374.

Kallendorf, Craig (1994): „Brevitas", in: Ueding, Gert (Hg.): *Historisches Wörterbuch der Rhetorik*, Bd. 2, Tübingen, S. 53–60.

Kant, Immanuel (1787): *Kritik der reinen Vernunft*. Hg. von Jens Timmermann, Hamburg, 1998.

Kapp, Ernst (1968): „Syllogistik", in: Kapp, Ernst: *Ausgewählte Schriften*. Hg. von Hans und Inez Diller, S. 254–277.

Katelhöhn, Peggy (2005): *Das fremde Wort im Gespräch. Rededarstellung und Redewiedergabe in italienischen und deutschen Gesprächen*, Berlin.

Kattenbusch, Dieter (2002): „Computervermittelte Kommunikation in der Romania im Spannungsfeld zwischen Mündlichkeit und Schriftlichkeit", in: Heinemann, Sabine/ Bernhard, Gerald/Kattenbusch, Dieter (Hg.): *Roma et Romania: Festschrift für Gerhard Ernst zum 65. Geburtstag*, Tübingen, S. 183–199.

Kerenyi, Karl (1955): „Zur Entdeckung von Hölderlins ,Friedensfeier'", in: Kerenyi, Karl: *Geistiger Weg Europas*, Zürich, S. 102.

Kerbrat-Orecchioni, Catherine (1980): „La polémique et ses définitions", in: Kerbrat-Orecchioni, Catherine/Geas, Nadine (Hg.): *Le discours polémique*, Lyon, S. 3–40.

Kienpointner, Manfred (1983): *Argumentationsanalyse*, Innsbruck.

Kienpointner, Manfred (1992a): „Anaskeue/Kataskeue", in: Ueding, Gert (Hg.): *Historisches Wörterbuch der Rhetorik*, Bd. 1, Tübingen, S. 547–549.

Kienpointner, Manfred (1992b): *Alltagslogik. Struktur und Funktion von Argumentationsmustern*, Stuttgart/Bad Cannstatt.

Kienpointner, Manfred (1994): „Confutatio", in: Ueding, Gert (Hg.): *Historisches Wörterbuch der Rhetorik*, Bd. 2, Tübingen, S. 355–357.

Kienpointner, Manfred (2005): „Aristotelische Rhetoriktradition im 20. Jahrhundert", in: Knape, Joachim/Schirren, Thomas (Hg.): *Aristotelische Rhetorik-Tradition*: Akten der 5. Tagung der Karl und Gertrud Abel-Stiftung vom 5.–6. Oktober 2001 in Tübingen, Stuttgart, S. 363–387.

Kienpointner, Manfred (2008): „Argumentationstheorie", in: Fix, Ulla/ Gardt, Andreas/Knape, Joachim (Hg.): *Rhetorik und Stilistik. Ein internationales Handbuch historischer und systematischer Forschung. Rhetoric and Stylistics. An international Handbook of Historical and Systematic Research*, Halbbd. 1, Berlin/New York, S. 702–717.

Klein, Josef (1993): „Ein 3-Ebenen-Modell zur vergleichenden Analyse argumentativer Texte dargestellt im Netz-Diagramm-Format und exemplifiziert an Zeitungskommentaren", in: *Germanistische Linguistik* 112–113, S. 77–111.

Klein, Josef (1994): „Epicheirem", in: Ueding, Gert (Hg.): *Historisches Wörterbuch der Rhetorik*, Bd. 2, Tübingen, S. 1251–1258.

Klein, Wolfgang. (1980): „Argumentation und Argument", in: *Zeitschrift für Literaturwissenschaft und Linguistik* 38/39, S. 9–57.

Kleinke, Sonja (2007): „Sprachliche Strategien verbaler Ablehnung in öffentlichen Diskussionsforen im Internet", in: Herrmann, Steffen K./Krämer, Sibylle/ Kuch, Hannes (Hg.): *Verletzende Worte. Die Grammatik sprachlicher Missachtung*, Bielefeld, S. 311–336.

Koch, Peter (1997): „Diskurstraditionen: zu ihrem sprachtheoretischen Status und zu ihrer Dynamik", in: Frank, Barbara/Haye, Thomas/Tophinke, Doris (Hg.): *Gattungen mittelalterlicher Schriftlichkeit*, Tübingen, S. 43–79.

Koch, Peter/Oesterreicher, Wulf (1985): „Sprache der Nähe – Sprache der Distanz. Mündlichkeit und Schriftlichkeit im Spannungsfeld von Sprachtheorie und Sprachgeschichte", in: Deutschmann, Olaf et al. (Hg.): *Romanistisches Jahrbuch*, Berlin/New York, S. 15–43.

Koch, Peter/Oesterreicher, Wulf (1990/²2011): *Gesprochene Sprache in der Romania. Französisch, Italienisch, Spanisch*, Berlin/New York.

Kohlmann, Ute (1992): „Objektreferenzen in Instruktionen und Beschreibungen", in: Klein, Wolfgang (Hg.): *Textlinguistik. Zeitschrift für Literaturwissenschaft und Linguistik* 22, S. 93–115.

Kolmer, Lothar/Rob-Santer, Carmen (2002): *Studienbuch Rhetorik*, Paderborn.

Kopperschmidt, Josef (1980): *Argumentation. Sprache und Vernunft II*, Stuttgart et al.

Kopperschmidt, Josef (1989): *Methodik der Argumentationsanalyse*, Stuttgart-Bad Cannstatt.

Kotthoff, Helga (1993): „Disagreement and concession in disputes: On the context sensitivity of preference structures", in: *Language in society* 22, S. 193–216.

Krabbe, Erik C. W. (1987): „Naess's Dichotomy of Tenability and Relevance", in: Eemeren, Frans H. van et al. (Hg.): *Argumentation: Across the lines of discipline. Proceedings of the conference on argumentation 1986*, Dordrecht, S. 307–316.

Krabbe, Erik C.W. (1992): „So What? Profiles for Relevance Criticism in Persuasion Dialogues", in: *Argumentation* 6, S. 271–283.

Krabbe, Erik C. W. (2002): „Profiles of Dialogue as a Dialectical Tool", in: Eemeren, Frans H. van (Hg.): *Advances in pragma-dialectics*, Amsterdam, S. 153–167.

Krabbe, Erik C. W. (2007): „Nothing but Objections!", in: Hansen, Hans V./Pinto, Robert (Hgg.): *Reason reclaimed: Essays in Honor of J. Anthony Blair and Ralph H. Johnson*, Newport News, Virginia, S. 51–63.

Krabbe, Erik C. W./ Laar, Jan A. van (2011): „The Ways of Criticism", in: *Argumentation* 25.2, S. 199–227.

Kranz, Margarita (2004): „Widerlegung", in: Ritter, Joachim et al. (Hg.): *Historisches Wörterbuch der Philosophie*, Bd. 12, Basel/Darmstadt, S. 680–685.

Kraus, Manfred, (1994): „Enthymem", in: Ueding, Gert (Hg.): *Historisches Wörterbuch der Rhetorik*, Bd. 2, Tübingen, S. 1197–1222.

Kraus, Manfred (2001): „Logos", in: Ueding, Gert (Hg.): *Historisches Wörterbuch der Rhetorik*, Bd. 5, Tübingen, S. 624–653.

Kraus, Manfred (2009): „Syllogismus", in: Ueding, Gert (Hg.): *Historisches Wörterbuch der Rhetorik*, Bd. 9, Tübingen, S. 269–298.

Kroll, Wilhelm (1936): *Das Epicheirema*, (Sitzungsberichte der Akademie der Wissenschaften in Wien, Philosophisch-historische Klasse, 216.2), Wien.

Kurz, Josef et al. ([2]2010): „Die Redewiedergabe", in: Kurz, Josef/Müller, Daniel/Pötschke, Joachim/Pöttker, Horst/Gehr, Martin: *Stilistik für Journalisten*, Wiesbaden, S. 111–140.

Lachmann, Eduard (1955): „Der ‚Fürst des Fests'. Stellungnahme", in: *Neue Zürcher Zeitung*, 12. März 1955.

Lakoff, George/Johnson, Mark (1980): *Metaphors We Live By*, Chicago.

Landfield, Kent (1996): *NetNews Moderator's Handbook*. (Quelle des Onlinedokuments: http://www.colorcraze.de/pdfs/usenet_moderators_handbook.pdf; Stand: 25.01.2016).

Lausberg, Heinrich (1963; [10]1990): *Elemente der literarischen Rhetorik. Eine Einführung für Studierende der klassischen, romanischen, englischen und deutschen Philologie*, Ismaning.

Lausberg, Heinrich (1960/[3]1990): *Handbuch der literarischen Rhetorik. Eine Grundlegung der Literaturwissenschaft*, Stuttgart.

Lea, Martin/O'Shea, Tim/Fung, Pat /Spears, Russell (1992): „‚Flaming' in computer-mediated communication: Observations, explanations, implications", in: Lea, Martin (Hg.): *Contexts of computer mediated communication*, New York, S. 89–112.

Lebsanft, Franz (2005): „Kommunikationsprinzipien, Texttraditionen, Geschichte", in: Schrott, Angela/Völker, Harald: *Historische Pragmatik und historische Varietätenlinguistik in den romanischen Sprachen*, Göttingen, S. 25–43.

Lewiński, Marcin (2010): *Internet Political Discussion Forums as an Argumentative Activity Type. A Pragma-dialectical Analysis of Online Forms of Strategic Manoeuvring in Reacting Critically* (Dissertation University of Amsterdam, SicSat), Amsterdam.

Lewiński, Marcin (2011): „The collective antagonist: Multiple criticisms in informal online deliberation", in: van Eemeren, Frans H. et al. (Hgg.): *The Seventh Conference of the International Society for the Study of Argumentation (ISSA)*, Amsterdam, S. 1089–1101.

Lewiński, Marcin/Aakhus, Mark (2014): „Argumentative polylogues in a dialectical framework: A methodological inquiry", in: *Argumentation* 28.2, S. 161–185.

Lo Cascio, Vincenzo (1991): *Grammatica dell'argomentare. Strutture e strategie*, Firenze.

Lo Cascio, Vincenzo (1999): „Narration and Argumentation: a Rhetorical Strategy", in: Rigotti, Eddo (Hg.): *Rhetoric and Argumentation. Proceedings of the International Conference Lugano, April 22–23, 1997.* USI, Facoltà di Scienze della comunicazione. Tübingen, S. 13–39.

Löhner, Michael (1994): „Einwand", in: Ueding, Gert (Hg.): *Historisches Wörterbuch der Rhetorik*, Bd. 2, Tübingen, S. 982–984.

Lossau, Manfred (1994): „Dialektik: Antike", in: Ueding, Gert (Hg.): *Historisches Wörterbuch der Rhetorik*, Bd. 2, Tübingen, S. 559–567.

Marcoccia, Michel (2004a): „On-line polylogues: conversation structure and participation framework in internet newsgroups", in: *Journal of Pragmatics* 36, S. 115–145.

Marcoccia, Michel (2004b): „L'analyse conversationnelle des forums de discussion: questionnements méthodologiques", in: *Les Carnets du Cediscor* 8, mis en ligne le 01 novembre 2006 (http://cediscor.revues.org/220; Stand: 07.03.2014).

Marcoccia, Michel (2004c): „La communication écrite médiatisée par ordinateur : faire du face à face avec de l'écrit", Journée d'étude de l'ATALA « Le traitement automatique des nouvelles formes de communication écrite (e-mails, forums, chats, SMS, etc.) », 5 juin 2004, ENST Paris, S. 1–4. (http://sites.univ-provence.fr/~veronis/je-nfce/Marcoccia.pdf, Stand : 13.04.2016).

Maynard, Douglas W. (1985): „How children start arguments", in: *Language in Society* 14, S. 1–29.

Meibauer, Jörg (1986): *Rhetorische Fragen*, Tübingen.

Meibauer, Jörg (²2001): *Pragmatik: Eine Einführung*, Tübingen.

Meibauer, Jörg (2007): „Zitat und Lüge", in: Brendel, Elke: *Zitat und Bedeutung*, Hamburg, S. 181–200.

Meier, Madeline H. et al. (2012): „Persistant cannabis users show neuropsychological decline from childhood to midlife", in: PNAS 109 (40). (http://www.pnas.org/content/109/40/E2657.abstract, Stand: 09.12.2015).

Melanchton, Philippus (1559): *Elementorum rhetorices. Libri duo*, o.O.

Moeschler, Jacques (1982): *Dire et contredire. Pragmatique de la négation et acte de réfutation dans la conversation*, Bern.

Moeschler, Jacques (1985): *Argumentation et conversation. Éléments pour une analyse pragmatique*, Paris.

Morel, Mary- Annick/Danon-Boileau, Laurent (1990): *La déixis*, Paris.

Mortara Garavelli, Bice (2003): *Manuale di retorica*, Milano.

Müller, Friedhelm L. (1994): *Rhetorica ad Herennium – Rhetorik an Herennius*. Incerti auctoris libri IV de arte dicendi – eines Unbekannten 4 Bücher über Redekunst, Aachen.

Münzer, Holger (1989): *Eristische Dialektik oder die Kunst, Recht zu behalten nach Arthur Schopenhauer in 38 Kunstgriffen dargestellt. Mit einer erläuternden Einführung, Kommentaren und Beispielen versehen*, Berlin. (http://www.rhetorik-netz.de/rhetorik/PDF/Eristische_Dialektik_gesamt.pdf; Stand: 25.01.2016).

Naess, Arne (1966): *Communication and Argument. Elements of Applied Semantics*. Translated from the Norwegian by Alastair Hannay, Oslo et al.

Naess, Arne (1975): *Kommunikation und Argumentation*, Kronberg.

Narcy, Michel/Zinsmaier, Thomas (2007): „Sokratik", in: Ueding, Gert (Hg.): *Historisches Wörterbuch der Rhetorik*, Bd. 8, Tübingen, S. 952–959.

Nullmeier, Frank (2006): „Politik und Emotion", in: Schützeichel, Rainer (Hg.): *Emotionen und Sozialtheorie. Disziplinäre Ansätze*, Frankfurt a.M./New York, S. 84–103.

Öhlschläger, Günther (1979): *Linguistische Überlegungen zu einer Theorie der Argumentation*, Tübingen.

Osthus, Dietmar (2008): „Zur Metaphorik der Grenzüberschreitung in der Konzeptualisierung des Begriffsfelds >Streit< (anhand spanischer, französischer und deutscher Beispiele)", in: Baumann, Uwe/Becker, Arnold/Steiner-Weber, Astrid: *Streitkultur. Okzidentale Traditionen des Streitens in Literatur, Geschichte und Kunst*, Bonn, S. 177–191.

O'Sullivan, Patrick/Flanagin, Andrew J. (2003): „Reconceptualizing 'flaming' and other problematic messages", in: *New Media & Society* 5, S. 69–94.

Patzer, Andreas (1987): *Der historische Sokrates*, Darmstadt.

Pera, Marcello (1994): *The Discourses of Science*, Translated by Clarissa Botsford, Chicago.

Perelman, Chaïm/Olbrechts-Tyteca, Lucie (1958/1983): *Traité de l'argumentation. La nouvelle rhétorique*, Bruxelles.

Perelman, Chaïm/Olbrechts-Tyteca, Lucie (1958/²2008): *Traité de l'argumentation. La nouvelle rhétorique*, Paris [dt. Übersetzung: *Die neue Rhetorik. Eine Abhandlung über das Argumentieren*. Hrsg. v. Josef Kopperschmidt, Stuttgart 2004].

Peters, Heiner (1994): „Dihaerese", in: Ueding, Gert (Hg.): *Historisches Wörterbuch der Rhetorik*, Bd. 2, Tübingen, S. 748–753.

Pielenz, Michael (1993): *Argumentation und Metapher*, Tübingen.

Pigenot, Ludwig van (1955): „Der ‚Fürst des Fests'. Stellungnahme", in: *Neue Zürcher Zeitung*, 12.März 1955.

Pirazzini, Daniela (2002a): *Argumentative Textprofile. Eine textgrammatische Analyse mit Beispielen aus dem Italienischen und dem Spanischen* [noch nicht veröffentlichte Habilitationsschrift], Saarbrücken.

Pirazzini, Daniela (2002b): „Ist Persuasion das Ziel der Argumentation? Das abwägende Verfahren in romanischen Texten", in: Drescher, Martina: *Textsorten im romanischen Sprachvergleich*, Tübingen, S. 137–152.

Pirazzini, Daniela (2006): „Sobre la retórica de los foros de debate", in: Gil, Alberto/Schmitt, Christian: *Retórica en las lenguas iberrománicas*, Bonn, S. 65–85.

Plantin, Christian (1990): *Essais sur l'argumentation. Introduction à l'étude linguistique de la parole argumentative*, Paris.

Plantin, Christian (1996): „Le trilogue argumentatif. Présentation de modèle, analyse de cas", in: *Langue française* 112, S. 9–30.

Platon, *Werke in acht Bänden: Des Sokrates Apologie. Kriton. Euthydemos. Menexenos. Gorgias. Menon*. Hg. von Gunther Eigler, Darmstadt, Band 2, [3]1990.

Platon. *Werke in acht Bänden: Theaitetos. Der Sophist. Der Staatsmann*. Hg. von Gunther Eigler, Darmstadt, Band 6, [2]1990.

Pleger, Wolfgang H. (1998): *Sokrates. Der Beginn des philosophischen Dialogs*, Reinbek.

Polo, Francisco Pina (1996): *Contra arma verbis: der Redner vor dem Volk in der späten römischen Republik*. Aus dem Spanischen von Edda Liess, Stuttgart.

Preussner, Andreas (2003): „Kultur", in: Rehfus, Wulff D. (Hg.): *Handwörterbuch Philosophie*, Göttingen, → Kultur, S. 438. (Online unter: http://www.philosophie-woerterbuch.de; Stand: 25.01.2016).

Quintilian, Marcus F. *Ausbildung des Redners. Zwölf Bücher*. Hg. und übersetzt von Helmut Rahn, Erster Teil, Buch I-VI, Darmstadt, [3]1995.

Quiroz, Gustavo (1989): „Modalités et contre-argumentation", in: Miéville, Denis et al.: *La négation. Contre-argumentation et contradiction. Travaux du Centre de Recherches Sémiologiques* 57, Septembre 1989, Université de Neuchâtel, S. 87–101.

Renaud, François (2001): „Maieutik", in: Ueding, Gert (Hg.): *Historisches Wörterbuch der Rhetorik*, Bd. 5, Tübingen, S. 727–733.

Riemer, Peter/Weissenberger, Michael/Zimmermann, Bernhard (2000): *Einführung in das Studium der Gräzistik*, München.

Robinson, Richard ([2]1953): *Plato's earlier Dialectic*, Oxford.

Robling, Franz-Hubert (1994): „Dialektik. Definition", in: Ueding, Gert (Hg.): *Historisches Wörterbuch der Rhetorik*, Tübingen, Bd. 2, S. 559–560.

Robling, Franz-Hubert (2007): *Redner und Rhetorik. Studie zur Begriffs- und Ideengeschichte des Rednerideals*, Hamburg.

Rosier, Laurence (1999): *Le discours rapporté: Histoire, théorie, pratiques*, Paris/ Bruxelles.

Rosier, Laurence (2008): *Le discours rapporté en français*, Paris.

Ross, William D. (1949): *Aristotle's Prior and Posterior Analytics*, Oxford.

Rudolph, Elisabeth (1983): „Partikel-Kombinationen in Alltagsgesprächen", in: Weydt, Harald (Hg.): *Partikeln und Interaktion. Internationales Kolloquium Funktionen der Partikeln in Dialogischer Interaktion*, Tübingen, S. 54–68.

Runkehl, Jens/Schlobinski, Peter/Siever, Torsten (1998): *Sprache und Kommunikation im Internet: Überblick und Analysen*, Opladen.

Sandig, Barbara (1979): „Ausdrucksmöglichkeiten des Bewertens. Ein Beschreibungsrahmen im Zusammenhang eines fiktionalen Textes", in: *Deutsche Sprache: Zeitschrift für Theorie, Praxis, Dokumentation 7*, S. 137–159.

Sandig, Barbara (1993): „Zu einer Alltagsrhetorik des Bewertens. Negationsausdrücke und Negationsformeln", in: Heringer, Hans Jürgen/Stötzel, Georg (Hg.): *Sprachgeschichte und Sprachkritik. Festschrift für Peter von Polenz zum 65. Geburtstag*, Berlin/New York, S. 157–184.

Sandys, John E. (1970): *The Rhetoric of Aristotle*, Hildesheim/New York.

Schank, Gerd (1989): *Redeerwähnung im Interview*, Düsseldorf.

Schickert, Klaus (1977): *Die Form der Widerlegung beim frühen Aristoteles*, München.

Schild, Hans-Jochen (1994): „Debatte", in: Ueding, Gert (Hg.): *Historisches Wörterbuch der Rhetorik*, Bd. 2, Tübingen, S. 413–423.

Schirren, Thomas (1994): „Elenchos", in: Ueding, Gert (Hg.): *Historisches Wörterbuch der Rhetorik*, Bd. 2, Tübingen, S. 1013–1017.

Schirren, Thomas (2009): „Textaufbau und Redeteilschemata (partes orationis)", in: Fix, Ulla/Gardt, Andreas/Knape, Joachim (Hgg.): *Rhetorik und Stilistik. Ein internationales Handbuch historischer und systematischer Forschung. Rhetoric and Stylistics. An international Handbook of Historical and Systematic Research*, Halbbd. 2, Berlin/New York, S. 1515–1528.

Schlieben-Lange, Brigitte (1983): *Traditionen des Sprechens. Elemente einer pragmatischen Sprachgeschichtsschreibung*, Stuttgart/Berlin/Köln/Mainz.

Schmerl, Christiane (1983): *Frauenfeindliche Werbung. Sexismus als heimlicher Lehrplan*, Reinbek bei Hamburg.

Schmitz, Claudia (2013): „Echo-Fragen in der Gegenargumentation", in: Pirazzini, Daniela/Schiemann, Anika (Hg.): *Dialogizität in der Argumentation: Formale und Strukturelle Spezifika*, Frankfurt a. M., S. 263–280.

Schmitz, Ulrich (2004): *Sprache in den modernen Medien*, Berlin.

Schopenhauer, Arthur (1864/2009): *Eristische Dialektik oder die Kunst, Recht zu behalten in achtunddreißig Kunstgriffen dargestellt*, Zürich.

Schpak-Dolt, Nikolaus (³2010): *Einführung in die französische Morphologie* (Romanistische Arbeitshefte 36), Berlin/New York.

Schwitalla, Johannes (1984): „Textliche und kommunikative Funktionen rhetorischer Fragen", in: *Zeitschrift für germanistische Linguistik* 12, S. 131–155.

Searle John R. (1970): *Speech Acts: An Essay in the Philosophy of Language*, Cambridge.

Searle, John R. (1975): „Indirect speech acts", in: Cole, Peter/Morgan, Jerry L. (Hg.): *Syntax and Semantic*, Bd. 3 (*Speech Acts*), New York, S. 59–82.

Searle, John R. (1976): „A classification of illocutionary acts", in: *Language in Society* 5, S. 1–23.

Searle, John R. (1979): *Expression and Meaning: Studies in the Theory of Speech Acts*, Cambridge.

Searle, John R. (1983): *Sprechakte. Ein sprachphilosophischer Essay*, Frankfurt a. M.

Searle, John/Vanderveken, Daniel (1985): *Foundations of Illocutionary Logic*, Cambridge.

Searle, John/Vanderveken, Daniel (2005): „Speech acts and illocutionary logic", in: Vanderveken, Daniel (Hg.): *Logic, Thought and Action*, Vol. 2, *Logic, Epistemology and the Unity of Science*, Dordrecht, S. 109–132.

Sifianou, Maria (2012): „Disagreement, Face and Politeness", in: *Journal of Pragmatics* 44, S. 1554–1564.

Snoeck Henkemans, Francisca A. (1997): *Analyzing Complex Argumentation: The Reconstruction Of Multiple and Coordinatively Compound Argumentation in A Critical Discussion*, Amsterdam.

Snoeck Henkemans, Francisca A. (2003): „Complex Argumentation in a Critical Discussion", in: *Argumentation* 17, S. 405–419.

Solmsen, Friedrich (1929): *Die Entwicklung der aristotelischen Logik und Rhetorik*, Berlin.

Spencer, Joseph (2003): „Plato Among and Against the Post-Modernists", in: *Aporia. A Student Journal of Philosophy* 13.2, ohne Seitenzahlen. (http://aporia. byu.edu/pdfs/spencer-plato_among_and_against_the_postmodernists.pdf, Stand: 25.01.2016).

Sprute, Jürgen (1982): *Die Enthymemtheorie der aristotelischen Rhetorik*, Göttingen.

Sprute, Jürgen (1975): „Topos und Enthymem in der Aristotelischen Rhetorik", in: *Hermes* 103 (1), S. 68–90. (http://www.jstor.org/stable/pdfplus/4475895. pdf?acceptTC=true, Stand: 25.01.2016).

Staab, Gregor (2005): „Refutatio", in: Ueding, Gert (Hg.): *Historisches Wörterbuch der Rhetorik*, Bd. 7, Tübingen, S. 1109–1113.

Stati, Sorin (1982): *Il dialogo. Considerazioni di linguistica pragmatica*, Napoli.

Stati, Sorin (2002): *Principi di analisi argomentativa*, Bologna.

Stegbauer, Christian (2001): *Grenzen virtueller Gemeinschaft: Strukturen internetbasierter Kommunikationsforen*, Wiesbaden.

Steudel-Günther, Andrea (2005): „Ratiocinatio", in: Ueding, Gert (Hg.): *Historisches Wörterbuch der Rhetorik*, Bd. 7, Tübingen, S. 595–604.

Steyer, Kathrin (1997): *Reformulierungen*, Tübingen.

Storrer, Angelika (2001): „Sprachliche Besonderheiten getippter Gespräche: Sprecherwechsel und sprachliches Zeigen in der Chat-Kommunikation", in: Beißwenger, Michael (Hg.): *Chat-Kommunikation. Sprache, Interaktion, Sozialität & Identität in synchroner computervermittelter Kommunikation. Perspektiven für ein interdisziplinäres Forschungsfeld*, Stuttgart, S. 3–24.

Teuber, Bernhard (1994): „Ciceronianismus: Frankreich Spanien", in: Ueding, Gert (Hg.): *Historisches Wörterbuch der Rhetorik*, Bd. 2, Tübingen, S. 225–242.

Thompsen, Philip A. (2003): „What's fueling the flames in cyberspace? A social influence model", in: Strate, Lance/Jacobson, Ronald L./Gibson, Stephanie B. (Hgg.): *Communication and Cyberspace: Social interaction in an electronic environment*, Cresskil, NJ, S. 329–347.

Toulmin, Stephen (1958; 2003): *The Uses of Argument*, Cambridge.

Toulmin, Stephen (^{2}1996): *Der Gebrauch von Argumenten*, Weinheim.

Tseronis, Assimakis (2013): „Exploiter la dialogicité argumentative: le cas des adverbes épistémiques et illocutifs qualifiant une thèse", in: Pirazzini, Daniela/ Schiemann, Anika (Hgg.): *Dialogizität in der Argumentation. Eine multidisziplinäre Betrachtung*, Frankfurt a. M., S. 297–312.

Tutescu, Mariana (2003): *L'argumentation. Introduction à l'étude du discours*, Bucarest. (http://ebooks.unibuc.ro/lls/MarianaTutescu-Argumentation/index. htm, Stand: 26.01.2016) (http://www.scribd.com/doc/15447724/Mariana-TUTESCU-L-Argumentation, Stand: 26.01.2016).

Ueding, Gert (1992): „Vorwort", in: Ueding, Gert (Hg.): *Historisches Wörterbuch der Rhetorik*, Bd. 1, Tübingen, S. V-VIII.

Ueding, Gert (1994): „Vorwort", in: Ueding, Gert (Hg.): *Historisches Wörterbuch der Rhetorik*, Bd. 2, Tübingen, S. V-VI.

Ueding, Gert/Steinbrink, Bernd (⁴2005): *Grundriß der Rhetorik. Geschichte. Technik. Methode*, Stuttgart/Weimar.

Ulrich, Winfried (³1981): *Linguistische Grundbegriffe*, Kiel.

Valbert, Gérard/Bensoussan, Albert (2005): *Les Cahiers Albert Cohen : 1905–2005 : Retour sur Ô vous, frères humains*, Paris.

Vandeloise, Claude (1986): *L'espace en français. Sémantique des prépositions spatiales*, Paris.

Vanderheyden, Anne/Mulder, Walter De (2001): „L'histoire de *contre* et la sémantique prototypique", in: *Langue Française* 130.1, S. 108–125.

Veit, Walter F. (1992): „Argumentatio", in: Ueding, Gert (Hg.): *Historisches Wörterbuch der Rhetorik*, Bd. 2, Tübingen, S. 904–914.

Veit, Walter (2009): „These, Hypothese", in: Ueding, Gert (Hg.): *Historisches Wörterbuch der Rhetorik*, Bd. 9, Tübingen, S. 541–565.

Vivelo, Frank Roberto (1995): *Handbuch der Kulturanthropologie. Eine grundlegende Einführung*, Stuttgart.

Vladimirska. Elena (2008): „À propos de *naturellement, bien entendu* et *bien sûr*", in: *L'information grammaticale* 119, S. 3–7.

Völzing, Paul-Ludwig (1980): „Argumentation. Ein Forschungsbericht", in: *Zeitschrift für Literaturwissenschaft und Linguistik* (LiLi) 10, Heft 38/39, S. 204–237.

Voorman, Steven S. (2002): „The art of invective: Performing identity in cyberspace", in: *New Media & Society* 4, S. 51–70.

Wagner, Tim (2005a): „anaskeuazein – kataskeiazein / widerlegen – etablieren", in: Höffe, Otfried: *Aristoteles-Lexikon*, Stuttgart, S. 41–42.

Wagner, Tim (2005b): „elenchos/Widerlegung", in: Höffe, Otfried (Hg.): *Aristoteles-Lexikon*, Stuttgart, S. 165–166.

Walton, Douglas (1998): *Ad hominem arguments* (Studies in rhetoric and communication), Tuscaloosa/Alabama.

Walton, Douglas (2008): *Informal Logic: A Pragmatic Approach*, Cambridge/New York.

Walton, Douglas (2009): „Objections, Rebuttals and Refutations", in: Ritola, Juho (Hg.): *Argument Cultures: Proceedings of OSSA 09*, CD-ROM, Windsor, Ontario, S. 1–10.

Waßner, Ulrich Hermann (2004): „Konklusiva und Konklusivität", in: Blühdorn, Hardarik/Breindl, Eva (Hgg.): *Brücken schlagen. Grundlagen der Konnektorensemantik*, Berlin/New York, S. 373–424.

Wehrli, Fritz (²1994): „Der Peripatos bis zum Beginn der römischen Kaiserzeit", in: *Neuer Überweg: Antike*, Bd. 3, S. 459–599.

Weinrich, Harald (1976): *Sprache in Texten*, Stuttgart.

Weinrich, Harald (1993): *Textgrammatik der deutschen Sprache*, Mannheim et al.

Weinrich, Harald (^{2}1997): *Textgrammatik der französischen Sprache*, Stuttgart.

Weinrich, Harald (^{3}2005): *Textgrammatik der deutschen Sprache*, Hildesheim et al.

Wells, Simon/Reed, Chris (2005): „Formal dialectic specification", in: Rahwan, Iyad/Moraitis, Pavlos/Reed, Chris (Hg.): *Argumentation in multi-agent systems*, Proceeding of ArgMAS 2004, New York, S. 31–43.

Wichter, Sigurd (1991): *Zur Computerwortschatz-Ausbreitung in der Gemeinsprache. Elemente der vertikalen Sprachgeschichte einer Sache*, Frankfurt a. M.

Wilhelm, Raymund (2001): „Diskurstraditionen", in: Haspelmath, Martin et al. (Hg.): *Language Typology and Language Universals/Sprachtypologie und sprachliche Universalien/La typologie des langues et les universaux linguistiques* (Handbücher zur Sprach- und Kommunikationswissenschaft), Berlin/New York, S. 467–477.

Wittgenstein, Ludwig (2001): *Philosophische Untersuchungen*. Kritisch-genetische Edition. Herausgegeben von Joachim Schulte, Frankfurt.

Wohlrapp, Harald (^{2}2009): *Der Begriff des Arguments. Über die Beziehungen zwischen Wissen, Forschen, Glauben, Subjektivität und Vernunft*, Würzburg.

Wodak, Ruth/Wright, Scott (2006): „The European Union in Cyberspace: Multilingual Democratic Participation in a virtual public sphere?", in: *Journal of Language and Politics* 5 (2), S. 251–275.

Wolf, Lothar/Hupka, Werner (1981): *Altfranzösisch. Entstehung und Charakteristik*, Darmstadt.

Wright, Scott (2006): „Government-run Online Discussion Fora: Moderation, Censorship and the Shadow of Control", in: *The British Journal of Politics & International Relations (BJPIR)* 8 (4), S. 550–568.

Wright, Scott (2009): „The Role of the Moderator: Problems and Possibilities for Government-Run Online Discussion Forums", in: Davies, Todd/ Gangadharan, Seeta Peña (Hgg.): *Online Deliberation: Design, Research and Practice*, Stanford, S. 233–242.

Wüest, Jakob (1981/^{2}1989): Linguistische Grundbegriffe, Zürich.

Wüest, Jakob (2011): *Was Texte zusammenhält. Zu einer Pragmatik des Textverstehens*, Tübingen.

Wunderlich, Dieter (1974): *Grundlagen der Linguistik*, Reinbek bei Hamburg.

Wunderlich, Dieter (1976): *Studien zur Sprechakttheorie*, Frankfurt a. M.

Wunderlich, Dieter (1979): „Was ist das für ein Sprechakt?", in: Grewendorf, Günther (Hg.): *Sprechakttheorie und Semantik*, Frankfurt, S: 275–324.

Wunderlich, Dieter (1980): „Pro und Kontra", in: *Zeitschrift für Literaturwissenschaft und Linguistik* (LiLi), Heft 38/39, S. 109–128.

Zundel, Eckart (1989): *Clavis Quintilianea: Quintilians „Institutio oratoria (Ausbildung des Redners)" aufgeschlüsselt nach rhetorischen Begriffen*, Darmstadt.

Internetquellen

Korpus

http://europa.eu/debateeurope/about/index_fr.htm

Internetseiten

www.bmbf.de

www.digital-ist.de/infos/das-wissenschaftsjahr.html

www.intratext.com/IXT/LAT0377/_INDEX.HTM

https://www.phpbb.de

Wörterbücher und Nachschlagedatenbanken

Baumgartner, Emmanuèle/Ménard, Philippe (1996): *Dictionnaire étymologique et historique de la langue française*, Paris.

Bloch, Oscar/Wartburg, Walther von (1932/⁵1968): *Dictionnaire étymologique de la langue française*, Paris.

Bluhme, Hermann (2005): *Etymologisches Wörterbuch des deutschen Grundwortschatzes*, München.

Bünting, Karl-Dieter (1996): *Deutsches Wörterbuch*, Chur/Schweiz.

Dauzat, Albert/Dubois, Jean/Mitterrand, Henri (1964/²1993): *Dictionnaire étymologique et historique du français*, Paris.

Dauzat, Albert/Dubois, Jean/Mitterrand, Henri (1964/³2006): *Dictionnaire étymologique et historique du français*, Paris.

Dictionnaire de l'Académie française (1694/⁹1992): neuvième édition, Tome 1, A-Enz, Paris. (Version informatisée: http://atilf.atilf.fr/academie9.htm, Stand : 26.01.2016).

Duden (http://www.duden.de).

Duden (³1999): *Das große Wörterbuch der deutschen Sprache*: in zehn Bänden, hg. vom Wissenschaftlichen Rat der Dudenredaktion, Bd. 1, A-Bedi, Mannheim/Leipzig/Wien/Zürich.

Duden (1963/⁴2007): *Das Herkunftswörterbuch. Etymologie der deutschen Sprache*. Hg. von der Dudenredaktion, Mannheim/Leipzig/Wien/Zürich.

Furetière, Antoine (1690): *Dictionnaire Universel. Contenant généralement tous les mots François tant vieux que modernes, & les termes de toutes les Sciences & des Arts*, Rotterdam.

Gamillscheg, Ernst (1928/²1969): *Etymologisches Wörterbuch der französischen Sprache*, Heidelberg.

Godefroy, Frédéric (1881–1902/1961): *Dictionnaire de l'ancienne langue française et de tous ses dialectes du IXe au XVe siècle: Composé d'après le dépouillement de tous les plus importants documents manuscrits ou imprimés qui se trouvent dans les grandes bibliothèques de la France et de l'Europe et dans les principales archives départementales municipales, hospitalières ou privées*, Vaduz/New York, Repr. [de l'ed.] 1883, Bd. 2, Casteillon-Dyvis.

Grimm, Jacob/Grimm, Wilhelm (1854–1961): *Deutsches Wörterbuch* (DWB), Leipzig, 16 Bde. in 32 Teilbänden. (Online-Version: http://www.dwb.uni-trier.de/).

Kluge, Friedrich (1883/²³1995): *Etymologisches Wörterbuch der deutschen Sprache*, Berlin/New York.

Kluge, Friedrich (1883/²⁴2002): *Etymologisches Wörterbuch der deutschen Sprache*, Berlin.

Littré, Emile (2003): *Dictionnaire de la langue française abrégé du Dictionnaire de Littré (Le Petit Littré)*, hg. von Beaujean, Amédée, Paris.

Pfeifer, Wolfgang/Braun, Wilhelm (1989/²1993): *Etymologisches Wörterbuch des Deutschen*, München.

Picoche, Jacqueline (1994/²2002): *Dictionnaire étymologique du français*, Paris.

Rey, Alain (1992): *Dictionnaire historique de la langue française*, Paris.

Richelet, Pierre (1680): *Dictionnaire français*, Bd.1, Genf.

Robert, Paul (1951/²2001): *Le grand Robert de la langue française. Dictionnaire alphabétique et analogique de la langue française, deuxième édition dirigée par Alain Rey*, Paris.

Robert, Paul (2010): *Le nouveau Petit Robert. Dictionnaire alphabétique et analogique de la langue française*. Texte remanié et amplifié sous la direction de Rey-Debove, Josette/Rey, Alain, Paris.

Robert, Paul (2013) : *Le grand Robert de la langue française. Nouvelle édition* numérique du Grand Robert, qui contient l'intégralité de la dernière édition du *Grand Robert de la langue française*, mise à jour en 2013. (www.gr.bvdep.com, Stand. 28.04.2015).

Robert, Paul (2012): *Le Petit Robert de la langue française. Dictionnaire alphabétique et analogique de la langue française*. Texte remanié et amplifié sous la direction de Rey-Debove, Josette/Rey, Alain, Paris.

Robert, Paul (2016): *Le Petit Robert de la langue française. Dictionnaire alphabétique et analogique de la langue française.* Texte remanié et amplifié sous la direction de Rey-Debove, Josette/Rey, Alain, Paris.

Tobler-Lommatzsch (1936): *Altfranzösisches Wörterbuch. Adolf Toblers nachgelassene Materialien bearbeitet und mit Unterstützung der preussischen Akademie der Wissenschaften hg. von Erhard Lommatzsch,* Bd. 2, Berlin.

Trésor de la langue française informatisé (2004) (TLFi), hg. von Centre National de la Recherche Scientifique, Université de Nancy-2, Analyse et Traitement Informatique de la Langue française, *Paris.* (CD-Rom oder unter: http://atilf. atilf.fr/, Stand: 06.01.2016).

Wahrig, Gerhard (1966/[7]2005): *Deutsches Wörterbuch,* neu herausgegeben von Dr. Renate Wahrig-Burfeind, Gütersloh.

Wartburg, Walther von (1922ff.): *Französisches Etymologisches Wörterbuch (FEW).* Bonn/Leipzig/Heidelberg/Basel.

Wartburg, Walther von (1946): *Französisches Etymologisches Wörterbuch* (FEW). *Eine Darstellung des galloromanischen Sprachschatzes,* Bd. 2, Halbbd. 2, Basel.

Wartburg, Walther von (1962): *Französisches Etymologisches Wörterbuch* (FEW). *Eine Darstellung des galloromanischen Sprachschatzes,* Bd. 10, Basel.

Wartburg, Walther von (1970–2002): *Französisches Etymologisches Wörterbuch* (FEW). *Eine Darstellung des galloromanischen Sprachschatzes,* Bd. 25.1 (refonte du tome 1), apaideutos-atrium.

Anhang

Korpusübersicht

A   Sondage: quelles langues pour l'UE ?
B   Une base Lunaire européenne ?
C   Si tous les Européen étaient contraints de parler anglais ?
D   Droits (et devoirs) de l'homme (et des états)
E   Je suis pauvre
F   Noyau dur
G   Z- Machine (avancement vers la fusion)
H   Plaidoyer pour une europe vraiment unie
I   Pour le rejet définitif de la candidature turque à l'UE
J   Quelle place pour la Suisse dans l'Europe ?
K   Pour un projet européen fédérateur
L   Le multilinguisme au Parlement européen, le Parlement europ
M   1972: Club de Rome, tout était dit ! On vous avait prévenu
N   Action 350 est le chiffre le plus important sur la planéte
O   Comme va se developper cette crise selon vous??
P   La qûestion de l'entrée de la Russie
Q   Retraites et emploi des «séniors»
R   L'Iran, l'immigration
S   Et si tout le monde travaillait ?
T   Traitées européens et référendums
U   À titre exemplaire: virer les grecs et recevoir les turcs ?
V   Vos débats
W   La pêche à la baleine du Japon
X   Stop the enlargement
Y   Je ne comprends plus rien
Z   Democratie collegiale

Band 110   Éva Feig: Der *Tesoro* (1611) als Schlüssel zu Norm und Usus des ausgehenden 16. Jahrhunderts. Untersuchungen zum sprachhistorischen, lexikographischen und grammatikographischen Informationspotential des ersten einsprachigen spanischen Wörterbuchs. 2013.

Band 111   Katja Brenner: Spanische Modalpartikeln. Funktionsweise und Übersetzungsproblematik dargestellt am Beispiel von *sí* und *sí que*. 2014.

Band 112   Anja Unkels: Persuasion im deutschen und italienischen Fußballbericht. Argumentation und Emotion. 2014.

Band 113   Helke Kuhn / Beatrice Nickel (Hrsg.): Erschwerte Lektüren. Der literarische Text im 20. Jahrhundert als Herausforderung für den Leser. 2014.

Band 114   Claudia Sofie Schmitz: Gegenargumentieren in der Digitalkultur. Französische Internetforenbeiträge zu europapolitischen Fragen. 2016.

www.peterlang.com